Schriftenreihe

Studien zur Kirchengeschichte

Band 12

ISSN 1611-0277

Verlag Dr. Kovač

Christina Dieckhoff

Die geistliche Rechtsprechung in der Diözese Freising in der zweiten Hälfte des 15. Jahrhunderts

Verlag Dr. Kovač

Hamburg
2012

VERLAG DR. KOVAČ GMBH
FACHVERLAG FÜR WISSENSCHAFTLICHE LITERATUR

Leverkusenstr. 13 · 22761 Hamburg · Tel. 040 - 39 88 80-0 · Fax 040 - 39 88 80-55

E-Mail info@verlagdrkovac.de · Internet www.verlagdrkovac.de

Bibliografische Information der Deutschen Nationalbibliothek
Die Deutsche Nationalbibliothek verzeichnet diese Publikation
in der Deutschen Nationalbibliografie;
detaillierte bibliografische Daten sind im Internet
über http://dnb.d-nb.de abrufbar.

ISSN: 1611-0277
ISBN: 978-3-8300-6444-2

Zugl.: Dissertation, Ludwig-Maximilians-Universität München, 2010

© VERLAG DR. KOVAČ GmbH, Hamburg 2012

Umschlagillustration: Christina Dieckhoff

Printed in Germany
Alle Rechte vorbehalten. Nachdruck, fotomechanische Wiedergabe, Aufnahme in Online-Dienste und Internet sowie Vervielfältigung auf Datenträgern wie CD-ROM etc. nur nach schriftlicher Zustimmung des Verlages.

Gedruckt auf holz-, chlor- und säurefreiem, alterungsbeständigem Papier. Archivbeständig nach ANSI 3948 und ISO 9706.

Vorwort

Die vorliegende Darstellung ist die für die Drucklegung leicht überarbeitete Fassung meiner im Januar 2010 von Abteilung Bayerische Geschichte am Historischen Seminar der Philosophischen Fakultät für Geschichts- und Kunstwissenschaften der Ludwig-Maximilians-Universität München angenommenen Dissertation. Die Datenaufnahme wurde im Jahr 2006 abgeschlossen, die Literaturaufnahme 2009.

Zum Entstehen und Gelingen dieser Arbeit gab es viele Beiträge. An erster Stelle möchte ich meinem Doktorvater, Herrn Prof. Dr. Alois Schmid, für die Geduld und das Wohlwollen danken, mit dem er die lange Entstehungszeit dieser neben Beruf und Familiengründung vorgenommenen Untersuchung begleitet hat und für seine Unterstützung meines Forschungsaufenthaltes in Rom. Ebenso gilt mein herzlicher Dank dem Zweitgutachter Prof. Dr. Manfred Heim sowie Prof. Dr. Nollé für die Teilnahme an der Prüfungskommission. Ein besonderer Dank geht an die Kommission für bayerische Landesgeschichte bei der Bayerischen Akademie der Wissenschaften unter ihrem Ersten Vorsitzenden Prof. Dr. Alois Schmid für das gewährte Reisestipendium nach Rom. Das Deutsche Historische Institut in Rom ermöglichte mir im Jahr 2005 einen angenehmen und ergiebigen Forschungsaufenthalt. Prof. Dr. Ludwig Schmugge half mir dort nicht nur, auf schnelle und unbürokratische Weise einen Zugang zu dem Vatikanischen Geheimarchiv in Rom zu erhalten, er stellte mir auch bis dato noch unveröffentlichtes Material zur Verfügung und gab mir darüber hinaus einige sehr wertvolle Hinweise für meine Arbeit. Die Arbeit im Vatikanischen Geheimarchiv wurde durch die sehr aufmerksamen und hilfsbereiten Angestellten unterstützt, ich danke Dr. Johan Ickx für die Genehmigung und den Zugang zu den originalen Registerbänden der Pönitentiarie. Eine ebenso gute und professionelle Unterstützung erfuhr ich im Bayerischen Hauptstaatsarchiv und dort insbesondere durch Frau Ursula Liehr. Unverhofft und dafür um so wertvoller erreichten mich die Hinweise von Seiner Eminenz Kardinal und Großpönitentiar Fortunato Baldelli, die meine Untersuchung sehr bereicherten.

Diese Arbeit wäre nicht ohne die tatkräftige Unterstützung bei der Datenbankerstellung durch Dr. Stefan Dicker zustande gekommen, ebenso durch besondere Tipps bei der Kartenerstellung durch M.A. Ulf Koppitz. Sie hätte ohne die tatkräftige Unterstützung bei der Druckvorbereitung durch Prof. Dr. Alois Schmid niemals ein Ende gefunden. Am meisten habe ich jedoch meinem Mann Michael Leuchtenberger und meinen Söhnen Leif und Lars zu danken, die mir viel freie Zeit für meine Forschungen geschenkt haben. Ihnen und meiner Mutter, die das Entstehen und Gelingen der Arbeit leider nicht mehr erleben durfte, ist meine Dissertation gewidmet.

Inhalt

Vorwort	5
Inhalt	7
Quellen und Literatur	13
Abkürzungen	25

A. Einleitung
Ziel – Quellen – Zeitraum – Untersuchungsschwerpunkt – Forschungsstand 29

B. Die geistliche Rechtsprechung im Bistum Freising im späten 15. Jahrhundert
I. Die Rechtsprechung in der Diözese Freising 41
  1. Strafrechtspflege im Hochstift Freising 41
  2. Strafrechtspflege im Herzogtum Bayern 43
  3. Geistliche und weltliche Gerichte: Zusammenspiel oder Konkurrenz? 44
  4. Instanzen der geistlichen Rechtsprechung 46
  5. Die Grundlage geistlicher Rechtsprechung: Das kanonische Recht 48
II. Die kuriale Rechtsprechung
  1. Die apostolische Pönitentiarie und ihre Entwicklung zu einer kurialen Behörde 51
  2. Das Personal 52
  3. Formalitäten im Schriftverkehr 55
  4. Die Art der Gesuche an die Pönitentiarie 56
  5. Der Preis für die päpstlichen Gnaden 59
  6. Die Kundschaft der Pönitentiarie 65
  7. Der Weg von Freising an die Pönitentiarie 66
  8. Weitere Dispensmöglichkeiten und Vorinstanzen 67
  9. Die Überlieferung der Registerbände 70
  10. Die Form der Registerbände 72
  11. Der formale Aufbau der Suppliken 73
III. Statistische Auswertung des Supplikenregisters
  1. Untersuchungszeitraum und Auswertungsmethode 79
  2. Der zeitliche Verlauf der Kurienkontakte 80
    a) Supplikenzahl pro Jahr und lokale Einflüsse auf die Kurienkontakte 80
      aa) Päpstliche Legaten im Bistum Freising 83
      bb) Der Türkentag zu Mantua 84
      cc) Kriege und Seuchen 85
      dd) Diözesan- und Provinzialsynoden 86
      ee) Besetzung des Freisinger Bischofssitzes und Sedisvakanzen 87

b) Die Übermittlung der Suppliken an die Pönitentiarie — 90
    aa) Übermittlung durch Boten — 90
    bb) Sammelsuppliken — 92
    cc) Rücksendung der Bescheide — 93
c) Persönliche Anwesenheit — 94
d) Reisezeiten — 95
3. Die Themen im Supplikenregister — 96
    a) Allgemeine Übersicht — 96
    b) Ehedispense und Forschungsstand zum Thema Eherecht und geistliche Gerichtsbarkeit — 99
    c) Das kanonische Eherecht im 15. Jahrhundert — 104
    d) Die Ehedispense in den einzelnen Pontifikaten — 109
        aa) Nikolaus V. — 109
        bb) Calixt III. — 109
        cc) Pius II. — 110
        dd) Paul II. — 111
        ee) Sixtus IV. — 111
        ff) Innozenz VIII. — 113
        gg) Alexander VI. — 114
        hh) Julius II. — 116
    e) Die Freisinger Eherechtsprechung anhand der Supplikentexte — 118
        aa) Die Rechtsprechungsinstanzen — 124
        bb) Der Bischof als Richter — 130
        cc) Diözesan- und Provinzialsynoden — 131
4. Die Beziehungen zwischen lokaler und kurialer Jurisdiktion anhand der Kommissionsvermerke — 136
    a) Lokale Jurisdiktionskompetenzen — 136
    b) Zuständigkeit der Kurie — 142
    c) Ergebnis — 143
5. Besondere Einzelfälle zum Thema Ehe in den Registerbänden — 144
    a) Mißachtung von Ehevorschriften bei Trauungen von einem Priester — 144
    b) Bitten um Wiederverheiratung — 145
    c) Scheidungsgesuche — 146
    d) Lokale Traditionen in privaten Eheabsprachen — 148
    e) Nichteinhaltung des Zölibats — 150
6. Gewalttaten und Kapitalverbrechen: die herzogliche Blutgerichtsbarkeit — 151

IV. Kartographische Auswertung des Supplikenregisters
1. Geographische Grundlagen der Diözese 155
2. Die Ortsangaben in den Suppliken 156
3. Statistische und kartographische Auswertung: Grundlagen der Kartenerstellung 158
4. Geographische Auswertung 161
   a) Karte 1: Geographische Verteilung der Herkunftsorte 161
   b) Karte 2: Die Grenzen der bayerischen Teilherzogtümer 163
   c) Karte 3: Herkunftsorte, Personenzahl und Stand 165
      aa) Hochstift Freising 168
      bb) Überregionale Städte 171
      cc) Dispense aus weiteren Städten 176
      dd) Ländliche Regionen 176
   d) Karte 4: Scheidungen und Exkommunikationen 180
      aa) Der nördliche ländliche Raum mit Nähe zu Freising 181
      bb) Der südliche ländliche Raum 181
      cc) Weitere Hinweise zur rechtlichen Entwicklung 182
   e) Karte 5: Ehedispense und Ehelizenzen 186
5. Die Eltern von illegitimen Klerikern, Scholaren und Mönchen 187
   a) Voralpenland 187
   b) Der nördliche Diözesenteil 188
   c) Ergebnis 188

V. Das Personenspektrum an der Pönitentiarie
1. Namen und Schreibweisen 191
2. Sozialer Stand Geschlecht und Themen aller Bittsteller 192
3. Personendaten der Säkularkleriker 194
   a) Akademische Ausbildung 195
      aa) Studium laut Angaben im Supplikenregister 197
      bb) Studium vor oder während des Pönitentiariekontaktes laut anderen Quellen 201
      cc) Studium nach Pönitentiariekontakt laut anderen Quellen 204
      dd) Ergebnis 205
   b) Sozialer Aufstieg und Karrierebeschleunigung durch vorzeitige Weihen 206
4. Personendaten der Laien 211
5. Die Angaben zu Eltern in den Geburtsmakeldispensen 214
   a) Laien als Väter 217

b) Kleriker als Väter	218
c) Ergebnis	219
6. Ordenszugehörigkeit und Weihegrade der Mönche	220
7. Klientelgruppen der Pönitentiarie anhand von Freisinger Quellen	221
a) Laien, Scholaren, angehende Kleriker und ihre Karrieren	221
aa) Laien und Geistliche in der herzoglichen Verwaltung	221
bb) Weitere in der Rechtspflege oder geistlichen Verwaltung tätige Geistliche	229
cc) Personen mit Verwandten in hohen Kirchenpositionen	232
dd) Geistliche aus aufstrebenden gesellschaftlichen Gruppen	234
b) Die Stadtbevölkerung Münchens	235
aa) Die Münchener Oberschicht	235
bb) Weitere Personen aus München	239
cc) Ergebnis	241
dd) Themen der Münchener Stadtbevölkerung	242
VI. Der Freisinger Quellenbestand	
1. Das Freisinger Offizialatsgericht	249
a) Der Freisinger Offizial	249
b) Die Offizialatsprotokolle von Freising	249
c) Gerichtsort und -tage	250
d) Das Gerichtspersonal	251
e) Die Einteilung der Registerbände	254
f) Die Jurisdiktionsverfahren	255
VII. Kartographische Auswertung	
1. Orte und Einflusssphären	257
2. Karte 6: Geographische Verteilung der Herkunftsorte	257
3. Karte 7: Herkunftsorte und Personenzahl	259
4. Karte 8: Herkunftsorte und Personenzahl bei Eheprozessen 1476	264
VIII. Das Personenspektrum am Offizialatsgericht	
1. Personendaten	267
a) Laien	267
b) Ordensgeistliche	271
c) Säkularklerus	271
d) Akademische Ausbildung aller Personen	273

2. Klientelgruppen 274
   a) Münchener Patriziat 274
   b) Adel 275

IX. Themen aus den Freisinger Gerichtsprozessen
  1. Beispiele eines Instanzenzuges nach Rom: Freisinger Laien
    in Eheprozessen 277
    a) Heinrich (Bauer) und Diemund (Moser) 278
    b) Katharina Öder und Johannes Neumair 281
    c) Jakob Rosenbusch und Margarethe Rudolf 283
    d) Ergebnis 286
  2. Der Freisinger Klerus am Offizialatsgericht: Schuldenprozesse und
    wegen Bestechung 287
    a) Wilhelm Frimul 287
    b) Johannes Dornvogt 290
    c) Johannes Fraundienst 295
    d) Johannes Werder 297
    e) Ergebnis 297
  3. Personen mit mehrfachem Gerichtskontakt in unterschiedlichen Anliegen 298
    a) Leonardus Hospit 298
    b) Leonardus Püchler 299
    c) Thomas Wagenhuber 299
    d) Ergebnis 301

C Schluss
Zusammenfassung – Die Untersuchungsergebnisse im Einzelnen – Ausblick 303

D. Beilagen
1. Karten
Karte 1: Penitentiaria Apostolica – Herkunftsorte der Freisinger Petenten 314
Karte 2: Penitentiaria Apostolica – Herkunftsorte und bayerische
    Teilherzogtümer 315
Karte 3: Penitentiaria Apostolica – Herkunftsorte, Personenzahl, Stand 316
Karte 4: Penitentiaria Apostolica – Scheidungen und Exkommunikationen 317
Karte 5: Penitentiaria Apostolica – Ehedispense und Ehelizenzen 318
Karte 6: HL Freising – Herkunftsorte 319
Karte 7: HL Freising – Herkunftsorte und Personenzahl 320

Karte 8: HL Freising – Herkunftsorte und Personenzahl bei
Eheprozessen 1476   321

2. Grafiken

Grafik 1: Zahl der Kurienkontakte, Umfang der Supplikenregister (ab 1484),
    Pontifikate und Ereignisse in Freising   324
Grafik 2: Penitentiaria Apostolica: Reisezeiten   325
Grafik 3: Penitentiaria Apostolica: Themen nach Jahr und Pontifikaten   326
Grafik 4: Penitentiaria Apostolica: Eherechtsprechung nach Pontifikaten   328
Grafik 5: PA - Kommissionsvermerke und Rechtsprechungsinstanzen   330
Grafik 6: Personendaten im Supplikenregister   331
Grafik 7: HL Freising 96, 97, 100: Personendaten   332
Grafik 8: Nachbarschaft in München unter Petenten der Pönitentiarie   334

3. Listen

Liste 1: Penitentiaria Apostolica: alle Geburtsmakeldispense   336
Liste 2a): Penitentiaria Apostolica: Geistliche in der herzoglichen Verwaltung   340
Liste 2b): Penitentiaria Apostolica: Kleriker am Offizialatsgericht   341
Liste 2bb): Penitentiaria Apostolica: weitere Kleriker in geistlichen Positionen   341
Liste 2c): Penitentiaria Apostolica: Kleriker/Verwandte in hohen Positionen   342
Liste 2d): Penitentiaria Apostolica: Akademiker   343
Liste 3a): Penitantiaria Apostolica: Müchener Patriziat   344
Liste 3b): Penitentiaria Apostolica: weitere Personen aus München   345
Liste 3c): Penitentiaria Apostolica: weitere Münchener Einwohner,
    Herkunftsort ergänzt   345
Liste 4: HL Freising 96, 97, 100: Namen und Berufe   346
Liste 5: HL Freising 96, 97, 100: Münchener Patriziat   349

Quellen

Ungedruckte Quellen

München

Bayerisches Hauptstaatsarchiv: Hochstiftsliteralien Freising 96 –103; Klosterliteralien Benediktbeuern 16; Landshuter Abgaben, Rep. 48, Nr. 95.
Bayerische Staatsbibliothek, Handschriftenabteilung: Clm 16 226, fol. 422; 255, fol. 126r - 132v
Universitätsarchiv der Ludwig-Maximilians-Universität: Liber Actorum facultatis Artium (Universität Ingolstadt); UA München, O I, 1 –2; Matricula facultatis Artium (Universität Ingolstadt); UA München, O IV, 1.

Rom

Archivio Segreto Vatiano: Penitenziaria Apostolica Registrum, Bd. 42 – 55 (1492 - 1508).
Biblioteca Apostolica Vaticana: Vat. lat. 6290 fol. 78r - 83r.

Salzburg

Archiv der Erzdiözese: Konsistorial Archiv Salzburg, Freising 4/78.

Wien

Archiv der Universität: Matricula facultatis Juristarum Studii Wiennensis: MFI Wien, J 1 - J 2.

Gedruckte Quellen

Album seu Matricula Facultatis Juridicae Universitatis Pragensis ab anno Christi 1372 usque ad annum 1418 (= Monumenta Historica Universitatis Carolo-Ferdinandeae Pragensis Tomus II, Pars I), Prag 1834.

Florian DALHAM, Concilia Salisburgensia provincialia et dioecesana, jam inde ab hierarchiae hujus origine, quoad codices suppetebant, ad nostram usque aetatem celebrata ; adjectus quoque temporum posteriorum recessibus, ad conventis inter archiepiscopos, et vicinos principes rerum ecclesiasticarum causa initis, Augsburg 1788.

Martin DEUTINGER, Beyträge zur Geschichte, Topographie und Statistik des Erzbisthums München und Freising (= Die älteren Matrikeln des Bistums Freising), Bd. 3, München 1850.

Erwin GATZ (Hg.), Atlas zur Kirche in Geschichte und Gegenwart. Heiliges Römisches Reich und deutschsprachige Länder, Regensburg 2009.

Georg LEIDINGER (Hg.): Veit Arnpecks "Chronik der Bayern", Sitzungsberichte der Bayerischen Akademie der Wissenschaften zu München, Philosophisch-Historische Abteilung, München 1936.

Wolfgang Peter MÜLLER, Die Gebühren der päpstlichen Pönitentiarie (1338 – 1569). In:
QFIAB 78, 1998, 189-261.

Georg PFEILSCHIFTER (Hg.), Acta reformationis catholicae Ecclesiam Germaniae concernentia saeculi XVI. Bd. 1: Die Reformverhandlungen des Deutschen Episkopats von 1520 bis 1570, Regensburg 1959.

Götz Freiherr von PÖLNITZ – Laetitia BOEHM (Hg.), Die Matrikel der Ludwig-Maximilians-Universität Ingolstadt-Landshut-München, Bd. 1 bis 5, München 1937 - 1984.

Repertorium Academicum Germanicum, Stand vom 30.05.2009:
http://www.rag-online.org/ .

Ludwig SCHMUGGE (Hg.), Repertorium Poenitentiariae Germanicum, Verzeichnis der in den Supplikenregistern der Pönitentiarie vorkommenden Personen, Kirchen und Orte des Deutschen Reiches, Bd. 1 bis 7,2, Tübingen 1998 - 2008.

Helmuth STAHLEDER, Älteres Häuserbuch der Stadt München. Hausbesitz und Steuerleistung der Münchner Bürger, 1368-1571, herausgegeben vom Stadtarchiv München, Bd. 1: Innere Stadt, Kreuzviertel und Graggenauer Viertel, Neustadt a.d. Aisch 2006.

Helmuth STAHLEDER, Älteres Häuserbuch der Stadt München. Hausbesitz und Steuerleistung der Münchner Bürger 1368-1571, herausgegeben vom Stadtarchiv München, Bd. 2: Innere Stadt, Petri, Anger- und Hackenviertel, Neustadt a.d. Aisch 2006.

Helmuth STAHLEDER, Chronik der Stadt München. Bd. 1: Herzogs- und Bürgerstadt. Die Jahre 1157 bis 1505, München 1995.

Willy SZAIVERT - Franz GALL, u.a. (Bearb.), Die Matrikel der Universität Wien (1377-1659), 6 Bde. (= Publikationen des Instituts für Österreichische Geschichtsforschung, 6. Reihe: Quellen zur Geschichte der Universität Wien, 1. Abt.), Graz, Wien, Köln 1956 - 1993.

Hans Georg WACKERNAGEL (Hg.), Die Matrikel der Universität Basel 1460 bis 1601, Bd. 1 bis 5, Basel 1951 - 1980.

Literatur

Arnold ANGENENDT, Geschichte der Religiosität im Mittelalter, Darmstadt ²2000.

Heinz ANGERMEIER, Die Reichsreform 1410 – 1555. Die Staatsproblematik in Deutschland zwischen Mittelalter und Gegenwart München 1984.

ARCHIVIO SEGRETO VATICANO (Hg.), Index der Bände und entsprechende Mittel der Beschreibung und der Forschung, Vatikan 1998.

Joseph A. BAADER, Chronik des Marktes Mittenwald, seiner Kirchen, Stiftungen und Umgegend, Nördlingen 1880.

BAYERISCHES LANDESAMT FÜR UMWELT, Fachinformationen. Stand vom 02.07.2008: http://www.lfu.bayern.de/natur/fachinformationen/landschaftsplanung/regional_lek/lek_landshut/textband/kap3/kap321/kap321.htm

Rainald BECKER, Wege auf den Bischofsthron. Geistliche Karrieren in der Kirchenprovinz Salzburg in Spätmittelalter, Humanismus und konfessionellem Zeitalter (1448 – 1648)
(Römische Quartalschrift für christliche Altertumskunde und Kirchengeschichte, Supplementband 59), Freiburg i.Br. 2006.

Laetitia BOEHM, Akademische Grade. In: Rainer Christoph SCHWINGES (Hg.), Examen, Titel, Promotionen. Akademisches und staatliches Qualifikationswesen vom 13. bis 21. Jahrhundert.
(Veröffentlichungen der Gesellschaft für Universitäts- und Wissenschaftsgeschichte, Bd. 7), Basel 2007, 11-54.

Andrea BOOCKMANN, Geistliche und weltliche Gerichtsbarkeit im mittelalterlichen Bistum Schleswig (Quellen u. Forschungen zur Geschichte Schleswig-Holsteins, Bd. 52), Neumünster 1967.

Andrea BOOCKMANN, Geistliche Verwaltung und Gerichtsbarkeit der Schleswiger Bischöfe und des Domkapitels im Mittelalter. In: Christian RADTKE (Hg.), 850 Jahre St.-Petri-Dom zu Schleswig, Schleswig 1984, 197-205.

Hartmut BOOCKMANN, Recht und Verfassung im Übergang vom Mittelalter zur Neuzeit (Abhandlungen der Akademie der Wissenschaften in Göttingen, Philologisch-Historische Klasse). Bd. 1: Recht und Verfassung im Übergang vom Mittelalter zur Neuzeit/1 : Bericht über Kolloquien der Kommission zur Erforschung der Kultur des Spätmittelalters 1994 bis 1995, Göttingen 1998.

Karl BOSL, Repräsentation und Parlamentarismus in Bayern vom 13. bis zum 20. Jahrhundert. Eine politische Geschichte des Volkes in Bayern. Bd. 1: Die Geschichte der Repräsentation in Bayern, München 1974.

Walter BRANDMÜLLER (Hg.), Handbuch der bayerischen Kirchengeschichte. Bd. 1,2: Von den Anfängen bis zur Schwelle der Neuzeit, Teil II. Von den Anfängen bis zur Schwelle der Neuzeit, Das kirchliche Leben, St. Ottilien 1999.

Otto Ernst BREIBECK, Bayerns Polizei im Wandel der Zeit. Achthundert Jahre Polizeigeschichte, München 1971.

Christopher BROOKE, The Medieval Idea of Marriage, Oxford 2002.

James BRUNDAGE, Concubinage and Marriage in Mediaval Canon law. In: Journal of Mediaval History 1, 1975, 1-17.

James BRUNDAGE, Law, Sex and Christian Society in Medieval Europe, Chicago 1987.

Ingeborg BUCHHOLZ-JOHANEK, Geistliche Richter und geistliches Gericht im spätmittelalterlichen Bistum Eichstätt (Eichstätter Studien: Neue Folge, Bd. 23), Münster/Westfalen 1988.

Enno BÜNZ und Christoph VOLKMAR, Das landesherrliche Kirchenregiment in Sachsen vor der Reformation. In: Enno BÜNZ, Glaube und Macht. Theologie, Politik und Kunst im Jahrhundert der Reformation (Schriften der Stiftung Luthergedenkstätten in Sachsen-Anhalt, Bd. 5), Leipzig 2005, 89-111.

Hermann Joseph BUSLEY, Die Geschichte des Freisinger Domkapitels. Von den Anfängen bis zur Wende des 14./15. Jahrhunderts, Diss. masch. München 1956.

Joseph CAROLA, La Nascita di un Tribunale della Coscienza: una Risposta Agostiniana. In: Johan ICKX – Manlio SODI, La Penitenzieria Apostolica e il Sacramento della Penitenzieria, Percorsi storici, guiridici, teologici e prospettive pastorali, Città del Vaticano 2009, 51-61.

Christina DEUTSCH, Ehegerichtsbarkeit im Bistum Regensburg 1480 - 1538 (Forschungen zur kirchlichen Rechtsgeschichte und zum Kirchenrecht, Bd. 29), Köln 2005.

Charles DONAHUE und Knut NÖRR, The records of the Medieval Ecclesiastical Courts. Reports of the Working Group on Church Court Records (Comparative studies in continental and Anglo-American legal history). Bd. 1: The Continent, Berlin 1989.

Gabriella ERDÉLY, Neuere Forschungen zur Apostolischen Pönitentiarie. In: QFIAB 86, 2006, 582-89.

Thomas FEUERER, Die Klosterpolitik Herzog Albrechts IV. von Bayern. statistische und prosopographische Studien zum vorreformatorischen landesherrlichen Klosterregiment im Herzogtum Bayern von 1465 bis 1508 (Schriftenreihe zur bayerischen Landesgeschichte, Bd. 158), München 2008.

Klaus Peter FOLLAK, Die Bedeutung der "Landshuter Landesordnung" von 1474 für die niederbayerische Gerichtsorganisation, München 1977.

Pankraz FRIED, Die Landgerichte Dachau und Kranzberg, HAB Altbayern 11/12, München 1958.

Pankraz FRIED, Augsburg. In: LexMA I, 1980, 1211-1216.

Erwin GATZ (Hg.), Die Bischöfe des Heiligen Römischen Reiches 1448 bis 1648. Ein biographisches Lexikon, Berlin 1996.

Erwin GATZ, (Hg.), Die Bistümer des Heiligen Römischen Reiches von ihren Anfängen bis zur Säkularisation, Freiburg i.Br. 2003.

Emil GÖLLER, Die päpstliche Pönitentiarie. Von ihrem Ursprung bis zu ihrer Umgestaltung unter Pius V., Bd. 1.2, Rom 1907.

Roland GÖTZ, Das Freisinger Domkapitel in der letzten Epoche der Reichskirche 1648 – 1802/03. Studien und Quellen zu Verfassung, Personen und Wahlkapitulationen (Münchener Theologische Studien: I, Historische Abteilung, Bd. 37), St. Ottilien 2003.

Othmar HAGENEDER, Die geistliche Gerichtsbarkeit in Ober- und Niederösterreich. Von den Anfängen bis zum Beginn des 15. Jahrhunderts (Forschungen zur Geschichte Oberösterreichs, Bd. 10), Linz/Köln 1967.

Manfred HEIM, Bischof und Archidiakon: Geistliche Kompetenzen im Bistum Chiemsee (1215 – 1817) (Münchener Theologische Studien: I, Historische Abteilung, Bd. 32), St. Ottilien 1992.

Johannes HELMRATH, Das Basler Konzil (1431 – 1449) (Kölner historische Abhandlungen, Bd. 32), Köln 1987.

Reinhard HEYDENREUTER (Hg.), Recht, Verfassung und Verwaltung in Bayern 1506 - 1946, Neustadt a.d. Aisch 1981.

Reinhard HEYDENREUTER, Strafrechtspflege in den bayerischen Besitzungen des Hochstifts Freising. In: Hubert GLASER (Hg.), Hochstift Freising. Beiträge zur Besitzgeschichte (Sammelblatt des Historischen Vereins Freising, Bd. 32), München 1990, 217-228.

Reinhard HEYDENREUTER, Kriminalgeschichte Bayerns. Von den Anfängen bis ins 20. Jahrhundert, Regensburg 2008.

Sebastian HIERETH, Das Landgericht Moosburg, HAB Altbayern 1, München 1950.

Hermann HOBERG, Die Einnahmen der Apostolischen Kammer am Vorabend der Glaubensspaltung. In: Erwin GATZ, 100 Jahre deutsches Priesterkolleg beim Campo Santo Teutonico 1876 – 1976 (Römische Quartalschrift für christliche Altertumskunde und Kirchengeschichte, Supplementband 35), Freiburg i.Br. 1977, 69-84.

Ludwig HOLZFURTNER, Die Grenzen der oberbayerischen Klosterhofmarken. Eine Studie zur Verfassungsgeschichte des Mittelalters. In: ZBLG 50, 1987, 411-440.

Per INGESMAN, Danmark og Pavestolen i senmiddelalderen. In: Per INGESMAN, Jens Villiam JENSEN (Hg.), Danmark i Senmiddelalderen, Aarhus 1994, 292-316.

Johan ICKX – Manlio SODI, La Penitenzieria Apostolica e il Sacramento della Penitenzieria, Percorsi storici, guiridici, teologici e prospettive pastorali, Città del Vaticano 2009.

ICKX, Johan, „Ipsa Vero Officii Maioris Poenitentiarii Institutio Non Referitur?" La Nascita di un Tribunale della Conscienza. In: Johan ICKX – Manlio SODI, La Penitenzieria Apostolica e il Sacramento della Penitenzieria, Percorsi storici, guiridici, teologici e prospettive pastorali, Città del Vaticano 2009, 19-50.

Ralph JÄTZOLD (Hg.), Physische Geographie und Nachbarwissenschaften. Harms Handbuch der Geographie, Hannover, [16]1999.

Joachim JAHN, Augsburgs Einwohnerzahl im 16. Jahrhundert, ein statistischer Versuch. In: ZBLG 39, 1976, 379-396.

Hermann JERZ, Das Eiszeitalter in Bayern. Erdgeschichte, Gesteine, Wasser, Boden, Stuttgart 1993.

Kurt G. A. JESERICH, Deutsche Verwaltungsgeschichte. Bd. 1: Vom Spätmittelalter bis zum Ende des Reiches, Stuttgart 1983.

Winfried KAUSCH, Geschichte der Theologischen Fakultät Ingolstadt im 15. und 16. Jahrhundert (1472 – 1605) (Ludovico Maximilianea, Forschungen, Bd. 9), Berlin 1977.

Martin KINTZINGER, Licentia. In: Rainer Christoph SCHWINGES (Hg.), Examen, Titel, Promotionen, akademisches und staatliches Qualifikationswesen vom 13. bis zum 21.Jahrhundert, Basel 2007, 55-89.

Ferdinand KRAMER, Zur Entwicklung bayerischer Städte an der Grenze zu Schwaben. In: Helmut FLACHENECKER und Rolf KIEßLING (Hg.), Städtelandschaften in Altbayern, Franken und Schwaben. Studien zum Phänomen der Kleinstädte während des Spätmittelalters und der Frühen Neuzeit (ZBLG, Beiheft, B Bd. 15), München 1999, 337-352.

Andreas KRAUS, Geschichte Bayerns. Von den Anfängen bis zur Gegenwart, München [3]2004.

Isabella LAZZARINI, Mantua. In: LexMA VI, 1993, 208.

Georg LEIDINGER (Hg.), Veit Arnpecks „Chronik der Bayern" (Sitzungsberichte der Bayerischen Akademie der Wissenschaften, Philosophisch-Historische Abteilung), München 1936.

Heinz LIEBERICH, Die gelehrten Räte. In: ZBLG 27, 1964, 120-189.

Heinz LIEBERICH, Klerus und Laienwelt in der Kanzlei Bayerischer Herzöge. In: ZBLG 29, 1966, 239-258.

Heinz LIEBERICH, Die bayerischen Landstände 1313/40 - 1807 (Materialien zur bayerischen Landesgeschichte, Bd. 7), München 1990.

Leonore LIESS, Geschichte der medizinischen Fakultät in Ingolstadt von 1472 - 1600 (Schriftenreihe der Münchener Vereinigung für Geschichte der Medizin e.V., Bd. 14), München 1984.

Klaus Michael LINDNER, Courtship and the Courts: Marriage and law in southern Germany, 1350 - 1550, Ann Arbor 1988.

Antonio MANFREDI: La Penitenzieria Apostolia nel Quattrocento attraverso i Cardinali Penitenzieri e le Bolle dei Giubilei. In: Johan ICKX – Manlio SODI, La Penitenzieria Apostolica e il Sacramento della Penitenzieria, Percorsi storici, guiridici, teologici e prospettive pastorali, Città del Vaticano 2009, 63-87.

Joseph MAß, Das Bistum Freising im Mittelalter (Geschichte des Erzbistums München und Freising, Bd. 1), München ²1986.

Carl MEICHELBECK, Geschichte der Stadt Freising und ihrer Bischöfe, Freising 1854.

Erich MEUTHEN, Das Basler Konzil als Forschungsproblem der europäischen Geschichte (Rheinisch-Westfälische Akademie der Wissenschaften, Vorträge, Bd. 274), Opladen 1985.

Andreas MEYER, Zürich und Rom. Ordentliche Kollatur und päpstliche Provisionen am Frau- und Großmünster 1316 – 1523, Tübingen 1986.

Andreas MEYER, Das Wiener Konkordat von 1448 – eine erfolgreiche Reform des Spätmittelalters. In: QFIAB 66, 1986, 108-151.

Andreas MEYER, Quellen zur Geschichte der päpstlichen Pönitentiarie aus Luccheser Imbreviaturen. In: Andreas MEYER, Constanze RENDTEL und Maria WITTMER-BUTSCH, Päpste, Pilger, Pönitentiarie. Festschrift für Ludwig Schmugge zum 65. Geburtstag, Tübingen 2004, 317-353.

Bernd MOELLER, Frömmigkeit im 15. Jahrhundert. In: Bernd MOELLER, Johannes SCHILLING, Die Reformation und das Mittelalter. Kirchenhistorische Aufsätze, Göttingen 1991, 73-85.

Wolfgang P. MÜLLER, Die Gebühren der päpstlichen Pönitentiarie (1338 - 1569). In: QFIAB 78, 1998, 189-261.

Paolo OSTINELLI, Il governo delle anime. Strutture ecclesiastiche nel Bellinzonese e nelle Valli ambrosiane (XIV - XV secolo) (L'officina, Bd. 11), Locarno 1998.

Hans PAARHAMMER, Rechtsprechung und Verwaltung des Salzburger Offizialats (1300 bis 1569), Wien 1977.

Willibald M. PLÖCHL, Geschichte des Kirchenrechts, Bd. 2: Das Kirchenrecht der abendländischen Christenheit 1055 - 1517, Wien ²1962.

Johann B. PRECHTL, Chronik der ehemals bischöflich freisingischen Grafschaft Werdenfels in Oberbayern. Mit ihren 3 Untergerichten und Pfarreien Garmisch, Partenkirchen und Mittenwald, Garmisch 1931.

Helmut RANKL, Das vorreformatorische landesherrliche Kirchenregiment in Bayern (1378 - 1528) (Miscellanea Bavarica Monacensia, Bd. 34), München 1971.

Helmut RANKL, Landvolk und frühmoderner Staat in Bayern 1400 – 1800 (Studien zur bayerischen Verfassungs- und Sozialgeschichte, Bd. 1), München 1999.

Andreas REHBERG, Der deutsche Klerus an der Kurie. In: Sigrid SCHMITT und Sabine KLAPP (Hg.), Städtische Gesellschaft und Kirche im Spätmittelalter. Kolloquium Daum 2004, Stuttgart 2008, 37-65.

Christine REINLE, Bauernfehden: Studien zur Fehdeführung Nichtadeliger im spätmittelalterlichen römisch-deutschen Reich, besonders in den bayerischen Herzogtümern (Vierteljahrschrift für Sozial- und Wirtschaftsgeschichte, Beihefte, Bd. 170), Stuttgart 2003.

Eduard ROSENTHAL, Geschichte des Gerichtswesens und der Verwaltungsorganisation Bayerns. Bd. 1: Vom Ende des 12. bis zum Ende des 16. Jahrhunderts. Würzburg 1889 (ND 1984).

Daniel RUTZ, Incipit formularius. In: MEYER, Päpste, Pilger, Pönitentiarie. 483-499.

Maria Rita SAGSTETTER, Hoch- und Niedergerichtsbarkeit im spätmittelalterlichen Herzogtum Bayern als Ausdrucksformen herzoglicher, adeliger und kirchlich-klösterlicher Herrschaftsausübung (Schriftenreihe zur bayerischen Landesgeschichte, Bd. 120), München 2000.

Kirsi SALONEN, Long path to forgiveness. In: QFIAB 79, 1999, 283-318.

Kirsi SALONEN, The Roman Curia, the Apostolic Penitentiary and the Partes in the Later Middle Ages, Rom 2003.

Kirsi SALONEN, Zur Kommunikation zwischen der Pönitentiarie und der Provinz von Uppsala. In: Kirsi SALONEN – Christian KRÖTZEL: The roman curia: The Apostolic Penitentiary and the partes in the later Middle Ages, Rom 2003.

Kirsi SALONEN, The Decisions of Pope Pius II. In the Penitentiary Registers. In: MEYER, Päpste, Pilger, Pönitentiarie. 515-530.

Kirsi SALONEN, Diemunda and Heinrich – married or not? About a marriage litigation ijn the Consistorial Court of Freising in the Middle Ages. In: The Apostolic Penitentiary in local contexts, Budapest 2007, 43-59.

Michael SCHATTENHOFER, Beiträge zur Geschichte der Stadt München. In: OA 109, 1984, 25-39.

Hans SCHLOSSER und Ingo SCHWAB, Oberbayerisches Landrecht Kaiser

Ludwigs des Bayern von 1346. Edition, Übersetzung und juristischer Kommentar, Köln 2000.

Hans SCHLOSSER, Herrschaftliches Strafen seit dem Hochmittelalter. Formen und Entwicklungsstufen (Konflikt, Verbrechen und Sanktion in der Gesellschaft Alteuropas: Symposien und Synthesen, Bd. 5), Köln 2002.

Alois SCHMID, München. In: LexMA VI, München 1992, 897-898.

Ludwig SCHMUGGE, Ehen vor Gericht, Berlin 2008.

Ludwig SCHMUGGE, Kinder, Kirche, Karrieren. Päpstliche Dispense von der unehelichen Geburt im Spätmittelalter, Tübingen 1995.

Ludwig SCHMUGGE, Schleichwege zu Pfründe und Altar: päpstliche Dispense vom Geburtsmakel 1449 – 1533, München 1994.

Ludwig SCHMUGGE, Patrick HERSPERGER und Beatrice WIGGENHAUSER, Die Supplikenregister der päpstlichen Pönitentiarie aus der Zeit Pius II. (1458 – 1464), Tübingen 1996.

Christoph SCHÖNER, Die ›magistri regentes‹ der Artistenfakultät 1472 – 1526. In: Laetitia BOEHM, Winfried MÜLLER, Wolfgang J. SMOLKA u.a. (Hg.), Biographisches Lexikon der Ludwig-Maximilians-Universität München 1 (Münchner Universitätsschriften, Bd. 18), Berlin 1998, 507-579.

Christiane SCHUCHARD, Die Deutschen an der päpstlichen Kurie im späten Mittelalter. 1378 – 1447 (Bibliothek des Deutschen Historischen Instituts in Rom, Bd. 65), Tübingen 1987.

Christiane SCHUCHARD, Die päpstlichen Kollatoren im späten Mittelalter (Bibliothek des Deutschen Historischen Instituts in Rom, Bd. 91), Tübingen 2000.

Knut SCHULZ, Die Norm der Ehelichkeit in Zunft und Bürgerrecht. In: Ludwig SCHMUGGE (Hg.), Illegitimität im Spätmittelalter, Tübingen 1994, 67-83.

Christian SCHWAB, Das Augsburger Offizialatsregister (1348 – 1352). Ein Dokument geistlicher Diözesangerichtsbarkeit, Edition und Untersuchung (Forschungen zur kirchlichen Rechtsgeschichte und zum Kirchenrecht, Bd. 25), Köln 2001.

Georg SCHWAIGER, Freisinger Diözesansynoden im ausgehenden Mittelalter. In: Remigius BÄUMER (Hg.), Reformatio Ecclesiae. Beiträge zu kirchlichen Reformbemühungen von der Alten Kirche bis zur Neuzeit, Festgabe für Erwin Iserloh, Paderborn 1980, 259-270.

Georg SCHWAIGER, Das Bistum Freising in der Neuzeit (Geschichte des Erzbistums München und Freising, Bd. 2), München 1989.

Georg SCHWAIGER, Die Grafschaft Werdenfels im fürstbischöflichen Hochstift Freising. In: ZBLG 60, 1997, 521-538.

Brigide SCHWARZ, Dispense in der Kanzlei Eugens IV. In: SCHMUGGE, Illegitimität 133-146.

Brigide SCHWARZ, Römische Kurie und Pfründenmarkt im Spätmittelalter. In: ZHF 20, 1993, 129-252.

Ulrich SCHWARZ, Petenten, Pfründen und die Kurie. Norddeutsche Beispiele aus dem Repertorium Germanicum. In: BfdL 133, 1997, 1-21.

Rainer Christoph SCHWINGES, Karrieremuster. Zur sozialen Rolle der Gelehrten im Reich des 14. bis 16. Jahrhunderts. Eine Einführung. In: Rainer Christoph SCHWINGES (Hg.), Studenten und Gelehrte. Studien zur Sozial- und Kulturgeschichte deutscher Universitäten im Mittelalter. (Education and society in the Middle Ages and Renaissance, Bd. 32), Leiden 2008, 515-528.

Rainer Christoph SCHWINGES, Pfaffen und Laien in der Universitätswelt. In: SCHWINGES, Studenten und Gelehrte, 299-315.

Rainer Christoph SCHWINGES, Zur Professionalisierung gelehrter Tätigkeit im deutschen Spätmittelalter. In: SCHWINGES, Studenten und Gelehrte, 553-578.

Michael M. SHEERHAN, Theory and practice: Marriage of the Unfree and Poor in Mediaval Society. In: Medieval Studies 50, 1998, 457 - 87. ND in: James K. FARGE (Hg.), Marriage, Family and Law in Medieval Europe: Collected Studies, Toronto 1996, 211-246.

Jörn SIEGLERSCHMIDT, Territorialstaat und Kirchenregiment, Studien zur Rechtsdogmatik des Kirchenpatronatsrechts im 15. und 16. Jahrhundert (Forschungen zur kirchlichen Rechtsgeschichte und zum Kirchenrecht, Bd. 15), Köln 1987.

Max SPINDLER (Hg.), Handbuch der bayerischen Geschichte. Bd. 2: Der Territorialstaat vom Ausgang des 12. Jahrhunderts bis zum Ausgang des 18. Jahrhunderts, München ²1988.

Georg SPITZLBERGER, Landshut. In: LexMA V, 1991, 1674-1675.

Joseph STABER, Die Seelsorge in der Diözese Freising unter den Bischöfen Johannes Tulbeck, Sixtus von Tannberg und Pfalzgraf Philipp. In: THEOLOGISCHE FAKULTÄT DER UNIVERSITÄT MÜNCHEN (Hg.), Episcopus. Studien über das Bischofsamt, Regensburg 1949, 207-226.

Helmuth STAHLEDER, Die Bart. In: OA 125, 2001, 289-392.

Helmuth STAHLEDER, Freising. In: LexMA IV, 1989, 904-906.

Helmuth STAHLEDER, Das Münchener Patriziat. In: OA 109, 1984, 25-39.

Helmuth STAHLEDER, Die Astaler, Katzmair, Scharfzahn und Tulbeck. In: OA 113, 1989, 195-230.

Helmuth STAHLEDER, Die Impler und Reitmor. In: OA 121, 1997, 297-337.

Helmuth STAHLEDER, Die Ligsalz. In: OA 117, 1993/4, 175-260.

Helmuth STAHLEDER, Die Ridler. In: OA 116, 1992, 115-180.

Helmuth STAHLEDER, Die Rudolf. In: OA 122, 1998, 135-218.

Helmuth STAHLEDER, Die Schluder. In: OA 123, 1999, 39-74.

Helmuth STAHLEDER, Die Schrenck. In: OA 127, 2003, 61-149.

Helmuth STAHLEDER, Die Tichtel. In: OA 120, 1996, 211-263.

Helmuth STAHLEDER, Die Wilbrecht, Rosenbusch, Pütrich. In: OA 114, 1990, 227-281.

Helmuth STAHLEDER, Hochstift Freising. Freising, Ismaning, Burgrain. HAB Altbayern 33, München 1974.

Helmuth STAHLEDER, Stadtplanung und Stadtentwicklung Münchens im Mittelalter. In: OA 119, 1997, 217-283.

Helmuth STAHLEDER, Älteres Häuserbuch der Stadt München. Hausbesitz und Steuerleistung der Münchner Bürger 1368 – 1571, Bd. 1: Innere Stadt, Kreuzviertel und Graggenauer Viertel, München 2006.

Helmuth STAHLEDER, Älteres Häuserbuch der Stadt München. Hausbesitz und Steuerleistung der Münchner Bürger 1368 – 1571, Bd. 2: Innere Stadt Petri, Anger- und Hackenviertel, München 2006.

Achim STEINS, Der ordentliche Zivilprozess nach den Offizialatsstatuten. Ein Beitrag zur Geschichte des gelehrten Prozesses in Deutschland im Spätmittelalter. In: ZRG KA 90, 1973, 191-262.

Wilhelm STÖRMER, Kleinere Städte und Märkte im mittelalterlichen Altbayern südlich der Donau. In: Helmut FLACHENECKER – Rolf KIEßLING (Hg.), Städtelandschaften in Altbayern, Franken und Schwaben (ZBLG, Beiheft, B, Bd. 15), München 1999, 39-100.

Heinrich STUTT, Die nordwestdeutschen Diözesen und das Baseler Konzil in den Jahren 1431 - 1441, Erlangen 1928.

Filippo TAMBURINI, Die Apostolische Pönitentiarie und die Dispense "super defectu natalium". In: Ludwig SCHMUGGE (Hg.), Illegitimität; 123-133.

Götz-Rüdiger TEWES, Die römische Kurie und die europäischen Länder am Vorabend der Reformation (Bibliothek des Deutschen Historischen Instituts in Rom, Bd. 95), Tübingen 2001.

Tobias ULBRICH, Päpstliche Provision oder patronatsherrliche Präsentation? Der Pfründenerwerb Bamberger Weltgeistlicher im 15. Jahrhundert (Historische Studien, Bd. 455), Husum 1998.

Klaus UNTERBURGER, Das bayerische Konkordat von 1583, die Neuorientierung der päpstlichen Deutschlandpolitik nach dem Konzil von Trient und deren Konsequenzen für das Verhältnis von weltlicher und geistlicher Gewalt, Stuttgart 2006.

Jacques VERGER, Scholares. In: LexMA VII, 1995, 1519-1520.

Rudolf WEIGAND, Die Rechtsprechung des Regensburger Gerichtes in Ehesachen unter Berücksichtigung der bedingten Eheschließung nach Gerichtsbüchern aus dem Ende des 15. Jahrhunderts. In: AkathKR 137, 1968, 403-446.

Rudolf WEIGAND, Zur mittelalterlichen kirchlichen Ehegerichtsbarkeit.. In: ZRG KA 67, 1981, 213-247.

Sabine WEISS, Kurie und Ortskirche. Die Beziehungen zwischen Salzburg und dem päpstlichen Hof unter Martin V. (1417 – 1431) (Bibliothek des Deutschen Historischen Instituts in Rom, Bd. 76), Tübingen 1994.

Manfred WEITLAUFF, Die Reichskirchenpolitik des Hauses Bayern unter Kurfürst Max Emanuel (1679 – 1726); vom Regierungsantritt Max Emanuels bis zum Beginn des Spanischen Erbfolgekrieges (1769 – 1701) (Münchener Theologische Studien: I, Historische Abteilung, Bd. 24), St. Ottilien 1985.

Joachim WILD (Hg.), Die Fürstenkanzlei des Mittelalters. Anfänge weltlicher und geistlicher Zentralverwaltung in Bayern, Neustadt a.d. Aisch 1983.

Peter WIEGAND, Diözesansynoden und bischöfliche Statutengesetzgebung im Bistum Kammin, zur Entwicklung des partikularen Kirchenrechts im spätmittelalterlichen Deutschland (Veröffentlichungen der Historischen Kommission für Pommern, Bd. 5), Köln 1998.

Dietmar WILLOWEIT, Von der natürlichen Kindschaft zur Illegitimität. In: SCHMUGGE (Hg.), Illegitimität im Spätmittelalter, München 1994, 55-67.

Helmut WOLFF, Geschichte der Ingolstädter Juristenfakultät 1472 - 1625 (Ludovico Maximilianea. Forschungen und Quellen Bd. 5), Berlin 1973.

Abkürzungen

Ungedruckte Quellen

BAV – Biblioteca Apostolica Vaticana, Rom

Clm – Bayerische Staatsbibliothek München: Codex latinus Monacensis

HL Freising – Bayerisches Hauptstaatsarchiv, München: Hochstiftsliteralien Freising

KAS Freising 4/78 – Archiv der Erzdiözese Salzburg, Konsistorial-Archiv Salzburg, Freising

KL Benediktbeuern – Bayerisches Hauptstaatsarchiv, München: Klosterliteralien Benediktbeuern

PA – Archivio Segreto Vaticano, Rom: Penitenziaria Apostolica

UA München, O I, 1 - 2 – Universitätsarchiv der Ludwig-Maximilians-Universität, München: Liber Actorum Facultas Artium (Universität Ingolstadt)

UA München, O IV, 1 – Universitätsarchiv der Ludwig-Maximilians-Universität, München: Matricula Facultas Artium (Universität Ingolstadt)

MFI Wien, J 1 - J 2 – Archiv der Universität Wien: Matricula faultatis Juristarum Studii Wiennensis

Gedruckte Quellen

M. Jur. Prag – Matrikel der Juristischen Fakultät Prag

M. Ingolstadt – Matrikel der Ludwig-Maximilians-Universität Ingolstadt

M. Wien – Matrikel der Universität Wien (1377 – 1659)

M. Basel – Matrikel der Universität Basel

Zeitschriften

AkathKR – Ludwigs-Maximilians-Universität München (Hg.): Archiv für katholisches Kirchenrecht

BfdL – Gesamtverein der Deutschen Geschichts- und Altertumsvereine, Koblenz (Hg.): Blätter für deutsche Landesgeschichte

HAB – Kommission für bayerische Landesgeschichte, München (Hg.): Historischer Atlas von Bayern

OA – Historischer Verein von Oberbayern, München (Hg.): Oberbayerisches Archiv

RAG – Historische Kommission bei der Bayerischen Akademie der Wissenschaften, München (Hg.): Repertorium Academicum Germanicum

RG – Preussisches Historisches Institut, dann Deutsches Historisches Institut, Rom (Hg.): Repertorium Germanicum

RPG – Deutsches Historisches Institut, Rom (Hg.): Repertorium Poenitentiariae Germanicum

QFIAB – Niemeyer Verlag, Tübingen (Hg.): Quellen und Forschungen aus italienischen Archiven und Bibliotheken

ZBLG – Kommission für bayerische Landesgeschichte (Hg.): Zeitschrift für Bayerische Landesgeschichte

ZHF – Duncker & Humblot Verlag, Berlin: Zeitschrift für Historische Forschung

ZRG KA – Savigny-Stifzung für Rechtsgeschichte (Hg.): Zeitschrift für Rechtsgeschichte, Kanonistische Abteilung

Lexikon

LexMA – Artemis Verlag, München (Hg.): Lexikon des Mittelalters, 1980 – 1999

A. Einleitung

Ziel – Quellen – Zeitraum – Untersuchungsschwerpunkt – Forschungsstand

Die Überlieferungslage für die geistliche Rechtsprechung in der Diözese Freising ist außerordentlich gut. Nur für wenige Gebiete des Heiligen Römischen Reiches Deutscher Nation finden sich in vergleichbar großem Umfang lokale Quellen zur geistlichen Gerichtsbarkeit des 15. Jahrhunderts wie in Freising. Ziel dieser Arbeit ist es, die kirchliche Rechtsprechung während der Ausbildung des vorreformatorischen landesherrlichen Kirchenregimentes vor allem unter Herzog Albrecht IV. von Bayern-München (1460 – 1508) zu untersuchen. Dabei soll mithilfe neuartiger Erfassungs- und Auswertungsmethoden wie Datenbanken, Statistiken, Kartographie und Prosopographie ein möglichst großer Quellenbestand erfasst werden. Durch Vergleich lokaler und kurialer Aufzeichnungen zur Jurisdiktion sollen die Recht suchenden Personen charakterisiert werden, die Rechtsanwendung in der Praxis betrachtet sowie das Verhältnis zwischen den geistlichen, rechtsprechenden Instanzen in Freising und an der Kurie geklärt werden. Mit der Diözese Freising wurde dabei ein Bistum ausgewählt, zu dem trotz hervorragender Überlieferungslage noch sehr wenige Untersuchungen zu diesem Thema vorliegen.

Umfangreiche Quellen zur geistlichen Rechtsprechung bieten die ab 1424 überlieferten Offizialatsprotokolle[1]. Das Archivgut des Offizialatsregisters wurde im Zuge der Säkularisation zerstreut: Ein Teil befindet sich im Münchener Diözesanarchiv, der andere im Bayerischen Hauptstaatsarchiv München[2] und wurde dort als Bestand „Hochstiftsliteralien Freising" archiviert. Weiteres Material zur geistlichen Rechtsprechung der nächsthöheren Instanz ist auch im Konsistorialarchiv Salzburg, im Offizialat des Erzbischofes[3], überliefert. Ebenso existieren Abschriften klösterlicher Rechtsprechung beispielsweise von Benediktbeuern[4]. Die Akten zur weltlichen, herzoglichen Jurisdiktion bieten mehrere Beschreibungen von Interessenskonflikten mit den kirchlichen Rechtsprechungsorganen. Sie werden beispielsweise innerhalb des umfangreichen Bestan-

---

[1] Siehe dazu auch Charles DONAHUE – Knut NÖRR, The records of the Medieval Ecclesiastical Courts. Reports of the Working Group on Church Court Records (Comparative studies in continental and Anglo-American legal history), Bd. 1: The Continent, Berlin 1989. 40-42.
[2] DONAHUE, Medieval Ecclesiastical Courts, 33-35.
[3] DONAHUE, Medieval Ecclesiastical Courts, 3.
[4] BayHStA, KL Benediktbeuern 16.

des „Kurbayern Äußeres Archiv" im Bayerischen Hauptstaatsarchiv München verwahrt. Dort ist eine Fülle von Informationen zur herzoglichen Jurisdiktion, zum Aufbau der herzoglichen Behörden und zu den damit einhergehenden Kompetenzstreitigkeiten mit den geistlichen Rechtsinstitutionen enthalten. Dabei ist zu beachten, dass die Kirche im Bistum Freising um 1500 noch eine Sonderstellung als „Staat im Staat" besaß. So lebte zu dieser Zeit etwa die Hälfte der Einwohner auf kirchlichem Grundbesitz. Klöster, Abteien und Stifte verfügten über 30% des Grundbesitzes und damit verbundene Rechtsprechungsbefugnisse[5].

Von den übergeordneten geistlichen Instanzen der Kurie steht eine Fülle von Quellen zur Rechtsprechung zur Verfügung, die in den letzten Jahren vermehrt der Öffentlichkeit zugänglich gemacht wurden: Hier ist vor allem das Supplikenregister der Apostolischen Pönitentiarie zu erwähnen, veröffentlicht als „Repertorium Poenitentiariae Germanicum", das von Ludwig Schmugge nach Pontifikaten gruppiert seit 1998 herausgegeben wird und von welchem bisher die Bände 1 bis 7 erschienen sind[6]. Weitere Unterlagen der mit der Rechtsprechung befassten kurialen Behörden wie der Rota oder der Kanzlei sind ebenfalls in großer Menge überliefert. Sie sind im „Repertorium Germanicum" zusammengefasst und werden seit 1916 von verschiedenen Herausgebern publiziert[7], sollen aber in dieser Arbeit nicht verwendet werden. In der von Ludwig Schmugge edierten und noch jungen Quellenreihe des „Repertorium Poenitentiariae Germanicum" wurde unter den verschiedenen Bistümern des Heiligen Römischen Reiches Deutscher Nation eine Vielzahl von sehr unterschiedlichen Menschen oft mittlerer bis einfacher Herkunft registriert, die dort in vielfältigen Rechtsfragen eine Entscheidung der obersten Beichtbehörde suchten und diese in Form eines Dispenses[8] mit nach Hause trugen. Insgesamt steht somit eine große Datenmenge zu Personen aus einer breiten Bevölkerungsschicht zur Ver-

---

[5] Thomas FEUERER, Die Klosterpolitik Herzog Albrechts IV. von Bayern. statistische und prosopographische Studien zum vorreformatorischen landesherrlichen Klosterregiment im Herzogtum Bayern von 1465 bis 1508 (Schriftenreihe zur bayerischen Landesgeschichte, Bd. 158), München 2008, 4.
[6] Ludwig SCHMUGGE (Hg.), Repertorium Poenitentiariae Germanicum. Verzeichnis der in den Supplikenregistern der Pönitentiarie vorkommenden Personen, Kirchen und Orte des Deutschen Reiches, Bd. 1-7,2, Tübingen 1998–2008.
[7] Sie wurden aufgrund des großen Umfanges und des anders gearteten Personenkreises in dieser Arbeit nicht berücksichtigt, weil dies den Rahmen der Untersuchung gesprengt hätte.
[8] Der Begriff Dispens wird bezüglich des Genus unterschiedlich angegeben. In dieser Untersuchung wird er entsprechend dem LThK im Femininum verwendet.

fügung. Sie gibt eine Vielzahl an Informationen über eine Bevölkerungsgruppe preis, von der in dieser Zeit ansonsten nur wenige Überlieferungen vorliegen.

Die zeitlichen Eckdaten dieser Untersuchung werden durch den Beginn der Aufzeichnungen des Supplikenregisters der Pönitentiarie ab dem Jahr 1448 bzw. für das Bistum Freising ab 1449 bestimmt sowie durch die für den Zeitraum maßgebliche Herrschaftszeit Herzog Albrechts IV., der am 15. Dezember 1508 starb. Er strebte bereits maßgeblich den Ausbau der Kirchenhoheit an und erwarb durch seine landesherrliche Politik einen starken Einfluss auf die Freisinger Klöster[9] und die Kirche[10]. Dies zeigte sich beispielsweise in Freising im Übergang zu einer sogenannten Dynastenkirche[11] mit der Ernennung der Freisinger Administratoren Rupprecht und Philipp von der Pfalz aus dem Hause Wittelsbach gegen Ende des 15. Jahrhunderts[12] sowie der Wahl Philipps zum Bischof 1499[13]. Die Bischofsweihe Philipps erfolgte im Jahr 1507[14], einem weiteren kirchenpolitisch bedeutenden Eckdatum dieser Untersuchung. Dieser erlangte nun erst seine volle Amtsgewalt, was sich möglicherweise auch auf den Kontakt der Freisinger Bevölkerung zur Pönitentiarie auswirkte.

Es handelt sich bei dem verwendeten Freisinger Quellenbestand um eine große Zahl kurialer Dispense und lokaler Gerichtsaufzeichnungen. Insgesamt ist damit ein umfangreicher Datenbestand von einer großen Personenzahl von einfachem bis hohem sozialen Stand vorhanden, von der in dieser Zeit wenige schriftliche Aufzeichnungen überliefert sind. Gleichzeitig sind die Auswertungsmöglichkeiten durch eine zumeist hohe Uniformität der Texte und einer damit einhergehenden geringen inhaltlichen Aussagekraft eingeschränkt. Nur sehr wenige Texte enthalten ausführliche persönliche Darstellungen zu unterschiedlichen Fällen und bieten Raum für eine umfangreiche inhaltliche Analyse. Über die im „Repertorium Poenitentiariae Germanicum" veröffentlichen Texte hinaus

---

[9] Zu diesem Ergebnis kommt zuletzt auch Thomas Feuerer in seiner Dissertation über Albrecht IV.
[10] Siehe hierzu insgesamt Helmut RANKL, Das vorreformatorische landesherrliche Kirchenregiment in Bayern (1378 – 1528) (Miscellanea Bavarica Monacensia, Bd. 34), München 1971.
[11] Rainald BECKER, Wege auf den Bischofsthron. Geistliche Karrieren in der Kirchenprovinz Salzburg in Spätmittelalter, Humanismus und konfessionellem Zeitalter (1448 – 1648) (Römische Quartalschrift für christliche Altertumskunde und Kirchengeschichte, Supplementband 59), Freiburg i.Br. 2006, 365.
[12] Joseph MAß, Das Bistum Freising im Mittelalter. (Geschichte des Erzbistums München und Freising, Bd. 1), München 1986, 351.
[13] Georg SCHWAIGER, Das Bistum Freising in der Neuzeit (Geschichte des Erzbistums München und Freising, Bd. 2), München ²1989, 57.
[14] SCHWAIGER, Freising, 57.

wurden weitere Bände des Supplikenregisters aus dem Vatikanischen Archiv in Rom hinzugezogen, um einen besonders langen Zeitraum abzudecken. Die Erfassung des gesamten Materials mit zwei Datenbanken und die überwiegend statistische, geographische und prosopographische Auswertung erschien deswegen als Untersuchungsmethode am besten geeignet.

Bei der Untersuchung des Supplikenregisters stellte sich zunächst die Frage, welche Personen in einem Jahrhundert intensiver und gelebter Frömmigkeit[15] zwischen den Reformkonzilien und der Reformation[16] die kostspielige Prozedur auf sich nahmen, um sich an eine geografisch so weit entfernte Behörde wie die Apostolische Pönitentiarie zu wenden. Kleriker oder angehende Geistliche reichten meist Gesuche aller Art ein, die ihre Karriere betrafen. Dies waren vor allem Geburtsmakel-, Pfründen- und Weihedispense, aber auch Vergehen gegen das Kirchenrecht, welche sie in ihrer Amtsführung einschränkten. Laien interessierten sich dagegen vor allem für Ehefragen und Erleichterungen im Kirchenalltag in Form von Beicht- und Butterbriefen, ebenso kamen besondere Einzelfälle vor, die ihre individuelle Entscheidung vor der Kurie fanden. In vielen Supplikationen fanden sich Hinweise darauf, welchen Weg die Gesuche nahmen, auf Vorinstanzen oder auf die Entwicklung der Rechtspflege im Bistum.

Über eine allgemeine statistische Untersuchung der Nutzer hinaus stellt sich die Frage, ob bestimmte Personenkreise oder Netzwerke zu erkennen sind. Das Problem der Effizienz des päpstlichen Dispenswesens sowie die Verbreitung des Know-How um die Möglichkeiten der Apostolischen Pönitentiarie überprüfte Schmugge am Beispiel von Geburtsmakeldispensen[17]. Den Buchdruck als Mittel zur Verbreitung von kurialen Formelsammlungen schloss er dabei aus[18]. Dennoch müssen aufgrund der hohen Zahl an Kurienkontakten die Möglichkeiten der obersten Beichtbehörde einem weiten Bevölkerungskreis bekannt gewesen sein. Deshalb kann neben der Themenanalyse mithilfe kartographischer und prosopographischer Auswertungsmöglichkeiten sowie durch Vergleich mit lokalen Quellen versucht werden, das Personenspektrum im Supplikenregister näher zu bestimmen. Durch Vergleich mit lokalen Gerichtsprotokollen sollen außerdem Überschneidungen und Unterschiede in der Kundschaft sowie Abhängigkeiten und Verbindungen zwischen den Instanzen der

---

[15] Arnold ANGENENDT, Geschichte der Religiosität im Mittelalter, Darmstadt ²2000, 70-73.
[16] ANGENENDT, Religiosität, 74-82.
[17] Ludwig SCHMUGGE, Kinder, Kirche, Karrieren. Päpstliche Dispense von der unehelichen Geburt im Spätmittelalter, Tübingen 1995, 324-328.
[18] SCHMUGGE, Kinder, Kirche, Karrieren, 326.

geistlichen Rechtsprechung nachgegangen werden, denn die Beziehungen der einzelnen geistlichen Rechtsprechungsinstanzen zueinander sind bislang weitgehend ungeklärt. Dabei stellt sich auch die Frage nach der Bedeutung der Pönitentiarie für die lokale geistliche Jurisdiktion, ob und wie häufig diese tatsächlich in vorausgegangenen lokalen Prozessen frequentiert wurde oder ob sie den Nutzern auch als eine Alternative zur geistlichen Rechtsprechung in Freising diente. Ob in diesem Zeitraum messbare kirchenrechtliche Veränderungen im Bistum Freising stattfanden, die auch den Ausgang für die weitere Kirchenpolitik der bayerischen Herzöge im Reformationszeitalter bildeten, welche in einer gezielten Reichskirchenpolitik im 17. Jahrhundert gipfelte, als die bayerischen Herzöge Bistümer im Heiligen Römischen Reich Deutscher Nation und vorzugsweise Köln als Sekundogenitur für nachgeborene Söhne betrachteten[19], soll deshalb ebenfalls anhand Veränderungen in der Freisinger Jurisdiktion überprüft werden.

Mit Blick auf die in den Gesuchen enthaltenen Themen verbindet sich außerdem die Frage nach der Motivation der Antragsteller. Gingen den meisten Fällen – wie von Schmugge beschrieben – eigentlich Prozesse an geistlichen Rechtsprechungsorganen in der Diözese voraus und wenn ja, war dies ausschließlich das Offizialatsgericht oder gab es weitere Jurisdiktionsinstanzen? Des Weiteren sind die Einflüsse und Folgen der legislativen Tätigkeit der Freisinger Bischöfe auf den Diözesan- und Provinzialsynoden ein nicht zu unterschätzender Faktor in der geistlichen Jurisdiktion, spiegelte sich die Rechtsentwicklung beispielsweise auch in Art und Umfang der Freisinger Gesuche? Die Nutzeranfragen aus der Bevölkerung an die Pönitentiarie waren deshalb auch eine Reaktion auf lokale und zeitliche Rechtsverhältnisse, sie entsprachen spezifischen persönlichen Anforderungen an die Jurisdiktion und zeigen damit auch den Umgang der Einwohner des Bistums mit den geistlichen Rechtsprechungsinstanzen.

Zur dispensierenden Tätigkeit der Pönitentiarie wurde seit der Veröffentlichung ihres Registers eine Reihe von thematischen Untersuchungen aller Art angefertigt, vor allem auf Länderebene. Zu nennen sind neben zahlreichen Arbeiten Schmugges zu Ehe, Funktionsweise der Pönitentiarie und Illegitimität[20] vor al-

---

[19] Manfred WEITLAUFF, Die Reichskirchenpolitik des Hauses Bayern unter Kurfürst Max Emanuel (1679 – 1726); vom Regierungsantritt Max Emanuels bis zum Beginn des Spanischen Erbfolgekrieges (1769 – 1701), St. Ottilien 1985, insbesondere 3-16 mit Blick auf die Zeit von 1506 bis 1679.
[20] Ludwig SCHMUGGE, Kinder, Kirche, Karrieren. Päpstliche Dispense von der unehelichen

lem die Publikationen Salonens sowie zahlreiche weitere Arbeiten zu Einzelaspekten der Pönitentiarie[21] aus dem Umfeld Schmugges. Im Jahr 2009 erschien der Tagungsband „La Penitenzieria Apostolica e il Sacramento della Penitenzieria"[22], in dem der aktuelle Foschungsstand zu dieser Behörde bis in die Gegenwart enthalten ist. Auf Bistumsebene stehen dagegen noch detaillierte Untersuchungen aus und gerade für Freising fehlen zur geistlichen Rechtsprechung einschlägige Arbeiten völlig.

„Die Rechtsprechung geistlicher Gerichte blieb, zumindest im deutschsprachigen Raum, weiterhin ein Stiefkind der Forschung." Mit diesem Satz leitete Christina Deutsch ihre Arbeit über die Ehegerichtsbarkeit am Regensburger Diözesangericht aus dem Jahr 2005 ein[23]. Diese Forschungslücke ist einerseits begründet durch ein weitgehendes Fehlen von überlieferten Gerichts- und Prozessakten aus dem 15. Jahrhundert, so dass Untersuchungen zur geistlichen Gerichtsbarkeit wie die von Andrea Boockmann über das Bistum Schleswig[24] oder die von Ingeborg Buchholz-Johanek über das Bistum Eichstätt[25] die Rechtsprechungspraxis an den Diözesangerichten nicht umfassend darstellen konnten. Andrea Boockmann hat beispielsweise 1967 die geistliche und weltliche Gerichtsbarkeit im mittelalterlichen Bistum Schleswig untersucht. Ihre Dissertation bekam mangels Quellenmaterial zur geistlichen Rechtsprechung im Bistum[26]

Geburt im Spätmittelalter, Tübingen 1995; Ludwig SCHMUGGE, Ehen vor Gericht, Berlin 2008; Kirsi SALONEN, Long path to forgiveness. In: QFIAB 79, 1999, 283-318; Kirsi SALONEN, Diemunda and Heinrich – married or not? About a marriage litigation in the Consistorial Court of Freising in the Middle Ages. In: The Apostolic Penitentiary in local contexts, Budapest 2007, 43-59; Kirsi SALONEN, The Decisions of Pope Pius II. in the Penitentiary Registers. In: Andreas MEYER, Constanze RENDTEL und Maria WITTMER-BUTSCH, Päpste, Pilger, Pönitentiarie. Festschrift für Ludwig Schmugge zum 65. Geburtstag, Tübingen 2004, 515-530; Kirsi SALONEN, The Roman Curia, the Apostolic Penitentiary and the Partes in the Later Middle Ages, Rom 2003 und viele weitere Arbeiten.

[21] Daniel RUTZ, Incipit formularius. In: MEYER, Päpste, Pilger, Pönitentiarie. 483-499; Wolfgang P. MÜLLER, Die Gebühren der päpstlichen Pönitentiarie (1338 – 1569). In: QFIAB 78, 1998, 189-261.

[22] Johan ICKX – Manlio SODI, La Penitenzieria Apostolica e il Sacramento della Penitenzieria, Percorsi storici, guiridici, teologici e prospettive pastorali, Città del Vaticano 2009.

[23] Christina DEUTSCH, Ehegerichtsbarkeit im Bistum Regensburg 1480 – 1538 (Forschungen zur kirchlichen Rechtsgeschichte und zum Kirchenrecht, Bd. 29), Köln 2005, 1.

[24] Andrea BOOCKMANN, Geistliche und weltliche Gerichtsbarkeit im mittelalterlichen Bistum Schleswig (Quellen u. Forschungen zur Geschichte Schleswig-Holsteins, Bd. 52), Neumünster 1967.

[25] Ingeborg BUCHHOLZ-JOHANEK, Geistliche Richter und geistliches Gericht im spätmittelalterlichen Bistum Eichstätt (Eichstätter Studien: Neue Folge, Bd. 23), Münster/Westfalen 1988.

[26] BOOCKMANN, Gerichtsbarkeit, 95; Bistum Ratzeburg: SCHMUGGE, Ehen, 16-17, sowie eigene

einen eher theoretisch-systematischen Schwerpunkt, enthält aber wertvolle Informationen zur Ausbildung der Rechtsprechungsorgane auf Bistumsebene. Das Pönitentiarieregister war zum Publikationszeitpunkt noch nicht bekannt und der Forschung zugänglich[27]. Der lokale Quellenbestand wurde wie bei vielen anderen norddeutschen Diözesen vor allem durch die Reformation und den Dreißigjährigen Krieg vernichtet, ebenso teilweise auch durch Abtransport des während des Zweiten Weltkrieges ausgelagerten Materials durch russische Besatzungstruppen[28], so dass die hierdurch entstandenen Forschungslücken zumeist dauerhaft bestehen werden. Die Gründe für noch ausstehende Untersuchungen zur kirchlichen Rechtsprechung liegen vor allem im Fehlen entsprechender Quellen, weil der Überlieferungsstand für das Heilige Römische Reich Deutscher Nation insgesamt meist enttäuschend bleibt[29].

Für das Reichsgebiet gab es damit bis 1988 keine systematische Untersuchung von Gerichtsakten, der Fokus der Arbeiten Plöchls[30], Paarhammers[31] oder Hageneders[32] lag eher auf einer Darstellung der Gerichtssystematik. Die Untersuchung Plöchls zum Kirchenrecht ist zwar zum Verständnis der Rechtsproblematik grundlegend und behandelt unter vielen anderen Themen auch das Eherecht. Hier werden rechtstheoretische Grundlagen aber nicht detailliert, sondern eher zusammenfassend beschrieben. Lokal abweichende Zustände in der Jurisdiktionspraxis sind daher zu erwarten. Die Dissertation Othmar Hageneders über die geistliche Gerichtsbarkeit in Ober- und Niederösterreich hat eher die Funktionsweise und den Aufbau der kirchlichen Rechtsprechungsinstanzen in Österreich zum Inhalt[33]. Daneben enthält sie einige wenige Fallbeispiele, die jedoch nicht statistisch ausgewertet wurden. Seine Untersuchung ist überwiegend gerichtssystematisch orientiert. Die Arbeit von Hans Paarhammer zur Rechtspre-

---

Nachforschungen in norddeutschen Archiven insbesondere zu den Bistümern Lübeck, Ratzeburg, Schleswig und Schwerin.
[27] Es hätte diese Arbeit sicher inhaltlich gut ergänzt.
[28] Eigene Nachforschungen in norddeutschen Archiven insbesondere zu den Bistümern Lübeck, Ratzeburg und Schwerin.
[29] DONAHUE, Medieval Ecclesiastical Courts, 26.
[30] Willibald M. PLÖCHL, Geschichte des Kirchenrechts, Bd. 2: Das Kirchenrecht der abendländischen Christenheit 1055 – 1517, Wien ²1962.
[31] Hans PAARHAMMER, Rechtsprechung und Verwaltung des Salzburger Offizialats (1300 bis 1569), Wien 1977.
[32] Othmar HAGENEDER, Die geistliche Gerichtsbarkeit in Ober- und Niederösterreich. Von den Anfängen bis zum Beginn des 15. Jahrhunderts (Forschungen zur Geschichte Oberösterreichs, Bd. 10), Linz/Köln 1967.
[33] HAGENEDER, geistliche Gerichtsbarkeit.

chung und Verwaltung des Salzburger Offizialats von 1300 bis 1569[34] ist ebenso wie die von Hageneder mehr theoretisch-systematischer Natur, auch hier werden im geringeren Maße einzelne Gerichtsprozesse erwähnt und analysiert. Darüber hinaus wird vom Verfasser aber ein wertvoller Überblick auf die Rechtsentwicklungen im 15. Jahrhundert mit Hinweis auf noch unerforschte und zu untersuchende Quellenreihen gegeben.

Für einige wenige Diözesen im deutschsprachigen Raum ist die Überlieferungslage jedoch überraschend gut. Hierzu zählen laut Donahue die Bistümer Konstanz, Regensburg, Augsburg und Freising[35]. Momentan existieren beispielsweise neben der Dissertation von Christina Deutsch über die Diözese Regensburg die Arbeit von Christian Schwab über das Augsburger Offizialatsgericht im 14. Jahrhundert[36] mit dem Fokus auf den Eheprozessen sowie die von Buchholz-Johanek vorgenommene Erforschung von dem Aufbau und dem Personal des geistliche Gerichtes in Eichstätt. Sie gibt einen wertvollen Einblick in die Tätigkeit des Offizialatsgerichtes und das zeitweise heftig um die Jurisdiktionskompetenz konkurrierende Domkapitel[37], sie ist jedoch aufgrund des andersartigen Quellenbestandes nur eingeschränkt mit der Untersuchung für Freising vergleichbar. Die Arbeit von Manfred Heim über das Verhältnis von Bischof und Archidiakon im Bistum Chiemsee[38] betrachtet in einem Abschnitt ebenfalls den Aufbau der geistlichen Gerichtsbarkeit[39]. Er behandelt den Zeitraum zwischen 1215 und 1817 und gibt insbesondere zur Rechtsprechung durch das dort dem Archidiakon unterstellte Offizialat sowie zur Stellung des Bischofs sehr wertvolle Informationen.

Weitere Veröffentlichungen behandeln der geistlichen Rechtsprechung verwandte Themenbereiche. Die Dissertation von Peter Wiegand über Diözesansynoden und bischöfliche Statutengesetzgebung im Bistum Kammin[40] hat

---

[34] PAARHAMMER, Rechtsprechung.
[35] DONAHUE, Medieval Ecclesiastical Courts, 26-31.
[36] Christian SCHWAB, Das Augsburger Offizialatsregister (1348 – 1352). Ein Dokument geistlicher Diözesangerichtsbarkeit, Edition und Untersuchung (Forschungen zur kirchlichen Rechtsgeschichte und zum Kirchenrecht, Bd. 25), Köln 2001.
[37] BUCHHOLZ-JOHANEK, Eichstätt, 156-158.
[38] Manfred HEIM, Bischof und Archidiakon: Geistliche Kompetenzen im Bistum Chiemsee (1215 – 1817) (Münchener Theologische Studien: I, Historische Abteilung, Bd. 32), St. Ottilien 1992.
[39] HEIM, Chiemsee.
[40] Peter WIEGAND, Diözesansynoden und bischöfliche Statutengesetzgebung im Bistum Kammin, zur Entwicklung des partikularen Kirchenrechts im spätmittelalterlichen Deutschland (Veröffentlichungen der Historischen Kommission für Pommern, Bd. 5), Köln 1998.

mit der dortigen Entwicklung des partikularen Kirchenrechts im Spätmittelalter einen eher theoretischen und darüber hinaus landesgeschichtlich orientierten Schwerpunkt. Sie thematisiert zwar weder die praktische Rechtsprechung im Bistum noch die Anwendung des Kirchenrechtes in der lokalen Jurisdiktion, zeigt aber eindrucksvoll die theoretische und lokale Rechtsentwicklung anhand der Diözesanstatuten sowie die Einflüsse der Reformkonzilien auf die frühe bischöfliche Statutengesetzgebung ab der Mitte des 14. Jahrhunderts. Sie gibt neben einem allgemeinen Überblick auf die Entwicklung der bischöflichen Synodaltätigkeit auch wertvolle Einblicke in die landesgeschichtliche Entwicklung, nämlich die Ausbildung eines vorreformatorischen landesherrlichen Kirchenregiments im Herzogtum Pommern. Die Publikation von Enno Bünz und Christoph Volkmar über das landesherrliche Kirchenregiment in Sachsen vor der Reformation hat ebenfalls einen landesgeschichtlichen Schwerpunkt[41]. In kleinerem Rahmen ist hier vor allem die thematisierte Methodik der sächsischen Herzöge zur Ausweitung ihrer Kontrolle über die Kirche und Rechtsinstitutionen vergleichbar zu Arbeiten über Bayern wie Rankls Untersuchung des vorreformatorischen landesherrlichen Kirchenregimentes in Bayern[42] oder Feuerers Analyse der Klosterpolitik Albrechts IV.[43]. Die Verfasser erwähnen selbst deutliche Parallelen zwischen Sachsen und Bayern im Aufbau eines landesherrlichen Kirchenregiments, das sich erst nach der Reformation in sehr unterschiedliche Richtungen weiterentwickelte. Eine statistische Analyse der lokalen geistlichen Rechtsprechung ist in dieser Arbeit dagegen nicht enthalten.

Die Dissertation Rainald Beckers über die die Karrierewege von Bischöfen aus der Kirchenprovinz Salzburgs[44] hat zwar vor allem die Betrachtung einer gehobenen Klerikerschicht zum Inhalt. Dennoch ergaben sich bei der prosopographischen Analyse Schnittmengen zu im Supplikenregister enthaltenen Personen, da sich hierunter einige angehende Bischöfe und später hochrangige Kleriker befinden. Darüber hinaus waren vor allem bei den Themen Bildungsweg und Karrieremuster Parallelen zu den Freisinger Klerikern zu erkennen, so dass die Arbeit insgesamt sehr wertvolle Hinweise zum Freisinger Personenspektrum enthält.

---

[41] Enno Bünz und Christoph Volkmar, Das landesherrliche Kirchenregiment in Sachsen vor der Reformation. In: Enno Bünz, Glaube und Macht. Theologie, Politik und Kunst im Jahrhundert der Reformation (Schriften der Stiftung Luthergedenkstätten in Sachsen-Anhalt, Bd. 5), Leipzig 2005, 89-111.
[42] Rankl, Landesherrliches Kirchenregiment.
[43] Feuerer, Klosterpolitik Albrechts IV.
[44] Becker, Bischofsthron.

Insgesamt sind die Freising benachbarten Bistümer bereits zum Untersuchungsgegenstand gemacht worden, während die Forschungslage zu Freising im 15. Jahrhundert noch in vielen Bereichen als mangelhaft bezeichnet werden kann[45]. Die bisherige Forschung hat – so Heydenreuter im Jahr 1990 – das Thema Straf- und Kirchenrecht in der Praxis der Diözese Freising noch nicht ausreichend behandelt[46]. Auch nahezu zwanzig Jahre später hat sich dies noch nicht wesentlich geändert. Sowohl zum Domkapitel[47] als auch zu den Bischöfen oder ihrer legislativen Tätigkeit beispielsweise auf Diözesansynoden oder zur Jurisdiktion durch das Freisinger Offizialatsgericht fehlen einschlägige Arbeiten. Die Ausbildung des vorreformatorischen landesherrlichen Kirchenregiments vor allem unter Herzog Albrecht IV. wurde dagegen von Helmut Rankl umfassend beschrieben[48]. Die vorrangig innenpolitisch motivierte, auf Herrschaftsintensivierung innerhalb des Herzogtums zielende landesherrliche Klosterpolitik[49] mit Fokus auf grundbesitzenden, innerländischen und jurisdiktionsfähigen Abteien und Stifte der alten Prälatenorden[50] wurde von Thomas Feuerer statistisch-prosopographisch erfasst und beschrieben. Unter Albrecht IV. wurden die Grundlagen für zukünftige, weitreichende landesherrliche Eingriffe auch in die geistliche Rechtsprechung für die folgenden Jahrhunderte gelegt. Möglicherweise spiegelte sich der Reformeifer Albrechts IV. bezüglich seiner Klöster auch in der Dispenssuche Freisinger Ordensgeistlicher, die vorrangig um Erlaubnis zum Klosterwechsel baten oder diesen bereits eigenmächtig vollzogen hatten. Beide Arbeiten berühren jedoch die Eingriffe in die Jurisdiktionskompetenzen und die Rechtsprechungspraxis von Kirche und Klöstern sowie damit

---

[45] Siehe auch BECKER, Bischofsthron, 363 Anmerkung 220.
[46] Reinhard HEYDENREUTER, Strafrechtspflege in den bayerischen Besitzungen des Hochstifts Freising. In: Hubert GLASER (Hg.), Hochstift Freising. Beiträge zur Besitzgeschichte (Sammelblatt des Historischen Vereins Freising, Bd. 32), München 1990, 147.
[47] Die Arbeit von Hermann Joseph BUSLEY, Die Geschichte des Freisinger Domkapitels. Von den Anfängen bis zur Wende des 14./15. Jahrhunderts, München 1956, endet mit dem Beginn des 15. Jahrhunderts während die von Roland GÖTZ, Das Freisinger Domkapitel in der letzten Epoche der Reichskirche 1648 – 1802/03. Studien und Quellen zu Verfassung, Personen und Wahlkapitulationen (Münchener Theologische Studien: I, Historische Abteilung, Bd. 37), St. Ottilien 2003, erst Mitte des 17. Jahrhunderts einsetzt.
[48] RANKL, Landesherrliches Kirchenregiment.
[49] FEUERER, Klosterpolitik Albrechts IV., 32 am Beispiel der Visitationen, 56 - 62 anhand der von ihm beeinflussten Wahlen, 116 anhand der von ihm ausgestellten Privilegien und Gunsterweise sowie 121 am Beispiel der Willebriefe Albrechts IV.
[50] FEUERER, Klosterpolitik Albrechts IV., beispielsweise 40, 61, 93-94.

verbundene kirchliche und klösterliche Interessenskonflikte mit Albrecht IV. nur am Rande[51].

---

[51] Feuerer erwähnt jedoch mehrfach, dass gerade grundbesitzende und jurisdiktionsfähige Abteien und Stifte im Fokus der herzoglichen Klosterpolitik standen und es dort auch um eine gezielte Einflussnahme auf die geistliche Rechtsprechung ging: FEUERER, Klosterpolitik Albrechts IV., z.B. 92-93 oder 124 am Beispiel des Klosters Andechs.

B. Die geistliche Rechtsprechung im Bistum Freising in der zweiten Hälfte des 15. Jahrhunderts

I. Die Rechtsprechung in der Diözese Freising

1. Strafrechtspflege im Hochstift Freising

Die Strafrechtspflege in der Diözese Freising wurde – so Heydenreuter – in bisherigen Arbeiten noch nicht ausreichend untersucht[1]. In der Mitte des 15. Jahrhunderts gab es in der Diözese Freising ein Konglomerat an Rechtssprechungssystemen. Zum Hochstift Freising zählten Gebiete wie die Grafschaft Werdenfels mit den Gerichten Mittenwald, Markt Garmisch und Partenkirchen, die Herrschaft Burgrain mit den Orten Isen, oder die Grafschaft Ismaning mit den Orten Hallbergmoos, Ismaning, Unter- und Oberföhring, Daglfing sowie Freising mit dazugehörigem Burgfrieden[2]. Sie unterlagen – anders als die herzoglichen Gebiete – der bischöflichen Landeshoheit[3]. Die Jurisdiktion war selbst innerhalb dieser Gebiete sehr unterschiedlich organisiert. Der Freisinger Bischof hatte beispielsweise in Ismaning die Blutsgerichtsbarkeit inne[4], damit waren weltliche Gerichte von der Jurisdiktion weitgehend ausgeschlossen. In Freising besaß der Bischof das Ernennungsrecht über den Stadtrichter[5] und damit eine indirekte Mitwirkung auf die Rechtspflege. In der 1294 erworbenen Grafschaft Werdenfels befand sich die Niedergerichtsbarkeit in den Händen der bäuerlichen Bevölkerung[6], die auch bei der Blutsgerichtsbarkeit als Beisitzer Einfluss auf die Rechtsprechung ausübte[7]. Die höhere Rechtssprechung mit Blutbann unterlag dem vom Freisinger Bischof ernannten Landrichter, der neben den von den Gerichtsuntertanen gewählten drei Richtern amtierte[8]. Auch in ihren österreichischen Besitzungen übten die Bischöfe – obwohl nicht im Besitz der Landeshoheit – zum großen Teil die Hochgerichtsbarkeit aus[9]. Weiterhin gab es eine Vielzahl an weltlichen und geistlichen Hofmarken mit teilweise recht eigenstän-

---

[1] HEYDENREUTER, Strafrechtspflege, 217.
[2] Darunter die Orte Rieden, Ainöden, Gartelshausen, Altenhausen, Zellhausen, Tüntenhausen, Tuching und Ast.
[3] HEYDENREUTER, Strafrechtspflege, 220.
[4] HEYDENREUTER, Strafrechtspflege, 223.
[5] HEYDENREUTER, Strafrechtspflege, 218.
[6] HEYDENREUTER, Strafrechtspflege, 225.
[7] HEYDENREUTER, Strafrechtspflege, 226.
[8] HEYDENREUTER, Strafrechtspflege, 227.
[9] HEYDENREUTER, Strafrechtspflege, 227-228.

diger Rechtsprechung. Auch einige der im Bistum gelegenen Klöster besaßen sehr weit gehende Jurisdiktionskompetenzen[10].

Insgesamt waren die Rechtsverhältnisse im Bistum Freising in der zweiten Hälfte des 15. Jahrhunderts noch sehr uneinheitlich[11]. Dennoch herrschten die Bischöfe Freisings über ein eigenes Hoheitsgebiet und befanden sich daher in Konkurrenz zu den nach Ausweitung ihrer Macht strebenden bayerischen Herzögen[12]. Die Wittelsbacher versuchten infolgedessen, die bischöfliche Stellung zu beschränken[13]. So wurden beispielsweise die Grenzen des Hochstiftes von ihnen über einen längeren Zeitraum in Frage gestellt[14], nahe dem Hochstiftsterritorium gelegenen Orten wie beispielsweise Moosburg zur gezielten Schwächung der Freisinger Bischöfe das Stadt- beziehungsweise Marktrecht verliehen[15].

Innerhalb des Hochstiftsterritoriums bestand laut Heydenreuter im 15. Jahrhundert noch keine ernsthafte Konkurrenz zwischen weltlichen und geistlichen Gerichten, während die weltliche Gewalt seit dem darauffolgenden Jahrhundert auch dort zunehmend ihre Kompetenzen ausdehnte[16]. Jedoch weist die Quellenreihe des kurbayerischen Äußeren Archivs im Bistum Freising auf bereits im letzten Viertel des 15. Jahrhunderts beginnende Auseinandersetzungen zwischen geistlichen und weltlichen Gerichten um Einflusssphären und auf Kompetenzstreitigkeiten hin[17].

---

[10] Ihre Jurisdiktionstätigkeit in Bayern stellte Maria Rita SAGSTETTER in ihrer Dissertation umfassend dar: Maria Rita SAGSTETTER, Hoch- und Niedergerichtsbarkeit im spätmittelalterlichen Herzogtum Bayern als Ausdrucksformen herzoglicher, adeliger und kirchlich-klösterlicher Herrschaftsausübung (Schriftenreihe zur bayerischen Landesgeschichte, Bd. 120), München 2000.
[11] HEYDENREUTER, Strafrechtspflege, 228: Dies hatte zahlreiche Rechtsstreitigkeiten zur Folge.
[12] RANKL, Landesherrliches Kirchenregiment, 83-93.
[13] RANKL, Landesherrliches Kirchenregiment, 91-93.
[14] HEYDENREUTER, Strafrechtspflege, 220-222.
[15] Wilhelm STÖRMER, Kleinere Städte und Märkte im mittelalterlichen Altbayern südlich der Donau. In: Helmut FLACHENECKER – Rolf KIEßLING (Hg.), Städtelandschaften in Altbayern, Franken und Schwaben, München 1999, 39-100. 57: Dies geschah zur gezielten Schwächung Freisings.
[16] HEYDENREUTER, Strafrechtspflege, 222; PLÖCHL, Kirchenrecht, 384; Eduard ROSENTHAL Geschichte des Gerichtswesens und der Verwaltungsorganisation Bayerns. Bd. 1: Vom Ende des 12. Bis zum Ende des 16. Jahrhunderts. Würzburg 1889 (ND 1984), 44: Im 16. Jahrhundert gab es an der Kurie Beschwerden der Bayerischen Herzöge, weil geistliche Gerichte in die herzogliche Rechtsprechung eingegriffen hatten, und zwar bei Schulden und im Zivilrecht.
[17] BayHStA, Kurbayern, Äußeres Archiv 405, 406 und 435.

2. Strafrechtspflege im Herzogtum Bayern

Auch der herzoglich verwaltete Teil der Diözese war durch uneinheitliche Rechtsverhältnisse beziehungsweise ein Konglomerat an Rechtsprechungssystemen gekennzeichnet. Einige geistliche Institutionen wie die Klöster in Ebersberg, Tegernsee, Weyarn, Scheyern, Schäftlarn und andere erhielten durch Privilegien Ludwigs des Bayern[18] Jurisdiktionsrechte oder bekamen diese bestätigt[19]. Die Wittelsbacher erwarben als Grundlage ihrer entstehenden Landesherrschaft die Güter verstorbener Adelsgeschlechter und die damit verbundenen jurisdiktionellen Kompetenzen[20]. Im 14. Jahrhundert bildeten sich die Landgerichte heraus, denen ein von den Herzögen eingesetzter verbeamteter und damit rechenschaftspflichtiger Richter vorstand[21]. Als oberste Appellationsinstanz diente das herzogliche Hofgericht[22] unter einem ebenfalls verbeamteten Vorsitzenden, dem Hofmeister oder dem Hofmarschall[23]. Weitere Appellationsmöglichkeiten wurden sukzessive ausgeschlossen[24]. Insbesondere unter Albrecht IV. kam es zur Neuorganisation der Landesherrschaft und zur Einrichtung zentraler Verwaltungsbehörden[25]. Ursprünglich für den geistlichen Stand vorgesehen, hatte er in Rom, Siena und Pavia studiert[26] und dort auch Kontakte zur Kurie geknüpft. Deshalb besaß er aufgrund seiner umfassenden juristischen Kenntnisse ideale Voraussetzungen zur Errichtung seiner Landesherrschaft. Dies geschah mithilfe einer ausgiebigen gesetzesgeberischen Tätigkeit und einer umfassenden Herrschaftserweiterung durch Neuordnung von Verwaltungsstrukturen[27]. Im Ergebnis war Bayern zu Beginn des 16. Jahrhunderts eines der wenigen Gebiete, das eine kodifizierte Rechtsordnung besaß, basierend auf der Landesfreiheitserklärung von 1516, der Landes- und Polizeiordnung von 1516,

---

[18] Im Jahr 1326. Siehe auch ROSENTHAL, Gerichtswesen 122, 191-192.
[19] Monumenta Boica VI, 248 und I, S. 431 sowie ROSENTHAL, Gerichtswesen, 191.
[20] ROSENTHAL, Gerichtswesen, 49-51.
[21] ROSENTHAL, Gerichtswesen, 50.
[22] ROSENTHAL, Gerichtswesen, 123.
[23] ROSENTHAL, Gerichtswesen, 134.
[24] ROSENTHAL Gerichtswesen, 24-33: zum einen das westfälische Vemgericht, zum anderen Appellationsfreiheit vom kaiserlichen Reichskammergericht nach 1479.
[25] ROSENTHAL, Gerichtswesen, 43.
[26] ROSENTHAL, Gerichtswesen, 594.
[27] ROSENTHAL, Gerichtswesen, 594-595 lobt seine staatsmännische Begabung und die Neuordnung des bayerischen Staates bis zum Ende des 16. Jahrhunderts. Die Frage ist, in wie weit die Päpste seine Aktivitäten im geistlichen und kirchlichen Bereich unterstützten.

dem Landrecht von 1518 sowie der Gerichtsordnung von 1520[28]. Die Gerichtsorganisation war nun zentral und vorrangig auf die Landesherrschaft ausgerichtet[29], die Landes- und Kirchenpolitik Albrechts IV. war hierfür die Voraussetzung.

Weitere Rechtsprechungsinstanzen waren beispielsweise die Stadtgerichte. Sie waren großenteils exemt vom herzoglichen Landgericht[30]. Des Weiteren gab es auch die von den Landständen auf ihren Gütern oder Hofmarken ausgeübte niedere Patrimonalgerichtsbarkeit[31]. Gegen Ende des 15. Jahrhunderts unter Albrecht IV. existierten an die 600 Hofmarken mit eigener Jurisdiktion – eine nicht unbedeutende Schmälerung der herzoglichen Justizhoheit[32]. In geringerem Umfang und über einen festgelegten Personenkreis wurde die zivile Rechtsprechung auch durch Dorf-[33] Lehens-[34] oder Bergwerksgerichte[35], gegen Ende des 15. Jahrhunderts wurde diese auch durch die universitären Gerichte[36] ausgeübt. Die Ehegerichtsbarkeit lag dagegen zu dieser Zeit unangefochten in Hand der Kirche, aber auch hier gab es nach dem Trienter Konzil in den folgenden Jahrhundert einen schnell zunehmenden Einfluss durch Schaffung neuer staatlicher Vorschriften vor allem zum Thema Ehebewilligung und Beurkundung von Ehen[37].

3. Geistliche und weltliche Gerichte: Zusammenspiel oder Konkurrenz?

Auf das zunehmende Aufsuchen geistlicher Berufungsinstanzen durch die Bevölkerung reagierten die Landesherren wiederholt mit einer Einschränkung der Appellationsmöglichkeit bei vermeintlich ungerechten Urteilen weltlicher Gerichte[38]. 1497 wurde ein Verbot an geistliche Gerichte ausgesprochen, arme Leute bei weltlichen Angelegenheiten zu verurteilen[39]. Die Kompetenz-

---

[28] Reinhard HEYDENREUTER (Hg.), Recht, Verfassung und Verwaltung in Bayern 1506 – 1946, Neustadt a.d. Aisch 1981, 40-42.
[29] HEYDENREUTER, Recht, 42.
[30] ROSENTHAL, Gerichtswesen, 151-153.
[31] ROSENTHAL, Gerichtswesen, 182-190.
[32] ROSENTHAL, Gerichtswesen, 191-192.
[33] ROSENTHAL, Gerichtswesen, 204-211.
[34] ROSENTHAL, Gerichtswesen, 211-216.
[35] ROSENTHAL, Gerichtswesen, 216-227.
[36] ROSENTHAL, Gerichtswesen, 227-229.
[37] HEYDENREUTER, Recht, 112-114.
[38] PLÖCHL, Kirchenrecht, S. 384; ROSENTHAL Gerichtswesen, 44: Im 16. Jahrhundert gab es an der Kurie (mehrere?) Beschwerden der bayerischen Herzöge, weil geistliche Gerichte in die herzogliche Rechtsprechung eingegriffen hatten, und zwar bei Schulden und im Zivilrecht.
[39] ROSENTHAL, Gerichtswesen, 40.

abgrenzung zwischen weltlichen und geistlichen Gerichten wurde im Verlauf des 15. Jahrhunderts zunehmend unschärfer[40], zahlreiche Beschwerden über ungerechte Rechtsprechung und mangelnde Rechtssicherheit[41] sind überliefert. Es kam zu Streitigkeiten zwischen den Gerichten, Kleriker wurden trotz ihres *privilegium fori* auch vor weltliche Gerichte geladen, beispielsweise bei Streitigkeiten um Immobilien oder persönliche Güter[42], Zehntstreitigkeiten oder Eidbruch[43]. Säkulare Gerichte verhandelten ebenso Fälle, wenn ein Urteil in Verbindung mit einer Todesstrafe erfolgte[44], in Freising anscheinend auch bei Klerikern[45]. Die herzoglichen Landgerichte übten somit im 15. Jahrhundert bereits die hohe Gerichtsbarkeit über den Klerus aus. Dem geistlichen Gericht unterstanden alle *causae mere spirituales*, sowie die *causae spirituales connexae*, dazu zählten Ehestreitigkeiten, Clandestinehen, Bruch der ehelichen Treue oder Eheversprechungen[46]. Dennoch wurden zu Beginn des 16. Jahrhunderts unter Hinweis auf Übertreten der Landesgebote auch diese Themenbereiche zunehmend von den weltlichen Gerichten übernommen[47] so dass sich die Frage stellt, in welchem Umfang dies bereits in den vorausgehenden Jahrzehnten geschah.

Insgesamt kann ab dem 15. Jahrhundert von einer allmählichen „Verrechtlichung der Strafrechtspflege" gesprochen werden[48], die mit dem Aufbau weltlicher, herzoglicher Behörden, einer zunehmenden Zentralisierung[49], einer wachsenden Rechtskodifikation[50], dem Eindringen juristischer Gelehrter in die Gerichte und in die herzogliche Verwaltung[51], dem Entstehen von Gerichtsordnungen[52], Gesetzesbüchern[53] und dem Abfassen von Landesordnungen einher

---

[40] ROSENTHAL, Gerichtswesen, 34, 38-40.
[41] ROSENTHAL, Gerichtswesen, 59.
[42] ROSENTHAL, Gerichtswesen, 36, 38.
[43] ROSENTHAL, Gerichtswesen, 39.
[44] ROSENTHAL, Gerichtswesen, 40.
[45] Siehe auch SCHMUGGE, Kinder, Kirche, Karrieren: Die Auswertung der Suppliken an die Pönitentiarie zeigt für Freising im Vergleich zum Durchschnitt des Deutschen Reiches nur eine sehr geringe Anzahl von Gewalttaten und Kapitalverbrechen von Klerikern aus dem Bistum, dies könnte ein Hinweis auf die Rechtsprechung dieser Themen durch weltliche Gerichte sein.
[46] ROSENTHAL, Gerichtswesen, 38-39.
[47] ROSENTHAL, Gerichtswesen, 39.
[48] HEYDENREUTER, Strafrechtspflege, 221.
[49] ROSENTHAL, Gerichtswesen, 123-135 mit der Errichtung des Hofgerichtes, der Neuorganisation der Gerichtsinstanzen und der Einschränkung der Appellationsmöglichkeiten.
[50] ROSENTHAL, Gerichtswesen, 50-77.
[51] ROSENTHAL, Gerichtswesen, 139 sowie Becker, Bischofsthron, 289-290.
[52] ROSENTHAL, Gerichtswesen, 77.
[53] ROSENTHAL, Gerichtswesen, 61.

ging[54]. Parallel zum Aufbau der landesherrlichen Gewalt[55] erfolgte die Einrichtung des sogenannten landesherrlichen Kirchenregiments. Es kam in der Rechtsprechung zunehmend zu Eingriffen in die kirchliche Rechtsprechung unter der Begründung „zum Erhalt des Glaubens, wegen der angeblichen Auflösung der Kirchendisziplin, der Verwilderung des Klerus und der Lauheit der Bischöfe gegenüber der Reformation" [56]. Im 16. und 17. Jahrhundert war das Ergebnis dieser Kirchenpolitik eine dauerhafte Regulierung des Kirchenlebens durch die herzogliche Staats- und Strafgewalt[57], deren Grundlagen in Bayern bereits im ausgehenden Mittelalter geschaffen wurden. Durch das Konkordat von 1583, in dem die Abgrenzung der kirchlichen und säkularen Jurisdiktionskompetenzen und die geistliche Zuständigkeit für die Kirchenreform festgelegt wurden, sollten die herzoglichen Übergriffsmöglichkeiten wieder eingeschränkt werden[58]. Der Freisinger Quellenbestand soll deshalb auch auf Hinweise zur weltlichen Gerichtsbarkeit überprüft werden.

4. Instanzen der geistlichen Rechtsprechung
Die Rechtsprechungskompetenzen der Priester und Bischöfe wurde durch das Basler Konzil und die Konzilsbewegung in Frage gestellt[59]. Es folgte eine Verlagerung der Jurisdiktionsgewalt zugunsten des Papsttums, was auch im weiteren 15. Jahrhundert zu erkennen ist und mit der Kanonistik und der Rechtshistorie begründet wurde[60]. Gleichzeitig kam es im 15. Jahrhundert mit der aufkommenden Einführung des Römischen Rechtes auch auf weltlicher Seite durch die Landesherren zu einer zunehmenden Einschränkung der geistlichen Jurisdiktion. Unklarheit besteht bislang über das Verhältnis zwischen lokaler weltlicher, geistlicher und kurialer Rechtsprechung. In Rom wurden die Anliegen nicht direkt am obersten Beichtamt eingereicht, sondern durch die Kurien-

---

[54] ROSENTHAL, Gerichtswesen, 60-66: Mit klaren Anordnungen bezüglich der Rechtspflege sowie zur Ausübung des Richteramtes.
[55] ROSENTHAL, Gerichtswesen, 50.
[56] ROSENTHAL, Gerichtswesen, 41.
[57] ROSENTHAL, Gerichtswesen, 42.
[58] Klaus UNTERBURGER, Das Bayerische Konkordat von 1583, die Neuorientierung der päpstlichen Deutschlandpolitik nach dem Konzil von Trient und deren Konsequenzen für das Verhältnis von weltlicher und geistlicher Gewalt, Stuttgart 2006. Zum Verhältnis zwischen weltlicher und kirchlicher Rechtsprechung fehlen für Freising für das ausgehende Mittelalter und die frühe Neuzeit noch einschlägige Untersuchungen.
[59] PLÖCHL, Kirchenrecht, 50
[60] PLÖCHL, Kirchenrecht, 51

pönitentiare entgegengenommen[61] und von ihnen an die zuständige Behörde weitergeleitet[62]. In manchen Fällen wurden sie auch an mehreren römischen Ämtern parallel behandelt[63]. Dabei ergeben sich einige Fragen bezüglich des Rechtsweges und der Beziehung zwischen lokaler und kurialer Jurisdiktion: Wurde eine größere Zahl der am Freisinger Offizialatsgericht behandelten Fälle in Rom noch einmal neu aufgenommen und diente die Pönitentiarie[64] in Verbindung mit der oberstrichterlichen Gewalt des Papstes damit als letzte Berufungsinstanz? Handelte es sich bei den dort behandelten Fällen vor allem um Themen wie zum Beispiel Ehedispense, die unter das päpstliche Reservatsrecht fielen[65] und somit zwangsweise in die Kompetenz der Pönitentiarie fielen? Oder wurden die verschiedenen Rechtsinstitutionen unabhängig voneinander frequentiert und besaßen jeweils eine bestimmte eigene Klientel?

Die Zuständigkeitsbereiche der lokalen geistlichen Gerichte Freisings sind vor allem anhand der sehr zahlreich überlieferten Akten des Offizialatsgerichtes zu überprüfen und auf Zusammenhänge mit den Suppliken an die päpstliche Beichtbehörde zu untersuchen. Es stellt sich die Frage, ob es in der Jurisdiktion vor Ort weitere, miteinander konkurrierende oder auch zusammenarbeitende Instanzen geistlicher Rechtsprechung gab. Eine weitere Frage ist, inwiefern die Kurie und die Pönitentiarie unter ihren Kunden sogar die beliebteren Entscheidungsorgane waren, da sie gegen entsprechende Zahlungen eventuell mildere Urteile fällten als lokale geistliche Gerichte[66]. Änderte sich in Freising deshalb die Anzahl der Gesuche aus bestimmten Themenbereichen im Verlauf des Untersuchungszeitraumes? War oder wurde die Pönitentiarie eine in der Bevölkerung wie im Klerus beliebte letzte Appellationsinstanz? Außerdem ist anhand der Offizialatsprotokolle zu untersuchen, wer in einem Fall die Initiative zur Rechtsprechung ergriff – geschah dies auf Veranlassung der Petenten oder gelangten die Suppliken auf Veranlassung des geistlichen Gerichtes Freising zur endgültigen Entscheidung nach Rom?

---

[61] SCHMUGGE u.a., Pius II. 16.
[62] SCHMUGGE u.a., Pius II., X.
[63] Siehe z.B. PA 46, fol. 220r.
[64] PLÖCHL, Kirchenrecht, 84, 351-353.
[65] PLÖCHL, Kirchenrecht, 328.
[66] Dies ist an den zahlreichen Freisinger Ehedispensen vor allem im ausgehenden 15. Jahrhundert zu sehen.

5. Die Grundlage geistlicher Rechtsprechung: Das kanonische Recht

Mit der zunehmenden Durchsetzung des päpstlichen Primates[67] ging schrittweise eine von Plöchl so bezeichnete „Verrechtlichung der Kirche" einher, erkennbar an der stetig wachsenden Sammlung kirchlicher Rechtswerke[68]. Im Verlauf der Jahrhunderte entwickelten sich zunehmend strenger Normen und Rechtsvorschriften der Kirche[69]. Sie machten die Einhaltung der Kirchengebote schwieriger, so dass bei Klerikern und Laien ein zunehmender Bedarf entstand, persönliche Abweichungen von dieser Norm gestattet zu bekommen[70]. Dies geschah durch Erteilung einer Dispens in Form eines päpstlichen Gnadenbriefes, mit dem die kanonischen Vorschriften im Einzelfall wieder aufgehoben wurden. Die steigende Nachfrage nach päpstlichen Dispensen schlug sich vor allem im stetigen Wachstum der kurialen Behörden nieder, wie das Beispiel der Pönitentiarie im 15. Jahrhundert zeigt[71]. Dispensgewalt besaßen nicht nur die Päpste, sondern auch die Bischöfe[72].

Das Verhältnis von bischöflicher und päpstlicher Dispensgewalt unterlag einem stetigen Wandel und regelmäßigen Neuordnungen[73]. In bestimmten Bereichen war ihre Dispensgewalt gleichberechtigt[74], jedoch verlagerte sie sich mit zunehmender Zentralgewalt zu Gunsten des Oberhauptes der katholischen Kirche[75]. Gegen Ende des 14. Jahrhunderts gab es dreißig päpstliche Vorbehalte oder Reservatfälle[76], darunter Simonie, Lossprechung wegen tätlicher Angriffe auf Kleriker, Absolution von exkommunizierten Personen, Strafen wegen Anmaßung kirchlicher Jurisdiktion und andere Themen[77]. Das kirchliche Recht kannte den Begriff der Verjährung noch nicht[78], daher gelangten auch zeitlich sehr weit zurückliegende Anliegen an die Pönitentiarie, wie beispielsweise aus einem gemeinschaftlichen Gesuch mehrerer Kleriker aus Kammin, Schwerin

---

[67] PLÖCHL, Kirchenrecht, 81-83.
[68] PLÖCHL, Kirchenrecht, 468-488.
[69] SCHMUGGE, Kinder, Kirche, Karrieren, 35: Beispielsweise Einführung des Zölibats, Verbot der Zulassung von Illegitimen und Klerikerkindern zum Seelsorge- und Altardienst oder Einführung des 4. Verwandtschaftsgrades als Ehehindernis auf dem IV. Laterankonzil.
[70] SCHMUGGE, Kinder, Kirche, Karrieren, 31.
[71] SCHMUGGE, Kinder, Kirche, Karrieren, 82-83.
[72] PLÖCHL, Kirchenrecht, 61.
[73] PLÖCHL, Kirchenrecht, 61.
[74] PLÖCHL, Kirchenrecht, 62.
[75] PLÖCHL, Kirchenrecht, 84.
[76] PLÖCHL, Kirchenrecht, 379.
[77] PLÖCHL, Kirchenrecht, 379-381.
[78] PLÖCHL, Kirchenrecht, 388.

und Schleswig zu erkennen ist[79]. Das beschriebene Ereignis lag in diesem Fall um dreiundzwanzig Jahre zurück.

Der Zweck einer Kirchenstrafe lag nicht in der Vergeltung einer Tat, sondern folgte bereits einer Art Resozialisierungsgedanke, angestrebt wurde nämlich eine Besserung des Täters[80]. Im mittelalterlichen Rechtsdenken wurde zwischen der wahrnehmbaren Tat als schuldhafter Rechtsverletzung beziehungsweise dem Verbrechen und der Sünde unterschieden[81]. Die Schuld an einer Tat wurde anhand verschiedener Kriterien gemessen: So hatte die Zurechenbarkeit oder Strafmündigkeit des Täters ebenso eine Bedeutung wie erschwerende oder mildernde Umstände, Vorsatz oder Absicht zu einer Tat. Ebenso wurde der Zufall, die Frage nach Gewohnheit oder Rückfall bewertet, außerdem die gesellschaftliche Stellung[82]: Ein höherer Stand galt als erschwerender Umstand und hatte ein höheres Strafmaß zur Folge[83].

Es gab vorwiegend geistliche Strafen wie die Suspension Geistlicher von ihren kirchlichen Ämtern und damit verbundenen Befugnissen, Weihen und Einkommen, Verlust von Standesrechten oder Geldbußen[84], gemischte und weltliche Strafen wie beispielsweise Prügel- oder Geldstrafen, Freiheitsentzug, Ausweisung oder Exil, Verlust weltlicher Ämter und Rechte sowie Acht und Bann[85]. Unterschieden wurde auch zwischen von selbst eintreffenden Strafen wie der Generalexkommunikation und erklärten Strafen wie der Degradation, Deposition, Suspension, Exkommunikation oder Interdikt[86]. Die Degradation konnte neben Ämtern, Pfründen, und Weihen auch den Verlust des geistlichen Standesrechtes zur Folge haben, einschließlich des *privilegium fori*, so dass betroffene Kleriker auch vor weltliche Gerichte zitiert werden konnten. Eine Wiederzulassung zu den Weihen war jedoch möglich[87]. Eine etwas leichtere Strafe war die Deposition, da die betroffenen Kleriker ihren geistlichen Stand beibehielten[88]. Die Suspension war eine leichtere Strafe und war mit der temporären

---

[79] Sie hatten an dem Kriegszug Herzog Barnims von Pommern teilgenommen und waren während einer Seeschlacht in die Kriegshandlungen verwickelt worden. Diese fand am 11. Juni 1427 statt, die Supplik ist dagegen auf den 17. Mai 1450 datiert: RPG II, Nikolaus V., Nr. 264.
[80] PLÖCHL, Kirchenrecht, 388.
[81] PLÖCHL, Kirchenrecht, 385-387.
[82] PLÖCHL, Kirchenrecht, 385-388.
[83] PLÖCHL, Kirchenrecht, 386.
[84] PLÖCHL, Kirchenrecht, 398.
[85] PLÖCHL, Kirchenrecht, 399.
[86] PLÖCHL, Kirchenrecht, 389.
[87] PLÖCHL, Kirchenrecht, 389.
[88] PLÖCHL, Kirchenrecht, 390.

Aufhebung von Weihen und der damit verbundenen Zulassung zu Weihehandlungen verbunden[89]. Die Exkommunikation hatte neben dem Ausschluss von allen kirchlichen Sakramenten, Kontaktbeschränkungen[90] auch den Verlust der Rechtsfähigkeit einer Person zur Folge, den Mangel an gutem Ruf beziehungsweise die sogenannte rechtliche Infamie[91].

---

[89] PLÖCHL, Kirchenrecht, 391.
[90] Bei Nichteinhaltung der Kontaktbeschränkung erfolgte ggf. auch die Exkommunikation der Umgangspersonen. Ausgenommen waren Ehepartner, Kinder, Bedienstete und Leibeigene des Exkommunizierten. Siehe PLÖCHL, Kirchenrecht, 393.
[91] PLÖCHL, Kirchenrecht, 293 und 391.

II. Die kuriale Rechtsprechung

1. Die apostolische Pönitentiarie und ihre Entwicklung zu einer kurialen Behörde

Die *Sacra Penitentieria Apostolica*, oder auch Apostolische Pönitentiarie, war direkt dem Papst unterstellt und die einzige kuriale Behörde, die seit Beginn des 14. Jahrhunderts[92] auch nach dem Tod eines Papstes weiter amtierte[93]. In allen anderen Institutionen kam es mit Amtsantritt eines Papstes zur Neubesetzung der wichtigsten Positionen. Erste päpstliche Gnadenbriefe an adelige Personen wegen schwerer Vergehen sind ab Ende des 10. Jahrhunderts überliefert[94], während die Person eines Kardinalpönitentiars erstmals 1179 schriftlich erwähnt wurde[95]. Die Pönitentiarie mit einer schriftlichen Fixierung ihrer Kompetenzen wird möglicherweise erstmals unter Innozenz III. (1198 – 1216) und sicher unter Gregor IX. (1227 – 1241) fassbar[96]. Seit dem Konzil von Vienne (1311 – 1312) galten die Vollmachten eines Pönitentiars auch über den Tod eines Papstes hinaus[97]. Aus diesem Amt entwickelte sich aufgrund der zahlreichen Rompilger[98] ab Mitte des 13. Jahrhunderts eine große Behörde mit breitem Verwaltungsunterbau[99], die sich während der Hochrenaissance auf dem Höhepunkt ihres Wirkungsgrades befand[100]. Erstmals auf dem Konzil von Clermont (1130)[101] sowie vor allem im 13. Jahrhundert wurden die Kompetenzbereiche festgelegt, nämlich welche Themen des Gewissens- und äußeren Rechtsbereiches an der Kurie in Abgrenzung zu den Ortsbischöfen behandelt wurden[102]. Bereits für das

---

[92] Johan ICKX, „Ipsa Vero Officii Maioris Poenitentiarii Institutio Non Referitur?" La Nascita di un Tribunale della Conscienza. In: Johan ICKX – Manlio SODI, La Penitenzieria Apostolica e il Sacramento della Penitenzieria, Percorsi storici, guiridici, teologici e prospettive pastorali, Città del Vaticano 2009, 19-50, 47-48.
[93] ICKX, La Nascita, 47; SALONEN, Decisions, 515.
[94] ICKX, La Nascita, 25.
[95] ICKX, La Nascita, 30-35, v.a. 33; PLÖCHL, Kirchenrecht, 104 und SCHMUGGE, Kinder, Kirche, Karrieren, 83.
[96] ICKX, La Nascita, 35; SCHMUGGE, Kinder, Kirche, Karrieren, 82-83.
[97] ICKX, La Nascita, 47-48; SCHMUGGE, Kinder, Kirche, Karrieren, 84 und PLÖCHL, Kirchenrecht, 104.
[98] SCHMUGGE, Kinder, Kirche, Karrieren, 83.
[99] ICKX, La Nascita, 33-35, 47-48.
[100] Filippo TAMBURINI, Die Apostolische Pönitentiarie und die Dispense "super defectu natalium". In: Ludwig SCHMUGGE (Hg.): Illegitimität im Spätmittelalter, München 1994, 132.
[101] ICKX, La Nascita, 37.
[102] ICKX, La Nascita, 46; PLÖCHL, Kirchenrecht, 104.

13. Jahrhundert konnte eine vollständige Liste der Pönitentiarie rekonstruiert werden, die von Andreas Meyer veröffentlicht wurde[103].

Der Grund für das schnelle Wachstum der Pönitentiarie lag in der zunehmend auf die Person des Papstes fokussierten kirchlichen Jurisdiktion zu Lasten der Ordinarien sowie in der stetigen Erweiterung des Kirchenrechtes[104]. Auf die damit einhergehende zunehmende Anzahl an Gesuchen reagierten die kurialen Behörden mit steigenden Mitarbeiterzahlen, um dem Andrang gewachsen zu bleiben[105]. Zu Beginn des 15. Jahrhunderts waren etwa 80 Personen an der Pönitentiarie beschäftigt[106]. Die steigende Finanznot der Päpste war ein Grund für eine allmähliche Umwandlung der kurialen Ämter in käufliche Stellen[107]. Zu Beginn des 16. Jahrhunderts war es aufgrund der Ämterkäuflichkeit häufig zu Mehrfachbesetzungen gekommen[108]. Die Mitarbeiterzahl betrug in dieser Zeit mehrere hundert Personen[109].

2. Das Personal

Dem an oberster Stelle stehenden Großpönitentiar[110] hatten alle weiteren Mitglieder der Behörde einen Amtseid zu leisten[111]. In den ersten überlieferten Registerbänden wurde Nicolaus de Albergatis als Großpönitentiar verzeichnet[112]. Er starb am 9. Mai 1443, darauf folgte im Jahr 1444 Giuliano Cesarini und von 1444 bis 1449 Giovanni da Tagliacozzo. Daraufhin amtierte bis zum 14. August 1458 Domenico Capranica[113], anschließend bis 1473 Filippo Calandrini[114] und bis 1503 Giuliano della Rovere, der spätere Papst Julius II[115]. Ihnen stand ein

---

[103] Andreas MEYER, Quellen zur Geschichte der päpstlichen Pönitentiarie aus Luccheser Imbreviaturen. In: Andreas MEYER, Constanze RENDTEL und Maria WITTMER-BUTSCH: Päpste, Pilger, Pönitentiarie. Festschrift für Ludwig Schmugge zum 65. Geburtstag, 321-333.
[104] SCHMUGGE u.a., Pius II., 9-11.
[105] SCHMUGGE, Kinder, Kirche, Karrieren, 82-83.
[106] SCHMUGGE, Kinder, Kirche, Karrieren, 85.
[107] PLÖCHL, Kirchenrecht, 107.
[108] SCHMUGGE u.a., Pius II., 13.
[109] SCHMUGGE, Kinder, Kirche, Karrieren, 82-85.
[110] ICKX, La Nascita, 33-35.
[111] SCHMUGGE, Kinder, Kirche, Karrieren, 85.
[112] Antonio MANFREDI: La Penitenzieria Apostolia nel Quattrocento attraverso i Cardinali Penitenzieri e le Bolle dei Giubilei. In: Johan ICKX – Manlio SODI, La Penitenzieria Apostolica e il Sacramento della Penitenzieria, Percorsi storici, guiridici, teologici e prospettive pastorali, Città del Vaticano 2009, 63-87, 67, 69-72.
[113] MANFREDI, La Penitenzieria, 83-84.
[114] MANFREDI, La Penitenzieria, 84-85.
[115] MANFREDI, La Penitenzieria, 76, 85-86; SCHMUGGE u.a., Pius II., 12.

Auditor zur Seite, der ein rechtsgelehrter, kanonischer Fachmann zu sein hatte[116] und als Prüfer für komplizierte oder zweifelhafte Rechtsfälle[117] zuständig war. Neben der Gnadenerteilung nahm er auch die vor allem in Pfründenangelegenheiten wichtige Vergabe des Datums vor[118]. Mit der Verantwortung für den täglichen Geschäftsverkehr gegen Ende des 15. Jahrhunderts hatte der Regens faktisch die Leitung der Pönitentiarie übernommen[119]. Er war jedoch gegenüber dem Großpönitentiar rechenschaftspflichtig und besaß in den meisten Fällen den Bischofsrang[120].

Beiden unterstanden die zwölf sogenannten Minder- oder Kurienpönitentiare[121], die an den Vollmachten der Behörde teilhatten, jedoch vor allem für die Bearbeitung einfacher Rechtsfälle zuständig waren. Sie kamen aus unterschiedlichen Sprachgebieten oder waren polyglotte Kleriker, um den vielsprachigen Andrang aus ganz Europa bewältigen zu können[122]. Darunter befanden sich beispielsweise der Engländer William de Scherwode aus York, die Deutschen Paulus de Urbe und Johannes de Gunthorp oder der Italiener Franciscus de Scintillis[123]. Sie waren in den drei Hauptbasiliken Roms[124] zu erreichen und konnten zu Beginn des 16. Jahrhunderts nahezu Gleichberechtigung zum Großpönitentiar erlangen[125]. Eine ihrer wesentlichen Aufgaben bestand in der Annahme der Gesuche von den Bittstellern und ihrer Weiterleitung an die entsprechende Behörde[126]. Ihre Anzahl betrug bis zu 48 Personen im Jahr 1517[127]. Der gesamte Schriftverkehr wurde durch die in einem eigenen Kollegium organisierten Schreiber erledigt, darunter befanden sich auch Laien, beziehungsweise verheiratete Kleriker[128]. Gemäß den Statuten der Pönitentiarie waren es vierundzwan-

---

[116] SCHMUGGE u.a., Pius II., 14: Die Zugangsbedingung zu diesem Amt war ein Universitätsabschluß als Dr. iur. can.
[117] SCHMUGGE, Kinder, Kirche, Karrieren, 89-90.
[118] SCHMUGGE u.a., Pius II., 49.
[119] SCHMUGGE, Kinder, Kirche, Karrieren, 89.
[120] SCHMUGGE u.a., Pius II., 14.
[121] ICKX, La Nascita, 35; SCHMUGGE, Kinder, Kirche, Karrieren, 86. Siehe auch Calixt III., RPG III, Nr. 1304 und 1314: Beide Suppliken wurden in Rom/St. Peter ausgestellt und damit von einem Minderpönitentiar bearbeitet.
[122] SCHMUGGE, Kinder, Kirche, Karrieren, 90.
[123] Ludwig SCHMUGGE (Hg.), Illegitimität im Spätmittelalter (Schriften des Historischen Kollegs, Kolloquien 29), München 1994, 15.
[124] Santa Maria Maggiore, San Giovanni und St. Peter. Siehe auch ICKX, La Nascita, 34-35.
[125] SCHMUGGE, Kinder, Kirche, Karrieren, 91-97.
[126] SCHMUGGE u.a., Pius II., X und 16.
[127] SCHMUGGE, Kinder, Kirche, Karrieren, 97.
[128] SCHMUGGE, Kinder, Kirche, Karrieren 97-98.

zig Skriptoren[129]. Ihre im Verhältnis zu den Kurienpönitentiaren wesentlich niedrigere Zahl lässt den Schluss zu, dass die meisten Anliegen nicht schriftlich behandelt und damit auch nicht registriert wurden[130]. Für den Erwerb eines Schreiberamtes wurde eine hohe Antrittsgebühr verlangt, dennoch war es sehr begehrt, da mit diesem Posten beträchtliche Einnahmen verbunden waren. Entsprechend hoch war in diesem Bereich phasenweise die Überbesetzung[131].

Außerdem gab es noch Vermittler zwischen Bittstellern und Kurie, die sogenannten Prokuratoren. Sie unterhielten eigene Büros am Petersdom[132]. Die Einbeziehung von Prokuratoren verbesserte die Erfolgschancen eines formal korrekt aufgesetzten Anliegens erheblich[133]. Ihre Namen wurden während der Pontifikate Pius II.[134] und Julius II.[135] in den Registerbänden unter dem Datum verzeichnet sowie auf der Rückseite der ausgestellten Schreiben[136]. Je nach Sprachkenntnissen besaßen sie unterschiedliche Zuständigkeitsbereiche und entwickelten im Laufe der Zeit eine Monopolstellung[137]. Bei nicht persönlich in Rom eingereichten Anliegen wurden die an der Kurie ausgestellten *litterae* über die Prokuratoren an die Petenten zurückgesandt[138]. Diese legten die Gebühren und Kompositionen aus und holten sie sich anschließend von den Bittstellern persönlich oder über Kollektoren wieder zurück[139]. Auch unter den Prokuratoren befanden sich sogenannte *clerici uxorati* [140]. Dieses Amt war neben dem Schreiberamt für Kleriker besonders attraktiv, da sowohl die Aussicht auf hohe Verdienstmöglichkeiten als auch die Möglichkeit zu heiraten bestand, weil für den Erwerb nur niedere Weihen wie die des Subdiakons erforderlich waren[141].

---

[129] SCHMUGGE u.a., Illegitimität, 16.
[130] SCHMUGGE u.a., Pius II., 18-19.
[131] SCHMUGGE, Kinder, Kirche, Karrieren, 94-105.
[132] SCHMUGGE u.a., Pius II., 1.
[133] SCHMUGGE u.a., Pius II., 19-20.
[134] Siehe die im RPG IV. veröffentlichten Suppliken und RPG V, XXI: Ab Paul II. wurden die Prokuratoren in der Regel nicht mehr im Register erfasst.
[135] PA 52-PA 55.
[136] SCHMUGGE, Kinder, Kirche, Karrieren, 100.
[137] SCHMUGGE, Kinder, Kirche, Karrieren, 100-102.
[138] Der Weg, den eine Supplik vom Bittsteller bis an die Kurie nahm, wurde bisher noch nicht zum Forschungsgegenstand gemacht. Diese Arbeit soll – aufgrund der sehr guten Überlieferungslage in der Diözese Freising – versuchen, dieses Thema zu klären.
[139] SCHMUGGE, Kinder, Kirche, Karrieren, 117.
[140] SCHMUGGE u.a., Pius II., 16.
[141] SCHMUGGE, Kinder, Kirche, Karrieren, 98-99; Plöchl, Kirchenrecht, 289: Ab Coelestin III. (1191 – 1198) galt die Erlangung des Weihegrades eines Subdiakons als stillschweigendes Gelöbnis zum Zölibat. In der Praxis wurden im 15. Jahrhundert für Kleriker aber zahlreiche Ausnahmegenehmigungen erteilt.

3. Formalitäten im Schriftverkehr

In der avignonesischen Zeit des Papsttums kam es im Zuge der Zentralisierung der kirchlichen Verwaltung auch zur Ausbildung von Formelsammlungen, die gegen Ende des 15. Jahrhunderts abgeschlossen waren[142]. Eine sehr bedeutende, im 15. Jahrhundert noch aktuelle Sammlung wurde um 1392 von Walter Murner in Straßburg verfasst[143]. Eine neuere Fassung wurde im 15. Jahrhundert durch den Großpönitentiar Filippo Calandrini angelegt[144] – weitere Varianten sind bisher nicht bekannt. Der Beginn der schriftlichen Aufzeichnungen an der Pönitentiarie ist nicht mehr datierbar[145], muss jedoch vor dem Pontifikat Eugens IV. (1431 – 1447) gelegen haben, da der erste Registerband Pius II. mit der heutigen Signatur PA 7 auf dem Buchrücken die alte Bestandsnummer 25 trägt[146]. Der Band PA 1, Eugen IV. müsste demnach ehemals Band 18 der Registerserie gewesen sein. Demnach sind die ersten Bände verloren gegangen, sie datieren vermutlich in das frühe 15. Jahrhundert[147].

Je nach Typ des Gesuches wurden unterschiedlich hohe Gebühren fällig, die jedoch nicht für die Vergebung der Sünden, sondern für die anfallende Bearbeitung zu leisten waren[148]. Bestechungen und weitere Zahlungen an Mittelsmänner waren im Kontakt zur Pönitentiarie[149] für eine schnellere oder erfolgreichere Bearbeitung eines Falles sicher hilfreich, sie sind jedoch in den Quellen nicht zu belegen[150]. Dem Petenten wurde nach Erteilung des Urteils eine oder mehrere *litterae*[151] ausgestellt, sie sind päpstliche Gnaden- beziehungsweise Justizbriefe[152]. Diese wurde zugleich in meist stark komprimierter Form als Supplik in einem Registerband verzeichnet[153]. Einige dieser Briefe können in lokalen Archiven, in Freising beispielsweise im Bischofsarchiv in Verbindung mit loka-

---

[142] SCHMUGGE, Kinder, Kirche, Karrieren, 106-111.
[143] SCHMUGGE u.a., Pius II., 20; Göller, Pönitentiarie I 2, 149-150.
[144] SCHMUGGE u.a., Pius II., 20 und BAV Vat. lat. 6290, fol. 78r-83r.
[145] Es muss unterschieden werden zwischen Supplikenausfertigung und der systematischen Aufzeichnung in Registerbänden an der Pönitentiarie, siehe hierzu ICKX, La Nascita, 42-48.
[146] SCHMUGGE, Kinder, Kirche, Karrieren, 14.
[147] SCHMUGGE, Kinder, Kirche, Karrieren, 14.
[148] SCHMUGGE u.a., Pius II., 51 und MÜLLER, Gebühren, 219-221: Die Gebühren stiegen im Verlauf der Jahrzehnte an und zwar durch die Zunahme an berechneten Verwaltungsgängen wie beispielsweise die Einführung einer Siegelgebühr.
[149] HL Freising 93, fol. 59r-60r.
[150] SCHMUGGE, Kinder, Kirche, Karrieren, 112.
[151] In späteren Suppliken ab Innozenz VIII. wurden in der Regel drei *litterae* ausgestellt, möglicherweise in Abhängigkeit von bestimmten Gerichtsverfahren.
[152] SCHMUGGE u.a., Pius II., 2.
[153] SCHMUGGE, Kinder, Kirche, Karrieren, 115.

len Gerichtsprozessen, überliefert worden sein[154]. Sie waren inhaltlich wesentlich ausführlicher als die deutlich verkürzten Einträge in den Registerbänden der Pönitentiarie[155].

4. Die Art der Gesuche an die Pönitentiarie

Zu Beginn des 12. Jahrhunderts wurde in Abgrenzung zu den Bischöfen der an der Kurie behandelte Rechtsprechungsbereich festgelegt[156]. In der Mitte des 13. Jahrhunderts war die Pönitentiariebehörde als Tribunal für den Gewissensbereich (*forum internum*)[157] und den äußeren Rechtsbereich (*forum externum*) zuständig[158]. In Bußangelegenheiten leistete die Pönitentiarie seelsorgerischen Beistand und konnte die erforderliche Absolution erteilen[159]. Diese Anliegen fielen unter das so genannte *forum internum* und wurden nicht schriftlich festgehalten[160]. Wenn die Fälle jedoch Verstöße gegen die Kirchenregeln zum Inhalt hatten betrafen sie das *forum externum*, hier kamen dann die Dispens- und Sondervollmachten der Pönitentiarie zum Einsatz[161] und es erfolgte die Ausfertigung päpstlicher Gnadenbriefe unter dem Siegel des Großpönitentiars[162] sowie zu späteren Zeiten die schriftliche Registrierung der Suppliken. Die Untersuchung der bisher veröffentlichten Registerbände der Pönitentiarie hat keine Verletzung des Beichtgeheimnisses zur Folge, da vor Pius V. (1566 – 1572) nur Fälle, die das *forum externum* betrafen, aufgezeichnet wurden[163].

Registriert wurden nur die genehmigten Anliegen und nur auf Wunsch der Antragsteller[164]. Für lokale Gerichtsverfahren benötigte Anträge auf Dispens oder Lizenz wurden sowohl an der Pönitentiarie, in wenigen Fällen auch in der

---

[154] Z.B. eine Ehedispens unter Pius II., PA 9, fol. 24r, der in einem Eheprozess am Freisinger Bischofsgericht im Jahr 1461 verwendet wurde (HL Freising 93 und 94).
[155] SCHMUGGE u.a., Pius II., 4.
[156] ICKX, La Nascita, 37: Hierzu zählten Inzest, Mord, Vergewaltigung, Vatermord, Sodomie, Klerikermord, Simonie und Sakrileg. Die Lossprechung war nur dem Papst vorbehalten.
[157] Siehe hierzu Joseph CAROLA, La Nascita di un Tribunale della Coscienza: una Risposta Agostiniana. In: Johan ICKX – Manlio SODI, La Penitenzieria Apostolica e il Sacramento della Penitenzieria, Percorsi storici, guiridici, teologici e prospettive pastorali, Città del Vaticano 2009, 51-61.
[158] ICKX, La Nascita, 43 - 47, PLÖCHL, Kirchenrecht, 104.
[159] ICKX, La Nascita, 43, MÜLLER, Gebühren, 190.
[160] ICKX, La Nascita, 43; MÜLLER, Gebühren, 190.
[161] MÜLLER, Gebühren, 190.
[162] ICKX, La Nascita, 46-47.
[163] SCHMUGGE, Kinder, Kirche, Karrieren, 122.
[164] SCHMUGGE, Kinder, Kirche, Karrieren, 119.

Heimatdiözese verzeichnet[165]. Ein seltener Beleg hierzu findet sich in einem Freisinger Eheprozess unter Verwendung einer päpstlichen Dispens aus dem Jahr 1461[166]. Im 13. Jahrhundert fiel das Thema Geburtsmakel in den Zuständigkeitsbereich der Pönitentiarie[167], der Themenkreis des *forum externum* erweiterte sich jedoch im Laufe der Zeit beträchtlich zu Lasten der die geistliche Gerichtsbarkeit ausübenden Ortskirchenvertreter und wurde von ihnen zunehmend als anmaßend empfunden und kritisiert[168].

An der Pönitentiarie wurde im 15. Jahrhundert eine große Anzahl von Materien behandelt[169], vor ihrer Reform im 16. Jahrhundert wurden sie zuletzt von Clemens VII. (1523 – 1534) noch einmal definiert[170]. Es handelte sich um Geburtsmakeldispense, Pfründengesuche, Pilgerlizenzen, Ehedispense, Erleichterungen von den Fastenbestimmungen, so genannte Butterbriefe, Beichtbriefe, also die freie Wahl des Beichtvaters, Erteilungen von Studienlizenzen und Weihegenehmigungen, Gesuche um Scheidung, Absolutionen von Mord und Totschlag, Rehabilitationen, oder eine präventive Wiederherstellung des guten Rufes bei drohender Anklage oder Infamationsprozess[171] am Heimatort. Insbesondere die Themen Gewalt, Mord- und Totschlag in Verbindung mit Klerikern nahmen im 15. Jahrhundert einen großen Stellenwert ein, denn sie wurden in den Formelbüchern ausführlich behandelt[172].

Fast alle Gnaden konnten an jeder anderen kurialen Behörde suppliziert werden, je nach Art des Gesuches wurde eine unterschiedlich hohe Gebühr verlangt[173]. Folglich sind viele der Absolutionen, Dispense und Gnaden ebenso im Repertorium Germanicum veröffentlicht[174]. Adressat einer Supplik war der Papst, die Genehmigungen erfolgten meist durch seine Stellvertreter[175]. Ob sich eine Person an die Pönitentiarie oder an die päpstliche Kanzlei wandte, hing von

---

[165] MÜLLER, Gebühren, 191.
[166] HL Freising 93, fol. 37r-v.
[167] ICKX, La Nasita, 46.
[168] Agostio BORROMEO, Il Concilio di Trento e la Riforma Postridentina della Penitenzieria Apostolica (1562 – 1572). In: Johan ICKX – Manlio SODI, La Penitenzieria Apostolica e il Sacramento della Penitenzieria, Percorsi storici, guiridici, teologici e prospettive pastorali, Città del Vaticano 2009, 111-134, 116-122; MÜLLER, Gebühren, 235.
[169] ICKX, La Nascita, 37: Sie wurden erstmals 1130 und ausführlich im 13. Jahrhundert aufgeführt, siehe auch 46-48.
[170] BORROMEO, Il Concilio, 114.
[171] PLÖCHL, Kirchenrecht, 359.
[172] SCHMUGGE u.a., Pius II., 66-67.
[173] SCHMUGGE u.a., Pius II., 50.
[174] RPG IV, Pius II., Einleitung, XVI.
[175] SCHMUGGE, Kinder, Kirche, Karrieren, 119.

den Umständen des Falles ab. Nach Brigide Schwarz war die Pönitentiarie vor allem Anlaufstelle für Erstdispense wie Eintritt in den Klerus oder Annahme niederer Weihen. Sie „...wurde von Leuten aufgesucht, die bescheidener waren – oder sein mussten" [176]. Auch die Chancen eines Bewerbers auf dem Pfründenmarkt entschieden, ob er sich an die Pönitentiarie oder an eine andere Behörde wandte[177]. Zudem war eine Dispens vom Geburtsmakel bei der päpstlichen Kanzlei teurer als bei der Pönitentiarie[178], die neben günstigeren Bearbeitungskosten[179] auch den Vorteil einer wesentlich geringeren Bearbeitungszeit von in der Regel drei Tagen bot[180].

Bereits im 15. Jahrhundert[181] und zunehmend im 16. Jahrhundert gab es massive Kritik an der Arbeitsweise der kurialen Behörden, an der leichten Käuflichkeit von kurialen Dispensen für eine breite Menschenmenge und an dem Zuständigkeitsbereich der Pönitentiarie[182], so dass in Folge des Trienter Konzils (1545 – 1563) das System päpstlicher Gnadenerteilung grundsätzlich reformiert wurde. Die Pönitentiarie sollte auf ihren ursprünglichen Zuständigkeitsbereich zurückgeführt werden[183] und folgte einer neuen Theologie: Sie hatte von nun an vor allem die Unterstützung zur Erlangung des Seelenheils zur Aufgabe, während die Bischöfe und Ordensoberen wieder weitgehend für die Jurisdiktion zuständig waren[184]. Unter Pius IV. (1559 – 1565) wurde 1562 die Kompetenz des Großpönitentiars erstmals beschränkt[185], nur noch schwerwiegende Fälle sollten an der Pönitentiarie behandelt werden[186]. Ein massiver Umbau fand ab 1568 unter seinem Nachfolger Pius V. (1566 – 1572) statt[187]. Nun änderten sich die Zu-

---

[176] Brigide SCHWARZ: Dispense in der Kanzlei Eugens IV., in: Ludwig SCHMUGGE (Hg.), Illegitimität im Spätmittelalter (Schriften des Historischen Kollegs, Kolloquien 29), München 1994, 133-146, 141; SALONEN, Decisions, 527.
[177] SCHWARZ, Kanzlei Eugens IV., 142.
[178] SCHWARZ, Kanzlei Eugens IV., 142.; SCHMUGGE u.a., Pius II., 53; SCHMUGGE, Kinder, Kirche, Karrieren, 315.
[179] SALONEN, Decisions, 527, SCHMUGGE, Kinder, Kirche, Karrieren, 118 und MÜLLER, Gebühren, 237.
[180] SCHMUGGE u.a., Pius II., 19; SALONEN, Decisions, 529.
[181] BORROMEO, Il Concilio, 116-117.
[182] BORROMEO, Il Concilio, 117-122.
[183] BORROMEO, Il Concilio, 130.
[184] BORROMEO, Il Concilio, 130; Pedro RODRIGUEZ: La Riforma della Penitenzieria Apostolia all'Epoca di San Pio V. Una Riflessione Storico-Teologica. In: Johan ICKX – Manlio SODI, La Penitenzieria Apostolica e il Sacramento della Penitenzieria, Percorsi storici, guiridici, teologici e prospettive pastorali, Città del Vaticano 2009, 135-148, 139.
[185] BORROMEO, Il Concilio, 123-124.
[186] BORROMEO, Il Concilio, 122-123.
[187] BORROMEO, Il Concilio, 124-129.

ständigkeiten und damit auch die an der Pönitentiarie behandelten Themen. Die Fakultäten und Kompetenzen des Großpönitentiars wurden auf das *forum internum* oder das Beichtgeheimnis reduziert[188], die Behörde wurde auf wenige Personen beziehungsweise ein Zehntel ihres bisherigen Umfanges verkleinert[189].

Alle Ämter unterlagen nun einer Residenzpflicht sowie dem Verbot eines Weitererkaufs[190]. Das gesamte vorher amtierende Personal wurde entlassen[191] und die Prokuratoren und Schreiber 1569 der päpstlichen Kanzlei inkorporiert[192]. Die meisten der vorher an der Pönitentiarie behandelten Rechtsprechungsbereiche fielen wieder in die Zuständigkeit der Ordinarien[193]. Matrimonialdispense wurden nur noch bei erstem bis zweitem Grad der Butsverwandtschaft oder der Affinität behandelt[194]. Die Registerserie wurde noch bis in das 20. Jahrhundert weitergeführt[195]. Diese Aufzeichnungen sind jedoch aufgrund der Pönitentiariereform mit ab dato Zuständigkeit vor allem für Buß- und Beichtthemen und wegen der damit verbundenen Wahrung des Beichtgeheimnisses nicht mehr öffentlich zugänglich. Ihr Gesamtumfang beträgt heute 4500 Bände, 69 davon stammen aus dem 15. Jahrhundert[196].

5. Der Preis für die päpstlichen Gnaden

Die Gebühren der Pönitentiarie waren niedriger als die anderer kurialer Behörden, zum Beispiel der Kanzlei[197]. Die Relation der Taxen zum Lebensunterhalt der Bittsteller, beispielsweise von Klerikern, ist schwierig einzuschätzen und dürfte je nach Region unterschiedlich ausgefallen sein. In zahlreichen Suppliken aus Norddeutschland findet sich die Aussage, das Pfründeneinkommen habe zum Lebensunterhalt nicht ausgereicht[198]. Ebenso häufig gibt es Hinweise auf hoch verschuldete norddeutsche Kleriker, die nicht zur Rückzahlung imstande

---

[188] BORROMEO, Il Concilio, 125-129; MÜLLER, Gebühren, 191, 236.
[189] BORROMEO, Il Concilio, 128: nun gab es nur noch einen Großpönitentiar, einen Regens, einen Datar, einen Korrektor, einen Magister der Theologie, einen promovierten Rechtsgelehrten, zwei Prokuratoren und zwei Schreiber sowie einen Siegler; SCHMUGGE u.a., Pius II., 13.
[190] BORROMEO, Il Concilio, 129.
[191] BORROMEO, Il Concilio, 126.
[192] BORROMEO, Il Concilio, 130.
[193] BORROMEO, Il Concilio, 126.
[194] BORROMEO, Il Concilio, 127.
[195] SCHMUGGE, Kinder, Kirche, Karrieren, 11.
[196] SCHMUGGE, Kinder, Kirche, Karrieren, 12.
[197] SCHMUGGE, Kinder, Kirche, Karrieren, 118.
[198] RPG II: Nikolaus V., Nr. 2095, 2096, 2107, 2118, 2119; RPG III: Calixt III., Nr. 2198, 2223, 2224, und 2228.

waren und denen infolgedessen Gerichtsprozesse drohten. Aus Freising kommen vergleichbare Suppliken seltener vor[199]. Der statistische Vergleich zeigt, dass das Pfründeneinkommen eines norddeutschen Klerikers[200] deutlich unter dem im süddeutschen Raum lag [201], auch wenn die genauen Einkünfte in den Suppliken nur sehr selten vermerkt sind[202]. Kurienangehörige in besonderer Stellung und besonders arme Bittsteller bekamen an der Pönitentiarie ihre Dispense oder Lizenzen zum Nulltarif, dies wurde im Einzelfall unter der Supplik vermerkt[203] und kommt in den Freisinger Gesuchen nicht vor.

Alle anderen Personen mussten eine sogenannte Taxe entrichten, deren Berechnung sich im Laufe der Zeit veränderte. Sie war nicht für die Vergebung der Sünden zu entrichten[204], sondern es handelte sich laut Emil Göller um „Gebühren, die für die Expedition der von dieser Behörde ausgefertigten Briefe an die damit beschäftigten Beamten, in erster Linie die Skriptoren, zu erledigen waren"[205]. Sie unterlagen einem kontinuierlichen Wachstum und nahmen im Verlauf des 15. Jahrhunderts stetig zu[206]. Dabei kam es jedoch nicht zu einer Erhöhung der Preise, sondern zu einem veränderten Berechnungsverfahren: Anstatt einer Summe wurden in einem kulmulativen Verfahren zunehmend die Einzelteile und Genehmigungsformen eines Falles in Rechnung gestellt und die Anzahl der

---

[199] Schuldenprozesse unter Einbeziehung der Pönitentiarie führten Johannes Dornvogt, PA 28, fol. 169r und Wilhelm Frimul, PA 29, fol. 56r.

[200] Mehrfach wurde erwähnt, dass sich der Inhaber eines Benefizes verschuldete und diese nicht zurückzahlen konnte, zum Beispiel in RPG II, Nikolaus V., Nr. 251 und Nr. 955; RPG II, Nikolaus V., Nr. 1047. Für Freising finden sich solche Hinweise sehr viel seltener.

[201] Hinweise auf ein nicht ausreichendes Benefizeinkommen siehe unter Paul II.: PA 17, fol. 189v, unter Sixtus IV.: PA 21, fol. 201r; PA 21, fol. 202v; PA 22, fol. 223r; PA 23, fol. 237r; PA 23, fol. 239v; PA 24, fol. 210v; PA 26, fol. 217v; PA 29, fol. 222r und PA 31, fol. 229v. Diese Dispense haben allesamt den Wunsch nach Erwerb eines höherwertigen Benefizes an einer Kathedral- oder Metropolitankirche zum Inhalt, Nachrichten über eine Verschuldung der Inhaber finden sich aber in keinem Fall. Nach dem Pontifikat Sixtus IV. scheinen die Pfründeneinkünfte den Inhabern wieder zum Lebensunterhalt ausgereicht zu haben, da sich keine weitere Supplik zu diesem Thema findet.

[202] So brachte eine Pfarrkirche in *Gerolsbach* in der Diözese Freising dem Inhaber jährliche Einkünfte in Höhe von sechs Mark Silber, was ihm anscheinend nicht zum Lebensunterhalt genügte: Paul II., PA 17, fol. 195v. In einer anderen Supplik reichen dem Inhaber einer kanonischen Pfarrkirche, Johannes Potzner, die jährlichen zwölf Mark Silber nicht aus: Sixtus IV., PA 20, fol. 257r.

[203] SCHMUGGE, Kinder, Kirche, Karrieren, 111.

[204] Diese Bewertung findet sich vor allem in antikatholischer Polemik des 19. Jahrhunderts.

[205] SCHMUGGE, Kinder, Kirche, Karrieren, 111; Emil GÖLLER, Die päpstliche Pönitentiarie, Bd.1.2: Die päpstliche Pönitentiarie bis Eugen IV.; Quellen, Rom 1907, 78-82, 179-189.

[206] SCHMUGGE, Kinder, Kirche, Karrieren, 111; GÖLLER, Pönitentiarie 1.2, 1, 164.

Bestandteile erhöht[207]. Neue Gebühren wurden eingeführt und erhöhten die Endkosten einer Supplik, so dass sich der Endbetrag bis Anfang des 16. Jahrhunderts verdoppelte[208]. Demgegenüber steht eine geschätzte Inflationsrate von jährlich 5%[209].

An der Kurie wurden Listen geführt, die einen recht genauen Einblick in die Taxordnung der Pönitentiarie geben[210]. Sie dienten jedoch weniger dem Schutz der Bittsteller vor behördlicher Willkür, als der Vermeidung einer gegenseitigen Übervorteilung der Pönitentiarieangestellten bei der Abrechnung ihrer Leistungen[211]. Die Kunden der Pönitentiarie besaßen dagegen keine Übersicht über die für ihre Gesuche anfallenden Kosten[212]. Die Monopolstellung der Pönitentiarie und die stetig anwachsenden Preise führten zu der Forderung nach einer Eindämmung des Ämterkaufes und der Belastungen der Petenten durch diese und andere kuriale Behörden[213]. Umfassende Klagen über das kuriale Taxwesen sind überliefert[214]. Dennoch wurden die Gebühren von den Zeitgenossen nicht als Simonie empfunden[215], im Gegensatz zu einigen päpstlichen Kompositionsforderungen als Sühne für sündhafte Handlungen, beispielsweise bei Eheschließungen in Unkenntnis bestehender Hindernisse wie eines zu nahen Verwandtschafts- oder Affinitätsgrades[216].

Etliche Bittsteller, beispielsweise junge Kleriker mit Geburtsmakel oder Weihehindernis, versuchten die hohen Gebühren zu umgehen, indem sie zusammen mit anderen Klerikern[217] oder ihren Geschwistern[218] eine gemeinsame Supplik einreichen. Beispielsweise kam eine Gruppe von acht Laien nach Rom, die wegen ihrer Tätigkeit als Söldner im Krieg eine hohe Zahl von Brand-

---

[207] MÜLLER, Gebühren, 210.
[208] SCHMUGGE u.a., Pius II., 54.
[209] SCHMUGGE u.a., Pius II., 54.
[210] Überliefert sind eine Taxreform Benedikts XII. aus dem Jahr 1338, der *Radix omnium malorum*, eine Liste unter Papst Calixt III. aus dem Jahr 1455 – 1458 sowie eine Reform der Gebührenordnung unter Leo X. zur Beschränkung des stetigen Wachstums der Schreibergebühren.
[211] MÜLLER, Gebühren, 234.
[212] MÜLLER, Gebühren 221.
[213] MÜLLER, Gebühren, 234.
[214] MÜLLER, Gebühren, 191.
[215] MÜLLER, Gebühren, 235.
[216] MÜLLER, Gebühren, 235.
[217] Unter Nikolaus V.: PA 4, fol. 35v; unter Calixt III.: PA 5, fol. 85v; unter Paul II.: PA 18, fol. 216v; unter Alexander VI.: Fünf Kleriker in PA 49, fol. 684v.
[218] So z.B. die vier Geschwister Wilhelm, Gregor, Johannes und Gaspar Fraunhofer: Calixt III., PA 6, fol. 126v; oder zwei Geschwister: Paul II., PA 16, fol. 194v, Alexander VI., PA 43, fol. 414v; PA 48, fol. 820v.

schatzungen, Mord, Totschlag, Plünderungen oder ähnliches verursacht hatte. Sie teilten sich die hohen Kosten und reichten eine gemeinschaftliche Supplik an der Pönitentiarie ein[219]. In mehreren Fällen baten zwei befreundete Familien mit sechs beziehungsweise fünf Personen gemeinschaftlich um Lizenz zur freien Wahl ihres Beichtvaters und teilten sich hiermit ebenfalls die anfallenden Bearbeitungsgebühren[220].

Gegen Mitte des 15. Jahrhunderts kam es parallel zur wachsenden Ämterkäuflichkeit auch zum Anstieg der Taxen, die zunehmend einer Tilgung der mit dem Amterwerb anfallenden hohen Kosten bei den Pönitentiarieangestellten dienten[221]. Das Personal der Pönitentiarie verwaltete sich selbst. Es gab keine Kontrollinstanz[222], sondern die Gelder wurden bei persönlicher Anwesenheit direkt vom Bittsteller kassiert[223]. Andernfalls erfolgte die finanzielle Abwicklung über die Prokuratoren oder die für die Heimatdiözese zuständigen Kollektoren[224]. Tatsächlich stiegen die Preise für den päpstlichen Gnadenerwerb nur langsam[225], die Gesamtkosten erhöhten sich eher durch anwachsende Zusatzgebühren und eine zunehmende Berechnung der Einzelbestandteile einer Supplik. Neue Taxen wie die Siegelgebühr entstanden im Verlauf des 15. Jahrhunderts, der genaue Zeitpunkt ist jedoch nicht datierbar[226]. So waren beispielsweise erfolgversprechendere Bewilligungsarten wie die Genehmigungsformel *de speciali et expresso* nur gegen einen Aufschlag von 2½ Carleni beziehungsweise einen zusätzlichen Groschen erhältlich[227]. Immer stärker schlug auch die inhaltliche Bewertung einer Tat finanziell zu Buche: bei Gewaltverbrechen wurde ebenso die Täterverantwortung wie die gesellschaftliche Position des Opfers in Rechnung gestellt[228].

---

[219] Pius II., PA 11, fol. 189v.
[220] Paul II., PA 14, fol. 316r und Sixtus IV., PA 29, fol. 166v.
[221] MÜLLER, Gebühren, 226-228.
[222] MÜLLER, Gebühren, 224: An der Pönitentiarie existierten weder Büros im heutigen Sinne, noch feste Arbeitszeiten oder eine Art Treueverhältnis in Form eines Eides gegenüber dem Papst. Auch eine Tätigkeit in Nebenbeschäftigungen war bei den meisten Angehörigen die Regel.
[223] MÜLLER, Gebühren, 225.
[224] SCHMUGGE, Kinder, Kirche, Karrieren, 117.
[225] MÜLLER, Gebühren, 212-214.
[226] MÜLLER, Gebühren, 219.
[227] MÜLLER, Gebühren, 216.
[228] MÜLLER, Gebühren, 218.

In der Bayerischen Staatsbibliothek München sind drei Abschriften der kurialen Gebührenaufstellungen erhalten[229]. Sie wurden von Wolfgang Müller im Jahr 1998 veröffentlicht und bieten einen interessanten Einblick in die kuriale Verwaltungspraxis[230]. Es handelt sich um eine nichtamtliche Liste eines Prokurators oder Pönitentiarieschreibers aus der Zeit zwischen 1455 und 1458 [231], entstanden vor der Gebührenreform Leos X. (1513 – 1520), die eine Summe aller Taxen enthält, jedoch nur den Endpreis, aber nicht eine Aufschlüsselung der Teilkosten oder der Zuständigkeitsbereiche[232]. Eine weitere, bislang unbekannte Kostenaufstellung wurde von den Pönitentiariemitarbeitern Cornelius de Ruyff und Johan Albrecht Widmanstetter gesammelt und für ihren Dienstalltag zusammengestellt[233]. Nach dem Ende ihrer Amtstätigkeit wurden diese in die Heimatdiözese überführt und in die persönliche Schriftsammlung integriert[234]. Diese Listen beinhalten verschiedene an der Pönitentiarie behandelte Materien, anhand derer sich nachvollziehen lässt, wie viel eine Dispens im Einzelfall gekostet haben könnte.

Bereits 1455 lassen sich deutliche Taxunterschiede erkennen, die im Einzelfall mit der unterschiedlichen und individuellen Bewertung der Tatmotive begründet wurden. Eine Geburtsmakeldispens wurde Mitte des 15. Jahrhunderts – wenn beide Eltern ledig waren, der Petent eine Zulassung zu allen Weihegraden und außerdem einen Anrechtsschein auf ein Benefizium mit oder ohne Seelsorge erwerben wollte – mit elf Groschen berechnet[235]. War ein Elternteil verheiratet, so kostete dieser zwölf Groschen[236]. Bei persönlicher Anwesenheit des Bittstellers war außerdem eine Gebühr für die Prozesskosten fällig[237]. Des weiteren mussten zehn Groschen für den Schreiber, fünf für das Siegel und vier für den Prokuratoren bezahlt werden[238]. In der Handschrift des Cornelius von Ruyff sind die mit Geburtsmakeldispensen verbundenen Anrechtsscheine auf Pfründen sorgfältig nach Art und Zahl der Benefize tariflich abgestuft[239], zusätz-

---

[229] Clm 16226, fol. 293r-195v; BAV Vat. Lat. 6290 (von Müller in die Zeit kurz vor 1513 eingeordnet); Clm 255, fol. 126r-132v (von Müller in das Jahr 1520 datiert).
[230] MÜLLER, Gebühren, 238-261.
[231] MÜLLER, Gebühren, 199, 138.
[232] MÜLLER, Gebühren, 206.
[233] MÜLLER, Gebühren, 206.
[234] SCHMUGGE, Kinder, Kirche, Karrieren, 106-111.
[235] MÜLLER, Gebühren, 238, Zeile 16-18.
[236] MÜLLER, Gebühren, 239, Zeile 19-21.
[237] MÜLLER, Gebühren, 239, Zeile 33-34.
[238] MÜLLER, Gebühren, 239, Zeile 34-35.
[239] MÜLLER, Gebühren, 254-255, Zeile 54-211.

lich wurde die für den Erwerb einer oder zweier Bullen oder für die Ausstellung eines Deklarationsbriefes zu bezahlende Gebühr von drei bis vier Dukaten genannt[240]. Zum Vergleich: Der Preis eines Deklarationsbriefes über einen zweiten bis dritten Verwandtschaftsgrad betrug laut Schmugge achtzehn bis zwanzig Turnosen beziehungsweise zwei Kammergulden, was zu damaliger Zeit dem Anschaffungswert einer Kuh entsprach[241].

Bei viertem Grad der Blutsverwandtschaft kostete eine vor der Hochzeit ausgestellte Ehedispens um 1455 sechzehn Groschen[242], in diesem Fall war keine Strafzahlung an die päpstliche Kammer zu entrichten. Zusätzlich fielen sieben Groschen für den Schreiber an, fünf für das Siegel sowie vier für den Prokurator. Eine Dispenserteilung vor der Hochzeit war für die Bittsteller verhältnismäßig günstiger, als sich erst nach dem Eheschluss um die Beseitigung eventueller Hindernisse zu kümmern. Eine Dispens nach geschlossener und vollzogener Ehe kostete beim dritten oder vierten Grad der Blutsverwandtschaft oder der Affinität sechsundzwanzig Groschen[243], im Jahr 1503 zwei Dukaten und siebzehn Carleni[244]. Wenn die Hochzeit in Unkenntnis des Ehehindernisses stattgefunden hatte, wurden um 1455 zusätzlich neunzehn Groschen für den Skriptor berechnet und neun für die Anfertigung des Siegels[245]. Wenn das Paar jedoch im Wissen um bestehende Hindernisse seine Verbindung eingegangen war, hatte es zusätzlich zwanzig Groschen für den Schreiber, zehn für das Siegel sowie sieben Groschen für den Prokurator zu zahlen[246]. Zu Beginn des 16. Jahrhunderts waren dafür zwei Dukaten und drei Carleni zu zahlen, außerdem einundzwanzig Carleni an die Kanzlei zu entrichten[247]. Ein Deklarationsbrief für den dritten oder vierten Verwandtschaftsgrad kostete während des Pontifikats Calixts III. (1455 – 1458) weitere achtzehn Groschen[248].

Je nach Anliegen des Petenten kam es vor Ausstellung der *littera* noch zur Zahlung eines Strafgeldes, der sogenannten Komposition, an die Datarie[249]. Diese Behörde mit Schwerpunkt Finanzen wurde unter Calixt III. eingerichtet, der

---

[240] MÜLLER, Gebühren, 255, Zeile 204-205.
[241] SCHMUGGE, Ehen, 20.
[242] MÜLLER, Gebühren, 239, Zeile 47-49.
[243] MÜLLER, Gebühren, 239, Zeile 37-38.
[244] MÜLLER, Gebühren, 249, Zeile 4-5.
[245] MÜLLER, Gebühren, 239, Zeile 39-40.
[246] MÜLLER, Gebühren, 239, Zeile 41-42.
[247] MÜLLER, Gebühren, 250, Zeile 7-9.
[248] MÜLLER, Gebühren, 239, Zeile 45-46.
[249] SCHMUGGE, Kinder, Kirche, Karrieren, 111; SCHMUGGE u.a., Pius II., 51-52.

genaue Gründungszeitpunkt ist nicht mehr zu rekonstruieren.[250] Über die Summe der Strafzahlung gibt es in keiner Supplik genaue Angaben, jedoch sind aus dem 15. Jahrhundert regelmäßige Beschwerden über die Höhe dieser kurialen Strafgelder überliefert[251]. Alle Beträge mussten vor Ausstellung des Deklarationsbriefes gezahlt werden, denn diese durften erst nach dem Zahlungseingang ausgestellt werden[252]. Die Einkünfte der Pönitentiarie waren insgesamt so bedeutend, dass sie gegen Ende des 15. Jahrhunderts überwiegend zur Finanzierung des Papsthaushaltes verwendet wurden[253] – demnach wird es sich um verhältnismäßig hohe Einkünfte gehandelt haben.

6. Die Kundschaft der Pönitentiarie

Kleriker und Laien verschiedenen Standes kamen mit sehr unterschiedlichen Angelegenheiten an die Pönitentiarie, wobei zu Beginn eines jeden Pontifikates ein erhöhter Zustrom erkennbar ist, der mit der Zeit wieder nachließ[254]. Insbesondere in den Heiligen Jahren 1450, 1475 und 1500 stieg die Supplikenzahl stark an[255]. Für einen Bittsteller war es dabei hilfreich, gute Beziehungen zur Kurie zu besitzen oder jemanden zu kennen, der gute Kontakte besaß[256]. Zugangsbeschränkungen gab es nicht – jede Person konnte sich an die Pönitentiarie wenden[257]. In welchem Maße die Zugänglichkeit der Pönitentiarie der Bevölkerung bekannt war, ist quantitativ eine bisher nicht zu beantwortende Frage. Adelige Personen waren nur in sehr geringer Zahl unter der Klientel der Beichtbehörde verzeichnet, insgesamt gaben nur achtzehn von 431 Laien aus Freising an, dem Adel anzugehören.

Nicht immer lässt sich eine Verbindung zwischen lokaler und kurialer Überlieferung herstellen. So wurde in der Chronik Veit Arnpecks angegeben, dass der Wittelsbacher Herzog Christoph, ein jüngerer Bruder Albrechts IV., wegen der Ermordung des Nikolaus von Abensberg im Jahre 1485 auf dem Hochstiftsterritorium Freisings nach einer Beichte im Kloster Andechs als Buße

---

[250] SCHMUGGE, Kinder, Kirche, Karrieren, 116.
[251] SCHMUGGE, Kinder, Kirche, Karrieren, 115.
[252] SCHMUGGE, Kinder, Kirche, Karrieren, 122.
[253] SCHMUGGE, Kinder, Kirche, Karrieren, 113.
[254] Ulrich SCHWARZ, Petenten, Pfründen und die Kurie. Norddeutsche Beispiele aus dem Repertorium Germanicum. In: BfdL 133, 1997, 1-21 und v.a. 5.
[255] Siehe Grafik 1.
[256] SCHWARZ, Kanzlei Eugens IV., 134.
[257] SCHMUGGE u.a., Pius II., 10.

auferlegt bekam, sich wegen seiner Absolution an die Kurie zu begeben[258]. In den Suppliken an die Pönitentiarie taucht Herzog Christoph jedoch nicht auf. Daher ist zu vermuten, dass er sich an eine andere „höherwertige" Behörde wie beispielsweise die Kanzlei gewendet hat[259].

7. Der Weg von Freising an die Pönitentiarie

Häufig ging der kurialen Gnadenerteilung bereits ein oder mehrere Gesuche an den Bischof der Diözese, an den Erzbischof oder an andere zur Jurisdiktion und Dispenserteilung befugte Personen oder Institutionen wie Klöster, voraus[260]. Auch auf Freisinger Diözesan- und Provinzialsynoden wurde in einigen wenigen Fällen Recht gesprochen[261], vermutlich durch den Bischof, der dort auch noch im 15. Jahrhundert, wie bei Peter Wiegand beschrieben, seine Gerichtsbarkeit persönlich ausübte[262]. Weitere Suppliken nehmen Bezug auf in den Synodaldekreten und -statuten enthaltene Bestimmungen, einige zum Thema Ehe[263], drei weitere wurden während des Pontifikates Pius II. unter *de sententiis generalibus* verzeichnet, jedoch ohne nähere inhaltliche Angabe[264]. Erste Appellationsinstanz war für Prozessierende aus Freising der Erzbischof von Salzburg[265], hierzu fanden sich in den Registerbänden jedoch nur sehr wenige Hinweise, bei Ehesuppliken sogar keine.

In einigen Fällen, vor allem bei Ehesuppliken und komplizierten Rechtsfällen, finden sich sehr konkrete Hinweise auf vorausgegangene Prozesse am Freisinger Offizialatsgericht, die nur mit kurialer Hilfe abgeschlossen werden

---

[258] Georg LEIDINGER, (Hg.), Veit Arnpecks „Chronik der Bayern" (Sitzungsberichte der Bayerischen Akademie der Wissenschaften, Philosophisch-Historische Abteilung), München 1936, 349, Zeile 15-20 und 702, Zeile 30-34.
[259] Sein Gesuch wäre damit im Repertorium Germanicum zu finden.
[260] PLÖCHL, Kirchenrecht, 351-352; SCHMUGGE, Ehen, 78.
[261] PA 17, fol. 40r von 1469: Auf einer nicht genau datierten Provinzialsynode wurde dieses Ehepaar zur Scheidung verurteilt.
[262] Peter WIEGAND, Diözesansynoden und bischöfliche Statutengesetzgebung im Bistum Kammin. Zur Entwicklung des partikularen Kirchenrechts im spätmittelalterlichen Deutschland, Köln 1998, 73-75.
[263] PA 44, fol. 71v von 1495; PA 45, fol. 40v (zwei Suppliken) von 1495: hier ist jedoch unklar, ob damit auch auf die jurisdiktionelle Tätigkeit auf Diözesan- oder Provinzialsynoden hingewiesen wurde oder auf die anschließend erfolgte strengere Anwendung dort erlassener Statuten zum Thema Ehe im Bistum Freising.
[264] PA 9, fol. 388r von 1461; PA 10, fol. 362v und 364v beide von 1462, Inhalt: *ut supra* ohne weitere Angaben.
[265] SCHMUGGE, Ehen, 78.

konnten[266], da die lokalen Gerichte das Kirchenrecht sehr schematisch anwandten und bei Fragen und Unsicherheiten selbst Rechtshilfe suchten[267]. In anderen Fällen wurde auf bereits erteilte Dispense, beispielsweise durch den Freisinger Bischof[268], einen nicht weiter namentlich genannten päpstlichen Legaten während eines Aufenthaltes im Bistum Freising[269] oder das Basler Konzil[270], hingewiesen. Die Angabe von Vordispensen und Dispensgebern war in jedem Fall obligatorisch[271], jedoch findet sich dazu in keiner Supplik eine Datierung der vorausgegangenen Gnadenerweise. Das Verhältnis zwischen der lokalen geistlichen Gerichtsbarkeit in Freising und der kurialen Jurisdiktion wurde in der Forschung bisher noch nicht eindeutig untersucht[272], jedoch scheint es im 15. Jahrhundert zeitweise recht intensive Verbindungen zwischen dem Offizialatsgericht Freisings, dem Bischof und der Kurie gegeben zu haben. Die Erforschung von Beziehung und Wechselwirkung zwischen lokaler und kurialer Rechtsprechung bildet daher einen Schwerpunkt dieser Untersuchung mit dem Ziel, zu klären, welchen Rechtsweg die Anliegen aus Freising bis zur Pönitentiarie durchliefen.

8. Weitere Dispensmöglichkeiten und Vorinstanzen

Bischöfe waren, wie aus etlichen Suppliken der Pönitentiarie hervorgeht, ebenfalls für eine Reihe von Dispensen zum Thema Befreiung vom Geburtsmakel, Erteilung niederer Weihen unterhalb des Subdiakonates oder Zulassung zu einem Benefiz ohne Seelsorge zuständig[273]. Ihre Dispensvollmachten waren sogar älter als die des Papstes[274]. Mit zwei Dekretalen von Bonifaz VIII. (1294 – 1303) im «Liber Sextus» wurden die Rechtsbefugnisse der Bischöfe zur Dispenserteilung gegen Ende des 13. Jahrhunderts allmählich eingeschränkt[275]. Sie konnten jedoch im 15. Jahrhundert an der Kurie auch weiter reichende Dispens-

---

[266] Beispielsweise PA 47, fol. 132r; PA 40, fol. 120r; PA 38, fol. 112r; PA 36, fol. 19 r; PA 31, fol. 17v; PA 26, fol. 48v.
[267] SCHMUGGE, Ehen, 84.
[268] Unter Nikolaus V.: PA 4, fol. 238v oder unter Calixt III.: PA 6, fol. 368r und PA 6, fol. 370r.
[269] Calixt III.: PA 6, fol. 436v.
[270] So unter Paul II.: PA 17, fol. 193v.
[271] SCHMUGGE, Kinder, Kirche, Karrieren, 57.
[272] Bisher existieren hierzu noch keine Untersuchungen.
[273] SCHMUGGE, Kinder, Kirche, Karrieren, 37-38: Sie besaßen die Zuständigkeit bei niederen Weihen bis zum Subdiakonat und Pfründen ohne Seelsorge. Siehe auch PLÖCHL, Kirchenrecht, 351, zu päpstlichen Reservationen 378-381.
[274] SCHMUGGE, Kinder, Kirche, Karrieren, 42-43.
[275] SCHMUGGE, Kinder, Kirche, Karrieren, 38-39; TAMBURINI, Apostolische Pönitentiarie, 124.

vollmachten erwerben, wie beispielsweise der Bischof von Augsburg, Peter von Schaumberg[276]. Er durfte neben erweiterten Dispensfakultäten zum Thema Ehe auch andere Dispense wie Fasten- oder sogenannte Butterbriefe erteilen. Sein Bistum wurde von Nikolaus von Cues auf seiner Legationsreise in Deutschland zwecks Vermeidung von Streitigkeiten um das Dispensrecht weitmöglichst umgangen[277].

Für Pfarreien, höhere Weihegrade oder die Übernahme einer Abtei war im 15. Jahrhundert eine päpstliche Dispens unumgänglich[278]. Pfründen wurden auch durch die sogenannten ordentlichen Kollatoren – aber in den meisten Fällen durch den Bischof[279] – vergeben[280], ebenso „von seinem Selbstverständnis her als oberstes Entscheidungsorgan" her durch das Basler Konzil[281]. Dort hat es – parallel zur Kurie – eine eigene Pönitentiariebehörde mit weitgehend identischen Befugnissen gegeben[282], auf die sich auch in wenigen Supliken an die päpstliche Pönitentiarie Hinweise fanden[283]. Die dispensierende Tätigkeit des Basler Konzils ist in der Forschung bisher kaum beachtet worden[284], was vor allem daraus resultiert, „dass die wenigen erhaltenen Register und die Urkunden des Konzils bislang noch nicht publiziert wurden" [285]. Die in der Nachfolgezeit des Konzils abgeschlossenen Konkordate zwischen Landesherren und Päpsten hatten eine Einschränkung der geistlichen Gerichtsbarkeit sowie die zunehmende Beaufsichtigung der Kirchen, Klöster und des Klerus durch die Landesherren zur Folge[286].

---

[276] SCHMUGGE, Ehen, 36.
[277] SCHMUGGE, Ehen, 36.
[278] TAMBURINI, Apostolische Pönitentiarie, 126-127.
[279] Jörn SIEGLERSCHMIDT, Territorialstaat und Kirchenregiment. Studien zur Rechtsdogmatik des Kirchenpatronatsrechts im 15. und 16. Jahrhundert, Köln 1987, 100.
[280] Brigide SCHWARZ, Rom, Kurie und Pfründenmarkt im Spätmittelalter. In: ZHF 20, 1993, 132; SCHMUGGE, Kinder, Kirche, Karrieren, 65; Kurt G. A. JESERICH.: Deutsche Verwaltungsgeschichte. Bd. 1: Vom Spätmittelalter bis zum Ende des Reiches, Stuttgart 1983, 165.
[281] Nikolaus V., PA 3, fol. 358bis vom 27.Februar 1453. Siehe auch SCHMUGGE., Kinder, Kirche, Karrieren, 63; Heinrich Stutt, Die nordwestdeutschen Diözesen und das Basler Konzil in den Jahren 1431 – 1441. In: Niedersächsisches Jahrbuch 5, 1928, 1-97, insbesondere die Tabellen 112 und 113; RUTZ, Incipit formularius, 487.
[282] SCHMUGGE, Kinder, Kirche, Karrieren, 63.
[283] SCHMUGGE, Kinder, Kirche, Karrieren, 64 und RPG III, Calixt III., Nr. 2187 aus Schwerin sowie unter Paul II.: PA 17, fol. 193v.
[284] RUTZ, Incipit formularius, 488.
[285] SCHWARZ, Kanzlei Eugens IV., 134. Auszugsweise wurden sie bei Stutt publiziert, hier ist aber die Vollständigkeit nicht klar. STUTT, Basler Konzil, 112 und 113.
[286] PLÖCHL, Kirchenrecht, 43.

Die Herzöge von Bayern taten sich sowohl durch eine sehr lang währende und stark unterstützende Haltung gegenüber des Basler Konzils[287] als auch in der Folgezeit durch sehr enge Verbindungen zur Kurie in Rom hervor[288]. Sie besaßen zur besseren Verfolgung ihrer Bistumspolitik in der zweiten Hälfte des 15. Jahrhunderts eigene Prokuratoren an der Kurie, die beispielsweise Wunschlisten Albrechts IV. für Massenprovisionen von Pfründen an Kleriker weiterleiteten – sie umgingen damit neben den zuständigen Bischöfen auch die hier eigentlich zuständigen päpstlichen Kollatoren[289]. Insgesamt kam es gerade nach dem Basler Konzil unter deutschen Fürsten zu einer Art Wettbewerbssituation um den Erhalt möglichst weitreichender päpstlicher Zugeständnisse in der Kirchenpolitik[290]. Zu diesem Themenbereich sind bisher für Freising noch einige Forschungslücken vorhanden, beispielsweise über die Folgen der guten Beziehungen der Münchener Herzöge und des Freisinger Bischofs Johann Grünwalder zum Basler Konzil für die kirchliche Rechtsprechung Freisings und die Beziehungen dieser Diözese zu Rom nach Zeit des Wiener Konkordates.

Offen bleibt die zentrale Frage: Hat das Basler Konzil über sein Ende 1449 hinaus Einfluss auf die Beziehung Freisings zu Rom und zumindest phasenweise eine große Eigenständigkeit und distanzierte Beziehungen zur Kurie zur Folge gehabt? Ermöglichte es bereits eine Frühform des landesherrlichen Kirchenregiments mit Einfluss auf die geistliche Rechtsprechung[291] oder entstand dieses in Bayern erst in den darauffolgenden Jahrzehnten? Auf jeden Fall bildeten die im 15. Jahrhundert erworbenen Kirchenhoheitsrechte eine Grundlage für die bayerischen Herzöge, um im 16. Jahrhundert massiven Einfluss auf die Landeskirche zu nehmen und nun auch als moralische Instanz tätig zu werden, wie die Schaffung des Religions- und Geistlichen Lehenrates Albrechts V. im Jahr 1556[292] eindrucksvoll zeigt.

---

[287] Johannes HELMRATH, Das Basler Konzil (1431 – 1449), Köln 1987, 187, 192-193 und vor allem 277-179.
[288] HELMRATH, Basler Konzil 194-199; RANKL, Landesherrliches Kirchenregiment, 24-30 und 40-42.
[289] BÜNZ, Sachsen, 95-96; RANKL, Landesherrliches Kirchenregiment, 3-82.
[290] BÜNZ, Sachsen, 95.
[291] Erich MEUTHEN, Das Basler Konzil als Forschungsproblem der europäischen Geschichte, Opladen 1985, 12-13; Götz-Rüdiger TEWES, Die römische Kurie und die europäischen Länder am Vorabend der Reformation, Tübingen 2001, 116; Heinz ANGERMEIER, Die Reichsreform 1410 – 1555, München 1984, 75.
[292] HEYDENREUTER, Recht, 117-118.

Die Angabe aller Vordispense war in jedem Fall obligatorisch[293]. Auch Ordensobere[294] oder ein Domkapitel konnten bestimmte Dispensfakultäten erwerben oder besitzen[295], jedoch gab es gerade bei Geburtsmakeldispensen Einschränkungen[296]. Ebenso erhielten päpstliche Legaten zur Finanzierung ihrer Reisetätigkeit eine festgelegte Anzahl an Dispensfakultäten[297]: Beispielsweise bekam Nikolaus von Cues von Papst Eugen IV. die Erlaubnis zur Erteilung von fünfzehn Geburtsmakeldispensen zur Erlangung sämtlicher Weihen, ebenso zwanzig Dispense zur Übernahme des elterlichen und verwandtschaftlichen Besitzes sowie weltlicher Würden und Ämter trotz Illegitimität[298]. Solche Gnadenerweise sind jedoch selten überliefert und kommen als Vordispens nur in wenigen Freisinger Suppliken der Pönitentiarie vor: So bat Ulrich Zechetner in einem Gesuch aus dem Jahr 1469 um eine höherwertige Pfründe und verwies dabei auch auf seine vor dem Basler Konzil erlangten Weihen[299]. Im gesamten europäischen Raum wurden in 102 von 37 916 Gesuchen vorab erteilte Dispense verzeichnet[300]. Die Suppliken enthalten keine präzisen Angaben zu Zeitpunkt und Ausstellungsort einer Vordispens oder zum Amtsträger, der diese Dispens erteilt hatte. Zu diesem Thema besteht noch Forschungsbedarf, so existiert laut Schmugge für das 15. Jahrhundert noch keine systematische Untersuchung der Dispenstätigkeit von päpstlichen Legaten im Heiligen Römischen Reich Deutscher Nation[301].

9. Die Überlieferung der Registerbände

Die Aufzeichnung der Suppliken der Pönitentiarie in Form einer Registerserie begann laut Andreas Meyer mit dem Jahr 1407[302]. Das früheste Gesuch aus Freising ist aus dem Jahr 1438 überliefert[303]. Die Anliegen wurden von verschiedenen Schreibern der Pönitentiarie in Registerbänden festgehalten. Sie sind chro-

---

[293] SCHMUGGE, Kinder, Kirche, Karrieren, 199.
[294] SCHMUGGE, Kinder, Kirche, Karrieren 65: als erstes der Zisterzienserorden im Jahr 1217. In Freising beispielsweise der Prior des Augustinerklosters zu *Pfarrenburch*: Alexander VI.: PA 50, fol. 158v.
[295] Alexander VI.: PA 45, fol. 176r; PA 45, fol. 470r; PA 47, fol. 47r; PA 48, fol. 820v; PA 47, fol. 325r; PA 47, fol. 240r.
[296] SCHMUGGE, Kinder, Kirche, Karrieren, 68.
[297] SCHMUGGE, Kinder, Kirche, Karrieren, 51.
[298] SCHMUGGE, Kinder, Kirche, Karrieren, 52.
[299] PA 17, fol. 193v.
[300] SCHMUGGE, Kinder, Kirche, Karrieren, 57.
[301] SCHMUGGE, Kinder, Kirche, Karrieren, 51.
[302] MEYER, Quellen zur Pönitentiarie, 319.
[303] RPG I, Eugen IV., Nr. 166 vom 13. September 1438.

nologisch nach Pontifikatsjahren eingeteilt. Ein Band entspricht dem Amtsjahr eines Pontifex[304]. Diese Registerserie wurde von Emil Göller im Jahr 1913 wiederentdeckt[305] und 1983 der Forschung zugänglich gemacht[306]. Sie ist nur in Ausnahmefällen im Original erhältlich, jedoch wurden die Bestände bis 1527 digitalisiert und sind in Datenform zugänglich.

Ein zunehmend größerer Teil der das Heilige Römische Reich Deutscher Nation betreffenden Suppliken wurde bereits von Ludwig Schmugge mit dem Repertorium Poenitentiariae Germanicum in je einem Band pro Pontifikat ediert[307]. Weitere Bände sind in Arbeit und werden in den nächsten Jahren erscheinen[308]. Die Zeit des Pontifikats Eugens IV. ist nur bruchstückhaft überliefert, erhalten blieb der sogenannte Band zwei und zwei bis[309] mit 775 Suppliken[310]. Die Gesuche wurden hier noch ohne Einteilung nach Materien aufgeschrieben[311]. Am 1. März 1443 brechen die Aufzeichnungen ab[312]. Aus dem Pontifikat Nikolaus V. (1447 – 1455) haben nur zwei Registerbände überdauert[313]. Auch hier ist von dem ursprüngliche Material nur ein sehr geringer Teil übrig geblieben, beispielsweise sind die Ehedispense und die Beichtbriefe verlorengegangen[314]. Fast alle Suppliken des ersten Pontifikatsjahres fehlen, auch die Zeit von 1454 bis 1455 ist nur lückenhaft erhalten. Ab Calixt III. bessert sich die Überlieferungslage: Aus seinem Pontifikat haben zwei umfangreiche Registerbände überdauert[315], die zu fast allen Themenbereichen Material bieten. Unter diesem Papst wurde auch die Möglichkeit der Zahlung einer Geldstrafe zur Gnadenerteilung eingeführt, die anhand der Bemerkung *c.c.d.* [316], zu

---

[304] Mit Ausnahme der Jahre 1502/03, dort wurden die Suppliken mangels Masse zu einem Band zusammengefasst. Durch die doppelte Papstwahl sind in diesem Zeitraum anscheinend auch Suppliken verloren gegangen.
[305] RPG IV, Pius II., Einleitung, IX.
[306] SCHMUGGE, Kinder, Kirche, Karrieren, 16.
[307] Ludwig SCHMUGGE, u.a., Repertorium Poenitantiariae Germanicum, Bd. 1-5, Tübingen 1996 – 2003. Zitierung: RPG, Band und Nummerierung innerhalb der Bände. Die Suppliken von Sixtus IV. bis Julius II. werden nach den Registerbänden zitiert wie folgt: PA und Nummer des Bandes sowie folio (r oder v).
[308] Bd. 8, Suppliken unter Alexander VI.
[309] Einteilung der Registerbände gemäß Archivio Segreto Vaticano (Hg.): Broschüre „Index der Bände und entsprechende Mittel der Beschreibung und der Forschung", Vatikan 1998.
[310] RPG I, Eugen IV., Einleitung, IX.
[311] RPG I, Eugen IV., XIV.
[312] RPG I, Eugen IV., Supplik Nr. 775.
[313] Bd. 3 und Bd. 4.
[314] RPG II, Nikolaus V., Einleitung, IX.
[315] Bd. 5 und 6.
[316] *componat cum datario*.

erkennen ist[317]. Band vier des Repertorium Poenitentiariae Germanicum enthält sechs Supplikenregisterbände, denn die Überlieferungsdichte für Pius II. ist erheblich besser. Bei allen Registerbänden sind am Einband noch Spuren der Verschleppung durch Napoleon I. nach Frankreich zu erkennen[318], die neben den Zerstörungen durch den *sacco di Roma* im Jahr 1527 die hauptsächliche Ursache für den oben genannten Verlust einzelner Registerbände ist[319].

10. Die Form der Registerbände

Unter Eugen IV. wurden alle Anliegen noch recht ungeordnet registriert. Ab der Zeit Nikolaus V. wurde durch den damaligen Großpönitentiar die Registratur der Suppliken zu neun Themenbereichen erweitert, wie sie in den Registerbänden Pius II. vorkommen[320]: *de matrimonialibus* – hier sind fast ausschließlich Laien vertreten, jedoch sind auch einige Ehedispense an der Pönitentiarie beschäftigter Geistlicher mit niederen Weihegraden zu finden[321]. Unter *de confessionalibus, de sententiis generalibus, de diversis formis* und *de declaratoriis* finden sich die Anliegen von Klerikern und Laien, in den Kapiteln *de defectu etatis, de promotis et promovendis, de uberiori* und *in prima forma* sind ausschließlich Kleriker vertreten[322]. Die Kategorisierung wechselte teilweise unter den einzelnen Pontifikaten. So wurden aus *de defectu natalium et de uberiori* (bis Paul II.) unter Sixtus IV. zwei einzelne Kapitel. Unter Julius II. wurde *de defectu natalium* in *de illegitimis* umbenannt, nun mit einem negativerem Anklang. Die meist gut leserlichen Suppliken wurden chronologisch sortiert von verschiedenen Schreibern in den entsprechenden Kapiteln aufgezeichnet. Selten wurde eine falsche inhaltliche Zuordnung vorgenommen. Die graphische Einteilung der Registerbände ist streng schematisch: auf der linken Seite finden sich in einer Spalte Datum und Aufenthaltsort der Pönitentiarie, die häufig an zwei Orten parallel amtierte[323]. Die Päpste residierten vor allem in den Sommermonaten Juli und August auch in Orten wie Perugia[324] oder Viterbo[325], wo für einzelne

---

[317] Erkennbar an der Formel *componat cum datario* oder *componat cum vicario S. Petri*, siehe auch SCHMUGGE, Kinder, Kirche, Karrieren, 112.
[318] RPG IV, Pius II., Einleitung, XIII.
[319] SCHMUGGE u.a., Pius II., 4.; SCHMUGGE, Kinder, Kirche, Karrieren, 13.
[320] Genauere Erklärung zu den Themenbereichen in Kapitel 4.1 sowie im Folgenden Untersuchung der Themenbereiche.
[321] SCHMUGGE u.a., Pius II., 18-20.
[322] Die Schreibweise und Einteilung der einzelnen Kategorien folgt den von Ludwig SCHMUGGE publizierten Bänden des Repertoruim Poenitentiariae Germanicum.
[323] SCHMUGGE u.a., Pius II., 56.
[324] Z.B. PA 44, fol. 121v-124r; PA 44, fol. 349v oder PA 44, fol. 370r-372r (*Perusii*).

Freisinger Bittsteller ebenfalls Dispense erteilt wurden[326]. Unter Pius II. und ab Julius II. wurde dort gegebenenfalls auch der den Fall betreuende Prokurator angegeben. In der mittleren Spalte findet sich der Supplikentext. Am rechten Rand wurde die Herkunftsdiözese der Person notiert.

11. Der formale Aufbau der Suppliken

Die Aufnahme der Gesuche erfolgte nach einem genauen Formular, nur wenige Fälle ragen durch die Länge und die Genauigkeit der Beschreibungen hervor und bieten somit detaillierte Informationen unterschiedlicher Art[327]. An der Kurie und in den Diözesen gab es Formularsammlungen, wie beispielsweise die oben beschriebene des 1409 verstorbenen Walter Murnau aus Straßburg[328], ehemaliger Skriptor und Korrektor an der Pönitentiarie[329], oder die des 1476 verstorbenen Großpönitentiars Filippo Calandrini[330]. Am Anfang einer Supplik steht der Vorname, meistens der Nachname, in manchen Fällen auch der Name des Vaters sowie der Stand des Bittstellers. In manchen Gesuchen könnte die Angabe der Elternnamens ein Beleg für die Minderjährigkeit der Antragsteller sein, die daher noch eines Rechtsvertreters bedurften. In den Suppliken wurden jedoch – mit Ausnahme von Weihehindernissen aufgrund fehlenden Alters – keine Altersangaben gemacht. Anschließend wurde häufig der Herkunftsort und ab Innozenz VIII. (1484 – 1492) alternativ auch der Pfarrbezirk und die Heimatdiözese angegeben. Kleriker nannten teilweise ihre Pfründe, Mönche ihren Orden und in manchen Fällen sogar das Kloster, in dem sie lebten.

Über die Inhalte der Suppliken unterrichtet die *narratio*[331]: Die Gesuche wurden teilweise selbst in Rom an der Kurie vorgetragen[332], meistens jedoch in der Heimatdiözese des Bittstellers *in partibus* aufgenommen und durch Prokuratoren, Boten oder Kollatoren nach Rom übermittelt[333]. Die persönliche Anwe-

---

[325] PA 44, fol. 124r (*Viterbii*).
[326] SCHMUGGE u.a., Pius II., 56-57.
[327] SCHMUGGE, Kinder, Kirche, Karrieren, 43.
[328] SCHMUGGE, Kinder, Kirche, Karrieren, 46 und SCHMUGGE u.a., Pius II., 20.
[329] TAMBURINI, Apostolische Pönitentiarie, 125.
[330] SCHMUGGE u.a., Pius II., 21.
[331] SCHMUGGE u.a., Pius II., 25.
[332] In diesen Fällen steht vor der *narratio* ein *exponit* beziehungsweise in einigen Fällen wurde am Ende der Supplik darauf verwiesen, dass sich der Bittsteller vor Erhalt eines Entscheides persönlich zu an der Kurie anwesenden Bischöfen oder Kardinälen begeben musste, um sein Anliegen genauer untersuchen zu lassen.
[333] SCHMUGGE, Kinder, Kirche, Karrieren, 100 und 120 und Auswertung der Freisinger Suppliken auf persönliche Anwesenheit in Kapitel III.2.2 und III.2.3.

senheit in Rom lässt sich bei wenig gekürzt wiedergegebenen Suppliken anhand des Gebrauchs des Aktivs oder Passivs im Text erkennen[334], ebenso an der Einleitung des Textes durch *exponit*. Einige Personen wurden zur weiteren Überprüfung an Kurienangehörige verwiesen, ein sicherer Beleg für einen Romaufenthalt des Antragstellers. Insgesamt handelt es sich bei den Suppliken zu einem großen Teil um inhaltlich stark reduzierte Schreiben nach vorgegebenen Kriterien. Besonders deutlich wird dies bei Geburtsmakeldispensen: Nach Angabe der Personendaten einschließlich des Standes der Eltern wurde in den meisten Suppliken nur noch um „Dispens gemäß Formular eins" [335] gebeten. Dieser Terminus ist ein gutes Beispiel für den hohen Grad an Schriftlichkeit und Formalisierung in der kurialen Verwaltung. In ihrer Effizienz war diese allen anderen Verwaltungen Europas weit voraus und diente etlichen davon als nachahmenswertes Vorbild[336].

Der Inhalt der Gesuche konzentriert sich auf die von den Petenten übertretenen Kirchengesetze und die daraus resultierenden Strafen und Einschränkungen. Vorausgegangene Prozesse und Gerichtsurteile des Bischofs finden ausdrücklich Erwähnung, ebenso damit verbundene Strafen wie Exkommunikation[337], Promulgation[338], Scheidung (bei Ehefällen)[339], Geldzahlungen[340], Verbannung[341] oder Kerkerhaft[342]. In wenigen Fällen gab es eine genauere Schilderung des Tatherganges, vor allem bei Gewalttaten oder Kapitalverbrechen. Hier versuchten vor allem Kleriker ihre Tat als Selbstverteidigung darzustellen, um von der Pönitentiarie ein milderes Urteil oder sogar eine Rehabilitation zu erhalten, da ihnen andernfalls die Suspendierung von Ämtern und Pfründen drohte und sie damit ihre Lebensgrundlage verloren[343]. Laien aus dem Bistum Freising dagegen wandten sich bei Kapitalverbrechen nur sehr selten an die Kurie und meistens nur dann, wenn ein Geistlicher das Opfer war. Ihre Suppliken

---

[334] RPG III, Calixt III., Einleitung, XI: *exponit* am Supplikenanfang bedeutete wahrscheinlich persönliche Anwesenheit des Antragstellers, *exponitur* oder *in partibus* wurde bei nicht in Rom anwesenden Bittstellern verwendet.
[335] Wörtlich: *de dispens in prima forma*.
[336] PLÖCHL, Kirchenrecht, 100: Die Kurie war im Mittelalter eine „erfahrene, bedächtige Lehrerin und großes Vorbild für die Behördenorganisation weltlichen Rechts."
[337] PA 45, fol. 279r-279v.
[338] PA 45, fol. 278r-78v.
[339] PA 31, fol. 17v.
[340] PA 46, fol. 220r.
[341] PA 40, fol. 260v-261r.
[342] PA 30, fol. 33r oder PA 21, fol. 79r.
[343] PLÖCHL, Kirchenrecht, 389-391.

waren inhaltlich fast ausnahmslos auf ein Minimum reduziert, nämlich auf eine kurze Erwähnung der Tat und eventuell in Gerichtsprozessen bereits erhaltene Strafen[344]. Bei Mord oder Totschlag ist der Wahrheitsgehalt einer Tatbeschreibung aufgrund der kirchlichen Rechtsprechungspraxis im 15. Jahrhundert eher kritisch zu hinterfragen, da es dem Petenten zur Milderung seines Strafmaßes vor allem um die Darstellung seiner Tat als legitime Notwehr ging.

Insgesamt wurde in keiner einzigen Supplik das persönliche Motiv einer Person genannt, welches zur Tat führte. Nur sehr selten wurde die Reue des Antragstellers erwähnt[345], denn in allen Suppliken ging es nicht um die Wahrheitsfindung und die damit verbundene Schuldfrage und Bußleistung[346], sondern um die Erlaubnis, von kirchlichen Normen abzuweichen, mit der Folge einer Erleichterung oder Aufhebung von kirchlichen Strafen vor lokalen Gerichten, um Amtssuspensionen von Geistlichen oder um Vorschriften für den Antragsteller. Die Frage des Tatmotives fiel in den Bereich der Buße und Beichte und in die Zuständigkeit des *forum internum*, hierzu wurden an der Pönitentiarie generell keine Aussagen aufgezeichnet[347].

Am Ende der *narratio* steht das eigentliche Gesuch, die sogenannte *petitio*: beispielsweise die Bitte um Ehedispens, Pilgerlizenz, Geburtsmakeldispens, Absolution, Rehabilitation, Zulassung zu einem Benefiz oder einem Weihegrad oder die Erlaubnis zum Wechsel in ein anderes Kloster[348]. Es folgt die Genehmigungsformel des Regens oder des Großpönitentiars. Im Wesentlichen gab es drei Entscheidungsgrundlagen[349] für die Genehmigung eines Gesuches[350]. In einfachen Fällen besaß die Pönitentiarie eine im Gegensatz zu allen anderen päpstlichen Behörden über den Tod eines Papstes hinausgehende Dispensfakultät, die *facultas generalis ordinaria* – eine Entscheidung erfolgte aufgrund der ordentli-

---

[344] Eine Ausnahme bildeten folgende Fälle im RPG II, 22: Ein Streit um eine Frau bei dem ihr Mann starb und der Petent um Lizenz bat, diese heiraten zu dürfen sowie ein Fall, in dem ein Petent versuchte, den Vorwurf des Mordes an seinem Vater zu entkräftigen: PA 31, fol. 167r und PA 30, fol. 195v.
[345] Diese wurde jedenfalls nicht schriftlich festgehalten: MÜLLER, Gebühren, 190.
[346] SCHMUGGE u.a., Pius II., 8 - 11; Klaus Michael LINDNER, The Courtship and the Courts: Marriage and law in southern Germany 1350 - 1550, Ann Arbor 1988, 13 am Beispiel von Ehegerichtsurteilen der Offizialatsgerichte.
[347] SCHMUGGE, Kinder, Kirche, Karrieren, 15, 121-122.
[348] SCHMUGGE u.a., Pius II., 25.
[349] SCHMUGGE, Kinder, Kirche, Karrieren, 86-88.
[350] SALONEN, Decisions 515.

chen Amtsgewalt durch den Großpönitentiar oder seinen Stellvertreter[351]. In diesen Rechtsbereich fallende Suppliken wurden mit *fiat ut in forma* unterzeichnet.

Für einige speziellere Themen erhielten die Großpönitentiare von den Päpsten eine besondere und ebenfalls über ihren Tod hinaus andauernde Entscheidungsvollmacht, die sogenannte *facultas ex generali mandato pape*, erkennbar an der Schlussformel *fiat de speciali*[352]. Dazu zählen auch Geburtsmakeldispense. Einige Suppliken enden mit *fiat de speciali et expresso*[353]. Diese Formel beinhaltet die Entscheidung eines Anliegens in Gegenwart des Papstes. Andere Schlußzeilen wie *fiat de speciali ut petitur* oder *fiat de speciali et expresso* wurden vom Kardinalpönitentiar oder vom Regens verwendet[354] und basieren auf einer *facultas ex speciali mandato pape* – diese Suppliken konnten nur aufgrund eines besonderen päpstlichen Auftrages entschieden werden. Es handelte sich um besonders schwierige Fälle, deren Bearbeitung nicht durch das Personal der Pönitentiarie erfolgen konnte und welche dieser mündlich und ausdrücklich genehmigt hatte. Eine persönliche päpstliche Unterzeichnung kam in einigen Dispensen vor[355], aber nicht bei Suppliken aus der Diözese Freising.

Die Schlusszeile konnte auch die Ablehnung eines Gesuches beinhalten, und zwar immer dann, wenn eine zu große Differenz zwischen der gewünschten und der tatsächlich möglichen Genehmigung bestand. Anstatt einem beantragten *fiat de speciali* wurde ein Anliegen dann nur mit einem *fiat (ut) in forma* bewilligt[356]. *Fiat ut in forma* am Ende einer Supplik bedeutete demnach manchmal sogar die faktische Ablehnung eines Bittgesuches durch die Pönitentiarie, da der Antragsteller möglicherweise mehr gefordert hatte, als ihm anhand der Formelbücher gewährt werden konnte[357]. Gewährt wurde dem Antragsteller das, was den kirchlichen Vorschriften nach möglich war – in manchen Fällen nichts[358]. Eine faktische Ablehnung erlangten nur wenige Gesuche aus der Diözese Freising. In manchen Fällen wurde ein Gesuch neu formuliert und noch einmal an

---

[351] SCHMUGGE, Kinder, Kirche, Karrieren, 85-88.
[352] SCHMUGGE, Kinder, Kirche, Karrieren, 87.
[353] SCHMUGGE, Kinder, Kirche, Karrieren, 87.
[354] SALONEN, Decisions, 515-526.
[355] Für eine genauere Untersuchung siehe SALONEN, Decisions, 515-530.
[356] SCHMUGGE, Ehen, 18; Paul II.: RPG V, S. XVI und SCHMUGGE u.a., Pius II., 1-3 am Beispiel Pius II.: RPG IV, Nr. 1058.
[357] SCHMUGGE u.a., Pius II., 30.
[358] Beispiele aus Freising: PA 2, fol. 233v, Supplik von Petrus und Cornradus Cheger, in der es um Beihilfe zum Mord an einem Laien ging. PA 3, fol. 90r, Suppliken von Gregorius Eginger beziehungsweise Henricus Federsperger mit gleichem Tatbestand, ebenso PA 3, fol. 176v.

der Pönitentiarie vorgetragen in der Hoffnung, doch noch einen positiven Bescheid zu erlangen[359]. Die Formel *fiat ut infra*, also „wie unten angegeben", beinhaltete eine Stellungnahme des Auditors in Rom oder einen Kommissionsverweis an den Ortsbischof, der dann zu entscheiden hatte, wie endgültig zu verfahren sei[360].

Gelegentlich gab es Einschränkungen, bevor ein Fall endgültig abgeschlossen werden konnte. Vor allem Gewalttaten und Kapitalverbrechen wurden an das Bischofsgericht zurückverwiesen und dort eine Bestätigung der durch den Antragsteller gegebenen Beschreibung durch Zeugenbefragung erbeten, bevor an der Pönitentiarie ein endgültiges Urteil erfolgte[361]. Dieses Vorgehen ist unter der Supplik in den sogenannten Kommissionsvermerken beschrieben. In anderen Fällen, vor allem bei Weihegenehmigungen[362], wurden die Bittsteller an Kurienkardinäle und -bischöfe verwiesen, welche die Petenten persönlich prüfen sollten, bevor eine Entscheidung getroffen wurde. Bei Ehedispensen, vornehmlich bei Clandestinehen mit zu naher Blutsverwandtschaft im dritten oder zweiten Grad, musste in der Regel eine Strafzahlung an die Datarie geleistet werden, erkennbar an der Formel *componat cum datario*[363].

---

[359] PA 44, fol. 286v; PA 42, fol. 381v; PA 42, fol. 369r; PA 20, fol. 115r.
[360] SCHMUGGE, Ehen, 19.
[361] PA 54, fol. 39v-40r; PA 53, fol. 552v-553r; PA 44, fol. 286v.
[362] PA 53, fol. 628v; PA 50, fol. 301v; PA 49, fol. 576v-577r.
[363] SCHMUGGE, Ehen, 36-42.

III. Statistische Auswertung des Supplikenregisters der Pönitentiarie

1. Untersuchungszeitraum und Auswertungsmethode

Als Untersuchungszeitraum wurde der Beginn der Supplikenüberlieferung im Jahr 1440 gewählt, als Abschluss das Ende der Regierungszeit Albrechts IV. im Jahr 1508, weil dieser Herzog für die Neuordnung des Verhältnisses von Kirche und Herzogtum in Bayern, die Wiedervereinigung der bayerischen Teilherzogtümer und für die Entstehung eines neuzeitlichen Staates von maßgeblicher Bedeutung war. In dieser Periode wurden aus der Diözese Freising 772 Supliken von etwa 1000 Personen übersetzt und erfasst. Manche Personen wurden aufgrund ihrer höheren Supplikenzahl und häufigeren Kurienkontakte mehrfach registriert[1]. Von 1484 bis 1508 wurden die zum Zeitpunkt der Untersuchung noch nicht publizierten originalen Bestände aus dem Vatikanischen Archiv bearbeitet[2]. Alle Gesuche wurden mit Schlagworten versehen und in eine Datenbank aufgenommen. Dadurch konnte ein verhältnismäßig langer Zeitraum von 68 Jahren aufgenommen werden, der eine große Datenmenge und damit eine zuverlässige Grundlage für eine statistische Auswertung bildet.

Die in den Kapiteln *de matrimonialibus, de defectu natalium, de promotis et promovendis, de confessionalibus* oder *de defectu etatis* enthaltenen Texte sind meist stark formalisiert, von nahezu gleichem Wortlaut und enthalten zum größten Teil inhaltliche Wiederholungen. Deshalb wurden sie in der Datenbank oft nicht wortgenau, sondern nur inhaltsgetreu aufgenommen. Eine genauere Spezifizierung der Inhalte erfolgte durch die Vergabe von einem oder mehreren Schlagworten. Als Ergebnis der Auswertung entstanden eine Reihe von Tabellen, Listen und Grafiken sowie fünf Karten.

Die lokalen Freisinger Quellen zur geistlichen Rechtsprechung und anderen verwandten Themen sind besonders zahlreich überliefert und erhalten geblieben. Neben den bereits erwähnten Taxlisten wurden in Freising seit 1424 jährlich Aktenbücher über Prozesse am Offizialatsgericht angelegt[3], vor allem ausführliche Protokolle über Eheprozesse, Scheidungen, Ehehindernisse, Kindsadoptionen, Clandestinehen oder Berichte über unerlaubtes nichteheliches Zu-

---

[1] Mehrfachnennungen von Personen kommen in einigen Fällen vor, da aufgrund der zum Teil erheblichen Abweichungen bei der Schreibweise von Namen bei der Dateneingabe immer alle Personenangaben einer Supplik erfasst wurden.
[2] Aus technischen Gründen werden alle in der Datenbank erfassten Supliken einheitlich nach ihrer Verzeichnung im Vatikanischen Archiv zitiert.
[3] Archiv des Erzbistums München und Freising, H 215; DONAHUE, Medieval Ecclesiastical Courts, 40.

sammenleben. Prozesse von Klerikern werden ebenso zahlreich aufgelistet, sie wurden jedoch meist nicht schriftlich dokumentiert. Die Offizialatsprotokolle sind nahezu vollständig erhalten geblieben. Des weiteren fanden sich im Kurbayerischen Äußeren Archiv mehrere Aktenserien zum Thema der geistlichen und weltlichen Gerichtsbarkeit, beispielsweise zu Auseinandersetzungen um Kompetenzanmaßungen zwischen dem Freisinger Bischof und den Wittelsbachern[4]. Diese Quellenbestände erfuhren bisher noch keine systematische Untersuchung[5], sie wurden in dieser Arbeit jedoch aufgrund ihres großen Umfanges nicht berücksichtigt. Sie könnten aber Hinweise auf eine konkurrierende Rechtsprechung durch weltliche Vorinstanzen enthalten, die zur endgültigen Entscheidung an der Pönentiarie vorlagen.

Die besonders gute Überlieferungssituation in Freising ist für Diözesen des Heiligen Römischen Reiches Deutscher Nation ein Ausnahmefall und bietet daher die seltene Gelegenheit einer genaueren Betrachtung der geistlichen Jurisdiktion im 15. Jahrhundert. Da lokale und kuriale Quellenbestände verglichen werden können, besteht die Möglichkeit, das Verhältnis zwischen geistlichen Gerichten in Freising und übergeordneten Institutionen der Kurie wie der Pönitentiarie erstmalig darzustellen. So stellt sich vor allem die Frage, in wie weit die geistlichen Gerichte Freisings mit der Pönitentiarie zusammengearbeitet hatten, in welchen Bereichen Abhängigkeiten von der Kurie bestanden und ob andere jurisdiktionelle Fragen ausschließlich im Kompetenzbereich des Offizialatsgerichtes lagen. Zudem ist zu prüfen, ob und in welcher Anzahl vor den weltlichen Gerichten[6] behandelte Fälle an die Kurie gelangten.

2. Der zeitliche Verlauf der Kurienkontakte
a) Supplikenzahl pro Jahr und lokale Einflüsse auf die Kurienkontakte
Die Freisinger Kurienkontakte waren von wechselnder Intensität geprägt. Ihr Verlauf wurde in den Grafiken 1 und 2 dargestellt. Insgesamt lässt sich deutlich erkennen, dass in den ersten Jahren eines Bischofs- oder Papsontifikates die Pönitentiarie stärker frequentiert wurde und dass die Supplikenzahl in den darauffolgenden Jahren allmählich wieder zurückging. In den Jahren 1502 bis 1503 wurde die Überlieferung vermutlich aufgrund der nur einen Monat lang währen-

---

[4] BayHStA, Kurbayern, Äußeres Archiv 405, 406 und 435.
[5] DONAHUE, Medieval Ecclesiastical Courts, 24; SCHMUGGE, Kinder, Kirche, Karrieren, 26.
[6] Herzogliche Landgerichte, Hofmarksgerichte aber auch Klöster als Rechtsprechungsinstanzen.

den Amtszeit des Papstes Pius III. (1503)[7] unterbrochen. Die Zahl der Romkontakte unterlag unregelmäßigen Schwankungen und reichte von Null im Jahr 1502 und 1505 bis 86 Gesuchen im Heiligen Jahr 1450.

Unter Eugen IV. waren die Romkontakte aus Freising noch sehr verhalten. Neben der schlechteren Überlieferungslage ist hier vermutlich ein direkter Einfluss des Basler Konzils zu erkennen, dem der damalige Bischof Johannes Grünwalder anhing und welches zeitweise auch durch den bayerischen Herzog stark protegiert wurde[8]. Dass sich dort eine Parallelbehörde befand, ist auch in den Freisinger Suppliken vermerkt[9]: In einer Supplik aus dem Jahr 1469 findet sich ein direkter Hinweis auf eine Vordispens der Basler Pönitentiarie[10] und damit ein Beleg für die besonders geringe Zahl der Romkontakte aus Freising bis zum Jahr 1448.

Ab 1449 nahm die Anzahl der Gesuche an die Pönitentiarie schlagartig zu. Besonders gut messbar sind die Auswirkungen der Pilgerströme von Freising nach Rom in den Heiligen Jahren. 1450 wurden mit großem Abstand die meisten Gesuche aufgenommen. In den weiteren Heiligen Jahren 1475 und 1500 kam es ebenfalls zu einem anwachsenden, aber verhältnismäßig niedrigerem Zustrom an die Kurie als zur Mitte des Jahrhunderts. Im Jahr 1495[11] nach der Abdankung des Bischofs Sixtus von Tannberg zugunsten des Wittelsbachers Rupprecht von der Pfalz als Administrator[12] stiegen die Kurienkontakte ebenfalls markant an. Unter Pius II. und Innozenz VIII. ist eine leichte Abnahme der Intensität zu erkennen. In den weiteren Pontifikaten bis einschließlich Alexander VI. (1492 – 1503) unterlag die Zahl der Kurienkontakte unregelmäßigen Schwankungen. Auffallend ist, dass unter Julius II. auch in den gut dokumentierten Jahren der Andrang aus Freising an die Kurie deutlich nachließ. In Bezug zum Umfang der Supplikenregister, dessen Seitenzahl sich bei gleichbleibender Schriftgröße und Seiteneinteilung von 1493 bis 1508 nahezu verdoppelte, fällt dieser Rückgang besonders stark ins Gewicht. Andere Diözesen des Heiligen Römischen Reiches Deutscher Nation waren in dieser Zeit meist gleichbleibend intensiv vertreten

---

[7] SCHMUGGE, Kinder, Kirche, Karrieren, 59.
[8] HELMRATH, Basler Konzil, 216.
[9] Paul II., PA 17, fol. 193v.
[10] Paul II., PA 17, fol. 193v.
[11] MAß, Freising, 351: Am 1. August 1495 gab es einen Bischofswechsel in Freising: Sixtus von Tannberg dankte ab zugunsten des vierzehnjährigen Wittelsbachers Rupprecht von der Pfalz, er wurde vom Domkapitel als Nachfolger gewählt.
[12] MAß, Freising, 351.

beziehungsweise die Kurienkontakte nahmen im Gegensatz zu Freising nur sehr langsam ab[13].

Deshalb stellt sich die Frage, inwiefern in Freising lokale politische oder kirchenpolitische Ereignisse wie Diözesansynoden, Bischofswahlen, Kriege oder andere die Intensität der Kurienkontakte bestimmten. Beschränkte der mit der Ausbildung des landesherrlichen Kirchenregiments einhergehende Auf- und Ausbau weltlicher Gerichte schon im 15. Jahrhundert die geistliche Jurisdiktion, so dass weniger Fälle an die Kirchengerichte und letztendlich an die Pönitentiarie gelangten und sich somit ihr Einflussbereich verringerte? Lässt sich diese Entwicklung am Beispiel der Eherechtsprechung bereits statistisch messen? Bestand ein Zusammenhang zwischen der ab 1495 vorgenommenen Besetzung des Freisinger Bischofssitzes durch Albrecht IV. mit eigenen Kandidaten aus dem Haus der Pfälzer Wittelsbacher und der Anzahl der Kurienkontakte und gewährten diese Bischöfe eine starke landesherrliche Jurisdiktion mit Übergriff auf die eigenen Rechtsprechungskompetenzen?

Vermutlich wurde die Intensität der Kurienkontakte von einer Reihe von Faktoren beeinflusst, die im Einzelnen oft nicht eindeutig erfassbar sind. In Grafik 1 wurden wesentliche Ereignisse der lokalen Überlieferung, die Bischofs- und Papsontifikate, ab 1484 der Umfang der eingesehenen Supplikenregisterbände sowie die Anzahl der pro Jahr an der Pönitentiarie unter Diözese Freising verzeichneten Anliegen eingetragen und ausgewertet. Deutlich erkennbar unterlag der Andrang an der Kurie starken Schwankungen. So war beispielsweise die Anzahl der Freisinger Suppliken zu Beginn eines bischöflichen oder päpstlichen Pontifikats in der Regel höher als in den darauffolgenden Jahren. Dies ist besonders deutlich bei dem zeitlich nahe liegenden Beginn der Pontifikate Calixts III. und Bischof Johann Tulbecks in Freising im Jahr 1455 zu erkennen: Damit ging auch ein deutlich stärkerer Andrang an der Pönitentiarie einher.

Außerdem gab es auch eine Reihe lokaler Ereignisse, die sich verstärkend oder mindernd auf die Kurienkontakte auswirken konnten. So ist zu vermuten, dass es zu Beginn eines Bischofspontifikates auch in Freising zu einem verstärkten Andrang an die geistlichen Gerichte gekommen sein könnte mit in Folge einer intensiveren Rechtsprechung auch erhöhten Supplikenzahl an kurialen In-

---

[13] SCHMUGGE, Kinder, Kirche, Karrieren, 260: Er zeigt auf einer Grafik eine Übersicht der Kurienkontakte des Deutschen Reiches, dass sich diese mit dem ausgehenden 15. Jahrhundert leicht rückläufig entwickelten, dies geschah im Gegensatz zu Freising aber nur sehr langsam.

stanzen wie der Pönitentiarie. Hierzu wäre aufgrund des umfangreichen Bestandes eine eigenständige chronologische Auswertung des Offizialatsregisters auf die Anzahl der Fälle oder den Umfang der Registerbände und ein Vergleich zur Dispenszahl an der Pönitentiarie notwendig. Parallel dazu gab es in den ersten Amtsjahren sicher auch eine höhere Anzahl von Erstdispensen durch den Ordinarius. Weitere lokale Quellensammlungen wie die Chronik der Stadt München bieten hierzu einige Ergänzungen[14]. Deutlich zu erkennen ist dieser Anstieg in Grafik 1, jeweils in den ersten vier bis fünf Amtsjahren Johann Tulbecks 1455 bis 1459 und Sixtus von Tannbergs 1477 bis 1480. Noch stärker fiel der Andrang in den ersten beiden Amtsjahren der Wittelsbacher Bischöfe Rupprecht und Philipp von der Pfalz aus, während die Anzahl der Kurienkontakte in den darauffolgenden Jahren deutlich geringer war als unter ihren Vorgängern.

aa) Päpstliche Legaten im Bistum Freising

Weitere Einflussfaktoren könnten die Anwesenheit von päpstlichen Legaten in der Diözese oder im benachbarten Salzburg gebildet haben. Neben der erfolgreichen Umsetzung ihrer Legation dienten die Dispensfakultäten auch der Reisefinanzierung[15]. Deshalb ist zu vermuten, dass es während der Anwesenheit eines Legaten in einer Stadt, beispielsweise in München, immer auch zu Dispenserteilungen gekommen ist, deren Echo im Supplikenregister enthalten sein müsste. Hinweise auf durch päpstliche Legaten erteilte Vordispense gibt es – wenn auch ohne Namenangaben – auch in den Freisinger Supplik023[16]. In der Chronik der Stadt München wird für das Jahr 1452 die Anwesenheit des Kardinals Nikolaus von Cues auf der Provinzialsynode in Salzburg und von Montag, den 19. bis Freitag, den 22. März in München verzeichnet[17]. Zwei Jahre darauf war er dort am 28. September auf einem Turnier anwesend[18]. Möglicherweise war er Dispensgeber von Johannes Stampfrock, der von einem ungenannten Legaten einen Anrechtsschein auf eine Pfründe erhalten hatte, aber noch ohne Benefiz war und sich deswegen im Jahr 1458 an die Pönitentiarie wandte[19].

Der päpstliche Legat und Bischof von Ferrara Laurentius Rovella hielt sich am 2. Dezember 1469 in München auf und stellte dort eine Urkunde für das

---

[14] Helmuth STAHLEDER, Chronik der Stadt München. Bd. 1: Herzogs- und Bürgerstadt. Die Jahre 1157 – 1505, München 2000.
[15] SCHMUGGE, Kinder, Kirche, Karrieren, 47.
[16] Calixt III.: PA 6, fol. 436v.
[17] STAHLEDER, Chronik München 1, 338.
[18] STAHLEDER, Chronik München 1, 352-353.
[19] PA 6, fol. 436v.

Kloster Andechs aus[20]. Am Samstag, den 1. November 1483 erteilte der päpstliche Legat Johannes von Ungarn in München einen Ablass für den Bau der Frauenkirche aus[21]. Die Anwesenheit von päpstlichen Legaten könnte allgemein eine Verminderung der Romkontakte in diesen Jahren zur Folge gehabt haben, denn ihre Dispensvollmachten reichten weit über die des Diözesanbischofs hinaus[22], und damit war für den Bittsteller eine Reise an die Kurie unnötig. Grafik 1 zeigt in den Jahren 1452, 1454 und 1483 einen leichten Rückgang der Supplikenzahlen an, während ihr Umfang im Jahr 1469 deutlich zunahm. Insgesamt kann eine tendenziell leicht mäßigende Einflussnahme von Legationsreisen auf den Andrang an die Pönitentiarie vermutet werden. Aufgrund fehlender systematischer Untersuchungen soll dieses Thema an dieser Stelle nicht weiter verfolgt werden[23].

bb) Der Türkentag zu Mantua

Schmugge verweist auch auf den direkten Einfluss des Türkentages zu Mantua zur Befreiung des 1453 von den Türken eroberten Konstantinopel[24]. Infolgedessen kam es zu einem erhöhten Andrang an die Pönitentiarie. So wurde während des Aufenthaltes der deutschen Delegation eine größere Zahl an Suppliken aus dem Deutschen Reich registriert[25]. Dies trifft auch auf Freising zu mit 38 registrierten Gesuchen im Jahr 1459, im Gegensatz zu acht im vorausgehenden Jahr und durchschnittlich zwölf in den darauffolgenden Jahren[26]. Folglich befand sich unter den Kongressteilnehmern auch ein höherer Anteil bayerischer Personen.

---

[20] STAHLEDER, Chronik München 1, 424.
[21] STAHLEDER, Chronik München 1, 499 und 501.
[22] SCHMUGGE, Kinder, Kirche, Karrieren, 47-48 und 51-52.
[23] SCHMUGGE, Kinder, Kirche, Karrieren, 51.
[24] SCHMUGGE, Ehen, 16-19.
[25] SCHMUGGE, Ehen, 16.
[26] Siehe Grafik 1.

cc) Kriege und Seuchen

Einige Lokalereignisse wirkten sich mindernd auf die Anzahl der Romkontakte aus. In der Chronik der Stadt München gibt es im 15. Jahrhundert eine Reihe von Hinweisen auf Seuchen in der Stadt und ihrer Umgebung, die zumeist als Pest bezeichnet wurden. Von Weihnachten 1462 bis 1463 gab es eine sogenannte große Pestepidemie in München[1], wobei es sich hierbei vermutlich um die Brechruhr handelte. Im Dezember 1471 verließ der Herzog bis 1472 wegen der herrschenden Pest die Stadt München[2]. Für August 1474 wurden wieder Nachrichten über Pesttote in der Stadt verzeichnet[3], ebenso für 1480[4], und für Januar 1484[5] bis März 1485[6]. Von Juli bis September 1495[7] und 1506[8] flammte die Seuche erneut in der Stadt auf und 1499 wütete eine Pockenepidemie[9]. Mit dem Ausbruch von Seuchen wurden nicht nur Märkte in größeren Orten wie beispielsweise 1483 in München und Wolfratshausen geschlossen, um einer Ausbreitung entgegenzuwirken, sondern es ist zu vermuten, dass dann auch die Reisetätigkeit der Bevölkerung insgesamt nachließ, verbunden mit einem Rückgang der Kurien- und Pönitentiariekontakte.

Eine genaue Angabe über Ausmaß und Verbreitung der Krankheiten ist bisher nicht zu finden, jedoch sind in den Jahren 1471, 1474 und 1483 bis 1484 weniger Anliegen aus Freising an der Pönitentiarie verzeichnet worden, so dass hier ein Zusammenhang zumindest nicht ausgeschlossen werden kann. In anderen so bezeichneten Seuchenjahren wie 1462, 1480, 1495 und 1499 blieb der Andrang dagegen konstant oder stieg sogar an. Infolge des Landshuter Erbfolgekrieges 1503/04 könnte es ebenfalls zu einem Rückgang der Kurienkontakte gekommen sein. Für 1503 besteht in den Supplikenregistern insgesamt eine Überlieferungslücke, während ihr Umfang in den darauffolgenden Jahren bis 1508 teilweise noch höher war als im stark frequentierten Heiligen Jahr 1500[10]. Aus

---

[1] STAHLEDER, Chronik München 1, 392-393.
[2] STAHLEDER, Chronik München 1, 436: Von Dezember 1471 bis Februar 1472 war ein Komet am Himmel zu sehen und in München herrschte eine „große Pestilenz". Am Freitag oder Donnerstag vor Weihnachten verließ der Herzog deswegen die Stadt München.
[3] STAHLEDER, Chronik München 1, 450.
[4] STAHLEDER, Chronik München 1, 479.
[5] STAHLEDER, Chronik München 1, 501.
[6] STAHLEDER, Chronik München 1, 510.
[7] STAHLEDER, Chronik München 1, 576.
[8] STAHLEDER, Chronik München 2, 14-15.
[9] STAHLEDER, Chronik München 1, 595.
[10] Insbesondere Bd. PA 52 bis PA 53 (1503 – 1505); SCHMUGGE, Kinder, Kirche, Karrieren, 260, Grafik 17.

Freising kamen dagegen von 1502 bis einschließlich 1505 nur fünf Gesuche an die Pönitentiarie. Diese Entwicklung geht jedoch parallel mit einem starken Rückgang der Kurienkontakte aller Bistümer des Heiligen Römischen Reiches Deutscher Nation, von Schmugge gemessen an der Anzahl der Geburtsmakeldispense[11]. Ab 1500 nahm die Anzahl der deutschen Bittsteller an der Kurie und an der Pönitentiarie stark ab. Die Daten bis 1533 zeigen außerdem ab 1503 einen wesentlich unregelmäßigeren Verlauf der Kurienkontakte, die in den Jahren 1509, 1513 bis 1515 und ab 1525 nahe Null lagen[12]. Ab 1517 ist die zurückhaltende Reisetätigkeit der deutschsprachigen Bittsteller mit der einsetzenden Reformation zu begründen[13], sie kündigte sich vielleicht bereits in den davor liegenden Jahren durch nachlassende Dispensgesuche an, die in Bayern mit lokale Entwicklungen in der Rechtsprechung zusammenhingen.

dd) Diözesan- und Provinzialsynoden

In besonders gut frequentierten Jahren könnte die hohe Zahl der Kurienkontakte auch von der Statutengesetzgebung in Verbindung mit Freisinger Diözesanoder Salzburger Provinzialsynoden und ihrer anschließend folgenden Anwendung innerhalb der Diözese beeinflusst worden sein. Auf Synoden wurden – im 15. Jahrhundert in abnehmender Zahl – auch einzelne Gerichtsverfahren abgehalten[14], möglicherweise waren es Präzedenzfälle für die Einführung oder Auslegung von Kirchengesetzen. Aus Freising kamen einige wenige Hinweise aus dem Bereich Eherechtsprechung, die beispielsweise auf eine Thematisierung der bewussten heimlichen Eheschließung bei Ehehindernissen wie Bluts- und geistlicher Verwandtschaft auf Diözesan- und Provinzialsynoden hinwiesen, jedoch ohne präzise zeitliche Datierung[15].

In den Jahren 1449 und 1452 berief der Bischof Johannes Grünwalder zwei Diözesansynoden ein[16], weitere wurden durch Bischof Sixtus von Tannberg in den Jahren 1475, 1480 und 1484 abgehalten[17]. Bis auf das Jahr 1480 ist jeweils im darauffolgenden Jahr ein reger Anstieg der Supplikenzahl zu erkennen, der jedoch eher mit der stark anwachsenden Pilgerzahl in Rom während der

---

[11] SCHMUGGE, Kinder, Kirche, Karrieren, 259.
[12] SCHMUGGE, Kinder, Kirche, Karrieren, 259.
[13] SCHMUGGE, Kinder, Kirche, Karrieren, 261.
[14] PLÖCHL, Kirchenrecht, 145; WIEGAND, Diözesansynoden, 73-75.
[15] PA 17, fol. 40r von 1469; PA 44, fol. 71v von 1495 und PA 45, fol. 40v (zwei Suppliken) von 1495.
[16] SCHWAIGER, Diözesansynoden, 265.
[17] MAß, Freising, 339.

Heiligen Jahren zu begründen ist[18]. In den Jahren nach 1480 und 1490 veränderte sich der Zustrom nach Rom dagegen nicht wesentlich. Deshalb ist ein direkter Einfluss von Diözesansynoden auf die Intensität der Kurienkontakte nicht eindeutig nachweisbar[19].

Eine Ehesupplik aus dem Jahr 1469[20] gab die Verurteilung der Petenten in einem Eheprozess auf einer Provinzialsynode – gemeint war vermutlich Salzburg – an. Weder in diesem noch in darauffolgenden Jahren ist eine auffällige Zunahme der Supplikenzahl zu erkennen. In zwei späten Suppliken aus den Jahren 1495[21] und 1500[22] wurde mit dem Hinweis auf einen Verstoß gegen die Synodalstatuten ein Grund für das Dispensgesuch genannt. Da zu dieser Zeit jedoch keine Diözesan- oder Provinzialsynode abgehalten wurde und in den Suppliken keine genaueren zeitlichen Angaben zu den Statuten enthalten sind, bleibt ungeklärt, ob in diesen Fällen auf eine spezielle Synode Bezug genommen wurde oder nur auf die dort erlassenen bischöflichen Statuten, die in der Folgezeit im Bistum eine schärfere Anwendung fanden[23]. Insgesamt scheint es deshalb eher fraglich, ob Provinzial- oder Diözesansynoden einen unmittelbaren Einfluss auf die Anzahl der Freisinger Kurienkontakte hatten.

ee) Besetzung des Freisinger Bischofssitzes und Sedisvakanzen

Bis 1495 scheint sich eine Neubesetzung des Bischofssitzes ebenso wie die Abhaltung einer Diözesan- oder Provinzialsynode kaum in steigenden oder sinkenden Supplikenzahlen niedergeschlagen zu haben. Nach 1495 ist mit Ausnahme des Heiligen Jahres jedoch ein nachlassender Andrang an die Pönitentiarie zu erkennen. Vermutlich war dies nach Ende des Pontifikates des Bischofs Sixtus von Tannberg die Folge der veränderten innerkirchlichen Situation Freising. Der Wittelsbacher Administrator Rupprecht von der Pfalz besaß noch nicht alle erforderlichen Weihen und damit keine volle Jurisdiktionskompetenz[24]. Parallel kam es laut Angaben im Supplikenregister zu einer zeitweisen Übernahme der

---

[18] SCHMUGGE, Kinder, Kirche, Karrieren, 259, Grafik. Möglicherweise wurden die Freisinger Diözesansynoden eher in Abhängigkeit von den Heiligen Jahren abgehalten.
[19] Die Umsetzung der auf den Synoden behandelten Reformthemen und die Anwendung der kanonischen Gesetze auf das Kirchenleben dürfte in der Praxis wesentlich langsamer ausgefallen sein, als sich der Inhalt nach vermuten lässt.
[20] Paul II., PA 17, fol. 40v vom 22. Juli 1469.
[21] Es handelt sich um eine Ehedispens: Alexander IV., PA 45, fol. 40v.
[22] Kapitel *de promotis et promovendis*, Alexander VI., PA 48, fol. 579v.
[23] Siehe auch Kapitel IV.5.4: Reformbedarf bei kirchlichen Vorschriften zum Thema Eherecht.
[24] Erwin GATZ (Hg.), Die Bistümer des Heiligen Römischen Reiches von ihren Anfängen bis zur Säkularisation, Freiburg i. Br. 2003, 215-216.; MAß, Freising, 351; BECKER, Bischofsthron, 389.

geistlichen Jurisdiktion durch das Freisinger Domkapitel, wie anhand eines Kommissionsverweises zu erkennen ist[25]. So sind in Grafik 1, „Allgemeiner Verlauf der Kurienkontakte", keine wesentlichen Veränderungen zu erkennen. Mit der 1495 von Albrecht IV. vorgenommenen Ernennung der pfälzischen Wittelsbacher Rupprecht von der Pfalz und 1997 seines achtzehnjährigen Bruders Philipp zu Administratoren in Freising sowie mit der 1499 erfolgten Wahl Philipps zum Bischof[26] zeigt sich jedoch erstmals eine sichtbare Veränderung der kurialen Beziehungen Freisings. So nahm – mit Ausnahme des Heiligen Jahres 1500 und den darauffolgenden Monaten – ab 1496 die Zahl der Gesuche bis 1508 deutlich ab. Im Verhältnis zum wachsenden Umfang der Supplikenregister, gemessen an ihrer steigenden Seitenzahl, wird die abnehmende Anzahl der Bittsteller noch deutlicher sichtbar. Der sinkende Zustrom aus Freising steht im Kontrast zum allgemein stetig wachsenden Andrang von Personen aus ganz Europa an die Pönitentiarie[27], stimmt jedoch wie bereits erwähnt mit der allgemeinen Entwicklung im Heiligen Römischen Reiches Deutscher Nation überein[28].

Von 1495 bis 1508 wurde in den Supplikaten zweimal ausdrücklich auf die Sedisvakanz des Freisinger Bischofssitzes hingewiesen, nämlich in den Jahren 1496[29] und 1500[30]. Zu dieser Zeit waren Rupprecht von der Pfalz ab 1495 beziehungsweise ab 1497 sein Bruder Philipp Anwärter auf das Bischofsamt, sie hatten zu diesem Zeitpunkt beide noch keinen höheren Weihegrad erhalten[31]. Der vierzehnjährige Rupprecht wurde in Ermangelung höherer Weihen 1496 als Administrator Freisings bestätigt und schied 1497 wieder aus dem geistlichen Stand aus[32], um die Erbtochter der Landshuter Wittelsbacher, Elisabeth, zu heiraten[33]. Im selben Jahr folgte ihm sein Bruder Philipp im Amt. Er wurde am

---

[25] PA 55, fol. 479v: hier wird der Offizial des Domkapitels genannt, in PA 47, fol. 325r wurde als Adressat Vinzent Schaenk als Mitglied des Domkapitels angegeben.
[26] SCHWAIGER, Freising, 57; RANKL, Landesherrliches Kirchenregiment, 108-109.
[27] SCHMUGGE, Kinder, Kirche, Karrieren, 82-83. Eine erste Durchsicht der Registerbände ergab für die anderen Diözesen des Deutschen Reiches keine vergleichbare Entwicklung, eine genaue statistische Untersuchung der Petentenzahl aus dem Deutschen Reich bleibt vorerst abzuwarten.
[28] SCHMUGGE, Kinder, Kirche, Karrieren, 259-261: Auch im gesamten Deutschen Reich ging die Zahl der Kurienkontakte ab 1502 deutlich zurück.
[29] Alexander VI., PA 45, fol. 470r.
[30] Alexander VI., PA 48, fol. 579v.
[31] GATZ, Bistümer, 215-216; BECKER, Bischofsthron, 389.
[32] Erwin GATZ, Die Bischöfe des Heiligen Römischen Reiches 1448 bis 1648. Ein biographisches Lexikon, Berlin 1996, Bd. II, 607.
[33] Andreas KRAUS, Geschichte Bayerns. Von den Anfängen bis zur Gegenwart, München ³2004, 183.

17. Mai 1499 zum Bischof gewählt. Er besaß erst ab 1507 die Priesterweihe[34] und wurde am 17. Oktober 1507 zum Bischof geweiht[35]. So ist zu vermuten, dass auch Philipp in seinen bischöflichen Regierungsgeschäften zunächst ganz oder teilweise durch Administratoren oder Coadjutoren vertreten wurde, welche die Jurisdiktion bei Sedisvakanz ausübten, oder auch durch das Domkapitel[36], wie aus dem Supplikenregister hervorgeht.

Eine Diözese wurde bis zum Erhalt aller erforderlichen Weihegrade des gewählten Kandidaten als sedisvakant betrachtet – möglicherweise galt dies auch für das zeitweise von der Kurie als vakant bezeichnete Freising[37]. Zwischen 1496 und 1499 wurden die mit den Dispensen ausgestellten *litterae* von der Pönitentiarie zunächst an das Freisinger Domkapitel zur abschließenden Rechtsprechung zurückgeschickt[38]. Dies geht auch aus der *narratio* einiger Suppliken dieser Zeit hervor, in der bei Eheprozessen mit Scheidung von einem laufenden Verfahren vor dem Kapitel von Freising[39] oder dem Vikar des Bischofs[40] die Rede war.

Die Freisinger Kirchenpolitik im ausgehenden 15. Jahrhundert könnte im Bistum unsichere Rechtsverhältnisse und damit eine Schwächung des Offizialatsgerichtes zur Folge gehabt haben, verbundenen mit einer abnehmenden Zahl an Gerichtsprozessen in Freising und einer erkennbar geringeren Supplikenmenge an der Pönitentiarie. Gleichzeitig enthielten die Dispense nun mehr Kommissionsverweise und zwar an andere rechtsprechende Instanzen und Personen. Unter anderem gelangten mehr Fälle zur abschließenden Entscheidung an Kurienprälaten oder den „Offizial des Domkapitels". Insgesamt lassen die Hinweise in den Jahren 1495 bis 1508 einen starken Einfluss der kirchenpolitischen Situation auf die Romkontakte vermuten, die in direktem Zusammenhang mit der Besetzung des Freisinger Bischofsstuhls durch Albrecht IV. infolge seines erstarkenden landesherrlichen Kirchenregiments stehen. Die vermutlich zunächst schwache Stellung Philipps von der Pfalz zu Beginn seiner Amtszeit ging

---

[34] SCHWAIGER, Freising, 57 und BECKER, Bischofsthron, 389.
[35] SCHWAIGER, Freising, 57 und GATZ, Bischofslexikon II, 536.
[36] PLÖCHL, Kirchenrecht, 175.
[37] Zwei Suppliken aus dem Jahr 1496 bezeichnen Freising in den Kommissionsvermerken als sedisvakant: PA 45, fol. 470r (2).
[38] Siehe Kommissionsvermerke in den folgenden Suppliken: Alexander VI., Mai 1496: PA 45, fol. 176r; Oktober 1496: PA 45, fol. 47r; Oktober 1496: PA 45, fol. 470r; Oktober 1498: PA 47, fol. 47r; Dezember 1498: PA 47, fol. 240v; Mai 1499: PA 47, fol. 325r und Dezember 1499: PA 48, fol. 820v.
[39] Alexander VI., PA 47, fol. 132r im Jahr 1499.
[40] In drei Suppliken gleichen Datums aus dem Jahr 1508: Julius II., PA 55, fol. 623r.

einher mit einer Verschiebung der Jurisdiktionskompetenzen, erkennbar an der rückläufigen Supplikenzahl an der Pönitentiarie, wie Grafik 1 zeigt.

b) Die Übermittlung der Suppliken an die Pönitentiarie
    aa) Übermittlung durch Boten

In einem Freisinger Gerichtsprozess aus dem Jahr 1461 wurde erwähnt, dass ein Freisinger Priester namens Hildebrand als Kontaktmann zur Pönitentiarie diente[41]. Laut Aussage des Angeklagten war dieser von den Eltern der Bittstellerin dafür bezahlt worden. Über die Art der Übermittlung des Anliegens wurde jedoch keine Aussage gemacht. Sicher erfolgte diese nicht persönlich, denn ein großer Teil der Freisinger Gesuche und wahrscheinlich auch der entsprechenden Gelder für die anfallenden Gebühren wurde per Kurier an die Pönitentiarie geschickt. Hierfür könnte folgende Supplik aus dem Jahr 1482 ein Beleg sein: Der Kleriker Wolfgang Sepel hatte Briefe von Freising an die Kurie, möglicherweise auch an die Pönitentiarie, gebracht, und wurde dabei von seinem Vater begleitet[42]. Kirsi Salonen nimmt für die Kirchenprovinz Uppsala einen Transport der Gesuche per Kurier vor allem bei weniger dringenden Anliegen wie Ehe- und Geburtsmakeldispensen an, während bei Gewalttaten und Kapitalverbrechen eine eilige Dispens vonnöten war und die persönliche Anwesenheit im Supplikentext mit *exponit* dokumentiert wurde[43].

Da die Themenbereiche Ehe- und Geburtsmakeldispens in besonders stark verkürzter Form registriert wurden und für Freising kaum lange detaillierte Suppliken verzeichnet wurden, ist die persönliche Anwesenheit der Bittsteller hier nur sehr selten nachweisbar. Zumindest kann bei zeitlicher Überschneidung auf eine gemeinsame Anreise von Personengruppen geschlossen werden, wahrscheinlicher ist jedoch eine gesammelte Übermittlung der Freisinger Suppliken durch einen Boten oder Kurier. Der Erwerb einer Pönitentiariedispens war nicht nur kostspielig, sondern auch sehr zeitaufwändig[44], so dass bei zeitlich bis zu zwei Wochen auseinanderliegenden Suppliken durchaus noch von einer gemeinsamen Übermittlung nach Rom ausgegangen werden kann. Der gesamte Vor-

---

[41] HL Freising 93, fol. 59r-60r.
[42] Sixtus IV., PA 31, fol. 167r.
[43] Kirsi SALONEN, Zur Kommunikation zwischen der Pönitentiarie und der Provinz von Uppsala. In: Kirsi SALONEN – Christian KRÖTZEL, The roman curia, the Apostolic Penitentiary and the partes in the later Middle Ages, Rom 2003, 25-26.
[44] SCHMUGGE, Ehen, 18.

gang vom Einsenden des Gesuches bis zur Ausstellung einer Dispens dauerte nur wenige Wochen, wie ein Beispiel aus Freising zeigt[45].

Insbesondere in den Heiligen Jahren sowie 1459 und 1467 kamen acht bis zehn Suppliken in einem Monat an die Pönitentiarie[46], in normalen Jahren dagegen ein bis drei, seltener einmal vier bis sechs Gesuche. Insgesamt ist in Grafik 2 eine regelmäßige jahreszeitliche Schwankung der Kurienkontakte zu erkennen mit Schwerpunkt in den Früh-, Spätsommer- und Herbstmonaten, die sich im gesamten Untersuchungszeitraum kaum veränderte. Zahlreiche Freisinger Suppliken aus unterschiedlichen Kategorien sind zeitlich naheliegend datiert oder wurden am selben Tag erfasst. Inhaltlich wurde keine persönliche Anwesenheit vermerkt, so dass von einer Übermittlung durch Kuriere ausgegangen werden kann, beispielsweise ein Beicht- und ein Butterbrief aus München aus dem Jahr 1477, die in einem Abstand von sechs Tagen erfasst wurden[47] oder zwei Geburtsmakeldispense von 1469 aus Freising und München, die mit einem Beichtbrief aus Freising zusammen registriert wurden[48].

Im selben Jahr gelangten von Mitte November bis zum zweiten Dezember sechs zeitlich nahe zusammen registrierte Suppliken an die Pönitentiarie, nämlich drei Beichtbriefe, zwei davon aus München, und drei Geburtsmakeldispense angehender Kleriker, darunter ein Scholar aus München und einer aus dem nahe Freising gelegenen Gremertshausen. Zwei Gesuche aus dem Jahr 1473 kamen von vermutlich miteinander bekannten Angehörigen der Münchener Oberschicht[49]. Im Jahr 1500 wandten sich vier Personen aus München nahezu zeitgleich an die Pönitentiarie: Georg Diener mit einem Gesuch um Studienlizenz[50] und Melchior Pötschner mit der Bitte um einen Beichtbrief[51]. Sie gehörten zur ratsführenden Schicht, Melchior Pötschner lebte zudem in direkter Nachbar-

---

[45] Es handelte sich um eine während eines Prozesses am Freisinger Offizialatsgericht ausgestellte Dispens aus dem Jahr 1479. Im Verfahren wurde am 12. Mai die Schuldenbeinlösung durch Johannes Dornvogt verzeichnet (HL Freising 101, fol. 194v, Mittwoch den 12. Mai), der sich im Anschluss an die Pönitentiarie wandte und am 23. Juni eine Dispens erwerben konnte: PA 28, fol. 169r.
[46] Siehe Grafik 2.
[47] PA 25, fol. 88v vom 30. März 1477 und PA 25, fol. 200r vom 26. März 1477.
[48] PA 17, fol. 166r und 166v vom 16. Februar 1469 sowie PA 17, fol. 265r vom 17. Februar 1469.
[49] PA 21, fol. 105v vom 26. April 1473 (Dyemut Zollner) und PA 21, fol. 118r vom 5. Mai 1473 (Petrus Ridler).
[50] PA 49, fol. 235v vom 24. Oktober 1500.
[51] PA 49, fol. 752r vom 24. Oktober 1500.

schaft[52] zu dem Weinschänk und Wirt Johannes Wirsimeyer, der mit seiner Frau zeitgleich einen Beichtbrief einholte[53]. Auch bei zwei Weihedispensen von Scholaren und angehenden Klerikern aus dem Jahr 1487 aus Feldmoching[54], beziehungsweise München[55], wurde keine persönliche Anwesenheit vermerkt. Aufgrund des gleichen Datums ist eine Übermittlung per Boten zusammen mit zwei Freisinger Beichtbriefen ohne Ortsangabe vom 12. Oktober 1487 anzunehmen[56]. Insgesamt war bei durch Boten übermittelten und zeitlich naheliegenden Gesuchen eine persönliche Bekanntschaft oder naheliegende Wohnsitze der Antragsteller vermehrt anzutreffen.

bb) Sammelsuppliken

In anderen Fällen wurden Gesuche aus der Diözese Freising ebenfalls von mehreren Personen gemeinsam gestellt und vermutlich durch Boten übermittelt, jedoch in einer Supplik zusammengefasst und registriert. Die Frage, ob an der Pönitentiarie bei der Registrierung inhaltlich genau zwischen gemeinschaftlich gestellten Suppliken und gemeinsam durch Boten zugestellten Gesuchen unterschieden wurde, lässt sich jedoch nicht beantworten. In der Supplik eines Abtes aus dem Augustinerchorherrenstift Beyharting mit dem Inhalt einer Promotionszulassung zum Weihegrad eines Subdiakons beziehungsweise Diakons trotz Altersdefekt von zweiundzwanzig Jahren wurden die Anliegen der sieben Chorherren bereits im Voraus zusammengefasst und weitervermittelt. Sie könnte zudem auf eine im Kloster existierende Klerikerschule hinweisen[57]. Acht Männer baten im Jahr 1463 um Absolution wegen Mordes und anderer Vergehen in Zusammenhang mit ihrer Teilnahme an Kriegen[58]. In der Kategorie Beichtbriefe sind sechs Gemeinschaftsdispense zu finden, die für bis zu sechs Personen ausgestellt wurden, wobei die Beziehung der Familie Buschzyvilshaym aus Salzburg mit der Familie de Windegk aus Straßburg im Beichtbrief von 1466 unklar ist.

---

[52] Helmuth STAHLEDER, Älteres Häuserbuch der Stadt München. Hausbesitz und Steuerleistung der Münchener Bürger 1368 – 1571, herausgegeben vom Stadtarchiv München. Bd. 1: Innere Stadt, Kreuzviertel und Graggenauer Viertel; Bd. 2: Innere Stadt, Petri, Anger- und Hackenviertel, Neustadt a.d. Aisch 2006. Bd. 1, 171, 312, 438-439, 459-460: Rindermarkt 8-9.
[53] PA 49, fol. 751r vom 19. Oktober 1500 und STAHLEDER, Münchener Häuserbuch 1, 131, 189: Rindermarkt 1.
[54] PA 37, fol. 272r.
[55] PA 37, fol. 272 r.
[56] PA 37, fol. 333v und PA 37, fol. 334r.
[57] PA 41, fol. 397r.
[58] PA 11, fol. 189r.

Ebenso stellt sich die Frage, weshalb beide aus weit außerhalb des Bistums gelegenen Städten kamen, jedoch unter Freising registriert wurden[59].

In zwei Briefen supplizierten jeweils vier angehende Kleriker wegen ihres Geburtsmakels, im Jahr 1457 vier Brüder aus der Familie Fraunhofer[60], und im Jahr 1500 fünf Scholaren, darunter befanden sich zwei Brüder[61]. Zwei Gesuche hatten die gemeinsame gewalttätige Auseinandersetzung angehender Kleriker mit einem Priester zum Inhalt[62] und eine weitere eine Schlägerei zwischen drei Laien und einem Priester, weil es bei ihren Trauungen zu Verstößen gegen das Kirchenrecht gekommen war[63]. Zehn Geburtsmakeldispense wurde von zwei Personen zusammen eingereicht[64], in sechs Fällen handelte es sich dabei um Geschwister[65]. Auch unter den Weihedispensen wurden zwei Gemeinschaftssuppliken von Studienkollegen verzeichnet[66].

cc) Rücksendung der Bescheide

Bei persönlicher Anwesenheit bekamen die Petenten nach abgelegter Beichte eine Art Bescheinigung in Form eines Pergamentzettels, den sie mit nach Hause nahmen[67]. Diese Zettel sind jedoch nahezu nie überliefert oder archiviert worden[68]. Andernfalls wurden die an der Pönitentiarie erfolgten Bescheide durch Boten beziehungsweise „auf dem Postweg" [69] an den Ortsbischof zurückgesandt, der diese dem Offizial übermittelte oder einem anderen als Vermittler tätigen Geistlichen, wie ein Freisinger Eheprozess aus dem Jahr 1461 vermuten lässt[70]. Von dort aus gelangten die Bescheide dann an den Bittsteller[71]. Der Bescheid wurde erst durch die Zustellung an den Adressaten und die vorherige Überprüfung durch den Bischof wirksam[72]. Schmugge geht davon aus, dass den

---

[59] PA 14, fol. 316r; PA 14, fol. 319v; PA 17, fol. 276v; PA 23, fol. 286r; PA 26, fol. 268r; PA 29, fol. 166r.
[60] PA 6, fol. 126v.
[61] PA 49, fol. 684v.
[62] PA 44, fol. 166v und PA 47, fol. 325v.
[63] PA 47, fol. 470r-v.
[64] PA 4, fol. 35v; PA 4, fol. 36r; PA 4, fol. 43r; PA 49, fol. 684v.
[65] PA 4, fol. 21r; PA 4, fol. 49r; PA 16, fol. 194v; PA 23, fol. 249v; PA 38, fol. 398r; PA 48, fol. 820v.
[66] PA 18, fol. 216v und PA 24, fol. 191r.
[67] SCHMUGGE, Ehen, 24.
[68] SCHMUGGE, Ehen, 24.
[69] SCHMUGGE, Ehen, 27.
[70] HL Freising 93, fol. 59r-60r.
[71] SCHMUGGE, Ehen, 24.
[72] SCHMUGGE, Ehen, 25.

Ehesuppliken in der Regel zu Hause ein Prozess, beispielsweise am Offizialatsgericht, vorausging[73]. Wenn die Rücksendung an eine andere Person als an den Ortsbischof erfolgte, dann ist laut Schmugge ein besonderer Fall zu vermuten[74]. In zahlreichen und vor allem gegen Ende des 15. Jahrhunderts ausgestellten Suppliken findet sich nach der Genehmigungsformel der sogenannte Kommissionsverweis, der eine Mitteilung an eine mit der Entscheidung des Falles betraute Person enthielt, wie weiter zu verfahren sei. Diese Verweise gingen sowohl an Kurienbischöfe und -prälaten, an den Freisinger Bischof und an weitere geistliche Rechtsprechungsinstanzen. Auch in ihnen ist nur in sehr geringem Umfang eine Information über die Rücksendung der Suppliken enthalten, sie geben vor allem Aufschluss über die Anzahl nicht nach Freising zurückgesandter Bescheide, welche stattdessen in Rom abgeschlossen wurden.

c) Persönliche Anwesenheit

33 Kommissionsverweise, welche die Bittsteller an verschiedene Kurienangehörige verwiesen, bevor ihr Anliegen genehmigt werden konnte, dürften als Belege für eine persönliche Anwesenheit der Bittsteller an der Kurie gelten. Auch die Bemerkung *videat eam* durch verschiedene in Rom ansässige Prälaten und Bischöfe am Schluss der Supplik weist auf einen Romaufenthalt des Petenten hin[75]. Es handelte sich bei diesen Anliegen vor allem um vorzeitige Weihen in Italien oder Rom[76], manche sogar ausdrücklich entgegen der Erlaubnis des Bischofs, um Geburtsmakeldispense in Verbindung mit an der Kurie angestrebten Weihegraden[77], spezielle Probleme wie Simonie beim Pfründenerwerb[78] und einige Fälle von Gewalttaten und Kapitalverbrechen im Klerus[79].

---

[73] SCHMUGGE, Ehen, 76.
[74] SCHMUGGE, Ehen, 29-30. Es kann auch auf eine besondere Situation in der Diözese hinweisen, so in Freising in der Zeit zwischen 1496 und 1506, in der zeitweise das Freisinger Domkapitel Rechtsprechungskompetenzen an sich gezogen hatte und die Wittelsbacher, der Administrator Rupprecht und sein Bruder und spätere Bischof Philipp noch nicht die Priesterweihe, damit vermutlich auch noch nicht die vollen Amtsbefugnisse, erlangt hatten. Eine nähere Untersuchung der Kommissionsverweise erfolgt in Kapitel III.3.e), in dem die Freisinger Eherechtsprechung anhand der Supplikentexte behandelt wird.
[75] PA 8, fol. 206r: Beispielsweise stand unter einem Gesuch des Klosters *Wenren*, gemeint ist eventuell Weyarn, *videat eam dominus Agapitus*. Demzufolge war ein Vertreter des Klosters persönlich an die Kurie gereist, um das Anliegen vorzutragen.
[76] PA 23, fol. 213v; PA 37, fol. 284v-285r; PA 42, fol. 426v; PA 44, fol. 394v; PA 45, fol. 445r; PA 48, fol. 698r; PA 48, fol. 732v-733r; PA 48, fol. 737r; PA 49, fol. 576v-577r; PA 50, fol. 301v; PA 53, fol. 628v.
[77] PA 32,fol. 230v; PA 36, fol. 334v; PA 40, fol. 527v-528r; PA 42, fol. 277r; PA 44, fol. 445r; PA 47, fol. 559v; PA 47, fol. 560v; PA 47, fol. 570v; PA 47, fol. 587v; PA 48, fol. 826r.

Begann die *narratio* des Supplikentextes mit *exponit*, so wurde explizit auf die persönliche Anwesenheit des Bittstellers verwiesen. Dies wurde vor allem zu Beginn des Untersuchungszeitraumes in den Jahren 1450 bis 1468 bei insgesamt sechsundzwanzig Personen vermerkt. Hierbei handelte es sich um sieben ehemalige Söldner, die vor 1450 vermutlich an den durch die bayerischen Teilungen begründeten Kriegszügen beteiligt waren[80], sowie unterschiedliche schwerwiegende Verbrechen von Geistlichen wie Mord an einem Kleriker[81], Rechtsbeihilfe in einem Prozess mit Todesurteil[82], Diebstahl in einer Kirche[83], Unzucht[84], Apostasie[85] oder einige Geburtsmakel- und Weihedispense[86]. Die Widergabe von Namen in Mundart konnte in zwei Fällen, einer Person aus „Docha" (Dachau) und einer aus „Warnrid" (Bernried), ebenfalls als Hinweis auf einen Rombesuch der Petenten gewertet werden[87]. *Videat eam* am Ende einer Supplik deutet ebenso auf eine persönliche Anwesenheit hin. Dies wurde in einer Ehesupplik[88] und einem Scheidungsgesuch[89], einem Weihegesuch trotz Kapitalverbrechens[90], bei einem nach höheren Weihen strebenden Kleriker mit körperlichem Makel[91] und einem von einem Abt aus einem nahe Freising gelegenen Kloster vorgetragenen speziellen Fall vermerkt: Es war von zwei Laien angegriffen worden und die Mönche hatten sich dagegen zur Wehr gesetzt[92]. Insgesamt 66 Freisinger Bittsteller reisten nachweislich persönlich an die Pönitentiarie, um ihr Anliegen vorzutragen, wahrscheinlich lag ihre tatsächliche Zahl noch deutlich darüber.

d) Reisezeiten
Eine Aufstellung der Suppliken nach Monaten und Jahren in Grafik 2 zeigt, dass es im wesentlichen drei Perioden gab, in denen die Pönitentiarie stark frequen-

---

[78] PA 46, fol. 220r.
[79] PA 5, fol. 372r ; PA 31, fol. 167rs; PA 49, fol. 253r.
[80] PA 3, fol. 176r, 179r, 180r, 180r, 182v, 181v und 205v.
[81] PA 3, fol. 90v und PA 3, fol. 269v.
[82] PA 3, fol. 110r.
[83] PA 7, fol. 154r.
[84] PA 3, fol. 283v.
[85] PA 16, fol. 72r.
[86] PA 7, fol. 234r; PA 6, fol. 370r; PA 6, fol. 368r; PA 5, fol. 192r; PA 5, fol. 85v.
[87] PA 2 bis fol. 196v und PA 4, fol. 83v.
[88] PA 42, fol. 369r.
[89] PA 44, fol. 286v.
[90] PA 42, fol. 382v.
[91] PA 7, fol. 371v.
[92] PA 8, fol. 206r.

tiert wurde: in den Monaten März bis Mai, im Oktober und im Dezember wurde üblicherweise die größte Zahl der Gesuche eingereicht. In den Monaten November, Januar, Februar und Juni war der Andrang deutlich geringer und in den Sommermonaten Juli bis September wurde die Pönitentiarie nur sehr selten aufgesucht. Einer der Gründe für diese Sommerpause ist in der feuchtheißen Witterung in Rom während dieser Jahreszeit zu suchen, so dass dieser Zeitraum für eine Reise eher ungeeignet war und die Kurie währenddessen häufiger außerhalb Roms in Städten wie Viterbo[93], Perugia[94] oder anderen Orten wie Mantua während des Türkentages im Jahr 1459 residierte[95].

Möglicherweise beeinflusste auch die Erntezeit die Reisetätigkeit der Bittsteller an die Pönitentiarie. Dagegen ist in den für eine Romreise und die Überquerung der Alpenpässe ungünstigen Wintermonaten im Gegensatz zu Skandinavien oder anderen nördlichen Diözesen kein markanter Rückgang der Romkontakte aus Freising zu erkennen. Wahrscheinlich war dies in der im Vergleich zu Skandinavien deutlich geringeren geographischen Distanz und günstigen Lage des Bistums an im 15. Jahrhundert bedeutsamen Fernhandelsstraßen in Richtung Brenner begründet[96], wie zum Beispiel die erhalten gebliebene ehemalige *Via Claudia* von Augsburg nach Italien, die über den Lech führende Rottstraße nach Italien[97] oder die wirtschaftlich bedeutenden und stark frequentierten Salzstraßen[98].

3. Die Themen im Supplikenregister
a) Allgemeine Übersicht
Im Supplikenregister wurden die Suppliken unter folgenden Kapiteln verzeichnet: *de altaribus portabilibus, de defectu etatis, de defectu natalium et de uberiori, de uberiori, defectu natalium, de promotis et promovendis, de sententiis generalibus, de confessionalibus, de diversis formis, de declaratoriis,* und *de matrimonialibus*. Die Dispenszahlen wurden in Grafik 3 zusammengefasst. Nur ein sehr geringer Teil von etwa dreißig Suppliken besteht aus langen ausführlichen Texten mit detaillierteren Angaben und Informationen, die einen Quellen-

---

[93] PA 44, fol. 124r (*Viterbii*).
[94] Z.B. PA 44, fol. 121v-124r oder PA 44, fol. 349v oder PA 44, fol. 370r-372r (*Perusii*).
[95] SCHMUGGE, Ehen, 16.
[96] STÖRMER, Städte und Märkte, 77.
[97] Ferdinand KRAMER, Zur Entwicklung bayerischer Städte an der Grenze zu Schwaben. In: Helmut FLACHENECKER – Rolf KIEßLING (Hg.), Städtelandschaften in Altbayern, Franken und Schwaben, München 1999, 337-352, 338-340.
[98] STÖRMER, Städte und Märkte, 58.

wert für die Geschichte des Heiligen Römischen Reiches Deutscher Nation, Bayerns oder Freisings beinhalten und sich für eine ausführliche inhaltliche Analyse eignen.

Einige Rubriken wie *de altaribus portabilibus* mit drei Einträgen von 1494 bis 1500 zur Genehmigung von Messfeiern auf tragbaren Altären für hauptsächlich adelige Personen[99] oder *de sententiis generalibus* mit vier Gesuchen zu Absolutionsvollmachten, beispielsweise bei Exkommunikationen[100] unter Pius II. und Paul II., sind aufgrund der geringen Supplikenzahl für die Auswertung des Bistums Freising von nachrangiger Bedeutung. Insgesamt sechs Gesuche von Klerikern wegen ihres noch nicht erreichten Mindestalters wurden unter *de defectu etatis* an der Pönitentiarie verzeichnet, um vorzeitig ihre Weihen zu erhalten, davon fünf unter Calixt III. und eine Dispens unter Innozenz VIII. im Jahr 1487.

Von besonderem Interesse ist der in den weiteren Kapiteln enthaltene Großteil der Gesuche. Geistliche baten zu Beginn ihrer Kirchenkarriere um eine unter *de defectu natalium* verzeichnete Geburtsmakeldispens oder unter *de uberiori* um einen ersten Anrechtsschein auf ein Benefiz. Sie wandten sich häufig mehrfach an die Pönitentiarie, so dass bei Einigen der Verlauf ihres Werdeganges in der Kirchenhierarchie verfolgt werden kann. Diese Themen sind unter Nikolaus V. bis Paul II. noch zusammengefasst, ab Sixtus IV. wurden sie in einzelne Rubriken unterteilt. *De promotis et promovendis* enthält eine Vielzahl von Gesuchen, um entgegen den Vorschriften erteilte vorzeitige Weihen, manche auch ausstehend wegen bestimmter körperlicher Defekte wie fehlendem Augenlicht auf der rechten oder linken Seite noch. Besonders unter Sixtus IV. bis Alexander VI. wandten sich hierzu zahlreiche Personen nach Rom, insgesamt waren es 58.

Unter *de diversis formis* finden sich 140 und unter *de declaratoriis* achtzehn Einträge. Hier war eine Vielzahl unterschiedlichster und ausführlich beschriebener Anliegen von Klerikern und Laien enthalten, einige davon mit zum Teil hohem Informationsgehalt. Unter *de diversis formis* sind beispielsweise auch sogenannte Butterbriefe verzeichnet. Sie ermöglichten ihren Empfängern Erleichterungen in den Fastenbestimmungen, das bedeutete die Erlaubnis zum

---

[99] Sabine WEISS, Kurie und Ortskirche. Die Beziehung zwischen Salzburg und dem päpstlichen Hof unter Martin V. (1417–1431), Tübingen 1994, 387-388.

[100] Andreas REHBERG, Der deutsche Klerus an der Kurie. In: Sigrid SCHMITT – Sabine KLAPP (Hg.), Städtische Gesellschaft und Kirche im Spätmittelalter. Kolloquium Daum 2004, Stuttgart 2008, 37-65.

Verzehr eiweißhaltiger Lebensmittel wie Eier, Butter und Öl. Diese durfte man nach dem Erwerb der Butterbriefe ganzjährig verzehren. Häufig findet sich im Kontext dieser Suppliken die Begründung mit dem höheren Alter der Bittsteller sowie einem schlechten Gesundheitszustand. Butterbriefe fanden eine schnelle Nachahmung durch benachbarte Gemeinschaften, so dass sie, wie am Beispiel der Diözese Konstanz zu erkennen ist, nach dem Schneeballprinzip eine explosionsartige Verbreitung erfuhren[101]. Dies lässt sich auch am Beispiel Freisings erkennen: Zunächst kamen ab dem Jahr 1473 drei Gesuche, davon eines aus dem Freisinger Domkapitel, zwei mit der Bitte um Erlaubnis, während der vierzigtägigen Fastenzeit Eier, Milch und Butter zu sich nehmen zu dürfen[102]. Begründet wurde dies mit dem Alter der Antragsteller, gesundheitlichen Schwierigkeiten aber auch mit der vorherrschenden Winterkälte.

Eine gleichlautende Dispens ohne Ortsangabe stammt aus dem Jahr 1475. Vier weitere Gesuche kamen in den Jahren 1477 bis 1478, darunter das eines Ehepaares aus München[103]. Im darauffolgenden Jahr supplizierte bereits die gesamte Bürgerschaft der Stadt München mit dem Wortlaut: „...dass sie während der vierzigtägigen Fastenzeit und anderen Fastentagen Butter und andere Milchprodukte zu sich nehmen dürfen und [bitten um eine] Erklärung, für die, die ohne apostolischen Dispens sind und sie genutzt haben, sie zu absolvieren und zu dispensieren." [104]

Hexenprozesse kamen im Bistum Freising erst gegen Ende des 16. Jahrhunderts in größerer Zahl auf, mit Ausgang im bayerisch-herzoglichen Schongau und einem schnellem Übergreifen auf die Grafschaft Werdenfels[105]. Im Bistum Freising hat es jedoch bis 1508 keine Verfahren gegeben, die dieses Thema betrafen und die bis an die Pönitentiarie gelangten. Einen einzigen entsprechenden Hinweis bietet ein Prozeß, in dem die angeblich durch Verhexung erfolgte Impotenz eines Mannes erwähnt wird, die als Grund für ein Scheidungsgesuch diente[106], das unter *de diversis formis* verzeichnet ist. Im Supplikenregister gibt es damit keine Hinweise auf am Offizialatsgericht laufende Hexenprozesse im ausgehenden Mittelalter.

---

[101] SCHMUGGE u.a., Pius II., 153-155.
[102] PA 21, fol. 109v und PA 21, fol. 118r: Dispense des Domkanonikers Petrus Ridler für sich und seine Familiaren.
[103] PA 23, fol. 121v; PA 25, fol. 88v (zwei Dispense); PA 25, fol. 104v; PA 26, fol. 117v.
[104] PA 28, fol. 163v.
[105] Georg SCHWAIGER, Die Grafschaft Werdenfels im fürstbischöflichen Hochstift Freising. In: ZBLG 60, 1997, 521-538, 533.
[106] PA 38, fol. 288v.

Unter *de confessionalibus* wurden meist dauerhaft gültige Lizenzen zur freien Wahl des Beichtvaters eingeholt. Diese Beichtindulte waren besonders begehrt, vor allem Beichtbriefe einschließlich Sterbeablass mit der Möglichkeit einer Absolution in der Todesstunde durch einen selbst gewählten Priester[107]. Dieses Thema war ab Calixt III. fast durch den gesamten Untersuchungszeitraum für insgesamt 57 Geistliche und Laien von Bedeutung, wobei unter Sixtus IV. mit siebzehn Suppliken die meisten Beichtbriefe eingeholt wurden, während das Interesse in den darauffolgenden Pontifikaten vor allem ab Alexander VI. deutlich nachließ.

Unter *de matrimonialibus* waren ausschließlich Dispense von Laien zu Ehefragen aller Art verzeichnet. Insgesamt wurden 162 Suppliken verzeichnet. Dieses Thema ist zur Untersuchung der geistlichen Rechtsprechung in Freising von zentraler Bedeutung und wird in den Kapiteln III.3.b) bis III.3.e) und IV.4.e) ausführlich behandelt. Insgesamt ist hier seit 1455 ein stetiger und in einzelnen Jahren wie 1495 mit dreizehn Suppliken auch ein starker Andrang an die Pönitentiarie zu erkennen.

Insbesondere bei Ehedispensen und -lizenzen lassen sich von 1455 bis 1508 regelmäßig Veränderungen im Formulartext beobachten, insgesamt wurden dabei zunehmend mehr Informationen aufgenommen, was auf Verwaltungsreformen innerhalb der Pönitentiarie hindeuten könnte[108]. Die meisten Ehesuppliken aus Freising sind streng formalisiert und gekürzt aufgezeichnet worden und daher von geringem Quellenwert für die Geschichte des 15. Jahrhunderts. Die Texte sind stark gekürzt und mit geringen Abweichungen häufig im Wortlaut gleichlautend. Deshalb eignen sie sich vor allem für eine statistische Auswertung der sozialen und biographischen Angaben der Pönitentiarie-Klientel.

b) Ehedispense und Forschungsstand zum Thema Eherecht und geistliche Gerichtsbarkeit

Die Zeit zwischen 1348 und 1517 zeigt in allen Bereichen eine zunehmende rechtliche Kontrolle der Ehe und des Sexualverhaltens der Bevölkerung. Dies spiegelte sich ebenso in städtischen, herzoglichen, königlichen als auch kirchlichen Rechtstexten wider[109]. Die Kirchengerichte konnten dabei im Verlauf der

---

[107] WEISS, Kurie und Ortskirche, 390-391.
[108] Sie sind aber nicht Gegenstand dieser Untersuchung.
[109] James BRUNDAGE, Law, Sex and Christian Society in Medieval Europe, Chicago 1987, 546.

Jahrhunderte ihre Zuständigkeit als erste und alleinige Ansprechpartner zum Thema Ehe weiter ausweiten[110]. Zum Thema Ehe und Eherecht gibt es eine Fülle an Forschungsliteratur, dennoch ist anhand der genauen statistischen Analyse lokaler und kurialer Quellen wie beispielsweise der Fälle aus der Diözese Freising ein genaueres Bild zu erwarten. Dabei ist eine größere Divergenz zwischen rechtstheoretischen Entwicklungen und Jurisdiktionspraxis zu beobachten, wie beispielsweise Gabriella Erdély vermutet[111]. Insgesamt sind dabei stark voneinander abweichende lokale Entwicklungen in Europa zu erwarten. Das Thema Clandestinehe beziehungsweise formfreie Eheschließung ist dabei von herausragender Bedeutung. Zu diesem Thema ist laut Schwab in den letzten Jahrzehnten im deutschsprachigen Raum eher wenig Forschungsarbeit geleistet worden[112]. Die bisher publizierte Forschungsliteratur, insbesondere zum deutschsprachigen Raum, soll mit den dieser Arbeit zugrundegelegten Statistiken verglichen werden.

Die Arbeit von James Brundage „Concubinage and Marriage in Mediaval Canon law" [113] beinhaltet eine zeitlich sehr weit reichende Analyse und behandelt den langen Zeitraum vom späten Römischen Reich bis zum ausgehenden Mittelalter. Der Schwerpunkt liegt auf einigen rechtstheoretischen Aspekten und Veränderungen, sowie der in den jeweiligen Jahrhunderten vorherrschenden Auffassung von Ehe und nichtehelichen Verbindungen. Die tatsächliche und sicher häufig stark von der Theorie abweichende Rechtsprechungspraxis geht jedoch nur in geringerem Maße aus dieser Untersuchung hervor. Die Arbeit von Christopher Brooke „The Medieval Idea of Marriage" hat die Idealvorstellung der Ehe mit dem Schwerpunkt des Ehebildes in der Literatur zum Gegenstand und wird deshalb in dieser Untersuchung nicht weiter berücksichtigt[114].

James Brundage mit seiner Monographie „Law, Sex and Christian Society in Medieval Europe", hat seinen Schwerpunkt auf der kirchenrechtstheoretischen Entwicklung zu den Themen Sexualität und Ehe und betrachtet von der Antike bis zum Ausgang des Mittelalters wie in seinem Werk „Concubinage and marriage" einen längeren Zeitraum. Die lokalen Schwerpunkte dieser

---

[110] BRUNDAGE, Law, 547.
[111] Gabriella ERDÉLY, Neuere Forschungen zur Apostolischen Pönitentiarie. In: QFIAB 86, 2006, 582-589, 585.
[112] SCHWAB, Augsburger Offizialatsregister, 701.
[113] James BRUNDAGE, Concubinage and Marriage in Mediaval Canon law. In: Journal of Mediaval History 1, 1975, 1-17.
[114] Christopher BROOKE, The medieval idea of marriage, Oxford 2002.

Untersuchungen liegen meist auf oberitalienischen Städten sowie England im Spätmittelalter, so dass in einigen Bereichen mit vom deutschsprachigen Raum abweichenden Entwicklungen gerechnet werden sollte. Insbesondere für den rechtstheoretischen Hintergrund und für das Verständnis der Rechtsproblematik bei Eheschließungen ist dieses Werk jedoch sehr bedeutend, da hier viele Grundlagen erläutert werden.

Im Jahr 2008 erschienen und damit sehr neu ist die Arbeit von Ludwig Schmugge „Die Ehe vor Gericht"[115]. Hier werden unterschiedliche Beispiele sowie eine Vielzahl an Ehefällen vor allem aus dem süd- und südwestdeutschen Raum sowie aus der Diözese Freising zitiert und damit ein intensiver Einblick in die Dispenstätigkeit der Pönitentiarie gegeben. Er untersucht Suppliken an der Kurie, aber auch vor lokalen Gerichten behandelte Fälle. Darüber hinaus sind viele Statistiken zum Inhalt des Supplikenregisters enthalten, so dass einige der Auswertungen zur Freisinger Eherechtsprechung den Ergebnissen Schmugges gegenübergestellt werden können. Die anhand der Jurisdiktionspraxis und Beispielen aus der Rechtsprechung erkennbare Rechtsentwicklung sowie die rechtstheoretischen Grundlagen zum Eherecht standen bei Schmugge nicht detailliert im Fokus.

Rudolf Weigand hat die Rechtsprechung des Regensburger Gerichtes in Ehesachen aus den Jahren 1480, 1490 und 1500 vor allem mit Blick auf bedingte Eheschließungen als Thema[116]. Er vergleicht seine Statistiken kurz mit den aus dem Jahr 1350 aus Augsburg überlieferten Ehefällen. Seine Arbeit gibt einige wertvolle Hinweise und zeigt, dass sich das Rechtsbewusstsein in der Bevölkerung innerhalb eines Jahrhunderts veränderte, denn in Regensburger Prozessen waren Ehehindernisse wie die beispielsweise auf Taufpatenschaft oder Firmung beruhende geistliche Verwandtschaft[117] oder Schwägerschaft von geringerer Bedeutung als in Augsburg. Er geht davon aus, dass im 15. Jahrhundert die Ehen in Regensburg vor der Trauung bereits genauer auf Hindernisse geprüft wurden[118]. Dieses gesteigerte Rechtsbewusstsein beziehungsweise die sich verändernden Formalitäten auf dem Weg zur Eheschließung beschreibt auch

---

[115] Ludwig Schmugge, Die Ehe vor Gericht, Berlin 2008.
[116] Rudolf Weigand, Die Rechtsprechung des Regensburger Gerichtes in Ehesachen unter Berücksichtigung der bedingten Eheschließung nach Gerichtsbüchern aus dem Ende des 15. Jahrhunderts. In: AkathKR 137, 1968, 403-446.
[117] Im folgenden Kapitel werden die kirchenrechtlichen Vorschriften zum Thema Ehe erläutert.
[118] Weigand, Regensburger Gericht, 413.

Schmugge[119]. Auch auf die undefinierte Bedeutung des vor Gericht verwendeten Begriffes Clandestinehe verweist Weigand. Unklar ist laut Verfasser, ob hiermit eine Verlobung, eine Eheschließung oder nur seitens der Frau eine durch Geschlechtsverkehr und Eheversprechen legitimierte Ehe gemeint war[120].

Klaus Lindner hat in seiner Dissertation[121] das Thema Clandestinehe und heimliche Eheverträge in der Zeit von 1350 bis 1550 im süddeutschen Raum mit Schwerpunkt Bayern als Schwerpunkt gewählt sowie im zweiten Teil vor allem die Aufzeichnungen des Regensburger Diözesangerichtes in Bezug auf die verschiedenen Rechtsprobleme bei Eheprozessen analysiert. Seine Arbeit ist insbesondere zum Verständnis der Eheschließung unter Berücksichtigung der Terminologie Clandestinehe in Süddeutschland von zentraler Bedeutung. Seine Auswertung des Regensburger Materials soll mit dem Freisinger und dem kurialen Quellenbestand verglichen werden. Darüber hinaus ist sie besonders wichtig für das Verständnis der gerichtlichen Terminologie und den Entwicklungsstand des kanonischen Rechtes gegen Ende des 15. Jahrhunderts.

Christian Schwab hat das Augsburger Offizialatsregister mit Schwerpunkt auf dem 14. Jahrhundert untersucht, er wertete jedoch mit einem Zeitraum von 1348 bis 1352 nur sechs Jahre statistisch aus. Das Material ist inhaltlich dem Freisinger Quellenbestand ähnlich, da es sich überwiegend um Eheprozesse handelte, und es soll mit der Auswertung Freisings soweit möglich verglichen werden[122].

Für Eichstätt ist dies aufgrund der unterschiedlichen Quellenlage nicht möglich. Die Dissertation von Ingeborg Buchholz-Johanek hat die geistliche Rechtsprechung im Bistum Eichstätt im Spätmittelalter zum Inhalt. Da für diese Diözese aus dem 15. Jahrhundert keine Gerichtsprotokollbücher überliefert sind, basiert ihre Untersuchung vor allem auf den aus Eichstätt überlieferten Gerichtsurkunden. Die Arbeit gibt einen wertvollen Einblick auf die Arbeit des Offizialatsgerichtes und dem zeitweise heftig um die Jurisdiktionskompetenz konkur-

---

[119] SCHMUGGE, Ehen, 48-50: Beispielsweise kam es im 15. Jahrhundert zu einer vermehrten Überprüfung von Brauaaren anhand von Taufregistern, und zur Einführung des öffentlichen Aufgebotes.
[120] WEIGAND, Regensburger Gericht, 428.
[121] Klaus Michael LINDNER, Courtship and the Courts: Marriage and law in southern Germany, 1350 – 1550, Ann Arbor 1988.
[122] Christian SCHWAB, Das Augsburger Offizialatsregister (1348 – 1352). Ein Dokument geistlicher Diözesangerichtsbarkeit, Edition und Untersuchung, Köln 2001.

rierenden Domkapitel, ist jedoch aufgrund des andersartigen Quellenbestandes nur eingeschränkt der Untersuchung Freisings vergleichbar [123].

Recht neu ist auch die Doktorarbeit von Christina Deutsch über die Ehegerichtsbarkeit im Bistum Regensburg von 1480 bis 1538[124], eine Dissertation über das Regensburger Diözesangericht, mit einer umfangreichen Zusammenfassung der Rechtsgrundlagen im ersten Teil sowie ausführlichen Statistiken, kartographischen Auswertungen im zweiten Teil. Diese Arbeit ist wegen der geographischen Nähe und einem vergleichbaren Untersuchungszeitraum sowie der Systematik ihrer Auswertung der Prozessakten am besten dem Freisinger Quellenbestand vergleichbar. Die Auswertung stellt neben dem ausführlichen Teil zur Rechtstheorie im Bereich Ehe aufgrund der Methodik und der statistischen Ergebnisse insgesamt eine wertvolle Bereicherung und Anregung dar.

Für den deutschsprachigen Raum stehen vor allem auf Bistumsebene noch Arbeiten aus, die sowohl den kurialen Quellenbestand als auch lokale Gerichtsakten systematisch miteinander vergleichen und diese statistisch und inhaltlich auswerten. Rechtstheorie und systematisch-statistisch aufgearbeitete Rechtspraxis in sich vereinende Forschungsarbeiten sind bisher noch nicht sehr zahlreich, was für den deutschsprachigen Raum zum Teil mit der Fülle des Quellenmaterials wie beispielsweise in Freising zu begründen ist. Ebenso ist aber auch das fast vollständige Fehlen von Gerichtsakten in anderen Gebieten wie beispielsweise im norddeutschen Raum im ausgehenden Mittelalter[125] und der noch verhältnismäßig jungen Publikation weiterer kurialer Quellen wie das Pönitentiarieregister anzuführen. Dagegen ist das Thema Gerichtssystematik in der Forschung deutlich besser abgedeckt[126].

Für die benachbarten Diözesen Regensburg und Augsburg sollen im Folgenden die inhaltlich und methodisch gut vergleichbaren Arbeiten Schwabs und Deutschs mit der Auswertung des Freisinger Quellenbestandes verglichen werden. Zur Entwicklung der geistlichen Rechtsprechung im 15. Jahrhundert in Anwendung und Rechtspflege besteht momentan noch weiterer Forschungs-

---

[123] Ingeborg BUCHHOLZ-JOHANEK, Geistliche Richter und geistliches Gericht im spätmittelalterlichen Bistum Eichstätt (Eichstätter Studien: Neue Folge, Bd. 23), Münster/Westfalen 1988.
[124] Christina DEUTSCH, Ehegerichtsbarkeit im Bistum Regensburg 1480 – 1538 (Forschungen zur kirchlichen Rechtsgeschichte und zum Kirchenrecht, Bd. 29), Köln 2005.
[125] Zu Schleswig siehe BOOCKMANN, Gerichtsbarkeit, 95 und zu Bistum Ratzeburg: SCHMUGGE, Ehen, 16-17 sowie eigene Nachforschungen in norddeutschen Archiven zu den Bistümern Lübeck, Ratzeburg, Schleswig und Schwerin.
[126] LINDNER, Courtship, 7.

bedarf, um beispielsweise lokale und regionale Abweichungen von der Norm und Entwicklungen in der Praxis besser nachzuvollziehen. Anzunehmen ist hierbei eine große Differenz zwischen kirchenrechtlicher Entwicklung, Konzils- und Synodalbeschlüssen und lokalem Brauchtum sowie rechtlicher Praxis oder beispielsweise auch die Handhabung der Ehefälle vor Gericht.

c) Das kanonische Eherecht im 15. Jahrhundert

Da mehrere Arbeiten, insbesondere die Dissertation von Christina Deutsch, die rechtlichen Grundlagen zum Thema Eherecht bereits ausführlich behandeln, soll an dieser Stelle nur ein kurzer Überblick der bedeutendsten, für eine Eheschließung relevanten Rechtsnormen und Voraussetzungen gegeben werden. Als wichtigste Ehehindernisse galt eine Blutsverwandtschaft ab dem vierten Grad[127], wobei laut Brundage nicht allein die nahe Verwandtschaft, sondern auch die durch eine Hochzeit unter näheren Verwandten folgende Besitzkonzentration wohlhabender Schichten im Fokus des kirchlichen Interesses standen. Die Kirche suchte mithilfe kanonischer Ehevorschriften demnach auch die Besitzverteilung in der Bevölkerung zu kontrollieren[128]. Durch Geschlechtsverkehr oder voreheliche Beziehungen entstand das Hindernis einer Schwägerschaft beziehungsweise Affinität[129], durch Buße, Katechismus, Taufe oder Firmung das Impediment einer geistlichen Verwandtschaft[130].

Das 15. Jahrhundert war von der zunehmenden Kontrolle und Reglementierung von Ehe und Sexualität durch die Kirche geprägt[131], die Durchsetzung der kirchlich getrauten Ehe als einzige gültige Rechtsform war jedoch weitgehend noch nicht erfolgt[132]. Bis zur Gründung eines Hausstandes durch das Brauaar nach Abschluss einer Ehe gab es verschiedene Schritte, die an dieser Stelle kurz beschrieben werden sollen. So war es im Spätmittelalter weitgehend die Regel, dass sich Paare durch einen heimlichen Ehevertrag aneinander banden[133] und dass sie vor der Hochzeit bereits häufigen privaten Kontakt zueinander hatten. Der nicht öffentliche Abschluss eines Ehevertrages ist jedoch nicht zu verwechseln mit einer Clandestinehe und war im 15. Jahrhundert auch weder

---

[127] PLÖCHL, Kirchenrecht, 321.
[128] BRUNDAGE, Law, 606-607.
[129] PLÖCHL, Kirchenrecht, 322.
[130] PLÖCHL, Kirchenrecht, 323.
[131] BRUNDAGE, Law, 498.
[132] PAARHAMMER, Rechtsprechung, 85.
[133] LINDNER, Courtship, 124.

strafbar[134] noch wurde dieser Vorgang durch die Kirche reglementiert[135]. Erst nach dem Tridentinischen Konzil wurde der heimliche Abschluss eines Ehevertrages dem Strafbestand einer Clandestinehe gleichgesetzt, verboten[136] und durch die Kirche bekämpft[137]. Die Eheschließungsformalitäten wurden nun erstmals festgelegt[138]. Kirchlicherseits war für die Gültigkeit der Ehe die Zustimmung beider Eheleute erforderlich, nach lokalem Brauch dagegen die Zustimmung beider Familien[139]. Nach einer unterschiedlich langen Phase persönlichen Treffens war kirchlicherseits erwünscht, dass das Brauaar in beiden Heimatgemeinden sein Eheversprechen publik machte, damit mögliche Ehehindernisse festgestellt werden konnten[140]. Anschließend sollte die Trauung des Paares in der Kirche erfolgen, wobei die Gerichtsakten des 15. Jahrhunderts keine Auskunft über den formalen Ablauf dieser Trauungszeremonien geben[141].

Im Volksverständnis dieser Zeit galt eine Ehe dagegen erst durch den sexuellen Verkehr der Partner miteinander als vollzogen[142], während die aufgrund der Zustimmung der Brautleute geschlossene und kirchlich sanktionierte Ehe in der Bevölkerung noch nicht voll anerkannt wurde[143]. Das Ehezeremoniell fand im 14. Jahrhundert häufig innerhalb der Familien und meist ohne Hinzuziehung eines Priesters statt[144], sicher überwogen solche Bräuche auch noch im darauffolgenden Jahrhundert. Hierzu finden sich auch aus Freising konkrete Hinweise, wie eine Supplik aus Mittenwald aus dem Jahr 1472 zeigt[145]. Die Kirchengerichte im Bistum Freising waren im 15. Jahrhundert ebenso wie in anderen Teilen Europas noch weitgehend mit dem Kampf um die Durchsetzung der Ehe als Sakrament zu Lasten älterer lokaler Traditionen in der Bevölkerung beschäftigt[146]. Zwar tauchte laut Lindner der Terminus Clandestinehe in süd-

---

[134] LINDNER, Courtship, 128.
[135] LINDNER, Courtship, 127.
[136] LINDNER, Courtship, 128.
[137] LINDNER, Courtship, 96.
[138] Reformen zum Thema Ehe waren beispielsweise die Einführung der Überprüfung von Ehehindernissen, die Festlegung der Eheschließungsform durch öffentliche Trauung in Anwesenheit von zwei Trauzeugen, die schriftliche Aufzeichnung in Matrikeln, sowie die Zustimmungspflicht der Eltern.
[139] LINDNER, Courtship, 125.
[140] LINDNER, Courtship, 42, 125.
[141] LINDNER, Courtship, 43.
[142] BRUNDAGE, Law, 502.
[143] BRUNDAGE, Law, 547.
[144] BRUNDAGE, Law, 498.
[145] PA 21, fol. 79r.
[146] LINDNER, Courtship, 53.

deutschen Gerichtsakten des 15. Jahrhunderts noch nicht auf[147], die Statuten der Diözesan- und Provinzialsynoden der Kirchenprovinz Salzburg im Jahr 1490 richteten sich aber mehrfach gegen das *matrimonium clandestine contractum* oder die *clandestinas desponsationes* [148].

Bei der Rechtsprechung ist im 15. Jahrhundert zwischen theoretischer Strenge und einer oft deutlich milderen Rechtsprechungspraxis zu unterscheiden[149], wobei die Jurisdiktion der Offizialatsgerichte häufig weitgehend streng und schematisch erfolgte[150], während die kuriale Dispensgebung deutlich milder ausfiel und damit eher den Schutz bestehender Ehen verfolgte[151]. Vor Gericht besaß eine kirchliche Trauung deutlich mehr Wert als ein öffentliches oder heimliches Eheversprechen[152]. Die weitestgehende Formfreiheit der Eheschließung bestand noch bis zum Ende des Konzils von Trient fort. Der lokale Ritus zum Vollzug einer Ehe war bis dato sehr unterschiedlich[153].

Im 15. Jahrhundert wurden in den Diözesen Taufregister eingeführt, Bücher, in denen die Namen der Täuflinge, der Eltern, Sakramentsspender und ihrer Taufpaten verzeichnet wurden[154]. Anhand dieser Register ließen sich beim Aufgebot eines Paares oder auch nach der Trauung die verwandtschaftlichen Beziehungen prüfen, welche einer Ehe möglicherweise im Weg standen. Im Falle eines Ehehindernisses bestand eine Meldepflicht des Pfarrers gegenüber dem Bischof oder dem zuständigen Richter[155]. In den Freisinger Suppliken finden sich keine direkten oder indirekten Hinweise auf eine Überprüfung von Eheleuten anhand von Taufregistern[156]. Seit dem IV. Laterankonzil galt der vierte kanonische Grad der Blutsverwandtschaft als Impediment[157], gleichwertig dazu der vierte Grad einer durch Teilhabe an einer Taufe oder Firmung entstandenen geistlichen Verwandtschaft[158]. Die Synodalstatuten richteten sich schwerpunktmäßig gegen die Umgehung der Kirchenvorschriften zu Ehehindernissen mithil-

---

[147] LINDNER, Courtship, 75.
[148] Florian DALHAM, Concilia Salisburgensa et provincialia diocesana, Augsburg 1788, 244, 254 und 272: Statuten der Provinzialsynode von 1490 in Mühldorf/Inn.
[149] SCHMUGGE u.a., Pius II., 75.
[150] SCHMUGGE, Ehen, 84.
[151] SCHMUGGE u.a., Pius II., 75.
[152] LINDNER, Courtship, 81.
[153] BRUNDAGE, Law, 502.
[154] PLÖCHL, Kirchenrecht, 263 und SCHMUGGE, Ehen, 47.
[155] SCHMUGGE, u.a., Pius II., 75.
[156] Einige Suppliken erwähnen – ohne Detailangabe – die zum Teil nachträgliche Überprüfung der Brautleute.
[157] PLÖCHL, Kirchenrecht, 363.
[158] PLÖCHL, Kirchenrecht, 232.

fe einer heimlichen Eheschließung[159]. Dabei war bei Eheprozessen vor allem von Bedeutung, ob sich ein Paar bewusst über die ihm bekannten Ehehindernisse hinweggesetzt hatte und vielleicht sogar unrechtmäßig eine kirchliche Trauung bekommen und damit gegen kirchliche Vorschriften verstoßen hatte. In diesem Fall folgte die Exkommunikation der Eheleute[160].

War dem Ehepaar dagegen das Impediment nicht bewusst, so erfolgte vor Gericht nur die Auflösung des Ehevertrages[161]. Priester forcierten dabei die Eheleute, vor Gründung eines eigenen Hausstandes öffentlich zu heiraten, wenn ihr Eheversprechen oder -vertrag bekannt wurde[162] und mahnten damit die Paare, Verantwortung für ihr Handeln zu tragen. Bei Ehestreitigkeiten beobachtete Klaus Lindner, dass viele an geistlichen Gerichten Süddeutschlands um Ehefragen prozessierende Paare auf Veranlassung ihrer Pfarrer dorthin gegangen waren[163]. Die Verwirklichung der Eheversprechen durch eine kirchliche Trauung war beispielsweise Gegenstand zweier Statuten der Diözesansynode von 1480 in Freising und diese tauchten wortgleich zehn Jahre später auf der Salzburger Provinzialsynode wieder auf[164].

Die in den Freisinger Ehesuppliken enthaltenen Detailinformationen waren sehr vielfältig: Häufig ging es um formfreie heimliche Ehen, Konkubinate, private Eheabsprachen zwischen Familien und lokale Traditionen bei der Verlobung und der Eheschließung, die den kanonischen Vorschriften entgegen standen. Ehezuerkennungsklagen kamen nicht vor oder waren anhand der stark formalisierten *narratio* hier nicht näher beschrieben. Nur einmal war die nicht erfolgte Einlösung eines Eheversprechens Gegenstand eines Gesuches an die Pönitentiarie. Die im Verlauf des 15. Jahrhunderts zunehmend strengere Handhabung kanonischer Vorschriften durch das Freisinger Offizialatsgericht nach 1470 lässt sich statistisch messen und wird in Kapitel IV.4.d) und IV.4.e) anhand der Karten 4 und 5 am Beispiel von Ehedispensen und -lizenzen, Exkommunikationen sowie der durch das Gericht ausgesprochenen Scheidungen detailliert untersucht. Einfache Ehedispense wegen zu naher verwandtschaftlicher Beziehungen aller Art wurden in den meisten Fällen unter *de matrimonialibus* verzeichnet. Weitere Dispense zum Thema Ehe waren aber auch unter *de diver-*

---

[159] LINDNER, Courtship, 93-95.
[160] LINDNER, Courtship, 43-44, 126.
[161] LINDNER, Courtship, 126.
[162] LINDNER, Courtship, 126, 64-66.
[163] LINDNER, Courtship, 141.
[164] LINDNER, Courtship, 52-54.

sis formis und *de declaratoriis* zu finden. Diese Suppliken beinhalten einzelne, sehr schwierige Rechtsprobleme wie Scheidungsgesuche, deswegen war eine längere und genauere Beschreibung vonnöten. Fünf dieser Einzelfälle werden in Kapitel III.5.a) bis III.5.e) untersucht.

Die Aufzeichnungen der von der Pönitentiarie erteilten Gnaden waren aufgrund der Knappheit der kurialen Formulare nicht detailgenau[165] und geben über die lokalen Gerichtsvorgänge oft nur ein sehr vages Bild ab. Einzelne Bestimmungen und Details zu den Ehefragen sind eher in den nur selten vor Ort erhalten gebliebenen kurialen Bewilligungsbescheiden oder Deklarationsbriefen zu finden[166]. Die Pönitentiarie legte dabei vor allem geistig verwandten Personen Sanktionen auf[167]. Vermutlich war deshalb in der Bevölkerung die Bereitschaft zur Clandestinehe bei bestehender geistlicher Verwandtschaft höher als bei anderen Ehehindernissen[168].

In den ab Calixt III. überlieferten Ehedispensen kam es bis Julius II. regelmäßig zu kleinen Veränderungen im Formulartext der Suppliken. In jedem Pontifikat wurden in den Ehesuppliken mehr und genauere Kriterien verzeichnet, so dass sich der Eindruck einer Verschärfung der kanonischen Ehevorschriften oder ihrer strengeren Anwendung nicht nur in der Diözese Freising, sondern auch an der Kurie ergibt. Die unter Calixt III. häufig noch recht kurz gehaltenen Texte beinhalten nur wenige Informationen zu den Eheverbindungen, während in den Suppliken späterer Pontifikate sehr viel genauer unterschieden wurde, ob der Hochzeit eine kirchliche Trauung beziehungsweise eine „durch Worte eines Priesters" vorangegangen war, ob es sich dabei um eine öffentliche oder eine private Hochzeit gehandelt hatte oder ob die Petenten sogar bewusst und heimlich eine sogenannte Clandestinehe unter geplanter Umgehung der kanonischen Vorschriften geschlossen hatten. Teilweise wurde nach einem Eheversprechen, einer Verlobung oder nach einer Trauung, aber vor Vollzug der Ehe eine Supplik wegen des bestehenden Ehehindernisses eingereicht, in manchen Fällen aber auch erst viele Jahre später. Beispielsweise war das Paar Johannes Bartholdi und Anna Sichel aus Eisenhofen zum Zeitpunkt ihrer Supplik mindestens sechs Jahre miteinander liiert, denn es besaß während seiner Eheannullierung bereits zwei Kinder. Dieser Zeitraum errechnet sich unter Annahme einer Still-

---

[165] SCHMUGGE, Ehen, 14.
[166] Beispielsweise bei dem Eheprozess von Diemund und Heinrich aus Ambach bei Isen, verzeichnet in HL Freising 93 und 94.
[167] SCHMUGGE, Ehen, 30, 41.
[168] SCHMUGGE u.a., Pius II., 84.

zeit von mindestens zwei Jahren pro Kind zuzüglich der jeweiligen Schwangerschaftsdauer[169].

d) Die Ehedispense in den einzelnen Pontifikaten

Die in den Suppliken enthaltenen Aussagen zur Freisinger Eherechtsprechung wurden in Grafik 4 nach Pontifikaten unterteilt zusammengefasst. Insgesamt erwecken diese Zahlen den Eindruck, dass es im 15. Jahrhundert in der Eherechtsprechung keine gefestigten Rechtsverhältnisse gab, sondern dass diese einem stetigen Wandel unterlagen, so dass dieser Untersuchungszeitraum phasenweise durch Umbrüche und stetige Reformen gekennzeichnet war. Zunächst erfolgt eine statistische Auswertung der einzelnen Pontifikate, im darauffolgenden Kapitel eine inhaltliche Untersuchung der rechtlichen Entwicklung zu Ehefragen im Bistum Freising.

aa) Nikolaus V.

Gegen Ende des Pontifikates von Nikolaus V. (1447 – 1455) wurden an der Pönitentiarie erstmals unter *de diversis formis* zwei Ehelizenzen verzeichnet. Da in diesem Pontifikat die Überlieferung gerade bei Ehedispensen unvollständig blieb[170], wurde an dieser Stelle aber auf eine statistische und inhaltliche Auswertung verzichtet.

bb) Calixt III.

Insgesamt wurden unter Calixt III. (1455 – 1458) an der Pönitentiarie neun Ehedispense registriert, sieben davon in den Jahren 1455 und 1456. In den Suppliken wurde zwischen heimlicher (zwei Paare) oder öffentlicher Trauung (fünf Paare) unterschieden, sowie zwischen einer die Ehehindernisse ignorierend (ein Fall) oder unwissend eingegangener Verbindung (acht Fälle). Eine besondere Aufmerksamkeit lag auf der Frage, ob die Ehe bereits körperlich vollzogen worden war (acht Paare), beziehungsweise ob sogar schon Kinder vorhanden waren. Dies wurde in drei Suppliken ausdrücklich erwähnt, beispielsweise in der Dispens der nicht um den zweitem und dritten Grad der Blutsverwandtschaft wissenden und heimlich verheirateten Symon Elblin und Margarita Kreytterin, die bereits ein oder mehrere Kinder besaßen. Ihre Verbindung war bereits 1456

---

[169] PA 36, fol. 19r vom 29. Dezember 1486.
[170] RPG II, Nikolaus V., Einleitung, IX.

durch *iudices* des Ausburger Offizialatsgerichtes geschieden worden[171]. Sie erhielten von der Pönitentiarie die Erlaubnis, ihre Ehe fortzusetzen. Hier ergibt sich der Anschein, dass seitens der Antragsteller der Vollzug einer Ehe und vor allem gemeinsame Kinder erfolgreich als Druckmittel gegen eine drohende Trennung durch die lokalen Rechtsprechungsinstanzen eingesetzt werden konnte.

cc) Pius II.

In diesem Pontifikat wurden aus Freising insgesamt sechzehn Ehesuppliken registriert. Aus dem gesamten deutschsprachigen Raum gelangten unter Pius II. (1458 – 1464) 16% oder 4040 Ehegesuche an die Pönitentiarie[172]. In Freising lag der Anteil mit 21,3% aller verzeichneten Suppliken deutlich höher. Ab Pius II. gab es erstmals zwei vor der Trauung gestellte Bitten um Ehelizenz wegen einer zu nahen Blutsverwandtschaft. Beide stammten aus dem Jahr 1461[173]. In Freising wurden aber wie im gesamten Heiligen Römischen Reich Deutscher Nation die meisten unter Pius II. erteilten Dispense rückwirkend nach Abschluss oder Vollzug der Ehe erworben[174].

Die Supplik von Johannes und Elisabeth Knobol aus Hausen erwähnt sogar ausdrücklich, dass die Brautleute erst einen Ehevertrag geschlossen hatten und vor der Hochzeit die bestehenden Ehehindernisse dispensiert haben wollten[175]. Das aus München stammende Paar Matthäus Sendlinger und Elisabeth Günther betonte ebenfalls die noch nicht erfolgte Hochzeit[176]. Die Anzahl der Personen, welche bei ihrer Ehe angeblich nicht um ihre geistliche oder Blutsverwandtschaft wussten, ging dagegen in diesem Pontifikat mit vier Paaren leicht zurück. In sieben Fällen wurden Ehehindernisse bewusst ignoriert, dabei aber nur einmal die Ehe als bereits vollzogen gemeldet, wobei die nun an der Pönitentiarie im Formulartext verwendete Bezeichnung *ignoranter* neu war und wie eine negativere und wertendere Bezeichnung erscheint, als der vorher für Unkenntnis des Verwandtschaftsgrades benutzte Begriff *non scientes*. Dreimal heirateten die Paare heimlich unter Ausschluss jeglicher Öffentlichkeit[177].

---

[171] PA 6, fol. 218v.
[172] SCHMUGGE, Kinder, Kirche, Karrieren, 310.
[173] PA 9, fol. 70r und PA 9, fol. 94r.
[174] SCHMUGGE u.a., Pius II., 80-81.
[175] PA 9, fol. 70r.
[176] PA 9, fol. 94r.
[177] PA 10, fol. 75r von 1462; PA 11, fol. 6v und PA 11, fol. 120v von 1463.

dd) Paul II.

Insgesamt sind im Pontifikat Pauls II. (1464 – 1471) neunzehn unter *de matrimonialibus* verzeichnete Einträge zu finden. Zahlenmäßig liegt der Schwerpunkt auf den Jahren 1466 bis 1469 mit je sieben bis acht Gesuchen im Jahr. Nun wurde zusätzlich verzeichnet, ob die Trauung heimlich (vier Suppliken), öffentlich (elf Suppliken) oder sogar durch Worte eines Priesters (elf Fälle) erfolgte. Sechzehn Paare ignorierten ihre Ehehindernisse und neun von ihnen besaßen vor Einreichung ihrer Ehesupplik bereits ein oder mehrere Kinder. Zehn Paare baten um Legitimation vorhandener oder gezeugter Kinder, aber nur zwei suchten vor Eingang einer Ehe um eine Ehelizenz nach[178]. Die detaillierte Supplik eines Paares aus Aiterbach nannte 1469 neben der Exkommunikation vor einer Provinzialsynode auch den dort ausgesprochenen Vorwurf des Exzesses und die deshalb und wegen der heimlichen Eheschließung erteilte Exkommunikation, wobei die Ehe aber anscheinend nicht getrennt worden war[179]. Ein weiteres Paar war 1467 durch seinen Ordinarius oder Bischof geschieden worden[180].

Mit 19 von 95 Gesuchen oder 20% sank der Anteil der Ehedispense in diesem Pontifikat leicht ab. Ab Mitte der 60er Jahre des 15. Jahrhunderts scheinen die Ehevorschriften in der Diözese Freising durch lokale Rechtsprechungsinstanzen allmählich strenger angewendet worden zu sein. Als Druckmittel gegen eine drohende Trennung scheinen Paare von da an vermehrt ihre bereits gezeugten Kinder eingesetzt zu haben, da dies mit einer Ausnahme bei allen bereits geschlossenen Ehen erwähnt wurde. Dies zeigt außerdem, dass bei ihnen eine längere Zeitspanne zwischen Trauung und päpstlicher Dispenserteilung lag.

ee) Sixtus IV.

Zwischen 1471 und 1484 waren 42 von insgesamt 193 Gesuchen oder 21,7% mit einem leicht gestiegenen Anteil unter *de matrimonialibus* verzeichnet. Im Heiligen Jahr 1475 und ein Jahr nach Amtsantritt des Bischofs Sixtus von Tannberg 1478 gelangten mit je sieben Gesuchen gehäuft Ehesuppliken an die Pönitentiarie. Von 1471 bis 1484 nahm dabei mit zehn Suppliken die Anzahl der heimlichen Eheschließungen oder sogenannten Clandestinehen im Bistum Freising zu. Insgesamt wurden nun wesentlich mehr Details zur Eheschließung registriert. Bei der stark angestiegenen Zahl von acht Scheidungen wurden in Frei-

---

[178] PA 13, fol. 86r von 1465; PA 17, fol. 38v von 1469.
[179] PA 17, fol. 40r vom 22. Juli 1469.
[180] PA 15, fol. 41v.

sing sieben Generalexkommunikationen wegen heimlicher Eheschließung und bewusster Missachtung der Ehehindernisse ausgesprochen[181]. Unter Sixtus IV. tauchte bei Ehedispensen erstmals der Vorwurf der Unzucht[182] auf. Neu war auch der Vorwurf des Inzestes – beispielsweise bei einem vierten Grad der Blutsverwandtschaft[183]. Drei Ehen wurden durch den Bischof annulliert[184], fünf durch einen nicht genauer definierten bischöflichen Stellvertreter. Die Benachrichtigung eines Paares über bestehende Ehehindernisse erfolgte ab 1478 durch den Bischof, der diese auch vor sein Gericht zitierte[185]. Die Zahl der vor dem Vollzug einer Ehe erteilten Lizenzen stieg mit elf Suppliken ebenfalls sprunghaft an. Diese Suppliken fallen in das erste Drittel der Amtszeit Bischof Sixtus von Tannberg.

Insgesamt ergibt sich ab 1472 nicht nur der Eindruck einer deutlich gründlicheren Anwendung kanonischer Ehevorschriften in der Diözese Freising, sondern auch der einer schärferen Überprüfung der Ehehindernisse und eines damit verbundenen Drucks auf Paare, öffentlich-kirchlich zu heiraten und dabei die Bestimmungen zu Ehehindernissen einzuhalten. Der zunehmende Druck spiegelte sich in den Suppliken, beispielsweise in der 1472 wegen bestehenden Ehehindernissen drohenden Scheidung, da die Bittsteller von diesem Jahr an ausdrücklich um Erlaubnis zur Fortsetzung ihrer Ehe baten. Das Vorhandensein von Kindern scheint nun als Druckmittel gegen eine Eheannullierung ein weniger erfolgreiches Argument gewesen zu sein, denn zwei Paare erwähnten 1481 den durch eine Ehetrennung hervorgerufenen Skandal[186], was in der Praxis die mangelnde Versorgung bereits vorhandener Kinder aufgrund einer Scheidung bedeutete[187]. Eine kirchliche Trauung wurde unter Sixtus IV. nur zweimal verzeichnet, nämlich bei Johannes und Margaretha Tascher im Jahr 1472[188] und bei Johannes Merosel und Margaretha Glaser aus Draxl im Jahr 1479[189]. So ergibt sich der Eindruck, die überwiegende Zahl der Paare sei auch in diesem Pontifikat eher nach lokalem Brauch als kirchlichen Richtlinien entsprechend miteinander verbunden worden.

---

[181] Beispielsweise PA 24, fol. 64v von 1476 oder PA 26, fol. 37r von 1478.
[182] PA 21, fol. 21r.
[183] PA 26, fol. 48v von 1478.
[184] PA 31, fol. 17v von 1481.
[185] PA 26, fol. 48v von 1478 und PA 31, fol. 17v von 1481.
[186] PA 31, fol. 7v; PA 31, fol. 17v.
[187] SCHMUGGE, Ehen, 87.
[188] PA 21, fol. 18r.
[189] PA 29, fol. 71r.

Anscheinend war das Freisinger Bischofs- oder Offizialatsgericht zu dieser Zeit besonders stark frequentiert, denn es hatte dort einen weit über das Bistum hinausragenden Einflussbereich: Auch aus angrenzenden Diözesen wie Eichstätt[190], Augsburg[191], Regensburg[192] oder Salzburg[193] wurden nun insgesamt neun lange und komplizierte Eherechtsfälle in der Rubrik *de declaratoriis* unter dem Bistum Freising verzeichnet und wurden dort vermutlich in erster Instanz verhandelt.

ff) Innozenz VIII.

Der insgesamt steigende Anteil von Ehedispensen lag in diesem Pontifikat (1484 – 1492) bei 19 von insgesamt 83 Gesuchen oder rund 23%. 1489 wurde mit sieben Gesuchen die höchste Supplikenzahl an der Pönitentiarie verzeichnet. Die Anzahl der so bezeichneten Clandestinehen nahm unter Innozenz VIII. ab[194]. Im Formulartext wurde in diesem Pontifikat keine genaue Angabe über die Art der Eheschließung verzeichnet. Die Texte aller Ehesuppliken wurden sehr kurz und stark formalisiert gehalten. Einmal tauchte bei einem verhältnismäßig einfach dispensierbarem vierten Grad der Affinität auch der Vorwurf des Inzestes[195] auf, viermal wurde über heimlich verbundene Brautleute die Generalexkommunikation ausgesprochen, meist wurde aber nur die einfache Exkommunikation verzeichnet. Fünfzehn Paare ignorierten laut Supplikenregister bei der Hochzeit bewusst ihre Verwandtschaftsverhältnisse und sechs von ihnen hatten bei Antragstellung bereits ein oder mehrere Kinder gezeugt. Drei Ehen waren heimlich geschlossen worden, nur eine öffentlich.

Die Anzahl der einmal durch den Bischof[196], einmal durch den Freisinger Offizial[197] sowie in zwei Fällen ohne Angabe des Rechtsprechungsorgans ausgesprochenen Scheidungen ging auf insgesamt vier Fälle zurück. Darunter erwähnt eine Supplik den damit verbunden Skandal wegen mangelnder Kinderversorgung[198]. Unter Innozenz VIII. wurde nur eine Lizenz vor Vollzug[199] der Ehe an der Pönitentiarie eingeholt.

---

[190] Sixtus IV., PA 22, fol. 124v; PA 22, fol. 82r und PA 29, fol. 297r.
[191] Sixtus IV., PA 26, fol. 48r; PA 29, fol. 180r und PA 28, fol. 235v.
[192] Sixtus IV., PA 29, fol. 61r und PA 24, fol. 135r.
[193] Sixtus IV., PA 24, fol. 155r.
[194] Drei Suppliken.
[195] PA 36, fol. 19r von 1486.
[196] PA 36, fol. 19r.
[197] PA 36, fol. 112r.
[198] PA 38, fol. 106r von 1489.

Ein weiteres Paar widersetzte sich dagegen ausdrücklich der durch den Offizial ausgesprochenen Scheidung, es blieb nach der Trennung wegen viertem Grad der Affinität weiter zusammen und zwar wegen des gemeinsamen Kindes. Johannes Bertholdi und Anna Sichel baten an der Pönitentiarie um Erlaubnis, die Ehe neu schließen zu dürfen[200]. In der deutschsprachigen Bevölkerung gab es laut Schmugge seit der zweiten Hälfte des 15. Jahrhunderts eine deutlich abnehmende Bereitschaft, eine durch geistliche Gerichte ausgesprochene Scheidung zu akzeptieren, was sich in den von ihm untersuchten Suppliken statistisch niederschlägt[201]. Auch in Freising ergibt sich wie im vorhergehenden Pontifikat der Eindruck, dass Kinder als Druckmittel benutzt wurden, um eine nicht den kanonischen Vorschriften entsprechende Verbindung aufrechterhalten zu können, aber auch das Bild eines in der Bevölkerung zunehmenden Widerstandes gegen eine verschärfte Anwendung des Eherechtes durch das Freisinger Offizialatsgericht.

gg) Alexander VI.

Auch in diesem Pontifikat (1492 – 1503) wurden die Supplikentexte kurz gefasst und beinhalteten damit vor allem zu Beginn weniger ausführliche Informationen zum Modus der Eheschließung. 38 Ehedispense und ein Scheidungsgesuch wurden im Pontifikat Alexanders VI. eingereicht, allein 1495 waren es dreizehn Gesuche. Ihr Anteil stieg nun auf den Wert von 27,3%. Unter Alexander VI. wurden insbesondere ab 1496 mit Amtsbeginn des Wittelsbacher Administrators Rupprecht von der Pfalz wieder weitere Einzelheiten zum Modus der Eheschließung verzeichnet, beispielsweise ob ein Paar heimlich geheiratet hatte, ob es öffentlich miteinander verbunden war, ob es ein öffentliches Eheversprechen eingegangen war und diese Verbindung anschließend vollzogen hatte, einen Ehevertrag abgeschlossen hatte oder ob es sogar kirchlich getraut worden war. Erstmals wurde auch das der ehelichen Verbindung vorausgehende sexuelle Verhältnis eines Paares erwähnt, während dessen bereits Nachwuchs auf die Welt kam[202], ein Anzeichen für die längere Dauer der vorausgegangenen Verbindung.

Insgesamt wurden acht heimliche oder sogenannte Clandestinehen und ebenso viele öffentliche Trauungen verzeichnet, siebzehn Paare machten hierzu

---

[199] PA 37, fol. 111v von 1488.
[200] PA 36, fol. 19r von 1486.
[201] SCHMUGGE, Ehen, 86.
[202] PA 44, fol. 124r.

keine Angabe. Neunundzwanzig Paare ignorierten eventuell bestehende Hindernisse, während nur fünf vor Vollzug ihrer Ehe eine Dispens suchten. Acht Male wurde in Freising eine Generalexkommunikation wegen heimlicher Ehe über die Brautleute verhängt, zwei Paare zogen sich außerdem den Vorwurf des Exzesses zu. Sieben Verbindungen waren bereits wieder geschieden worden: Zwei wurden durch den Bischof oder das Bischofsgericht getrennt, fünf weitere ohne genauere Angabe der rechtsprechenden Instanz. Erstmals wurde 1495 – noch unter Bischof Sixtus von Tannberg – mit einem Inquisitionsprozess ein besonders scharfes Strafverfahren angewandt, in dessen Verlauf eine Trennung des Paares erfolgte[203].

Auch in diesem Pontifikat scheinen die kanonischen Vorschriften in Freising strenger angewendet worden zu sein als zu Beginn der überlieferten Ehedispense unter Nikolaus V. und Calixt III. Die Bitte um Ehelizenz vor der Hochzeit oder einem Vollzug der Ehe stieg in diesem Pontifikat auf drei Gesuche geringfügig an. Sieben Elternpaare besaßen bereits ein oder mehrere Kinder, als sie sich an die Pönitentiarie wandten, während dort aber kein durch eine Scheidung hervorgerufener Skandal mehr verzeichnet wurde.

Ab dem Jahr 1495 wurde bei drei in Freising ausgesprochenen Scheidungen auf einen Verstoß gegen die Synodalstatuten durch die heimlich erfolgte Eheschließung verwiesen[204]. Unklar ist, ob die Rechtsprechung auf den Synoden selbst und durch den Bischof erfolgte, oder im Anschluss als Folge einer intensiveren Anwendung der Synodalstatuten zum Eherecht im Bistum Freising. Eine zeitlich nahe liegende Provinzialsynode fand im Jahr 1490 in Mühldorf am Inn statt und könnte hiermit gemeint sein[205].

Mit der Einsetzung der Pfälzer Wittelsbacher als Administratoren und der Wahl Philipps zum Bischof von Freising änderte sich an der Kurie ab 1496 auch der Formulartext in den Registerbänden. Ab diesem Zeitpunkt wurde im Supplikenregister bei den Paaren wieder der Modus der Eheschließung vermerkt. Gleichzeitig scheint in dieser Zeit das Domkapitel einen maßgeblichen Einfluss auf die Rechtsprechung ausgeübt zu haben, wie anhand der zahlreichen an den Offizial des Domkapitels und einen direkt an ein Mitglied des Kapitels gerichteten Kommissionsverweise in verschiedenen Rubriken und in der *narratio* eines Ehedispenses zu erkennen ist[206]. So erhielt laut einer Supplik von 1499 der Offi-

---

[203] PA 45, fol. 4r.
[204] Alexander VI., PA 44, fol. 71v und PA 45, fol. 40v (zwei Suppliken).
[205] Die Statuten sind bei DALHAM, Concilia, 251-253 veröffentlicht.
[206] Siehe Kapitel IV.1.

zial des Domkapitels die Nachricht über bestehende Ehehindernisse und zitierte das Paar deshalb vor sein Gericht[207]. Drei weitere Ehesuppliken wurden an den Offizial des Freisinger Domkapitels zurückverwiesen[208].

Der Bistumssitz scheint an der Kurie zu dieser Zeit phasenweise als sedisvakant betrachtet worden zu sein, dies wurde jedenfalls in zwei Suppliken aus dem Jahr 1496 ausdrücklich so vermerkt[209]. Zu dieser Zeit wurden Fälle vermehrt an Kurienangehörige oder an andere, innerhalb und außerhalb des Bistums gelegene Rechtsprechungsinstanzen verwiesen. Beispielsweise verwies eine Supplik aus dem Jahr 1501 das Ehegesuch an den Leiter des Klosters *Parrenburch*, gemeint ist das nördlich des Bistums gelegene Kloster Mallersdorf, zur abschließenden Rechtsprechung und Klärung der Eherechtsprechung zurück[210]. Es scheint sich hierbei um einen noch laufenden Prozess gehandelt zu haben, das Paar Conrad Etzmain und Anna Irlainin war im vierten Grad der Affinität verbunden und besaß bereits drei Kinder. Ihre Ehe bestand also schon über einen längeren Zeitraum, als sie sich an die Pönitentiarie wandten. Laut Schmugge ist bei speziellen Verweisen an andere Rechtsprechungsinstanzen stets ein besonderer Hintergrund und damit ein spezieller Fall zu vermuten[211]. Es könnte sich hierbei aber auch um eine Auswirkung der noch nicht erteilten Priester- und Bischofsweihe Philipps von der Pfalz handeln[212], infolgedessen es zu Einschnitten in der Diözesanverwaltung und zu Veränderungen der Zuständigkeitsbereiche in der Rechtsprechung gekommen sein könnte. Zur weiteren Überprüfung dieses Gesuches müsste die Überlieferung der durch das Kloster Mallersdorf erfolgten Rechtsprechung herangezogen werden.

hh) Julius II.

Vor seiner Wahl zum Papst Julius II. (1503 – 1513) amtierte Giuliano della Rovere sechzehn Jahre lang als Leiter der obersten Beichtbehörde[213]. Von Beginn seines Pontifikates an wurden bis zum Ende des Untersuchungszeitraumes im Jahr 1508 im Formulartext von insgesamt neunzehn Ehedispensen, von denen vier doppelt registriert wurden, wieder deutlich weniger Angaben zu der Art der Eheschließung aufgenommen. 1508 kamen zehn Gesuche an die Pönitentiarie.

---

[207] PA 47, fol. 132r.
[208] PA 45, fol. 176r; PA 47, fol. 47r; PA 47, fol. 100r.
[209] PA 45, fol. 470r (zwei Suppliken) aus dem Jahr 1496.
[210] PA 50, fol. 158v.
[211] SCHMUGGE, Ehen, 27.
[212] BECKER, Bischofsthron, 389, MANFREDI, La Penitenzieria, 76, 85-86.
[213] SCHMUGGE, Kinder, Kirche, Karrieren, 84.

Zu bereits vorhandenen Kindern war nur eine Angabe zu finden[214], denn die Suppliken wurden nun besonders stark gekürzt aufgezeichnet. In elf Fällen wussten die Paare vermeintlich nicht um eventuell zwischen ihnen bestehende Hindernisse, elf Ehen waren bereits vollzogen, während bei zwei Paaren nur die Art ihres Impedimentes verzeichnet wurde.

Sieben Scheidungen waren bereits vor der Dispenserteilung ausgesprochen worden, aber nur ein Paar suchte 1507 vor Vollzug seiner Ehe um eine Dispens nach[215]. Eine Ehetrennung erfolgte 1508 einmal durch den Augsburger Bischof oder dessen Vikar[216], dreimal durch den Vikar des Freisinger Bischofs[217] und zweimal durch den Ordinarius[218]. Fünf Fälle wurden zwischen 1507 und 1508 laut Kommissionsvermerk zur Entscheidung wieder an das Domkapitel von Freising zurückverwiesen[219]. Eheannullierungen waren unter Matrimonialdispensen dieses Pontifikates in besonders hohem Maß vertreten. Sie machten mit 36,5% im gesamten Untersuchungszeitraum den höchsten Anteil aus. Dieser hohe Wert kommt jedoch auch durch die rückläufige Supplikenzahl in den anderen Kategorien des Supplikenregisters, vor allem zwischen 1501 und 1506, zustande.

Ob sich anhand dieser Statistik eine noch weiter verschärfte Anwendung kirchenrechtlicher Ehebestimmungen in der Diözese Freising beweisen lässt, muss an dieser Stelle offen bleiben. Insgesamt ist aber im gesamten Untersuchungszeitraum eine deutliche Entwicklung in diese Richtung zu beobachten. Daneben ist auch an der Pönitentiarie anhand der Veränderungen im Formulartext zu erkennen, dass die Ehehindernisse betreffenden Rechtsentwicklungen sich dort widerspiegelten, sowie auch zunehmend unterschiedliche Informationen zu Art und Modus der Eheschließung verzeichnet wurden. Der Informationsgehalt des Supplikenregisters zum Thema Eheschließung stieg gegen Ende des 15. Jahrhunderts weiter an. Vielleicht hingen diese Veränderungen im Formulartext auch mit einer unter seinen Nachfolgern *A. Episcopus Agien*, der in Freisinger Suppliken zwischen April und September 1504 als amtierender Regens die Suppliken unterzeichnete[220] und *Jo. Episcopus Isernen,* dessen Name

---

[214] PA 55, fol. 528v.
[215] PA 54, fol. 575r.
[216] PA 55, fol. 649v.
[217] PA 53, fol. 56r (zwei Gesuche); PA 53, fol. 56v.
[218] PA 55, fol. 623r (zwei Gesuche).
[219] PA 55, fol. 479v; PA 55, fol. 502r bis 502v (vier Gesuche).
[220] PA 52, fol. 331v am 2. April 1504 und PA 52, fol. 776v vom 10. September 1504: *A. Episcopus Agien Regens*. Eine Namensauflösung ist aufgrund fehlender Literatur nicht möglich.

von 1506 bis 1508 unter den Freisinger Gesuchen zu finden ist[221], vorgenommenen Verwaltungsreformen an der Pönitentiarie zusammen, die sich in einer ausführlicheren Registrierung der Supplikentexte spiegeln[222].

e) Die Freisinger Eherechtsprechung anhand der Supplikentexte
In diesem Kapitel werden die verschiedenen Eheprozesse und die Veränderungen im Formulartext der Pönitentiarie mit Blick auf die Rechtsverhältnisse in Freising untersucht. Der Schwerpunkt liegt auf der Verbreitung von Clandestinehen, ihrer Bekämpfung durch die Kirche, sowie auf der Einführung fester Formalitäten auf dem Weg zur Eheschließung wie beispielsweise die kirchliche Trauung als einzige gültige Rechtsform.

Im 15. Jahrhundert war die Einhaltung kirchlicher Formalitäten bei der Eheschließung, das heißt Verlobung mit anschließendem Ehevertrag, Aufgebot und kirchliche Einsegnung durch den Pfarrer, in den meisten Fällen noch nicht die Regel[223], wie sich auch an den Freisinger Ehedispensen erkennen lässt. So kam aus Freising die Supplik eines kirchlich getrauten Paares an die Pönitentiarie, das seine Ehehindernisse ignoriert hatte und das bereits drei Kinder besaß. Diese Verbindung hatte folglich mindestens vier Jahre bestanden, bevor eine Ehedispens eingeholt wurde[224]. Anscheinend wurden geschlossene Ehen auch nachträglich aufgrund von Anzeigen durch unbeteiligte Dritte mithilfe von Tauf- und Geburtsregistern auf bestehende Hindernisse überprüft, wofür diese Supplik als Beispiel stehen könnte. Plöchl und Schmugge geben an, dass es im Deutschen Reich im 15. Jahrhundert bereits Taufregister gab[225]. Eine weitere Möglichkeit der Überprüfung von Ehehindernissen war das im Anschluss einer Messe öffentlich verkündete Aufgebot eines Paares[226].

Obwohl die Ehedispense stark formalisiert und verkürzt aufgezeichnet wurden, enthalten sie doch einige Detailinformationen zur Jurisdiktion an geistlichen Gerichten der Diözese Freising. Über einen längeren Zeitraum hinweg lassen sich einige Veränderungen in der kirchlichen Rechtsprechungspraxis beobachten. So ist anhand der Angaben im Text zu überprüfen, an welcher geistli-

---

[221] Erstmals in PA 53, fol. 20r am 9. Januar 1506 und zuletzt gegen Ende des Untersuchungszeitraumes am 28. April 1508: *Jo. Episcopus Isernen Regens*. Auch hier ist eine Namensermittlung mangels Forschungsarbeiten nicht möglich.
[222] SCHMUGGE, Kinder, Kirche, Karriere, 84.
[223] SCHMUGGE, Ehen, 48.
[224] Alexander VI., PA 50, fol. 158v.
[225] SCHMUGGE, Ehen, 47 und PLÖCHL, Kirchenrecht, 263.
[226] SCHMUGGE, Ehen, 48.

chen Institution der Eheprozess behandelt wurde. In Freising oblag die geistliche Rechtsprechung dem bischöflichen Offizial[227], dieser scheint jedoch gegen Ende des 15. Jahrhunderts zeitweise auch dem Domkapitel unterstanden zu haben. In Suppliken ab Innozenz VIII. wurde erstmals die Benachrichtigung der Paare[228] von bestehenden Ehehindernissen verzeichnet. Sie erfolgte vermutlich wie in Augsburg durch den Diözesanklerus, der als Gerichtsbote arbeiten durfte und der die Benachrichtigungsschreiben zu Ehehindernissen an die Ortspfarrer überbrachte[229], welche dann die Mandate des Gerichtes auszuführen hatte[230]. In anderen Fällen wurden diese auch persönlich an die vor dem Offizialatsgerichten beklagten Personen geschickt[231].

Es gab verschiedene mit der Rechtsprechung betraute Institutionen, neben dem Offizialat den Bischof, das Domkapitel und die Klöster. So können diese Informationen das bisher weitgehend ungeklärte Verhältnis dieser geistlichen rechtsprechenden Instanzen in der Diözese Freising untereinander sowie zu übergeordneten Behörden wie beispielsweise der Apostolischen Pönitentiarie besser erhellen.

Die Benachrichtigung der Paare wurde laut Supplikentext durch den Bischof beziehungsweise seinen Vikar oder durch das Domkapitel veranlasst, welches die Eheleute anschließend vor das Gericht zitierte. Damit gab es in Freising für das Thema Ehehindernis zeitweise mehrere zuständige Personen. In der *narratio* einiger Suppliken wurde erwähnt, dass ein Paar bereits getrennt worden war und an welchem Gericht diese Scheidung stattgefunden hatte. Einmal wurde sogar die Art des Verfahrens genannt: Das Paar wurde während der Amtszeit des Bischofs Sixtus von Tannberg in einem Inquisitionsprozess schuldig gesprochen und verurteilt[232]. Weitere Angaben zur lokalen geistlichen Rechtsprechung finden sich am Schluss der Genehmigungsformel: An den Kommissionsverweisen ist ebenfalls zu erkennen, an welchen Instanzen der Eheprozess stattfand, denn dorthin wurde die Dispens, gegebenenfalls auch die benötigten Deklarationsbriefe, zurückgeschickt. In einem Fall aus dem Jahr 1499 wurde der zuständige geistliche Richter – Vinculis Schaenk als Mitglied des Freisinger

---

[227] SCHMUGGE, Ehen, 75.
[228] Sie erfolgte durch den Bischof oder seinen Vikar.
[229] SCHWAB, Augsburger Offizialatsregister, 495.
[230] SCHWAB, Augsburger Offizialatsregister, 496.
[231] STEINS, Zivilprozess, 240.
[232] Alexander VI., PA 45, fol. 4r.

Domkapitels und in seiner Funktion als seit 1480 amtierender[233] oder nun ehemaliger Generalvikar Freisings[234] – sogar namentlich genannt[235]. Ab Sixtus IV. wurde erstmals die Benachrichtigung eines Paares von einem bestehenden Ehehindernis erwähnt. In Suppliken bis 1486 geschah dies vor allem durch den Bischof oder seinen Vikar[236], ab 1499 durch einen Vikar des Domkapitels zu Freising[237]. In acht Suppliken wurde nur allgemein die Benachrichtigung des Paares über bestehende Ehehindernisse verzeichnet. Vorausgegangene Urteile durch verschiedene Amtsträger der Kirche, beispielsweise durch den Freisinger Bischof[238], den Erzbischof von Salzburg, den Bischof von Augsburg, den Bischof von Würzburg, den Dekan des Kollegiatsstiftes an der Frauenkirche in München, eine Provinzialsynode oder durch das Freisinger Domkapitel sind bei Rückverweisen an die Diözese im Kommissionsvermerk oder auch innerhalb der *narratio* – anhand der Bemerkungen „Scheidung durch den Bischof" [239] oder „Scheidung durch das Domkapitel von Freising" [240] – zu finden. Mit der Scheidung einhergehende Strafen wie die Exkommunikation oder die Generalexkommunikation wurden vor allem unter Sixtus IV. bis Alexander VI. genau aufgelistet, während die Texte im Supplikenregister unter Julius II. wieder wie unter Calixt III. stärker gekürzt wurden und die Art der Eheschließung nun nicht mehr detailliert beschrieben wurde.

Ab 1507 wurden die Genehmigungsformeln nur noch mit Kürzungszeichen wiedergegeben. Da Julius II. vor seiner Wahl von 1486 bis 1502 über sechzehn Jahre als Regens der Pönitentiarie amtierte[241], ist es vermutlich unter seinen Nachfolgern, *A. Episcopus Agien* und *Jo. Episcopus Isernen*[242], zu Re-

---

[233] Carl MEICHELBECK, Geschichte der Stadt Freising und ihrer Bischöfe, Freising 1854, 611.
[234] BUCHHOLZ-JOHANEK, Eichstätt, 189-191.
[235] Alexander VI., PA 47, fol. 325r.
[236] In 5 Suppliken: Sixtus IV., PA 26, fol. 48v; PA 26, fol. 48r; PA 31, fol. 7v; PA 31, fol. 17v und Innozenz VIII., PA 36, fol. 19r.
[237] Alexander VI., PA 47, fol. 132r.
[238] Die Gesamtzahl der Kommissionsvermerke betrug 84, davon gingen fünfundzwanzig an den Freisinger Bischof, drei an externe Bischöfe, zwei an den Erzbischof von Salzburg, drei an Klöster der Diözese, einer an den Dekan des Kollegiates an der Frauenkirche München und siebzehn an das Domkapitel zu Freising. Die restlichen siebenundzwanzig Kommissionsverweise gingen an Kurienprälaten und -bischöfe.
[239] In acht Fällen wurde dies ausdrücklich erwähnt.
[240] Nach 1496 erwähnen sieben Ehesuppliken die Jurisdiktion durch das Domkapitel Freisings.
[241] SCHMUGGE, Kinder, Kirche, Karrieren, 84.
[242] Siehe beispielsweise PA 52, fol. 331v oder PA 55, fol. 792v, in denen beide in der Funktion als amtierender Regens die Freisinger Gesuche unterzeichneten.

formen in der Verwaltungspraxis gekommen, die sich in Veränderungen der Formulartexte spiegelten. Die rechtliche Begründung einer bereits vor Ort erteilten Strafe, wie zum Beispiel der Generalexkommunikation aufgrund einer sogenannten Clandestinehe, findet sich ebenfalls vor allem in späteren Supliken ab Sixtus IV.

Des weiteren wurde unterschieden, ob es sich bei den Ehehindernissen um den vierten, dritten oder sogar den zweiten Grad einer Blutsverwandtschaft handelte oder ob eine durch Taufe oder Firmung entstandene geistliche Verwandtschaft oder Affinität vorlag. Dies war im Spätmittelalter sogar ein noch schwerwiegenderes Ehehindernis und trotz geistlicher Verwandtschaft bewusst geschlossenen Ehen wurden durch geistliche Gerichte härter bestraft. Auch an der Pönitentiarie mussten die Antragsteller mit 7,5 Kammergulden bei drittem Grad und 5,5 Kammergulden bei viertem Grad der Affinität für eine Dispenserteilung[243] sowie eventuell einer Strafzahlung an die Datarie[244] deutlich tiefer in die Tasche greifen, als bei einer Blutsverwandtschaft. Aus Freising überwogen an der Pönitentiarie in allen Pontifikaten die Ehefälle wegen Blutsverwandtschaft. Das genaue Zahlenverhältnis veränderte sich im Verlauf immer wieder leicht, ohne dass sich hieraus eine allgemeine Entwicklung ableiten ließe.

Einer verhältnismäßig hohen Zahl von neunundzwanzig Eheannullierungen wegen bestehender Ehehindernisse durch das Bischofsgericht, den Bischof oder durch andere Institutionen stehen nur zwei Scheidungsgesuche auf Initiative von Paaren entgegen[245]. Deutlich ist zu beobachten, dass die Zahl der Scheidungen wegen Ehehindernissen zum Ende des 15. Jahrhunderts zunahm, und zwar ab dem Pontifikat Sixtus IV. Bis 1471 wurde nur unter Calixt III. eine Scheidung durch den Augsburger Bischof erwähnt[246] und eine weitere unter Paul II. durch den Bischof von Freising[247]. Systematisch zu überprüfen wäre anhand der Freisinger Offizialatsregister im Vergleich zu der bischöflichen Statutengesetzgebung Freisings, ob es in der Diözese zu einer verschärften Anwendung der kanonischen Ehevorschriften gekommen ist mit dem Ziel, sogenannte Clandestinehen zu bekämpfen und in der Bevölkerung die öffentliche, kirchliche

---

[243] SCHMUGGE, Ehen, 41.
[244] Dies geschah in vier Fällen: 1459 wegen drittem Grad der Affinität: PA 7, fol. 99r; 1482 wegen zweitem und dritten Affinitätsgrad: PA 31, fol. 79v; 1489 wegen zweitem und dritten Affinitätsgrad: PA 38, fol. 157v; 1498 wegen viertem Affinitätsgrad: PA 47, fol. 47r.
[245] PA 38, fol. 288v.
[246] Dieser war möglicherweise wegen der Herkunft der Frau aus Augsburg für den Fall zuständig. Calixt III., PA 6, fol. 218v.
[247] Paul II., PA 15, fol. 41v.

Trauung als einzige gültige Rechtsform einer Ehe durchzusetzen[248]. Diese Entwicklung lässt sich mithilfe eines starken Offizialatsgerichtes unter dem „Volljuristen" Bischof Sixtus von Tannberg, der in seinem Studium den Titel eines Doktors beider Rechte erworben hatte und auch am Reichkammergericht tätig war, begründen[249]. Promoviert hatten weitere Freisinger Offiziale wie beispielsweise Johannes Heller[250], Heinrich von Schmiechen[251], Johannes Andree[252] oder Jacob Rudolf[253]. Auch im Bistum Eichstätt waren die Vorsitzenden des Offizialatsgerichtes grundsätzlich promovierte Juristen[254].

Die im Verlauf des 15. Jahrhunderts stetig zunehmende Zahl der bereits vor der Dispenserteilung vollzogenen Ehen, insbesondere die Zahl der Ehen, in denen bereits ein oder mehrere Kinder gezeugt worden waren, erwecken auch in Freising den Anschein, als habe es in der Bevölkerung zunehmenden Widerstand gegen die wachsende Anzahl kirchlicher Vorschriften gegeben, indem die Paare möglichst spät eine Dispens suchten und durch eigenen Nachwuchs möglichst früh Tatsachen schufen, damit ihre Ehe trotz bestehender Hindernisse nicht mehr geschieden werden konnte. Diesen steigenden Widerstand vermerkt Schmugge für den gesamten deutschsprachigen Raum in der zweiten Hälfte des 15. Jahrhunderts[255]. Er ist ebenso für die Stadt Augsburg zu vermuten, wo es laut Schwab im 15. Jahrhundert seitens der Stadtregierung eine zunehmende Einmischung in die Eherechtsprechung des Offizialatsgerichtes gab[256].

In den Pontifikaten von Nikolaus V. bis Pius II. häuften sich die an der Pönitentiarie registrierten heimlichen Eheschließungen, während unter Paul II. ab 1465 eher Dispense nach der Geburt eines oder mehrerer Kinder eingeholt wurden. Damit einher gingen ab 1477 unter Sixtus IV. Hinweise, durch die Scheidung sei ein Skandal entstanden[257] oder die Verbindung sei trotz Schei-

---

[248] Hierzu stehen noch Untersuchungen aus.
[249] BECKER, Bischofsthron, 237 und 388.
[250] BUCHHOLZ-JOHANEK, Eichstätt, 189-191.
[251] HL Freising 100-103: Dr. iur. utr.; Heinz LIEBERICH, Die gelehrten Räte. In: ZBLG 27, 1964, 132, 147; Heinz LIEBERICH, Klerus und Laienwelt in der Kanzlei bayerischer Herzöge. In: ZBLG 29, 1966, 257.
[252] LIEBERICH, Gelehrte Räte, 142, 153-155.
[253] HL Freising 107: Dr. iur. utr.; Helmuth STAHLEDER, Die Rudolf. In: OA 122, 1998, 144-146.
[254] BUCHHOLZ-JOHANEK, Eichstätt, 173-191.
[255] SCHMUGGE, Ehen, 86.
[256] SCHWAB, Augsburger Offizialatsregister, 445.
[257] Innozenz VIII., PA 38, fol. 106r.

dung wegen des gemeinsamen Kindes beibehalten worden[258]. Sie sind so zu interpretieren, dass in diesen und anderen Fällen die Versorgung des Nachwuchses durch die Trennung gefährdet war: Hiermit hatten die Paare gegen die seitens der Kirche beabsichtigte Durchsetzung kanonischer Ehevorschriften ein nicht unbedeutendes Druckmittel zur Hand, denn die Scheidungen „stießen sich im Bewusstsein der Gläubigen hart mit der katholischen Lehre von der Unauflösbarkeit der Ehe" [259]. Auch der in den Geburtsmakeldispensen ab 1485 erkennbare Rückgang an unverheirateten Eltern deutet dieselbe Rechtsentwicklung an: Eine zunehmend schärfere Anwendung kirchlichen Eherechts vor dem geistlichen Gericht ab etwa 1470, möglicherweise begleitet von einer allmählichen Zunahme an kirchlich sanktionierter Lebensgemeinschaften anstelle von Clandestinehen und konkubinären Beziehungen in der Einwohnerschaft Freisings[260]. Auch in der niederbayerischen Landesordnung Ludwigs des Reichen von 1474 findet sich erstmals das Verbot von Clandestinehen[261].

Die in einigen Suppliken enthaltenen Hinweise, die heimliche Eheschließung zur Umgehung bestehender Ehehindernisse verstoße gegen die Synodalstatuten und ein direkter Bezug auf die während einer Provinzialsynode im Rahmen der bischöflichen Gerichtstätigkeit erfolgte Eherechtsprechung weisen darauf hin, dass die Themen heimlich abgeschlossene und vollzogene Ehe, kirchliche Trauung, Überprüfung von Ehehindernissen in der Diözese zunehmende Aufmerksamkeit erfuhren und diesbezüglich erlassene und im Anschluss dem Freisinger Klerus bekannt gegebene Statutengesetze[262] im Bistum Freising in der Folgezeit auch schärfere Anwendung in der Praxis fanden[263]. Die heimlichen Eheverträge vorab oder die so genannten *sponsalia de futuro* waren dagegen in den Freisinger Gesuchen nicht Gegenstand eines Verstoßes gegen bestehendes Kirchenrecht, wurden aber von zwei Brauaaren ausdrücklich erwähnt, die vor ihrer Trauung um Dispensierung ihrer Ehehindernisse baten[264]. Bei ande-

---

[258] Alexander VI., PA 47, fol. 132r.
[259] SCHMUGGE, Ehen, 87.
[260] Siehe auch Kapitel 5.2, Abschnitt c) mit Untersuchung der in den Geburtsmakeldispensen genannten Eltern.
[261] Siehe hierzu insgesamt Klaus Peter FOLLAK, Die Bedeutung der "Landshuter Landesordnung" von 1474 für die niederbayerische Gerichtsorganisation, München 1977.
[262] WIEGAND, Diözesansynoden, 40-42.
[263] Eine genauere Untersuchung der Synoden erfolgt in der kartographischen Auswertung in Kapitel III.3.e)cc).
[264] PA 9, fol. 70r von 1461 mit Blutsverwandtschaft im 3. und 4. Grad, PA 23, fol. 71r von 1475 mit 3. Grad der Blutsverwandtschaft.

ren Paaren wurde das heimliche Eheversprechen verzeichnet[265]. In einigen Fällen war dieses neben dem sexuellen Verkehr die einzige Grundlage der Verbindung, da keine Trauung stattgefunden hatte[266]. Da die Terminologie der Suppliken zu Eheverträgen, Vollzug oder Abschluss von Ehen in den Pontifikaten nach Innozenz VIII. weniger ausführlich gehalten ist, kann hierzu keine umfassende statistische Untersuchung erfolgen.

aa) Die Rechtsprechungsinstanzen

In Freising waren im 15. Jahrhundert alle Archidiakonate bis auf Rottenbuch erloschen, so dass diese keine eigenständige Jurisdiktionsgewalt mehr ausübten[267]. In Verbindung mit dem Supplikeninhalt ergibt sich jedoch der Eindruck, dass in Freising für die Rechtsprechung unterschiedliche Zuständigkeitsbereiche existierten[268]. Dem Bischof unterstand der Offizial, der auch Teil seines Haushaltes war und dessen Amt ein bezahltes Mandat darstellte[269]. Er war auf den Bischof vereidigt, sein Gerichtshof war demnach identisch mit dem des Bischofs[270]. Das Domkapitel war jedoch eine eigene Instanz, die bei Tod des Bischofs, Sedisvakanzen beziehungsweise eingeschränkter Amtsfähigkeit des Bischofs auch die Gerichtsbarkeit an sich ziehen, beziehungsweise den Offizial im Amt bestätigen oder auch neu ernennen konnte[271]. Der Forschungsstand zu Freising weist für das 15. Jahrhundert noch große Lücken auf, so dass die Frage zum Verhältnis von Domkapitel, Offizial und Bischof hier nicht beantwortet werden kann. Die Offiziale wurden auch durch andere Personen ernannt als durch den Ordinarius: Im benachbarten Bistum Chiemsee war hierfür nicht der Bischof als Lehensträger des Salzburger Erzbischofes[272], sondern aufgrund älterer Rechte der Archidiakon zuständig[273], der diese Kompetenz 1510 in einem Prozess an der Rota erfolgreich gegen seinen Bischof verteidigen konnte[274] und sie erst

---

[265] PA 23, fol. 40v; PA 23, fol. 46v; PA 23, fol. 69v; PA 24, fol. 6r von 1475; PA 26, fol. 39r von 1478.
[266] PA 25, fol. 11v von 1476; PA 26, fol. 37r; PA 26, fol. 39r; PA 26, fol. 48r; PA 26, fol. 48v; PA 26, fol. 48v von 1478,
PA 31, fol. 7v; PA 31, fol. 17v von 1481; PA 39, fol. 90r von 1490.
[267] SCHWAIGER, Bistum Freising, 16.
[268] Siehe Grafik 2b.
[269] SCHWAB, Augsburger Offizialatsregister, 367-371; PAARHAMMER, Rechtsprechung, 23-25.
[270] SCHWAB, Augsburger Offizialatsregister, 431-432.
[271] SCHWAB, Augsburger Offizialatsregister, 474.
[272] HEIM, Chiemsee, 4.
[273] HEIM, Chiemsee, 35.
[274] HEIM, Chiemsee, 41.

nach dem Trienter Konzil endgültig aufgeben musste[275]. In Chiemsee existierte demnach ein Archidiakonaloffizium oder Achidiakonalkonsistorium, dessen Personal und Funktionsweise genauso wie in Freising und anderen benachbarten Diözesen aufgebaut war[276].

In den Matrimonialdispensen wurden neunundzwanzig Scheidungen erwähnt, davon fünfzehn ohne nähere Angabe, durch wen sie erfolgte. In vierzehn Ehesuppliken geht jedoch aus dem Kontext hervor, welche Personen in Freising alles an der Rechtsprechung beteiligt waren: Anhand der Benachrichtigung des Paares durch den Offizial oder den Bischof, der das Paar vor sein Gericht zitierte sowie anhand der bereits erfolgten Scheidung durch den Bischof oder den Offizial. Der Vergleich zu den Freisinger Gerichtsaufzeichnungen zeigt: Die am Freisinger Offizialatsgericht behandelten und protokollierten Fälle gehörten weitestgehend zum Bereich der Ehe[277]. Es handelte sich vor allem um Ehelizenzen, Ehefälle, Kindsadoptionen und Cohabitationen oder Clandestinehen, seltener auch um Eheannullierungen[278].

Trotz einer großer Bedeutung des Themas Ehe in der Freisinger Jurisdiktion und zahlreichen Prozessen gab es unter *de matrimonialibus* aber nur wenige Fälle im Pönitentiarieregister, die auch am Freisinger Offizialatsgericht zu finden waren. Zu vermuten wäre aufgrund der Verteilung der Herkunftsorte[279], dass die Rechtsprechung im Südteil des Bistums – parallel zum Offizialatsgericht – auch durch die im Voralpenland liegenden großen Klöster wie Ettal, Benediktbeuern mit ausgedehntem Territorialbesitz[280] oder Tegernsee erfolgte und sich Personen aus dem Voralpenland aus diesem Grund in deutlich geringerer Zahl nach Freising wandten[281]. Zu prüfen wäre ebenfalls, ob im Archidiakonat Rottenbuch im auslaufenden 15. Jahrhundert noch eine eigenständige Rechtsprechung ausgeübt wurde. Ob es in Ehefragen an den Klöstern Tegernsee, Ettal

---

[275] HEIM, Chiemsee, 23.
[276] HEIM, Chiemsee, 35.
[277] Prozesse von Geistlichen zum Thema Gewalt- und Kapitalverbrechen, Pfründen und anderen Bereichen kamen dagegen nur so selten vor, so dass sie vermutlich vor dem Bischof oder sogar weltlichen Instanzen verhandelt wurden.
[278] Sie wurden nebst Zeugenaussagen und Notariatserklärungen ausführlich dokumentiert.
[279] Siehe Karte 3, Personenzahl und Stand, Karte 4 und 5 zum Thema Ehe und Karte 8, Eheprozesse in Freising.
[280] Ludwig HOLZFURTNER, Die Grenzen der oberbayerischen Klosterhofmarken. Eine Studie zur Verfassungsgeschichte des Mittelalters. In: ZBLG 50, 1987, 411-440, 418-419.
[281] Siehe auch Kapitel IV.4.c): Eine Untersuchung der entsprechenden Klosteraufzeichnungen sowie von Berufungsfällen in zweiter Instanz vor dem Salzburger Konsistorium könnte hier zu neue Erkenntnissen führen, würden aber den Rahmen dieser Arbeit sprengen.

oder Benediktbeuern konkurrierend zum Offizialatsgericht eine eigenständige Rechtsprechung gab, ließ sich anhand der Supplikentexte der Pönitentiarie nicht unmittelbar nachweisen. Dort wurde in der Regel nur der Vikar oder Offizial des Bischofs angegeben, andere Institutionen jedoch selten und oft nicht namentlich genannt. In manchen Fällen ging jedoch aus den Texten hervor, dass neben dem Freisinger Offizialat weitere Rechtsprechungsinstanzen existierten.

Insgesamt ergibt sich damit der Eindruck des Vorhandenseins mehrerer unterschiedlicher geistlicher Gerichte in Freising, wie auch Donahue neben dem Offizialatsregister weitere Quellen zur geistlichen Freisinger Rechtsprechung vermutet[282], deren Vorhandensein an dieser Stelle aber nicht eindeutig geklärt werden kann. Die Gerichtsprotokollbücher der im Bistum gelegenen Klöster könnten Hinweise auf parallele geistliche Rechtsprechung enthalten. Das Gerichtsprotokollbuch des mit Straf- und Zivilrechtsfällen betrauten Klosters Ebersberg von 1466 bis 1508[283] enthält dem Anschein nach jedoch keine den im Freisinger Offizialatsprotokollen vergleichbare Themen wie Ehe- oder Pfründenprozesse. Dort eingebrachte Klagen wurden in den Kategorien Körperverletzung, Beleidigung, Meineid, Schulden, Fahrnis, Liegenschaften sowie Klagen um Straftaten im Ebersberger Forst zum verzeichnet[284]. Besonders hinzuweisen ist auch auf die Entwicklung in der Stadt Augsburg im 15. Jahrhundert, wo es bei am Offizialatsgericht stattfindenden Eheprozessen zu starken Eingriffen der städtischen Obrigkeit kam[285], die zum einen als Widerstand der Bevölkerung gegen die geistliche Rechtsprechung bewertet werden können, zum anderen auch als Entstehungsgrundlage paralleler weltlicher Rechtsprechungsinstanzen in Konkurrenz zur geistlichen Jurisdiktionshoheit.

Eine besondere Rechtsstellung besaß im Mittelalter das Kloster Benediktbeuern. Es konnte diese über das 15. Jahrhundert hinaus erfolgreich behaupten[286]. Dort wurden auch dem Blutbann unterliegende Fälle verhandelt. Die sehr gut überlieferten Abschriften von Rechtsfällen zwischen 1441 bis 1529 enthielten nicht nur Prozesse einschließlich der drei todeswürdigen Fälle Diebstahl, Notzucht und Totschlag, sondern auch Anklagen wegen Inzest und Ehebruch[287], also thematisch dem Supplikenregister und den Freisinger Offizialatsprotokollen

---

[282] DONAHUE, Medieval Ecclesiastical Courts, 40.
[283] Landshuter Abgaben, Rep. 48 Nr. 95.
[284] SAGSTETTER, Hoch- und Niedergerichtsbarkeit, 139 und 155-159.
[285] SCHWAB, Augsburger Offizialatsregister, 445.
[286] SAGSTETTER, Hoch- und Niedergerichtsbarkeit, 291-297.
[287] BayHStA, KL Benediktbeuern 16; SAGSTETTER, Hoch- und Niedergerichtsbarkeit, 296-297.

verwandte Fälle. Hierbei handelte es sich aber nur um Abschriften und Auszüge von Gerichtsverhandlungen, die in drei bis vier Zeilen widergegeben wurden, mit der Zielsetzung einer Kompetenzabgrenzung gegen die konkurrierenden herzoglichen Landgerichte. Die originalen Prozessniederschriften dürften sicher nicht nur wesentlich ausführlicher gewesen sein, sondern können auch mit hoher Wahrscheinlichkeit weitere Themen wie beispielsweise die Eherechtsprechung enthalten haben. Ob dort tatsächlich auch Eheprozesse verhandelt wurden, müsste jedoch anhand der originalen Gerichtsbücher Benediktbeuerns geprüft werden, wobei anscheinend viele Urkunden und Quellenbestände zwischen 1483 und 1504 durch einen Brand im Kloster verloren gingen[288].

Ein Beleg für die auch von Donahue vermuteten weiteren Jurisdiktionsinstanzen fand sich im Supplikenregister, in einer Dispens aus dem Jahr 1499 für den Priester Christian Ringler aus Holzen, der gegen Honorar Rechtssprüche zum Thema Ehe verglichen hatte. Er nahm illegitime Trauungen vor und hatte anscheinend vorausgegangene Urteile des Laien Johannes Rott zum Thema Ehe in Frage gestellt oder außer Kraft gesetzt[289]. Genauere Angaben zur vor Ort vorausgegangenen Rechtsprechung sind im Supplikentext nicht enthalten. Der Fokus lag auf der im Folgenden beschriebenen gewalttätigen Auseinandersetzung mit Todesfolge, während die von ihm angemaßte Jurisdiktion und vorgenommenen unrechtmäßigen Trauungen gegen Geldzahlung keine Strafe nach sich zogen. Festzustellen bleibt, dass Christian Ringler unrechtmäßig die Eherechtsprechung ausgeübt hatte, ebenso der Laie Johannes Rott, dessen Stellung hier nicht präzise beschrieben wurde. Möglicherweise war er Richter am herzoglichen Landgericht. Sicher handelte es sich bei diesem Gesuch nicht um einen Einzelfall, sondern um eine unter Laien weiträumig verbreitete Praxis, durch Anrufung weiterer Jurisdiktionsinstanzen kanonische Ehegesetze zu umgehen in der Hoffnung, die verschwiegenen Ehehindernisse schnell und einfach zu beseitigen. Darauf deutet bereits die Aufforderung des Bischofs Sixtus von Tannberg an den Freisinger Klerus, niemals an heimlichen Eheschließungen mitzuwirken, auf seinen Freisinger Diözesansynoden[290].

Im Supplikenregister war im Jahr 1472 von einer *curia spiritualis uff Aytenbach* die Rede, vor der ein Eheprozess verhandelt wurde[291]. Ein Eheverspre-

---

[288] SAGSTETTER, Hoch- und Niedergerichtsbarkeit, 293; Joseph HEMMERLE, Die Benediktinerabtei Benediktbeuern, Berlin 1991.
[289] PA 47, fol. 470r-470v.
[290] MAß, Freising, 340.
[291] PA 21, fol. 79r.

chen wurde von der Braut und ihrer Familie nicht eingehalten, infolgedessen kam es zu einer gewalttätigen Auseinandersetzung zwischen dem Brautvater und dem Bräutigam. Es folgte ein langer Gerichtsprozess an besagter *curia spiritualis uff Aytenbach*, der Mann wurde dort zu Kerkerhaft verurteilt. Im Jahr 1469 wurde die Ehe eines Paares aus *Euterpach* geschieden, bei dem Ort handelte es sich vermutlich ebenfalls um Aiterbach[292]. Das etwa zwanzig Kilometer westlich Freising liegende Aiterbach war eine weltliche Hofmark im Besitz der niederen Gerichtsbarkeit, die im 15. Jahrhundert zur einen Hälfte dem Landgericht Kranzberg und zur anderen Hälfte dem Landgericht Moosburg angehörte[293]. Ob dort gegen Ende des 15. Jahrhunderts eine geistliche Rechtsprechung erfolgte oder die Hofmark als Tagungsort für das Offizialatsgericht diente, lässt sich anhand des vorliegenden Quellenbestandes nicht nachprüfen. Möglicherweise wurde die an der Pönitentiarie für Aiterbach benutzte Bezeichnung *curia spiritualis* in falschem Zusammenhang verwendet. Zumindest belegen beide Suppliken, dass es neben dem Offizialatsgericht in Freising mehrere weitere Rechtsinstitutionen gegeben haben muss, an denen ebenfalls das Thema Ehe behandelt wurde.

In einer Ehesupplik aus Rott aus dem Jahr 1472 wurde neben dem Brauaar der Mönch Leonhard Conrad Huber aus dem benachbarten Kloster genannt[294]. Dies könnte ein Hinweis auf eine in diesem Fall durch das Kloster vorgenommene Eherechtsprechung sein. Sicher wird es auch von Seiten der übrigen Klöster Bestrebungen gegeben haben, Rechtsprechungsbereiche an sich zu ziehen, um so die Einflusssphäre zu erweitern.

Aus dem Kloster Tegernsee kam beispielsweise ein Gesuch nach einer Ausweitung der Kompetenzen in der Seelsorge. Der Abt bat in einer Supplik vom 10. August 1488 um die Erlaubnis, in Gmund und angrenzenden Kirchspielen im jährlichen Wechsel mit weltlichen Priestern die Seelsorge ausüben zu dürfen und Gottesdienste zu halten[295]. Tegernsee besaß umfangreichen Territorialbesitz in Verbindung mit Gerichtskompetenzen über seine Untertanen[296]. Es stellt sich die Frage, ob damit auch eine Grundlage für eine Ausweitung der geistlichen Rechtsprechung geschaffen werden sollte. Tegernsee und benach-

---

[292] Pa 17, fol. 40r.
[293] Pankraz FRIED, Die Landgerichte Dachau und Kranzberg, HAB Altbayern 11/12, München 1958, 236; Sebastian HIERETH, Das Landgericht Moosburg, HAB Altbayern 1, München 1950, 46.
[294] PA 20, fol. 35v.
[295] PA 37, fol. 343r-v.
[296] HOLZFURTNER, Grenzen, 411-440, 418-421.

barte Orte waren im Supplikenregister der Pönitentiarie verhältnismäßig oft vertreten[297]. Für das Kloster liegt ein umfangreicher Quellenbestand vor, der noch aufgearbeitet werden muss.

Aus der Umgebung des Klosters Scheyern kamen ebenfalls mehrere Gesuche, von vier Laien wurden Matrimonialdispense an der Pönitentiarie verzeichnet, so dass ein Einfluss des Klosters auf die Einhaltung oder Durchsetzung von Ehevorschriften zu vermuten ist. Auch bei diesen Suppliken sind weder in den Kommissionsverweisen noch in der *narratio* präzise Angaben zu Vorinstanzen zu finden, durch welche die jeweilige Scheidung[298] oder Exkommunikation[299] ausgesprochen wurde. Die wenigen an der Pönitentiarie verzeichneten Suppliken bieten aufgrund der Kürze und des hohen Formularisierungsgrades der Texte keine ausreichenden Hinweise, deshalb kann keine statistische Untersuchung der lokalen geistlichen Rechtsprechungsinstitutionen erfolgen.

Im Bereich Eherechtsprechung scheint es im ausgehenden 15. Jahrhundert neben der Sondersituation im Bistum Chiemsee[300] auch in der gesamten Kirchenprovinz Salzburg mit den Offizialatsgerichten konkurrierende Personen und Institutionen gegeben zu haben. Als Beispiel darf noch mal die Erwähnung zunehmender städtischer Eingriffe in die Eherechtsprechung des Augsburger Offizialatsgerichtes im 15. Jahrhundert bei Christian Schwab dienen[301]. In den Statuten der Provinzialsynode von 1490 in Mühldorf am Inn fand sich ein Verbot mit Exkommunikationsandrohung an alle Geistlichen und Laien, sich ohne Aufforderung ihres Ordinarius, Offizials oder Generalvikars in die Eherechtsprechung einzumischen[302]. Zahlreiche Berufungsfälle am Salzburger Konsistorium aus den Jahren 1461 bis 1600 aus der Diözese Freising, insbesondere zu Eheangelegenheiten, könnten die Frage nach mit dem Freisinger Offizialatsgericht konkurrierenden Institutionen vermutlich klären[303].

Zwischen Rechtsprechung per Gesetz und tatsächlich erfolgter Jurisdiktion ist laut Charles Donahue und Knut Nörr eine erhebliche Diskrepanz zu vermuten[304], so dass allein eine statistische Auswertungen umfangreichen Frei-

---

[297] Siehe Kapitel IV.4. sowie Karte 1 und 2.
[298] PA 38, fol. 106r.
[299] PA 44, fol. 71v und 71r.
[300] HEIM, Chiemsee, 23-41.
[301] SCHWAB, Augsburger Offizialatsregister, 445.
[302] PAARHAMMER, Rechtsprechung, 82; DALHAM, Concilia, 254 Kap. 21.
[303] KAS Freising 4/78; PAARHAMMER, Rechtsprechung, 153.
[304] DONAHUE, The Records, 24-25.

singer Quellenbestandes über einen langen Zeitraum hinweg sowie ein Vergleich zu den Statuten der Diözesan- und Provinzialsynoden zu genaueren Erkenntnissen führen könnte. Insgesamt ist aber anhand der im Supplikenregister zusammengetragenen Aussagen zu den Freisinger Rechtsprechungsinstanzen in der zweiten Hälfte des 15. Jahrhunderts von einer nicht einheitlichen und ausschließlichen Jurisdiktionskompetenz durch das Freisinger Offizialatsgericht auszugehen.

bb) Der Bischof als Richter

Von 1467 bis 1481 wurden zwei Ehen durch den Freisinger Bischof[305] und zwei durch seinen Stellvertreter – durch seinen Vikar oder den Offizial[306] – geschieden. Danach wurden laut Supplikenregister alle Ehen durch das Offizialatsgericht getrennt[307]. Eine persönliche Rechtsprechung durch den Freisinger Bischof wurde in einer Supplik von 1481 ausdrücklich erwähnt[308]. Ebenso wurde 1469 die auf einer Provinzialsynode ausgeübte bischöfliche Gerichtstätigkeit erwähnt[309]. In anderen Fällen bleibt die Terminologie unklar. 1486 erfolgte die Rechtsprechung eines Eheprozesses durch das Bischofsgericht[310], gemeint ist aber wahrscheinlich das Freisinger Offizialatsgericht, während die Supplik von 1478 eine Jurisdiktion durch einen Vertreter des Bischofs erwähnt[311], wobei es sich hier auch um dessen Generalvikar gehandelt haben könnte. Ab 1486 erfolgte auch die Benachrichtigung der Paare über bestehende Ehehindernisse ausschließlich durch den Offizial, bis dahin meist durch den Bischof[312] oder seinen Vikar[313]. Handelte es sich vorher um ein Zusammenspiel von verschiedenen Personen mit aufgeteilten Zuständigkeiten? Das Supplikenregister gibt anhand der geringen Datenmenge nur einen kleinen Einblick ohne die Möglichkeit einer statistischen Untersuchung.

---

[305] PA 15, fol. 41v und PA 31, fol. 17v.
[306] PA 26, fol. 48r: Benachrichtigung des Paares durch den Bischof, Scheidung durch seinen Stellvertreter; PA 26, fol. 48v: Benachrichtigung durch den Ordinarius, Scheidung vor Gericht durch seinen Stellvertreter.
[307] PA 36, fol. 19r; PA 38, fol. 112r; PA 47, fol. 131v - 132r; PA 53, fol. 56r; PA 53, fol. 56r; PA 53, fol. 56v; PA 55, fol. 623r und PA 55, fol. 623r.
[308] PA 31, fol. 17v.
[309] PA 17, fol. 40r.
[310] PA 36, fol. 19r.
[311] PA 26, fol. 48v.
[312] PA 26, fol. 48r; PA 26, fol. 48v; PA 31, fol. 17v.
[313] PA 36, fol. 19 r.

Die Freisinger Bischöfe Johannes Grünwalder, Johannes Tulbeck und Sixtus von Tannberg waren gelehrte und promovierte Juristen[314]. Ihre aktive Beteiligung an der diözesanen Rechtsprechung ist damit also sehr naheliegend. Sixtus von Tannberg war darüber hinaus auch Beisitzer im Reichskammergericht[315]. Vor dem Bischof verhandelte Fälle sind demnach aber nicht im Freisinger Offizialatsregister zu finden, sondern in anderen Quellenreihen, wie beispielsweise einem Bischofsregister, zu vermuten. Dies könnte eine Erklärung dafür sein, dass sie im Supplikenregister, aber nicht in den Freisinger Offizialatsprotokollen enthalten sind[316]. Die bischöfliche Jurisdiktion erfolgte laut *narratio* der Matrimonialdispense vor allem bei Scheidungen wegen Ehehindernissen. In Regensburg kam es in einigen Eheprozessen im Laufe der Verhandlungen zu einer Appellation an den Bischof, der Ausgang dieser Prozesse wurde in den Protokollbänden jedoch nicht weiter aufgezeichnet[317]. Diese Beispiele sind insgesamt ein Beleg für die in Ehefällen nicht ausschließlich durch das Offizialatsgericht, sondern durch den Bischof erfolgte Jurisdiktion.

cc) Diözesan- und Provinzialsynoden

Die legislative Tätigkeit der Bischöfe und Erzbischöfe auf Diözesan- und Provinzialsynoden war eine wesentliche Voraussetzung für die Verbreitung und Anwendung kanonischer Vorschriften im Bistum. Die dort erlassenen beziehungsweise veröffentlichten bischöflichen Statuten wurden im Anschluss verlesen oder auf andere Weise dem Diözesanklerus bekannt gegeben[318], um damit Eingang in das Kirchenleben und die Rechtsprechungspraxis zu finden[319]. Häufig erfolgte dabei ein Rückgriff auf bereits vorhandene Statuten[320], in manchen Fällen wurden diese über einen langen Zeitraum nahezu unverändert verwendet[321], wie sich auch für das Bistum Freising belegen lässt[322]. Die Synode

---

[314] BECKER, Bischofsthron, 237, 387-389.
[315] BECKER, Bischofsthron, 388.
[316] Damit wäre außerdem eine Begründung für die insgesamt verhältnismäßig geringe Zahl von Ehesupliken gegeben, die auch in den Offizialatsprotokollen zu finden waren.
[317] LINDNER, Courtship, 136.
[318] WIEGAND, Diözesansynoden, 224.
[319] WIEGAND, Diözesansynoden, 42-44; Georg SCHWAIGER, Freisinger Diözesansynoden im ausgehenden Mittelalter. In: Remigius BÄUMER (Hg.), Reformatio Ecclesiae. Beiträge zu kirchlichen Reformbemühungen von der Alten Kirche bis zur Neuzeit, Festgabe für Erwin Iserloh, Paderborn 1980, 259-270, 260.
[320] SCHWAIGER, Diözesansynoden, 260.
[321] WIEGAND, Diözesansynoden, 224-226 und insbesondere 230.
[322] SCHWAIGER, Diözesansynoden, 268.

war im ausgehenden Mittelalter „Ort der Visitation" und hatte die „Sittenreform des Klerus", aber auch die „Disziplinierung der geistlichen Amtsführung" zum Thema[323]. Sie war nebenher auch im 15. Jahrhundert noch Ort der bischöflichen Rechtsprechung[324]. In der Kirchenprovinz Salzburg wurden jedoch – im Gegensatz zu anderen deutschsprachigen Gebieten wie beispielsweise Kammin[325] – auf den Provinzial- und Diözesansynoden von den Bischöfen keine Gerichtsordnungen erlassen[326].

Der Forschungsstand für den deutschsprachigen Raum ist zu diesem Thema insgesamt noch sehr zurückhaltend. Aktuelle und umfassende Untersuchungen für das Spätmittelalter gibt es nur in sehr geringer Zahl[327]. Diese Forschungslücke kann auch im Rahmen dieser Untersuchung nicht geschlossen werden, jedoch soll ein kurzer Einblick in die Statuten der Freisinger Diözesan- und Salzburger Provinzialsynoden erfolgen, welche neben dem rechten Lebenswandel und Wirken des Freisinger Klerus auch das Thema Clandestinehe zum Inhalt hatten.

Das 15. Jahrhundert war von einer reichhaltigen Synodaltätigkeit geprägt, die stark durch die Konzilien von Kostanz und Basel und die damit verbundene Reformfrage beeinflusst wurden. In Freising fand die erste nachweisbare Diözesansynode im Jahr 1438 unter Bischof Nikodemus della Scala statt[328]. Weitere wurden im darauffolgenden Jahr durch den späteren Bischof Johannes Grünwalder einberufen[329], so 1444, 1449 und 1452, als er bereits das Amt des Bischofs innehatte. Sein Nachfolger Sixtus von Tannberg hielt 1475, 1480 und 1484 drei Diözesansynoden ab[330]. 1490 gab es eine Provinzialsynode der Kirchenprovinz Salzburg in Mühldorf am Inn[331], während in Freising erst 1509 unter Bischof Philipp wieder weitere Synoden ins Leben gerufen wurden[332]. Eine chronologi-

---

[323] WIEGAND, Diözesansynoden, 42-44.
[324] WIEGAND, Diözesansynoden, 43-45, 74-76.
[325] WIEGAND, Diözesansynoden, 226.
[326] PAARHAMMER, Rechtsprechung und Verwaltung, 22.
[327] WIEGAND, Diözesansynoden, 1 über Deutschland: „Für keine der Kirchenprovinzen und Diözesen innerhalb der Reichskirche liegt derzeit „eine erschöpfende, dem neueren Forschungsstand angemessene" Darstellung der bischöflichen Synodaltätigkeit und Legislative vor. Siehe auch SCHWAIGER, Diözesansynoden, 259.
[328] SCHWAIGER, Diözesansynoden, 264.
[329] SCHWAIGER, Diözesansynoden, 265
[330] MAß, Freising, 339; SCHWAIGER, Diözesansynoden, 265; SCHMUGGE, Ehen, 229.
[331] Die Statuten wurden von DALHAM, Concilia, 242-276 publiziert.
[332] SCHWAIGER, Diözesansynoden, 265-266.

sche Auflistung der Freisinger Diözesan- und Provinzialsynoden ist auch in der rechten Textspalte von Grafik 1 enthalten.

Die Salzburger Statuten sind von Florian Dalham ediert worden[333] und die Freisinger Diözesanstatuten für 1480 und 1509 wurden von Georg Schwaiger publiziert. Sie sollen an dieser Stelle auf die enthaltenen Bestimmungen zum Eherecht betrachtet werden. Die Zielsetzung der im 15. Jahrhundert intensiven synodalen Statutengesetzgebung[334] lag allgemein auf folgenden Punkten: Durchsetzung der Ehe als Sakrament durch eine öffentliche kirchliche Trauung[335] und öffentliche Ankündigung des beabsichtigten Eheschlusses eine Woche vorab[336], Einmaligkeit der Ehe[337], Schaffung eines Bewusstseins über Ehehindernisse in der Bevölkerung und Einhaltung der Bestimmungen zu Ehehindernissen[338] sowie Verfolgung heimlicher Eheschließungen mit dem Ziel einer Umgehung von Ehehindernissen[339].

In Freising waren 1480 und 1509 insgesamt 51 ursprünglich nicht fortlaufend gezählte Statuten erlassen worden[340]. Statut XXV richtete sich nur allgemein gegen heimliche Eheschließungen, während in Abschnitt 40 neben der Verurteilung von Clandestinehen auch die öffentliche Ankündigung von Eheschließungen vor der Trauung gefordert wurde. Auch in Mühldorf wurde auf der Provinzialsynode von 1490 mehrfach die clandestine Eheschließung thematisiert. Etwa wortgleich wie in Freising wurde in Abschnitt XXI die Zuständigkeit des geistlichen Richters bei Ehefragen festgelegt, in Abschnitt XXII das Verbot heimlicher Ehen niedergeschrieben[341], und in Statut XXXIX ebenfalls wortgleich wie 1480 den Brautleuten die Pflicht auferlegt, geplante Ehen vorab öffentlich bekannt zu geben[342]. Statut XXI verbot unter Exkommunikationsstrafe allen Christen, Klerikern und Laien, über den kanonischen Ehevorschriften entgegenstehende Ehen in irgendeiner Form Recht zu sprechen, wenn sie nicht durch ihren Bischof dazu bevollmächtigt waren[343]. Abschnitt XXII enthielt ne-

---

[333] DALHAM, Statuta ecclesia Salzburgensis im Jahr 1788.
[334] SCHWAIGER, Diözesansynoden, 259.
[335] MAẞ, Freising, 340; LINDNER, Courtship, 52.
[336] MAẞ, Freising, 340.
[337] LINDNER, Courtship, 53.
[338] LINDNER, Courtship, 127.
[339] LINDNER, Courtship, 93-95.
[340] SCHWAIGER, Diözesansynoden, 267.
[341] DALHAM, Concilia, 244: *Ut de causis matrimonalibis nemo quam Iudex ecclesiastica diffinat.*
[342] DALHAM, Concilia, 244.
[343] DALHAM, Concilia, 254.

ben dem Verbot clandestiner Ehen auch das Gebot, diese öffentlich in der Kirche bekannt zu geben, also die Pflicht zum öffentlichen Aufgebot[344]. Dennoch kamen aus der gesamten Kirchenprovinz im 15. Jahrhundert viele Fälle nachträglicher Einsegnung von clandestinen Ehen vor[345]. Abschnitt XXXIX zählte neben dem in der Provinz Salzburg weit verbreitetem Missbrauch durch Clandestinehe die verschiedenen Ehehindernisse auf und ermahnte die Laien neben dem Gebot der öffentlichen Ankündigung geplanter Ehen im Anschluss an die Sonntagsmesse auch, sich bestehende Ehehindernisse bewusst zu machen und nicht gegen kanonische Vorschriften zu verstoßen[346].

Genaue Definitionen von Ehevertrag, Verlobung, öffentlicher Einsegnung, Ablauf und Ort einer Trauung oder Bestimmungen wie Einmaligkeit der Ehe, oder Ehe als Sakrament waren in den Statuten allerdings nicht zu finden und zeigen in der gesamten Kirchenprovinz Salzburg die rechtliche Unklarheit über den formal korrekten Ablauf einer Eheschließung an. Erst allmählich entwickelte sich hier eine einheitliche Form, wie Linder und Schmugge schreiben[347]. Diese wurde erst im darauffolgenden Jahrhundert auf dem Trienter Konzil festgelegt, wo zudem der Abschluss eines heimlichen Ehevertrages einer dauerhaften Clandestinehe gleichgesetzt und verboten wurde[348]. Dagegen enthalten die Statuten der Freisinger Synode von 1480 und die der Provinzialsynode von 1490 in umfangreicher Ausführung die Bestimmung, dass Eheversprechen in der Kirche verwirklicht werden sollen. Damit lag der Fokus der Statutengesetzgebung hier vor allem auf der verbindlichen Einführung einer kirchlichen Trauung.

In einigen wenigen Freisinger Suppliken finden sich Hinweise auf die während Diözesan- und Provinzialsynoden stattfindende bischöfliche Eherechtsprechung. So war ein Paar aus Aiterbach mit einer Supplik aus dem Jahr 1469 auf einer Provinzialsynode – vermutlich bereits zeitlich weiter zurückliegend im Jahr 1456[349] – wegen heimlicher Eheschließung geschieden worden[350]. Die vor dreizehn Jahren erfolgte und somit lange zurückliegende Scheidung lässt darauf schließen, dass das Paar seine Verbindung beibehielt und damit deutet sich in der Praxis eine sehr viel weniger erfolgreiche Umsetzung der dort erlassenen

---

[344] DALHAM, Concilia, 254.
[345] PAARHAMMER, Rechtsprechung, 83.
[346] DALHAM, Concilia, 261-263.
[347] SCHMUGGE, Ehen, 54-72; LINDNER, Courtship, 4.
[348] LINDNER, Courtship, 128.
[349] Statuten siehe DALHAM, Concilia, 226-228.
[350] PA 17, fol. 40r.

Statuten an. Im Supplikenregister war im nachfolgenden Zeitraum zunächst keine weitere Bezugnahme auf Synoden oder Synodalstatuten enthalten.

Erst im Jahr 1495 unter Alexander VI. wurden diese wieder erwähnt. Dort wurde angegeben, dass Johannes Tanner und Margaretha Ostermayr aus Scheyern im Norden des Bistums mit ihrer heimlichen Eheschließung – gemeint ist nicht der heimliche Ehevertrag, sondern der Vollzug ihrer Ehe – gegen die Synodalstatuten verstießen[351]. Eine Annullierung der Ehe des Paares war noch nicht erfolgt, auch wurde dort wie in den folgenden Beispielen keine bischöfliche Rechtsprechungstätigkeit erwähnt. Bei der Jurisdiktion – vermutlich durch das Freisinger Offizialatsgericht, da keine andere Instanz erwähnt ist – wurde ausdrücklich auf die Statuten der Mühldorfer Provinzialsynode von 1490 Bezug genommen. Ein weiteres Paar aus Rott im Südosten Freisings supplizierte im selben Jahr wegen Verstoß gegen die Synodaldekrete aufgrund heimlicher Eheschließung unter Verschweigen der Blutsverwandtschaft[352]. In diesem Fall war die Ehe bereits aufgelöst worden, das Paar bat um Erlaubnis, erneut eine Ehe schließen zu können. Einen ähnlichen Inhalt hatte das im Supplikenregister verzeichnete Gesuch eines Paares aus Großenviecht nahe Freising[353], hier war trotz bereits vorhandenem Nachwuchs eine Scheidung verhängt worden. So ergibt sich der Anschein, dass die Statuten der Mühldorfer Synode im Bistum Freising nicht nur im direkten Umkreis des Bischofssitzes eine größere Bekanntheit erlangten, und dass sie zumindest temporär eine schärfere Anwendung fanden. In den bis 1508 folgenden Jahren wurden diese in den Freisinger Supliken jedoch nicht wieder erwähnt.

Der Frage, ob die auf Diözesan- und Provinzialsynoden thematisierten Rechtsfragen einer erfolgreichen Anwendung und Durchsetzung in der Jurisdiktionspraxis gleichzusetzen sind, ging Paarhammer in seiner Arbeit nach und beantwortet sie im Falle des 1490 in Mühldorf am Inn ausgesprochenen Verbotes heimlicher Eheschließungen mit einem klaren Nein[354]. Die kanonischen Vorschriften wurden von der Bevölkerung gegen Ende des 15. Jahrhunderts allgemein ignoriert, wie Schmugge[355] und Paarhammer[356] feststellen. Dies lässt sich auch aus den im Supplikenregister verzeichneten Ehefällen ablesen, deren kon-

---

[351] PA 44, fol. 71v von 1495.
[352] PA 45, fol. 40v von 1495.
[353] PA 45, fol. 40v von 1495.
[354] PAARHAMMER, Rechtsprechung und Verwaltung, 84-85.
[355] SCHMUGGE, Ehen, 86-88.
[356] PAARHAMMER, Rechtsprechung, 84.

tinuierlich hohe Zahl ebenso für eine mangelnde Einhaltung der Ehebestimmungen spricht wie die zunehmend hohe Zahl der vor Ort verhängten Scheidungen[357]. Weigand kommt zu dem Ergebnis, dass es in Regensburg zu einer stärkeren Überprüfung von Hindernissen vor einer Trauung kam, so dass in Matrimonialprozessen die Gründe geistliche Verwandtschaft oder Schwägerschaft in geringerem Maße Grund für eine Trennung waren, während es in einem Jahr zu 39 Feststellungsverfahren zu Ehehindernissen gab[358]. Demnach wäre dort eine zunehmende Beachtung kanonischer Ehevorschriften in der Bevölkerung zu erkennen.

Die mangelnde Beachtung der Synodalstatuten des 15. Jahrhunderts von Klerikern und Laien beklagte nicht nur Bischof Philipp in der Einleitung seiner Diözesansynode 1509[359], sie war auch auf dem Mühldorfer Reformkonvent von 1522 Thema der dort versammelten Bischöfe[360]. So lässt sich im Bistum Freising im 15. Jahrhundert bei Ehefragen allgemein ein großer und auch im darauffolgenden Jahrhundert andauernder Kontrast zwischen Rechtstheorie und Jurisdiktionspraxis konstatieren.

4. Die Beziehungen zwischen lokaler und kurialer Jurisdiktion anhand der Kommissionsvermerke
a) Lokale Jurisdiktionskompetenzen
Schmugge konstatiert ab dem Jahr 1498 eine allgemeine starke Zunahme der Kommissionsverweise in den Suppliken aus dem Heiligen Römischen Reich Deutscher Nation an die Exekutoren *in partibus*. Sie waren mit wesentlich höheren Verwaltungsgebühren verbunden und gingen an die den Fall betreuenden Geistlichen[361]. Diese unterhielten laut Schmugge oft langjährige Romkontakte, zum Teil ließ sich bei ihnen auch ein persönlicher Romaufenthalt oder sogar eine Tätigkeit an der Kurie nachweisen[362]. Bis dahin waren es durchschnittlich 50 Verweise im Jahr[363]. Nun stiegen diese an auf etwa 90 im Jahr 1498, 115 im Jahr 1499 und zwischen 1500 und 1503 auf 190[364]. Es stellt sich die Frage, ob es in Freising eine ähnlich verlaufende Entwicklung gab und ob dort Hinweise auf

---

[357] Siehe Auswertung der Ehesuppliken nach Pontifikaten in Kapitel III.3.d).
[358] WEIGAND, Regensburger Gericht, 413.
[359] SCHWAIGER, Diözesansynoden, 265.
[360] SCHWAIGER, Diözesansynoden, 263; PFEILSCHIFTER, Acta reformationis catholicae I, 67.
[361] SCHMUGGE, Kinder, Kirche, Karrieren, 205-206.
[362] SCHMUGGE, Kinder, Kirche, Karrieren, 205.
[363] SCHMUGGE, Kinder, Kirche, Karrieren, 206.
[364] SCHMUGGE, Kinder, Kirche, Karrieren, 206.

Gründe für diesen Anstieg zu erkennen sind. Eine weitere Frage ist, ob die Zahl der ausgestellten Kommissionsverweise in Freising einem kurialen Trend folgten oder ob diese auch vom lokalen Geschehen beeinflusst wurden.

Die Auswertung der Kommissionsverweise nach Adressaten und Themenbereichen erfolgt in Grafik 5: Insgesamt wurden 84 von 772 Freisinger Gesuche per Kommissionsvermerk zur endgültigen Entscheidung an unterschiedliche Personen und Instanzen gesandt[365], welche die Verhandlungen der Fälle vornahmen. Während dieser Prozesse wurde in speziellen Rechtsfragen Rat an der Kurie eingeholt. Von 1496 bis 1506 wurden Gesuche aus Freising deutlich öfter zur weiteren Überprüfung an bestimmte Personen verwiesen als vorher[366], nämlich insgesamt in 37 von 155 oder in einem Viertel der Supliken. Das ist eine im Verhältnis zu den Supliken aus den übrigen Diözesen aus dem Deutschen Reich verhältnismäßig hohe Zahl.

Im gesamten Untersuchungszeitraum gingen fünfundzwanzig Kommissionsverweise an den Freisinger Bischof, dreiunddreißig an Kurienangehörige, elf an das Domkapitel von Freising, acht an das Offizialat und neun an andere Institutionen oder Personen. Verweise gingen an ein benachbartes Zisterzienserkloster[367], das Kloster *Parrenburch*[368], den Offizial von Würzburg[369], den Erzbischof von Salzburg[370], das Offizialatsgericht von Augsburg[371] oder den Dekan des Kollegiatstiftes der Münchener Frauenkirche[372]. Vier dieser Supliken zeigen, dass die Jurisdiktion auch innerhalb des Bistums nicht ausschließlich am Freisinger Offizialatsgericht erfolgte: Ein Schuldenprozess aus dem Jahr 1481 wurde in Andechs verhandelt[373]. Im Schuldenprozess von Oswald Fabri gegen einem Kleriker des Kollegiatstiftes in Isen wurde 1481 seitens der Pönitentiarie der Fall an den Abt des Klosters, Andreas Oertl[374], zur abschließenden Beurtei-

---

[365] Siehe Grafik 5.
[366] 41 von 615 Supliken, davon zweiundzwanzig Rückverweise an den Bischof von Freising, fünf an das Freisinger Domkapitel, zwei an den Erzbischof von Salzburg (PA 4, fol. 23r und PA 30, fol. 33r) und zwei an ein in der Diözese gelegenes Kloster (PA 5, fol. 315 v und PA 30, fol. 33r).
[367] PA 5, fol. 315vs.
[368] PA 50, fol. 158v: Mit Parrenburch ist Mallersdorf gemeint, siehe Kapitel III.4.a).
[369] PA 48, fol. 425r.
[370] PA 4, fol. 23r; PA 30, fol. 33r.
[371] PA 6, fol. 218v.
[372] PA 53, fol. 484v.
[373] PA 30, fol. 21r im Jahr 1481.
[374] FEUERER, Klosterpolitik Albrechts IV., 123. Ob darin bereits eine umfangreiche Rechtsprechungstätigkeit des Klosters zu erkennen ist, wie sie neunzehn Jahre später durch die seitens Albrecht IV. verfügte Zusammenlegung des Hofmarkgericht Utting mit dem Klosterge-

lung übertragen. Bei der Absetzung und Neuwahl eines Abtes im Jahr 1456 hatte ein nicht genau benanntes benachbartes Zisterzienserkloster die Jurisdiktion inne[375]. Ein Eheprozeß aus dem Jahr 1501 wurde im Kloster Mallersdorf, genannt *Parrenburch*[376], verhandelt. In München erfolgte im Jahr 1506 die Rechtsprechung bei einer gewalttätigen Auseinandersetzung zwischen zwei Klerikern durch den *vicarius in spiritualibus et decanus ecclesiae Collegiate beate Marie Virginis in Monacho Frisingensis diocesis* [377]. Diese Beispiele bestätigen wie im vorhergehenden Kapitel das Vorhandensein weiterer, neben dem Offizialatsgericht amtierender Jurisdiktionsinstanzen[378].

In manchen Fällen waren diese Rechtsprechungsorgane aufgrund der persönlichen Umstände des Antragstellers für die Rechtsprechung zuständig[379]. In einem Beispiel wurde von Seiten des Petenten ausdrücklich gewünscht, dass der Prozess nicht weiter vom zuständigen Bischof entschieden wurde, weil er diesen für befangen hielt[380]. Hierbei ging es um einen Pfründenprozess, der bereits am Freisinger Offizialatsgericht in einem summarischen Verfahren ohne detaillierte schriftliche Aufzeichnungen verhandelt wurde[381]. An der Vergabe war laut Angabe des Bittstellers auch Albrecht IV. beteiligt, und damit handelte es sich nicht nur um eine besonders schwierige Rechtslage, sondern auch um politische Interessenskonflikte zwischen dem nach Einfluss über die Vergabe kirchlicher Stellen strebenden Herzog[382] und dem hierfür eigentlich zuständigen Freisinger Bischof sowie möglicherweise auch der Kurie.

Mit dem Zusatz *committatur officiali ecclesie Frisingen[sis], cui cause matrimoniales, ut illis cognoscat, committi consueverunt*[383] wurde die grundsätzliche Zuständigkeit des Offizials vor allem bei allgemeinen Ehefragen angegeben. Der Bischof besaß dagegen laut *narratio* und den im Supplikenregister verzeichneten Komissionsvermerken in den Bereichen Geburtsmakel, Weihe, Gewalt- und Kapitalverbrechen, Klosterwechsel, bei Scheidungen und anderen

---

richt Erling erfolgte, muss an dieser Stelle offen bleiben.
[375] PA 5, fol. 315v.
[376] PA 50, fol. 158v.
[377] PA 53, fol. 484v.
[378] Siehe Kapitel III.4.a).
[379] Beispielsweise der Bischof von Würzburg in einer Bitte um Ehelizenz, weil der verwitwete Bittsteller vorher dort gelebt hatte und in erster Ehe verheiratet gewesen war – es ging um seine dort geführte Ehe.
[380] PA 30, fol. 33r.
[381] HL Freising 102 von 1479.
[382] BÜNZ, Sachsen, 95; RANKL, Landesherrliches Kirchenregiment, 3-83.
[383] PA 40, fol. 113v von 1491.

schwierigeren Rechtsproblemen die Entscheidungsgewalt. Besondere Rechtsfragen lagen vor allem den unter *de diversis formis* und *de declaratoriis* verzeichneten Gesuchen zugrunde, sie hatten die Themen Apostasie, Klosterwechsel oder -austritt[384], Gewalt- und Kapitalverbrechen[385], Weihehindernis[386], Scheidung[387], Zölibatsbruch[388] und besonders schwierige Jurisdiktionsprobleme[389] zum Inhalt.

In Grafik 5 ist zu erkennen, dass vor 1489 neun Kommissionsverweise an die Freisinger Bischöfe adressiert waren und nur zwei an das Domkapitel. Nach 1489 kam es anscheinend zu einer Verschiebung der Jurisdiktionskompetenzen, während dieser Zeit war an der Pönitentiarie auch die Bezeichnung der Adressaten weniger eindeutig. In der Zeit zwischen 1491 und 1492 gingen noch vier von einunddreißig Verweise an den Freisinger Bischof[390], aber zwischen 1496 und 1506 wurden die Freisinger Bischöfe weder in den ausgestellten Kommissionsvermerken noch im Supplikentext erwähnt. Zwischen 1489 bis 1491 waren sechs Verweise an den Offizial Freisings gerichtet[391] und zwischen 1491 und 1508 vierzehn an Kurienbischöfe oder -prälaten[392].

Beginnend im Jahr 1489[393] und gehäuft zwischen 1496 und 1506 wurden Ehefälle auch an das Freisinger Domkapitel verwiesen[394]. Laut *narratio* des Matrimonialdispenses von Konrad ab dem Veld und seiner Gattin Ursula war im

---

[384] PA 7, fol. 278r; PA 20, fol. 115r; PA 31, fol. 114bis-r.
[385] PA 5, fol. 239v; PA 22, fol. 124v; PA 23, fol. 177v; PA 30, fol. 195v; PA 35, fol. 101v; PA 53, fol. 484v; PA 54, fol. 39r-40r.
[386] PA 7, fol. 371v; PA 7, fol. 255r; PA 40, fol. 287v; PA 41, fol. 390r; PA 54, fol. 765r.
[387] PA 44, fol. 286v.
[388] PA 31, fol. 104r.
[389] PA 3, fol. 206r: Aufhebung eines Gerichtsurteils, das dem Kleriker den Erwerb eines akademischen Grades während seines Studiums verbot, PA 5, fol. 85v. Verschweigen eines Geburtsmakels, PA 42, fol. 369r: Ehelizenz für einen Mann, der vorher in einem außerehelichen Verhältnis mit einer anderen Frau gelebt hatte, PA 53, fol. 552v-553r: Totschlag aus Notwehr eines Priesters, der sich während des Landshuter Erbfolgekrieges in der Stadt Landshut aufgehalten hatte.
[390] PA 40, fol. 527v-528r; PA 41, fol. 182v; PA 41, fol. 390r; PA 44, fol. 286v.
[391] PA 38, fol. 92v; PA 39, fol. 90r; PA 39, fol. 411v; PA 39, fol. 411v; PA 40, fol. 113v; PA 40, fol. 120r.
[392] PA 40, fol. 527v-528r; PA 42, fol. 277r; PA 42, fol. 338v-339r; PA 42, fol. 369r; PA 42, fol. 381v; PA 42, fol. 426v;
PA 44, fol. 286v; PA 44, fol. 349v; PA 44, fol. 370r; PA 45, fol. 445v; PA 46, fol. 220r; PA 47, fol. 559v; PA 47, fol. 560v;
PA 47, fol. 570v; PA 47, fol. 587v.
[393] PA 38, fol. 92r von 1489; PA 39, fol. 90r; PA 40, fol. 120r.
[394] Alexander VI., Mai 1496: PA 45, fol. 176r; Oktober 1496: PA 45, fol. 47r; Oktober 1496: PA 45, fol. 470r; Oktober 1498: PA 47, fol. 47r.

Jahr 1489 „der Offizial des Domkapitels der ordentliche Richter ihrer Pfarrkirche"[395]. Bereits im Jahr 1490 wurde der Offizial als der Kathedrale Freisings zugehörig verzeichnet, gemeint ist hiermit also eine Ausübung der Jurisdiktion in Stellvertretung des Domkapitels. Dies wiederholte sich auch in der nachfolgenden Zeit[396]. Von 1496 bis 1497 wurden drei Verweise an den Vikar des Kapitels von Freising gerichtet[397] und auch in den darauffolgenden Jahren gelangten drei Komissionsvermerke an den Offizial des Kapitels Freising[398]. In drei unter *de diversis formis* und *de defectu natalium* verzeichneten Suppliken waren von 1499 bis 1500 die Kommissionsverweise an das Offizialat Freisings gerichtet[399]. Zwei dieser Verweise an das Offizialat kamen aus der Rubrik *de diversis formis*, sie betrafen gewalttätige Auseinandersetzungen zwischen Klerikern. Unter *de defectu natalium* ist eine Weihegenehmigung für zwei Brüder aus einem Münchener Kloster verzeichnet. In einer Supplik von 1499 wurde sogar der für die Rechtsprechung zuständige Kanoniker Vinzent Schrenck[400], von 1480 bis 1485 amtierender Freisinger Generalvikar und seit 1485 auch Domherr in Augsburg[401], namentlich genannt. Drei Gesuche von 1498 und 1499 wurden an den Freisinger Offizial zurückverwiesen[402].

Die Durchsicht der Offizialatsprotokolle zwischen 1467 und 1500 zeigt, dass die offizielle Bezeichnung des Freisinger Gerichts in der jeweiligen Einleitung der Offizialatsprotokolle im gesamten Untersuchungszeitraum auf einen engeren Bezug zwischen Gericht und Domkapitel verweist. Sie lautete nahezu gleichbleibend: Name und akademischer Titel des *iudex*, Ordinarius Iudex Capituli ecclesiae Frisingen[sis][403]. Der Offizial wurde zwar auch in Freising durch den Bischof als stellvertretender Richter ernannt[404]. Während einer Sedisvakanz oder mit dem Tod des Bischofs ging dieses Recht aber an das Domkapitel über[405]. Dies deutet sich auch in den Texten der Freisinger Dispensen so an. Er

---

[395] PA 38, fol. 112r; SCHMUGGE, Ehen, 29.
[396] PA 39, fol. 411v.
[397] PA 45, fol. 176r; PA 45, fol. 470r; PA 45, fol. 470r.
[398] PA 47, fol. 47r; PA 47, fol. 100r; PA 47, fol. 240r.
[399] PA 47, fol. 240v; PA 47, fol. 325r; PA 48, fol. 820v.
[400] Alexander VI., Mai 1499: PA 47, fol. 325r.
[401] MEICHELBECK, Freising, 611.
[402] Alexander VI., Dezember 1498: PA 47, fol. 240v; Mai 1499: PA 47, fol. 325r und Dezember 1499: PA 48, fol. 820v.
[403] Siehe beispielsweise HL Freising 96 von 1467, HL Freising 100 von 1476 und HL Freising 107 von 1500.
[404] SCHWAB, Augsburger Offizialatsregister, 474.
[405] SCHWAB, Augsburger Offizialatsregister, 474.

wurde laut Supplikenregister nach 1496 zeitweise durch das Domkapitel in seinem Mandat bestätigt beziehungsweise von diesem neu ernannt. An der Pönitentiarie gab es im Jahr 1496 sogar zwei Dispense mit Hinweis auf eine Sedisvakanz in Freising[406]. So scheint die lokale Rechtsprechung in Eheangelegenheiten nach 1496 durch den Offizial als Vertreter des Freisinger Domkapitels ausgeübt worden zu sein, verbunden mit einer temporären Verschiebung der Jurisdiktionskompetenzen.

Zu begründen wäre diese nicht nur mit den noch nicht vorhandenen Priester- und Bischofsweihen des designierten Freisinger Ordinarius, sondern auch mit dem jungen Alter des Administrators Rupprecht, der 1495 erst vierzehn Jahre zählte und des 1497 mit achtzehn Jahren ernannten Nachfolgers und 1499 zum Bischof gewählten Philipp[407]. Nach seinen im Jahr 1507 im Alter von siebenundzwanzig Jahren kanonisch vorschriftsmäßig erhaltenen Weihen wurde in den Kommissionsvermerke auch wieder Bezug auf Bischof Philipp genommen, hierbei handelte es sich jedoch nicht um die Entscheidung über Ehefragen. Es ging um schwierige und komplizierte Rechtsfälle, nämlich um eine gewalttätige Auseinandersetzung unter Klerikern mit Todesfolge[408] und um die Kriegsteilnahme eines Geistlichen im Landshuter Erbfolgekrieg während der Belagerung der Stadt Landshut[409]. Die Gesuche wurden an den Vikar des Freisinger Bischofs zurückgeschickt, der demnach in beiden Fällen die Rechtsprechungskompetenz besaß[410]. Gleichzeitig nahm die Zahl der Freisinger Bittsteller an der Kurie wieder deutlich zu, wie Grafik 1 zeigt. Eine genauere Definition, ob es sich bei dem bischöflichen Vikar um seinen Stellvertreter in der Seelsorge oder den rechtsprechenden Offizial des Freisinger Ordinarius handelte, wurde in beiden Supliken nicht gegeben.

Insgesamt wurde die geistliche Gerichtsbarkeit laut Supplikenregister von 1489 bis 1506 überwiegend vom Freisinger Domkapitel bestimmt beziehungsweise von dem von ihm ernannten Offizial ausgeübt[411], während sich in den Jahren vor 1489 nach der *narratio* von Ehesupliken der Eindruck ergab, dass bei Scheidungen die jurisdiktionelle Kompetenz zu dieser Zeit noch beim durch den

---

[406] PA 45, fol. 470r (zwei Supliken).
[407] SCHWAIGER, Diözesansynoden, 261-263.
[408] PA 54, fol. 39v-40r von 1507.
[409] PA 53, fol. 552v- 53r von 1506.
[410] Drei Supliken gleichen Datums: Julius II., PA 55, fol. 623r.
[411] Wie in einer Suplik im Jahr 1496 ausdrücklich erwähnt: Alexander VI., PA 45, fol. 176r in der Schlusszeile.

Bischof ernannten Offizial oder beim Ordinarius selber lag[412]. Die Amtszeit des Bischofs Sixtus von Tannberg währte bis 1494, so dass eine vermeintliche Sedisvakanz durch den Wechsel an die Pfälzer Wittelsbacher nicht der alleinige Grund für eine ab 1489 erfolgende Mandierung des Offizials durch das Freisinger Domkapitel gewesen sein könnte. Bereits in Kapitel III.4.a) wurde eine im benachbarten Bistum Eichstätt ab der Mitte des 15. Jahrhunderts eine zeitweise konkurrierende Rechtsprechungskompetenz zwischen Domkapitel und Bischof erwähnt[413]. Auch im benachbarten Bistum Chiemsee gab es zwischen Bischof und Archidiakonatsoffizium heftige Auseinandersetzungen um die Jurisdiktionskompetenz, die bis zu einem Prozess im Jahr 1510 an der Rota in Rom erbittert ausgefochten wurden[414]. Eine vergleichbare Auseinandersetzung wäre auch eine mögliche Begründung für die Verhältnisse in Freising. Ob es hier aber wie in den Bistümern Eichstätt und Chiemsee zu einer Auseinandersetzung zwischen Domkapitel und Bischof um die Ausübung der Jurisdiktionskompetenz gekommen war[415] und hierin ein Grund für die phasenweise wechselnde Zuständigkeit lag, kann anhand der hier untersuchten Quellen und aufgrund fehlender Forschungsarbeiten zum Freisinger Domkapitel im 15. Jahrhundert nicht beantwortet werden.

b) Zuständigkeit der Kurie

Von 1489 bis 1508 wurden insgesamt 22 von 54 und somit etwas weniger als die Hälfte der Kommissionsverweise an Kurienangehörige gerichtet[416]. In den vorhergehenden Jahren waren es zehn Vermerke. Das ist ebenfalls eine im Verhältnis zu den Supliken aus den übrigen Diözesen aus dem Heiligen Römischen Reich Deutscher Nation recht hohe Zahl. Vorrangig geschah dies bei den

---

[412] Unter Paul II., PA 15, fol. 41v wird eine Scheidung des Paares durch den Bischof erwähnt. Unter Sixtus IV. wird das Bischofsgericht dreimal genannt: PA 26, fol. 48r: Der Bischof zitiert das Paar vor sein Gericht, es wird durch dessen Stellvertreter geschieden; PA 26, fol. 48v: Der Stellvertreter des Bischofs zitiert ein Paar vor dessen Gericht; PA 31, fol. 17v: Der Bischof selber zitiert ein Paar vor sein Gericht. In Supliken unter Innozenz VIII. kommt in zwei Gesuchen das Bischofsgericht vor: PA 38, fol. 106r und PA 36, fol. 19r. Insgesamt liegen zweiundzwanzig Vermerke vor, in denen der Fall an den Bischof von Freising zurückgeschickt wurde.
[413] BUCHHOLZ-JOHANEK, Eichstätt, 156-158.
[414] HEIM, Chiemsee, 35-43. Siehe auch Kapitel III.4.a).
[415] BUCHHOLZ-JOHANEK, Eichstätt, 156-158.
[416] 41 von 615 Supliken, davon zweiundzwanzig Rückverweise an den Bischof von Freising, fünf an das Freisinger Domkapitel, zwei an den Erzbischof von Salzburg (PA 4, fol. 23r; PA 30, fol. 33r) und zwei an ein in der Diözese gelegenes Kloster (PA 5, fol. 315 v; PA 30, fol. 33r).

Themen Geburtsmakel und Weihelizenz und insbesondere nach 1489[417]. Dies könnte mit dem in Grafik 3 dargestellten Anstieg der unter *de promotis et promovendis* verzeichneten Dispense unter den Päpsten Sixtus IV., Innozenz VIII. und vor allem Alexander VI. einhergehen. Es handelte sich hierbei um einen ausgeprägten „Weihetourismus", bei dem angehende Kleriker ihre Karriere beschleunigten, indem sie sich in Italien und an der Kurie eine Geburtsmakeldispens erteilen ließen, sich vorzeitig weihen ließen, sich eine päpstliche Dispens zur Legitimation ihrer Weihegrade besorgten und anschließend wieder in ihre Heimatdiözesen zurückkehrten. Da sie ihre Weihen in Italien oder direkt an der Kurie erhalten hatten, war in diesen Fällen die Kurie zuständig, an deren Angehörige deshalb auch die Kommissionsverweise gerichtet wurden. In den Geburtsmakeldispensen gingen elf Kommissionsverweise an Kurienangehörige, außerdem in zehn unter *de promotis et promovendis* und anderen Themenbereichen verzeichneten Suppliken.

Auch hier besteht ein Zusammenhang zu der 1496 von der Kurie bezeichneten Sedisvakanz Freisings. Gemeint war seitens der Pönitentiarie vermutlich, dass der seit 1497 amtierenden Wittelsbacher Administrator Philipp von der Pfalz die Bischofsweihen noch nicht besaß und damit auch noch keine Befugnis zur Klerikerweihe hatte[418]. Das könnte in dieser Zeit die zahlreichen Reisen aufstrebender Freisinger Geistlicher nach Rom und Italien verursacht haben. Bei zwei Ehedispensen aus dem Jahr 1507 ist laut *narratio* eine persönliche Anwesenheit der Paare an der Kurie zu vermuten[419], ebenso bei den unter *de diversis formis* und *de declaratoriis* registrierten Gesuchen, so dass deswegen laut Kommissionsverweisen eine Überprüfung der Bittsteller durch Kurienangehörige vor Ort erfolgte und damit die kuriale Zuständigkeit erklärt ist.

c) Ergebnis

Die Kommissionsverweise zeigen noch deutlicher als die Auswertung der Suppliken texte die wechselnde Rechtsprechungskompetenzen zwischen kurialen und verschiedenen lokalen Jurisdiktionsinstanzen an. Eine zugrundeliegende Systematik lässt sich insofern erkennen, als dass Weihelizenzen vor allem dann an der Kurie erteilt wurden, wenn der Kandidat bereits vorherige Grade in Italien oder Rom erworben hatte oder wenn er persönlich an die Kurie gereist war.

---

[417] Siehe Grafik 2b.
[418] GATZ, Bischofslexikon, 536.
[419] PA 55, fol. 479v; PA 55, fol. 479v.

Sie spiegeln außerdem die lokale kirchenpolitische Lage wider, so dass mit den Freisinger Bischofswahlen verbundene Verschiebungen der Jurisdiktionskompetenzen ihren Widerhall in den Kommissionsvermerken fanden. In jedem Fall war die Verteilung der Zuständigkeiten zwischen den einzelnen Rechtsprechungsinstanzen von Freising bis Rom und ihr Zusammenspiel im 15. Jahrhundert noch nicht statisch festgelegt. Da, wie oben erwähnt, der Forschungsstand zum Verhältnis von Bischof und Domkapitel oder zur geistlichen Rechtsprechung in Freising noch aufgearbeitet werden muss, zeigen sich hier einige vielversprechende Themenfelder für weitere Untersuchungen.

5. Besondere Einzelfälle zum Thema Ehe in den Registerbänden
a) Missachtung von Ehevorschriften bei Trauungen von einem Priester
Aufgrund der zahlreichen Scheidungen in den Ehesuppliken ist zu vermuten, dass es in den Registerbänden auch etliche Disziplinarverfahren gegen Priester gegeben haben müsste, welche wegen Nichteinhaltung kanonischer Vorschriften die Trauungen nicht den kirchlichen Vorschriften entsprechend ausgeführt hatten. Zu erwarten wäre demnach auch eine größere Anzahl Geistlicher, die wegen einer Kompetenzüberschreitung oder der bewussten Missachtung des kirchlichen Eherechts angeklagt wurden. Die Registerbände enthalten jedoch nur den einen Fall eines Priesters, der seine Kompetenzen durch bewussten Verstoß gegen kanonischen Vorschriften bei der Trauung überschritten hatte, weil er illegitime Trauungen gegen Honorar vornahm, sowie Ehelizenzen trotz vorhandener Ehehindernisse ausstellte und deswegen von seinem Amt suspendiert worden war. Er musste sich jedoch an der Pönitentiarie vor allem wegen der Begleitumstände verantworten[420].

Im Jahr 1499 wurden am Tag der heiligen Magdalena in der Pfarrkirche in Holzen durch den Priester Christian Ringler gleich acht Ehen an einem Tag geschlossen. Die Unrechtmäßigkeit der Trauungen scheint am selben Tag bekannt geworden zu sein, infolgedessen kam es zu heftigen gewalttätigen Auseinandersetzungen zwischen dem Priester und den Ehepartnern, in deren Verlauf ein Beteiligter starb. Deswegen – und weniger wegen seiner Nichteinhaltung oder Nichtbeachtung der kanonischen Ehevorschriften bei den durch ihn unrechtmäßig vorgenommenen Trauungen – verfiel Christian Ringler der Irregularität und verlor damit die Erlaubnis, sein Amt weiter auszuüben. Damit scheint das Kapitalverbrechen von größerer Bedeutung gewesen zu sein als sein Amtsmiss-

---

[420] Alexander VI., 07. Mai 1499: PA 47, fol. 470r-470v.

brauch, da der Hauteil der *narratio* die Rechtfertigung seiner Tat als Notwehr beinhaltet. Insgesamt gibt diese Supplik den Anschein, dass im Kampf um die Einhaltung der kanonischen Vorschriften in Freising bis 1508 eher Druck auf die Ehepaare ausgeübt wurde als auf die Priester, welche die unrechtmäßigen Ehen schlossen. Der Priester und in Wasserburg als *premissarius* tätige Christian Ringler hatte in dieser Angelegenheit ein dreiviertel Jahr nach Dispenserwerb an der Pönitentiarie einen für den 22. Januar 1500 angekündigten Prozess am Freisinger Offizialatsgericht laufen[421]. Als Prokurator war laut Offizialatsregister Petrus Kalbsler tätig. Von den Verhandlungen sind jedoch im Protokollteil keinerlei schriftliche Prozessaufzeichnungen vorhanden.

b) Bitten um Wiederverheiratung

Eine inhaltlich sehr kurz gefasste Ehesupplik aus dem Jahr 1449[422] handelt von einer gewalttätigen Auseinandersetzung eines Petenten mit einem Ehemann, dessen Frau er heiraten wollte. Unter Androhung eines Prozesses kam es im Verlauf eines Streitgespräches im Haus des Ehepaares zu schweren Auseinandersetzungen, weil der Mann sich nicht von seiner Frau trennen wollte und damit nicht in eine Scheidung einwilligte. Nach dem Tod dieses Ehemannes einige Zeit später war der Weg jedoch frei für eine Wiederverheiratung der Frau, deren Name im Ehedispens nicht einmal erwähnt ist. Diese wurde mit *fiat de speciali* genehmigt. Ob dieses Paar bereits zu Lebzeiten des ersten Gatten ein außereheliches Verhältnis pflegte, lässt sich nur vermuten. Eine Scheidung scheiterte zwar zu Lebzeiten an dem Willen des Ehegatten, wurde jedoch zu dieser Zeit vom Bittsteller als realisierbar angesehen und scheint damit rechtlich betrachtet möglich gewesen zu sein. Ein weiteres außereheliches Verhältnis aus dem Jahr 1452 wurde unter Nikolaus V., ebenfalls nach dem Tod des Ehemannes, in eine rechtskräftige Ehe mit Legitimierung der Nachkommen umgewandelt[423]. Die Möglichkeit, nach einer Scheidung zu einer legitimen Wiederverheiratung zu gelangen, scheint in späteren Jahren weniger leicht erreichbar gewesen zu sein, wie die in zwei Suppliken enthaltenen Scheidungsgesuche unter Innozenz VIII. und Alexander VI. zeigen.

---

[421] HL Freising 107, fol. 1r.
[422] Nikolaus V., PA 2, fol. 5r.
[423] Nikolaus V., PA 3, fol. 283v.

c) Scheidungsgesuche

Eine Ehetrennung wegen Impotenz war eine der wenigen nach kirchenrechtlichen Vorstellungen legitimen Möglichkeiten, um eine Verbindung mit einem neuen Partner eingehen zu können[424]. Am häufigsten waren beispielsweise in Regensburg Trennungen von Tisch und Bett, welche aber nicht das Recht einer Wiederverheiratung beinhalteten[425]. Zwei Freisinger Scheidungsgesuche datieren in das späte 15. Jahrhundert. In der ersten Supplik vom 12. Februar 1489 hatte Anna Humel ein Eheversprechen mit Leonhard Hamhaner, beide kamen aus Diözese Freising[426]. Er war ihren Angaben zufolge impotent, frigid oder verhext und zum körperlichen Vollzug dieser Ehe nicht fähig. Die im Antrag enthaltene Formulierung, das Paar habe eine vorgebliche Ehe geführt, war nicht nur juristisch hilfreich für den Scheidungsantrag[427], sie weist auf die in der Bevölkerung verbreitete Vorstellung hin, eine Ehe sei erst durch den gemeinsamen sexuellen Verkehr vollzogen[428].

Sie wollte nicht in ihrer Ehe bleiben und hatte wohl ein von Seiten des Ehemannes stillschweigend toleriertes und viele Jahre dauerndes sexuelles Verhältnis einem anderen Mann namens Konrad Reists. Zusammen zeugten sie mehrere Kinder. Dann entschloss sie sich jedoch zur Trennung und wurde von Leonhard geschieden, jedoch ist unklar, ob es sich in diesem Fall nur um eine räumliche Trennung von Tisch und Bett oder um eine vollständige Scheidung handelte. Ihre Verbindung mit Konrad Reists bestand weiter. Weil beide wollten, dass ihre Kinder öffentlich anerkannt wurden und damit als legitime Erben von Grund und Besitz galten, gingen sie vor ein Gericht und wollten dann anschließend eine gültige Ehe schließen.

In diesem Fall scheint es neben der Ehe vor allem um das Erbrecht der Nachkommen gegangen zu sein, nämlich um die Kinder, die durch den Eheschluss legalisiert wurden und damit erbberechtigt waren[429]. Eventuell vorhandener Besitz fiel bei nicht dispensiertem Geburtsmakel an die Kirche[430], illegi-

---

[424] SCHMUGGE, Ehen, 158.
[425] LINDNER, Courtship, 147-148.
[426] PA 38, fol. 288v von 1489.
[427] SCHMUGGE, Ehen, 162-163.
[428] BRUNDAGE, Law, 502.
[429] BRUNDAGE, Law, 543.
[430] Dietmar WILLOWEIT, Von der natürlichen Kindschaft zur Illegitimität. In: Ludwig SCHMUGGE (Hg.), Illegitimität im Spätmittelalter (Schriften des Historischen Kollegs, Kolloquien 29), München 1994. 55-67, 62.

time Nachkommen erfuhren in Städten[431] und ländlichen Gebieten[432] starke vermögensrechtliche und soziale Nachteile. Anna Humel bat zudem um Absolution vom Vorwurf der Unzucht und des Exzesses wegen ihrer offenen, nicht legalen Beziehung zu Konrad Reists. Außerdem wünschte sie die Vergebung aller Sünden und bat darum, dass sie nicht in der Ehe mit Leonhard bleiben musste, obwohl sie ihren vorherigen Angaben nach bereits von ihm getrennt worden war. Des weiteren suchte sie um Erlaubnis, frei die Ehe mit Konrad schließen zu können und ausdrücklich auch um Legitimation ihrer empfangenen und zukünftigen Kinder. Die Supplik wurde unter der Rubrik *de declaratoriis* eingereicht, als Petentin ist allein Anna Humel angegeben – demnach ging die Initiative für den Eheschluß und für die Legalisierung der Kinder vor allem von ihr aus. Das Gesuch wurde mit *fiat ut infra* unterzeichnet, der Freisinger Bischof[433] wurde im Kommissionsvermerk angewiesen, ihrem Gesuch stattzugeben, falls das Scheidungsverfahren mit Leonhard Hahamer den kanonischen Vorschriften entsprechend korrekt abgelaufen war. Der Prozess ist in den Protokollen des Freisinger Offizialatsgerichtes nicht aufzufinden und wurde möglicherweise vor dem Freisinger Bischof persönlich verhandelt.

Diese Supplik ist sehr viel ausführlicher gehalten als die beiden Gesuche um Wiederverheiratung aus dem Pontifikat Nikolaus V. und lässt auf eine strengere Auslegung der Ehevorschriften der Freisinger Jurisdiktion gegen Ende des 15. Jahrhunderts schließen. Nach Schmugge kam es bei Scheidungen im Verlauf dieses Jahrhunderts zu einer Verfeinerung des Verfahrens und zu einer strengeren Anwendung der Vorschriften[434]. Die Anforderungen an die Beweismittel wurden in diesem Zusammenhang ebenfalls verschärft[435]. Einer positiven Entscheidung des Gesuches durch die Freisinger Jurisdiktion stand sicherlich die langjährige illegitime Beziehung des Paares unter Tolerierung des Ehegatten entgegen sowie die daraus bereits hervorgegangenen Kinder. Dies dürfte infolgedessen die Genehmigung ihrer Ehe erschwert haben.

Die zweite Supplik vom 16. Juni 1495 aus dem Pontifikat Alexanders VI. ist inhaltlich kürzer gefasst[436]. Hier reichte das Paar Anna und Leonhard aus

---

[431] Knut SCHULZ, Die Norm der Ehelichkeit in Zunft und Bürgerrecht. In: Ludwig SCHMUGGE (Hg.), Illegitimität im Spätmittelalter (Schriften des Historischen Kollegs, Kolloquien 29), München 1994, 67-83, 82.
[432] WILLOWEIT, Illegitimität, 63.
[433] SCHMUGGE u.a., Pius II., 16.
[434] SCHMUGGE, Ehen, 164-165.
[435] SCHMUGGE, Ehen, 165.
[436] Alexander VI.: PA 44, fol. 286v.

Ascholding im Pfarrbezirk Ringstorff, das dreizehn Jahre lang miteinander verheiratet war, ein Gesuch um Scheidung ein. Sie hatten laut eigener Aussage in der ganzen Zeit keinen körperlichen Kontakt miteinander, demnach konnte die Ehe laut Kirchenrecht, aber auch gemäß lokalen Vorstellungen über den Vollzug einer Ehe durch sexuellen Verkehr[437], als nicht gültig betrachtet werden. Als Trennungsgrund wird der Wunsch Annas nach Wiederverheiratung mit dem Ziel, Nachkommen zu zeugen, angegeben. Die Genehmigungsformel lautet auch hier *fiat ut infra*, im Kommissionsvermerk war angegeben, dass der Fall an den Bischof zurückverwiesen wurde. Dieser sollte eine Zeugenbefragung vornehmen und das Scheidungsgesuch bei einer Bestätigung der Aussagen, wie von Anna und Leonhard Huber erbeten, genehmigt werden. Die Hintergründe dieses Falles waren andere als bei Anna Humel und Leonhard Hamhamer – so hatte es offensichtlich kein unerlaubtes, heimliches Verhältnis neben der Ehe gegeben, welches den Tatbestand der „Unzucht" erfüllte und durch welches das Ansehen der Petenten bereits vorab beschädigt worden war. Auch der lange Zeitraum, in dem das Paar zusammenlebte, könnte für einen positiveren Bescheid von Bedeutung gewesen sein, denn beide hatten ihren Angaben nach über einen langen Zeitspanne versucht, eine Ehe zu führen. Auch dieser Fall wurde laut Kommissionsverweis der Pönitentiarie zur Zeugenbefragung an den Bischof, nicht den Offizial, zurückverwiesen, der in beiden Fällen die Jurisdiktionskompetenz besaß.

Weitere Scheidungsgesuche beispielsweise wegen Ehebruchs, Gewalt oder Grausamkeit seitens eines Ehepartners oder Bitten um Trennung von Tisch und Bett wegen Trunksucht oder Glücksspiel des Gattens sowie anderen Gründen gelangten aus der Diözese Freising nicht an die Pönitentiarie.

d) Lokale Traditionen in privaten Eheabsprachen

Das mittelalterliche Kirchenrecht erkannte das Gewohnheitsrecht und die Ersitzung von Gewohnheiten durch Verjährung grundsätzlich an, eine derartige Praxis wurde jedoch nicht gerne gesehen[438]. Im Eherecht existierten in der Bevölkerung Freisings lokale Traditionen, die im Verlauf des 15. Jahrhunderts erst sehr allmählich zurückgedrängt wurden. Ein Beispiel für lokale Verlobungstraditionen einer allerdings fehlgeschlagenen Eheschließung bietet eine Supplik vom 18. August 1472 aus Mittenwald, in der die unterschiedlichen, aufeinandertref-

---

[437] SCHMUGGE, Ehen, 158-163.
[438] PLÖCHL, Kirchenrecht, 53-54.

fenden Vorstellungen und Perspektiven der Betroffenen gut dokumentiert sind[439], sie wurde bereits von Schmugge publiziert[440].

Gaspar Runlling war zu Besuch bei Ulrich Steger in Mittenwald, als dieser ihm seine Tochter Anna als Ehefrau anbot. Er willigte ein und beide gaben sich – in Anwesenheit von mehreren Zeugen – ein Eheversprechen und besiegelten dieses gemäß heimatlicher Sitte durch das gemeinsame Trinken von Wein. Einige Zeit später wollte Gaspar seine Frau zur Brautmesse führen, der Vater jedoch hatte bis dahin seine Meinung geändert. Er verweigerte nun seine Zustimmung und verleugnete das abgegebene Eheversprechen, so dass der Bräutigam das geistliche Gericht in Aiterbach anrief und einen Prozess mit Zeugen anstrebte, um Anna als Frau zugesprochen zu bekommen. Der in Abwesenheit von Ulrich Steger und seiner Tochter Anna negativ verlaufende Prozess endete mit der Strafe von sechzehn Wochen Kerkerhaft für den Antragsteller, aus der er aber frei kommen konnte. Er bat unter anderem um Befreiung von dem Urteil des geistlichen Gerichtes[441].

Auffallend ist an dieser Supplik, dass der Eheprozess nicht am Freisinger Offizialatsgericht stattgefunden hatte und dementsprechend nicht in den Gerichtsprotokollen überliefert sein kann. Ein geistliches Gericht ist bis dahin nicht in den Quellen zu Aiterbach genannt worden, wohl aber gab es dort im ausgehenden 15. Jahrhundert ein weltliches Hofmarksgericht[442]. Bedeutend ist außerdem die Beschreibung der biblischen Vorbildern folgenden, in ländlicheren oder abgelegenen Regionen wie Mittenwald noch üblichen Praxis der Eheschließung: Das Eheversprechen in Gegenwart des Vaters und Zeugen, besiegelt durch einen gemeinsamen Weintrunk, wurde vom Petenten als rechtskräftig betrachtet. Hierbei handelte es sich anscheinend um ein weit verbreitetes Brauchtum[443]. Kirchlicherseits war nur eine öffentliche Trauung unter Beachtung der kanonischen Vorschriften rechtsgültig, so dass der Petent in dem am geistlichen Gericht durchgeführten Prozess seine traditionell geprägten Rechtsvorstellungen nicht durchzusetzen vermochte, sondern für diese sogar verurteilt wurde, möglicherweise auch wegen des Strafbestandes einer Clandestinehe. Demnach ist diese Supplik ein Beleg für in der Bevölkerung noch stark verbreiteten privaten Eheabsprachen, für lokale Traditionen bei Eheschluss und für die zu dieser Zeit in

---

[439] PA 21, fol. 79r.
[440] SCHMUGGE, Ehen, 68.
[441] SCHMUGGE, Ehen, 68.
[442] FRIED, Dachau und Kranzberg, 236-237; HIERETH, Moosburg, 46.
[443] SCHMUGGE, Ehen, 68.

Freising nicht durchgesetzte Norm einer kirchlich eingesegneten und durch einen Priester getrauten Ehe als Sakrament[444].

e) Nichteinhaltung des Zölibats

Dieser Fall wurde in der neuesten Publikation Schmugges zum Thema Ehen bereits ausführlich dargestellt[445]. In der illegitimen und vermutlich länger anhaltenden Beziehung des Freisinger Priesters und Domkanonikers Markus Hornle zu der Magd Margarethe Schliers im Jahr 1480 wurde ein Kind gezeugt, für das der Vater mit zwei rheinischen Gulden ein notariell bezeugtes Schweige- oder Kranzgeld zahlte[446]. Die Magd wollte trotzdem versuchen, Markus Hornle in eine Ehe zu zwingen oder ihn öffentlich zu blamieren, indem sie das gemeinsame Kind Andreas am Tag vor dem Fest der heiligen Katharina öffentlich vor versammeltem Klerus im Freisinger Dom dem Vater zu Füßen legen wollte. Markus Hornle blieb in Vorauskenntnis des Ereignisses dieser Messe fern, während Margarethe das Kind vor seinem leeren Stuhl aussetzte. Es wurde bald darauf zu einer Amme gebracht, einen Tag darauf starb das Kind jedoch. Schmugge vermutet im Hintergrund tatkräftige Unterstützung der Magd bei ihrem bewusst inszenierten und öffentlichkeitswirksamen Skandal[447]. Neben dem Zölibatsbruch zog sich der Kleriker vor allem einen Mordvorwurf zu, dennoch ist am Offizialatsgericht kein Hinweis auf einen Prozess gegen Hornle zu finden. In seiner Supplik an die Pönitentiarie ging es nicht um den Bruch seines Keuschheitsgelübdes, sondern er bat um einen Deklarationsbrief für seine Unschuld am Tod des Jungen. Diese von Schmugge als „Persilschein" bezeichnete Unschuldserklärung[448] wurde von der Pönitentiarie ausgestellt und setzte vermutlich den Schlussstrich unter dieser Affäre.

Markus Hornle hatte in späteren Jahren seine Karriere ungehindert fortsetzen können, sein Ruf blieb demnach unbeschadet, denn Veit Arnpeck nennt für das Jahr 1495 einen Markus Hörndl als Domherr und Propst von St. Andreas in Freising, der zu dieser Zeit außerdem ein Studium mit dem Lizentiat beider Rechte abgeschlossen hatte[449]. Eine Strafverfolgung von Margarethe Schliers

---

[444] SCHMUGGE, Ehen, 72.
[445] SCHMUGGE, Ehen, 132-35.
[446] PA 31, fol. 105r; SCHMUGGE, Ehen, 132-143.
[447] SCHMUGGE, Ehen, 134.
[448] SCHMUGGE, Ehen, 19.
[449] SCHMUGGE, Ehen, 134; Veit ARNPECK, Liber de gestis. In: Georg LEIDINGER (Hg.), Veit Arnpeck, Sämtliche Chroniken. Quellen und Erörterungen zur bayerischen und deutschen Geschichte, Neue Folge 3, München 1915.

scheint ebenso wenig stattgefunden zu haben, denn die katholische Kirche hatte es laut Brundage im 15. Jahrhundert weitestgehend aufgegeben, in sexuellen Verhältnissen mit Klerikern lebende Frauen zu bestrafen[450], auch wenn das Thema Klerikerkonkubinat in Freising Gegenstand mehrerer Diözesansynoden war[451]. Demnach scheint sie ihre Stelle als Magd in einem Freisinger Bürgerhaushalt auch nach diesem öffentlichkeitswirksamen Skandal weiter unbeschadet ausgeübt zu haben. Bis ins 16. Jahrhundert hinein war zudem kirchlicherseits die Durchsetzung des Zölibats im Klerus ein Fehlschlag[452].

Insgesamt handelt es sich hier – im deutlichen Kontrast zu den zahlreichen Geburtsmakeldispensen – um den einzigen aus dem Bistum Freising registrierten Fall von Zölibatsbruch im Supplikenregister, wobei hier der Fokus auf einer möglichen Mitschuld am Tod des Jungen und dem damit einhergehenden Mordvorwurf lag. Der Verstoß gegen die Zölibatspflicht wurde dagegen nicht weiter thematisiert. Laut Brundage wurden Sexualität und eheähnliche Beziehungen in der Kirchengesetzgebung des ausgehenden 15. Jahrhunderts stillschweigend ausgelassen[453]. Auch aus dem gesamten deutschsprachigen Raum wurde mit einundzwanzig Suppliken unter Pius II. nur eine sehr geringe Zahl von Zölibatsvergehen an die Pönitentiarie gemeldet, davon kamen allein sechs aus der Diözese Konstanz[454].

6. Gewalttaten und Kapitalverbrechen: Die herzogliche Blutgerichtsbarkeit

Die auf Kapitalverbrechen folgende Bestrafung durch mehrfache Folter oder die Erteilung von Todesstrafen waren im kanonischen Recht nicht vorgesehen, wurde in der Rechtspraxis jedoch allgemein toleriert und durch Delegation der Verurteilten an weltliche Gerichte umgangen[455]. Im 15. Jahrhundert kam es – im Gegensatz zum Bistum Augsburg[456] – in Bayern bereits häufig vor, dass das Gerichtsstandsprivileg des Klerus nicht mehr beachtet wurde[457]. In diesem Bereich wandten sich nicht nur wenige Freisinger Kleriker, sondern auch nur noch sehr wenige Laien an die Pönitentiarie. Christine Reinle machte die zu dieser Zeit durchaus zahlreichen, gewalttätigen Auseinandersetzungen unter der einfachen,

---

[450] BRUNDAGE, Law, 539.
[451] MASS, Freising, 340.
[452] BRUNDAGE, Law, 538.
[453] BRUNDAGE, Law, 539.
[454] SCHMUGGE u.a., Pius II., 148.
[455] PLÖCHL, Kirchenrecht, 399.
[456] SCHWAB, Augsburger Offizialatsregister, 461-464.
[457] UNTERBURGER, Konkordat, 106; ROSENTHAL, Gerichtswesen, 37.

nichtadeligen Bevölkerung zum Gegenstand ihrer Habilitationsschrift[458]. Vor allem zu Beginn des Untersuchungszeitraumes kamen wegen Gewalttaten und Kapitalverbrechen auffallend wenige Kleriker nach Rom. Der 7%-Anteil von allen Gesuchen beziehungsweise der Anteil von einem Drittel der unter *de diversis formis* und *de declaratoriis* verzeichneten Suppliken stehen im deutlichen Kontrast zu anderen nord- und ostdeutschen Diözesen wie beispielsweise Kammin. Vor dort gelangten in gleichen Zeitraum überdurchschnittlich viele Gesuche zum Thema Gewalt unter Klerikern oder zwischen Klerikern und Laien an die Pönitentiarie[459]. Der Anteil unter *de diversis formis* und *de declaratoriis* verzeichneten Gewalt- und Kapitalverbrechen betrug im gesamten Deutschen Reich 40%[460], in norddeutschen Diözesen insgesamt 50,5%[461], in Finnland sogar 74%[462].

Die jurisdiktionelle Zuständigkeit für die Hals- und Kopfgerichtsbarkeit lag im 15. Jahrhundert beim Herzog, aber nicht mehr bei der Kirche[463]. Von einem neuzeitlichen Staat mit ausschließlicher Herrschaftsausübung kann im 15. Jahrhundert in Bayern zwar noch keine Rede sein, denn es bestand ein Sammelsurium von Zuständigkeiten unterschiedlicher Rechtsgewalten, verbunden mit Kompetenzstreitigkeiten zwischen mit der Rechtspflege betrauten Organe von Städten, Märkten, Adeligen und kirchlichen Institutionen oder Klöstern[464]. Dennoch kann ein Grund für das weitgehende Fehlen von Gewalt- und Kapitalverbrechen bei Klerikern aus Freising in der im 14. Jahrhundert entstandenen Ottonischen Handveste sowie im 1335/46 entstandenen Oberbayerischen Landrecht Ludwigs des Bayern liegen[465]. Laut beiden Rechtsordnungen lag die Blutsgerichtsbarkeit ausschließlich beim Herzog[466], sie wurde im Einzelfall an bestimmte Klöster wie das 1332 gegründete Ettal mit dem Ziel der Verdrängung

---

[458] Christine REINLE, Bauernfehden: Studien zur Fehdeführung Nichtadeliger im spätmittelalterlichen römisch-deutschen Reich, besonders in den bayerischen Herzogtümern, Stuttgart 2003.
[459] SCHMUGGE u.a., Pius II., 96, 175.
[460] SCHMUGGE, Kinder, Kirche, Karrieren, 139.
[461] Bremen, Hamburg, Lübeck, Kammin, Ratzeburg, Schleswig und Schwerin in den Pontifikaten Eugens IV. bis Paul II.
[462] SALONEN, Long path, 296-298, 299 (Tabelle).
[463] ROSENTHAL, Gerichtswesen, 35-40.
[464] SAGSTETTER, Hoch- und Niedergerichtsbarkeit, 2-7.
[465] Hans SCHLOSSER und Ingo SCHWAB, Oberbayerisches Landrecht Kaiser Ludwigs des Bayern von 1346. Edition, Übersetzung und juristischer Kommentar, Köln 2000.
[466] Siehe beispielsweise die Bestimmungen zu Körperverletzung und Totschlag bei SCHLOSSER, Oberbayerisches Landrecht, 282-292

fremder Hoheitsträger durch ein starkes herzogliches Kloster verliehen[467]. Dieses konnte seinen Jurisdiktionsbereich im 15. Jahrhundert noch über die Gebiete Ammergau und das Gericht Murnau ausdehnen und war kompetenzmäßig den herzoglichen Landgerichten gleichgestellt[468]. Die Wittelsbacher besaßen damit *de facto* schon im 14. Jahrhundert im gesamten Territorium die Blutsgerichtsbarkeit[469] und übernahmen durch Mediatisierung auch reichsunmittelbarer Hochstifte und Abteien deren Gerichtsbefugnisse[470]. Deshalb sind auch die in den ab 1508 formulierten Landesfreiheiten enthaltenen Bestimmungen zur Blutsgerichtsbarkeit von untergeordneter Bedeutung und ohne wesentliche Folgen für die geistliche Rechtsprechung geblieben und spiegelten eher einen bereits erreichten Rechtszustand wider, da die Wittelsbacher auch mittels Vogtei über die meisten im Bistum gelegenen Klöster bereits faktisch im Besitz ihrer Gerichtsbefugnisse waren[471].

Das Kloster Benediktbeuern konnte aufgrund eines gefälschten Hofmarksprivilegs und einer beharrlichen Verteidigung seiner dort angeblich verliehenen Rechtsprechungskompetenz einschließlich dem Blutbann unterliegenden Fällen auch über das 15. Jahrhundert hinaus eine besondere und den herzoglichen Landgerichten gleichgestellte Position behaupten[472]. Es besaß umfangreichen Territorialbesitz und damit Rechtsprechungsbefugnisse über eine hohe dort lebende Personenzahl[473]. Eine Abschrift mit Auszügen von den am Kloster verhandelten Gerichtsfällen aus dem 15. und 16. Jahrhundert mit dem Ziel einer Abgrenzung gegen die konkurrierenden herzoglichen Landgerichte enthielt eine Vielzahl an Themen[474]. Verhandelt wurden hier auch todeswürdige Fälle wie Totschlag, Diebstahl oder Elternmisshandlung[475]. Die klösterliche Jurisdiktion wurde schließlich vom Herzog als Gewohnheitsrecht anerkannt[476].

---

[467] SAGSTETTER, Hoch- und Niedergerichtsbarkeit, 164-166.
[468] SAGSTETTER, Hoch- und Niedergerichtsbarkeit, 169.
[469] SAGSTETTER, Hoch- und Niedergerichtsbarkeit, 29.
[470] SAGSTETTER, Hoch- und Niedergerichtsbarkeit, 28.
[471] SAGSTETTER, Hoch- und Niedergerichtsbarkeit, 28-30.
[472] SAGSTETTER, Hoch- und Niedergerichtsbarkeit, 291-297.
[473] HOLZFURTNER, Grenzen, 423-425.
[474] Ehefälle wurden hier nicht erwähnt. Dies war aufgrund der klösterlichen Zielsetzung auch nicht nötig, da eine Kompetenzstreitigkeit mit dem Offizialatsgericht nicht das Thema war. Dennoch wäre es sehr gut möglich, dass in den originalen Prozessaufzeichnungen auch Ehestreitigkeiten enthalten waren.
[475] Siehe auch KL Benediktbeuern 16.
[476] SAGSTETTER, Hoch- und Niedergerichtsbarkeit, 297.

In den meisten oberbayerischen Gebieten des Bistums Freising wurde aber kaum mehr geistliche Rechtsprechung zu diesem Thema ausgeübt, was auch durch das weitgehende Fehlen dieser Thematik in den Freisinger Offizialatsprotokollen bestätigt wird. Demnach gab es hier auch eine erkennbare Ausweitung herzoglicher Jurisdiktionskompetenzen über den Klerus im 15. Jahrhundert, die sich auch in der niedrigen Anzahl an Gewalt- und Kapitalverbrechen im Supplikenregister spiegelt. Wegen der geringen Supplikenzahl können deshalb die Themen Gewalt und Kapitalverbrechen unter Klerikern und Laien inhaltlich nicht weiter verfolgt werden.

IV. Kartographische Auswertung des Supplikenregisters
1. Geographische Grundlagen der Diözese
Anhand der „Sunderndorfer Matrikel" aus dem Jahr 1524[1] wurde von Joseph Staber eine Bevölkerungsstatistik für das Bistum Freising erarbeitet. Auch wenn seine Zahlen vielfach nur auf Schätzungen basieren und die Zahlenangaben deshalb nicht überprüfbar sind, sollen sie in diese Arbeit als Richtlinie gelten, um sie mit in den Auswertungen gewonnenen Statistiken zu vergleichen. Freising bestand im 15. Jahrhundert aus 17 Dekanaten sowie dem Archidiakonat Rottenbuch. Die Gesamteinwohnerzahl des Bistums, mit Ausnahme des Archidiakonats Rottenbuch, wurde von Staber auf etwa 130 000 Seelen hochgerechnet[2]. Darunter befanden sich etwa 230 Pfarrer, Pfarrvikare oder exponierte Kooperatoren und 175 Hilfspriester[3], so dass auf 320 Einwohner ein Geistlicher kam. Etwa 10% der Menschen lebten in München[4], darunter befanden sich etwa 120 bis 150 Kleriker, jedoch nur acht eigentliche Seelsorger, vier Kooperatoren und zwei Kapläne[5]. Die Pfarrkirchen St. Peter und St. Marien zählten jeweils etwa 5000 Gemeindemitglieder. Weitere Städte wie Landshut[6] oder Freising waren mit 9000 Einwohnern etwas kleiner. Diese geringe Größe könnte wie beispielsweise bei Freising, Erding Moosburg und Dachau auch durch die geographische Lage in weniger fruchtbaren, moorigen und feuchten Gebieten begründet sein[7], so dass der niedrigere landwirtschaftliche Ertrag aus dem Umland und geringere wirtschaftliche Einnahmequellen aus Handel und Zöllen durch die Lage abseits von Handelswegen die Einwohnerzahl begrenzten. Auch die Gemeindegrößen waren im Nordwesten Freisings insgesamt deutlich kleiner als im

---

[1] Veröffentlicht in: Martin von DEUTINGER, Die älteren Matrikeln des Bistums Freising Bd. 3, München 1850.
[2] Joseph STABER, Die Seelsorge in der Diözese Freising unter den Bischöfen Johannes Tulbeck, Sixtus von Tannberg und Pfalzgraf Philipp. In: THEOLOGISCHE FAKULTÄT DER UNIVERSITÄT MÜNCHEN (Hg.), Episcopus. Studien über das Bischofsamt, Regensburg 1949, 207-226, 210.
[3] STABER, Die Seelsorge, 210.
[4] STABER, Die Seelsorge, 210: Die Bevölkerungszahl betrug 1462 vermutlich 12 614 Einwohner, um 1500 etwa 13 000 Einwohner; laut Alois Schmid, München. In: LexMA VI, 1992, 897-898 sogar 14 000 Einwohner. Siehe auch Helmut STAHLEDER, Das Münchener Patriziat. In: OA 109, 58. Er nimmt für 1500 eine Einwohnerzahl von 13 500 Personen an.
[5] STABER, Die Seelsorge, 210.
[6] Georg SPITZLBERGER, Landshut. In: LexMA V, 1991, 1678, um 1500 ca. 9000 Einwohner. Die Kirche St. Jodok zählte etwa 4500 Kommunikanten, St. Martin etwa 1900.
[7] Hermann JERZ, Das Eiszeitalter in Bayern, Stuttgart 1993, 42, 158, 167 und 169; Helmuth STAHLEDER, Freising. In: LexMA IV, 1989, 904-906.

Voralpenland, sie umfassten zum Teil weniger als 200, in etwa 35 Gemeinden sogar weniger als 100 Kommunikanten[8].

In den südlichen Dekanaten befanden sich deutlich größere Pfarreien, die im 15. Jahrhundert zum Teil schon ständige Pfarrvikariate unterhielten. So umfasste laut Staber Aufkirchen etwa 1600, das Vikariat Tölz 1500, Breitenbach in Tirol 1400, Flintsbach 1200, Gmund 1200, Au bei Aibling 1020 und Hartpenning 1000 Kommunikanten[9]. Entsprechend größer scheint insgesamt die Besiedlungsdichte im Voralpenraum gewesen zu sein, bedingt durch bessere landwirtschaftliche Erträge auf fruchtbarer Braunerde[10] und durch auf guten wirtschaftlichen Beziehungen aufgrund der geografischen Nähe zu Salz- und Fernhandelsstraßen basierenden höheren Einkommen[11].

2. Die Ortsangaben in den Suppliken

Der Wohnsitz eines Antragstellers bestimmte in der Regel auch die Zuständigkeit des entsprechenden Diözesangerichtes[12]. Für Gesuche aus dem Bistum Freising lässt sich diese Aussage schwer belegen, da nur in wenigen Fällen nachweislich ein Prozess am Offizialatsgericht vorausging[13]. Insgesamt sind in den Freisinger Suppliken 358 Angaben von 196 Orten enthalten. Bei den in den Suppliken angegebenen Namen könnte es sich sowohl um die Geburtsorte als auch um die Wohnsitze der Personen gehandelt haben. Durch ergänzende Quellen ließ sich am Beispiel dreier Kleriker belegen, dass das im Bistum Freising gelegene Benefizium an der Pönitentiarie als Herkunftsort verzeichnet wurde: Johannes Dornvogt aus München[14] besaß eine Plebansstelle in Kolbach, im Supplikenregister wurde dies als Wohnsitz notiert[15], bei Georg Graff aus München[16] wurde Salzburg[17] und bei Antonius Hering aus Augsburg wurde Feldkirchen angegeben, denn er besaß dort eine Pfarrstelle[18].

---

[8] STABER, Die Seelsorge, 210.
[9] STABER, Die Seelsorge, 211.
[10] Ralph JÄTZOLD (Hg.), Physische Geographie und Nachbarwissenschaften. Harms Handbuch der Geographie, Hannover 1999, 154-156.
[11] KRAMER, Bayerische Städte, 339-341.
[12] PLÖCHL, Kirchenrecht, 353.
[13] Eine genauere Untersuchung erfolgt in Kapitel IX.1. bis IX.3.: Beispiele für einen Instanzenzug nach Rom.
[14] AFA Wien, Bd. 2 fol. 131r, fol. 169v; SZAIVERT u.a., M Wien, Bd. 1, 190.
[15] PA 28, fol. 169r.
[16] AFA Wien, Bd. 3 fol. 123rv, fol. 98rv; SZAIVERT u.a., M Wien, Bd. 2, 42.
[17] UA München, O I 2 fol. 60r; PÖLNITZ, M Ingolstadt, Tl. 1, Bd. 1, 114, 141.
[18] PA 44, fol. 400r-v.

Die auf unterschiedlichen Schreibweisen beruhenden Entstellungen von Namenswidergaben an der Kurie sind ein gängiges Problem in der Forschung[19]. Die persönlich vorgetragenen Angaben der Bittsteller wurden von den meist italienischstämmigen Pönitentiarieschreibern möglichst gehörgetreu – jedoch nicht immer korrekt niedergeschrieben. Deshalb sind die aufgezeichneten Ortsnamen von unterschiedlicher Genauigkeit, welche ihre Auffindbarkeit teilweise schwer möglich macht. So wurde beispielsweise der Ort Dachau als mundartlich-bayerisch *Docha* verzeichnet, Giesing als *Gyesing*, Traunstein als *Tramista* oder Ambach als *Emspach*. Namen wie beispielsweise *Tamstetten*[20], *Mitterm Undersparnn*[21] oder *Muwimull*[22] sind leider nicht lokalisierbar und können bei ihrer Niederschrift stark verändert worden sein. Bei diesen handelt es sich vermutlich um überwiegend ländliche und sehr kleine Orte[23], so dass ihr Fehlen teilweise die Ergebnisse der kartographischen und statistischen Auswertung beeinflusst. Eine weitere Entstellung entstand durch die Weitergabe der Anliegen durch dritte Personen wie Prokuratoren und Boten, durch die geringere Sorgfalt der Schreiber bei der Verkürzung der Texte im Supplikenregister sowie Latinisierungen von Orts- und Personennamen[24].

In späteren Suppliken ab 1489 beziehungsweise ab Innozenz VIII. wurde oft zusätzlich noch der Name des Pfarrbezirkes mit *parrochia* oder *plebanus* verzeichnet[25], bei insgesamt vierzehn Angaben wurde dieser auch anstelle eines Ortsnamens genannt[26]. Diese Namen konnten in der kartographischen Darstellung und in der statistischen Auswertung nur in geringem Umfang berücksichtigt werden.

---

[19] SCHMUGGE, Kinder, Kirche, Karrieren, 126-127.
[20] PA 55, fol. 502r.
[21] PA 49, fol. 138r.
[22] PA 38, fol. 157v.
[23] Die persönlichen Daten und Angaben in einiger dieser Suppliken ließen den Rückschluss auf Herkunft aus sehr ländlichen Gebieten zu: beispielsweise stammte die Ortsangabe *Muwimull* von einem Bauern, aus *Mitterm Undersparnn* kam eine Ehesupplik, bei der die Art der Namensgebung der Frau (Vorname und Angabe des Vaters) auf eine eher ländliche Herkunft schließen lässt.
[24] SCHMUGGE, Kinder, Kirche, Karrieren, 127.
[25] Innozenz VIII., PA 38, fol. 157v.
[26] Beispielsweise Julius II., PA 55, fol. 502v.

3. Statistische und kartographische Auswertung: Grundlagen der Kartenerstellung

Die in den Suppliken angegebenen Orte konnten mithilfe des Interneortals „Historischer Atlas Bayern online" der Bayerischen Landesbibliothek anhand ihrer Gauss-Krüger-Koordinaten auf 100 Meter genau lokalisiert und in eine Karte eingetragen werden. Damit ist eine genauere Visualisierung der Herkunft vieler Antragstellern in mehreren Karten unter verschiedenen Fragestellungen möglich. Die Karte beschränkt sich auf die Lage zwischen 10,7° bis 12,8° Länge und 47,0° bis 48,2° Breite, um eine maßstabsmäßig detailgenaue Darstellung vor allem der Diözese Freising zu ermöglichen. Es handelt sich um eine winkeltreue, flächenverzerrende Zylinder- oder auch Mercatorprojektion[1], im Hintergrund liegt ein auf Sattelitenaufnahmen basierendes Georelief.

Zu überprüfen ist, ob sich anhand der Herkunftsangaben in der Diözese Freising im Untersuchungszeitraum bestimmte Schwerpunkte geistlicher Rechtsprechung erkennen lassen, bei denen die Petenten im Rahmen von Prozessen an Freisinger Gerichten auch die Pönitentiarie frequentierten. Es stellt sich zudem die Frage, ob möglicherweise auch eine Art Bekanntheitsgrad der obersten Beichtbehörde in der Bevölkerung nachzuweisen ist, in welchem Ausmaß die Bevölkerung mit ihrer Existenz vertraut war sowie ob und wie zielgerichtet deren Dispensgebung für eigene Belange eingesetzt wurde, wie Kirsi Salonen anhand einer Ehedispens aus Ambach aus dem Jahr 1461, der parallel am Offizialatsgericht Freising behandelt wurde, vermutet[2]. Demnach könnte es in der Diözese Freising – in Abhängigkeit von dem in der Bevölkerung verbreiteten Wissen um Kirchengesetze und Jurisdiktionsinstanzen – Gegenden mit besonders hoher oder auch mit sehr niedriger Petentenzahl gegeben haben.

Die Schreibweise der Orte in der ersten Karte wurde dabei möglichst der heutigen Namengebung angeglichen, da Entstellungen nicht-lateinischer Personen- und Ortsnamen durch die Schreiber in Rom häufig auftraten[3]. Für etliche Angaben kamen bei der Ortsfindung mithilfe der Online-Ausgabe des Historischen Atlas Bayern mehrere Treffer zustande. Bei nur zwei Auswahlmöglichkeiten wurde der innerhalb der Diözesangrenzen liegende Ort in die

---

[1] Es handelt sich um eine winkeltreue Projektion mit einem transversalen Mercatorgitter. Zu Schreibweise und Darstellungsform der Karte siehe Jätzold, Physische Geographie 33-35. Die eingetragenen Flächen sind in dieser Art von Kartendarstellung in die Breite verzerrt. Zudem wurde eine Reliefdarstellung ergänzt, um lokale Verbindungen und Schwerpunkte besser erkennen zu können.
[2] Salonen, Diemunda and Heinrich, 43-59.
[3] Salonen, Diemunda and Heinrich, 43, Anm. 2.

Karte eingetragen. Für manche Namen gibt es jedoch drei oder mehr Entsprechungen wie beispielsweise bei Hart mit vier oder Moos mit 76 Treffern. Solche Orte konnten deshalb nicht eindeutig lokalisiert werden und wurden deshalb nicht in die kartographische Darstellung aufgenommen. Es handelt sich auch hierbei überwiegend um kleine und ländliche Orte.

Von den 196 im Supplikenregister verzeichneten Orten des Bistums Freising ließen sich mit 101 etwas mehr als die Hälfte genau zuordnen, während 95 keine Berücksichtigung in der kartographischen Auswertung finden konnten. Bei den Ortsangaben handelt es sich meistens um die aktuellen Wohnsitze der Antragsteller. So gab beispielsweise der 1475 mit einer Pfründendispens vertretene Pankraz Haselberger als Herkunftsort Perlach an[4]. Dort war er seinen Angaben nach als Leiter einer Pfarrkirche tätig. Er stammte jedoch ursprünglich aus Mattsee in der Diözese Passau[5]. Der seit 1492 als Rat Albrechts IV. tätige Geistliche Erasmus Tobler stammte dagegen aus Nürnberg, er war dort Propst zu St. Sebald und war 1501 in einem Rotaprozess für Albrecht IV. als Prokurator tätig[6]. Er wurde 1491 im Supplikenregister unter der Diözese Freising verzeichnet, möglicherweise aufgrund seiner Ratstätigkeit sowie einer weiteren, in Wasserburg liegenden Pfründe[7]. Bei dem 1492 als Kurienprokurator in einem anderen Rotaprozess tätigen Geistlichen Johannes Prebeck wurde dagegen korrekt der Herkunftsort Regensburg angegeben[8], er wurde wie Erasmus Tobler aufgrund seiner Tätigkeit für Albrecht IV. im Jahr 1474 unter der Diözese Freising registriert. Dennoch geht in vielen Fällen aus der Ortsangabe nicht eindeutig hervor, ob es sich um den Wohnsitz, die Hauptbenefiz oder den Geburtsort des Antragstellers handelte und das Supplikenregister bleibt daher gerade bei mehrfach bepfründeten Klerikern bei den Ortsangaben ungenau. Die hervorragende Forschungslage zu München[9] ermöglichte die Ergänzung des Herkunftsortes München bei insgesamt 28 Bittstellern, so dass von dort insgesamt 64 Personen an die Pönitentiarie kamen. Dies wurde in Karte 3[10] durch entsprechende Symbole hervorgehoben.

---

[4] PA 23, fol. 237r von 1475.
[5] LIEBERICH, Gelehrte Räte, 255.
[6] FEUERER, Klosterpolitik Albrechts IV., 733.
[7] PA 41, fol. 390r.
[8] PA 22, fol. 153r.
[9] STAHLEDER, Münchener Häuserbuch sowie zahlreiche Artikel zu Münchener Bürgergeschlechtern, aufgrund derer eine große Zahl von Personen und deren verwandtschaftliche Beziehungen punktgenau verfolgt werden konnte.
[10] Karte 3: Penitentiaria Apostolica – Herkunftsorte, Personenzahl, Stand.

In der Auswertung wurde nach Städten mit überregionaler Bedeutung und einer 8000 oder mehr Personen zählenden Einwohnerschaft (großes Quadrat), kleinen Städten (kleines Quadrat), an Einwohnerzahl in manchen Fällen sogar gleichwertigen Märkten (Raute) und weiteren Orten oder Dörfern (Kreis) unterschieden, um unter den Supplikanten den Anteil städtischer und ländlicher Bevölkerung ermitteln zu können. Zu den überregionalen Städten zählten im 15. Jahrhundert München, Landshut, Freising, Augsburg, Innsbruck und Salzburg, während es sich bei Wasserburg, Moosburg, Erding und Friedberg um Kleinstädte handelte. Ein Marktrecht besaßen im 15. Jahrhundert (Fürstenfeld-)Bruck, Ebersberg, Dachau, Tölz. Insbesondere bei den Märkten Aibling, Rosenheim und Mittenwald ist laut Störmer eine ähnlich hohe Einwohnerschaft wie bei den Kleinstädten zu vermuten[11]. Der Anteil städtischer Bevölkerung betrug nach Störmer um 1600 etwa 25%[12] und lag im Untersuchungszeitraum noch darunter. Angenommen wird in dieser Arbeit eine Zahl um die 20%, da zu Beginn des 16. Jahrhunderts laut anderen Angaben 80% der bayerischen Bevölkerung in landwirtschaftlichen Bereichen tätig war[13]. An Münchener Ausfall- und Fernhandelsstraßen[14] lagen eine Reihe von Dörfern, aus denen insgesamt acht Petenten an die Kurie kamen. Sie sind heute Teile der Stadt München und wurden in der Auswertung zum Einzugsgebiet der Stadt München gezählt und als stadtnahe Orte bewertet. Hierzu zählten im 15. Jahrhundert Feldmoching, Aubing, Sendling, Oberhaching, Haching und Giesing.

Insgesamt wurden fünf Karten angefertigt: Karte 1[15] enthält alle verifizierten Ortsnamen, die Grenzen der bayerischen Teilherzogtümer wurden in Karte 2[16] ergänzt, um mögliche Einflusssphären der bayerischen Herzöge auf die Kurienkontakte zu untersuchen. Karte 3[17] thematisiert die Personenzahl sowie deren Herkunft und Stand, unterteilt nach Laie, Scholar, Säkularkleriker und Mönch. Karte 4[18] hat Scheidungen und Exkommunikationen von Eheleuten durch den Offizial beziehungsweise durch den Freisinger Bischof und einige Klöster zum Inhalt. Diese Suppliken lassen einen vorausgegangenen Eheprozess

---

[11] STÖRMER, Städte und Märkte, 45.
[12] STÖRMER, Städte und Märkte, 92.
[13] HEYDENREUTER, Recht, 11.
[14] Helmuth STAHLEDER, Stadlanung und Stadtentwicklung Münchens im Mittelalter. In: OA 119, 1997, 238 (Karte).
[15] Karte 1: Penitentiaria Apostolica – Herkunftsorte der Freisinger Petenten.
[16] Karte 2: Penitentiaria Apostolica – Herkunftsorte und bayerische Teilherzogtümer.
[17] Karte 3: Penitentiaria Apostolica – Herkunftsorte, Personenzahl, Stand.
[18] Karte 4: Penitentiaria Apostolica – Scheidungen und Exkommunikationen.

am Offizialatsgericht vermuten, während in Karte 5[19] das Aufsuchen der Pönitentiarie auf eigene Initiative hin thematisiert wurde. Hier wurde die geographische Herkunft von vorab eingeholten Matrimonialdispensen und Ehelizenzen visualisiert.

4. Geographische Auswertung

a) Karte 1: Geographische Verteilung der Herkunftsorte

Insgesamt wurden die 101 lokalisierbaren Orte von 276 Personen erwähnt[20]. Von diesen lagen 37 außerhalb der Diözesengrenze Freisings im 15. Jahrhundert, davon 34 innerhalb des Darstellungsbereiches. Manche Orte wie Berlberg, Kammern, Steppach, Haidlfing, Innsbruck, Eschelbach oder Salzburg befanden sich mit 50[21] bis 100 km[22] sogar in größerer Entfernung zur Bistumsgrenze, so dass sich die Frage stellt, weshalb in diesen Suppliken Freising als Herkunftsdiözese angegeben wurde. Möglicherweise geschah dies, weil bei den Antragstellern in vorausgegangenen oder parallel laufenden Prozessen die Rechtsprechung durch den Freisinger Offizial erfolgte. Das Beispiel des aus Augsburg stammenden Klerikers Antonius Hering zeigt, dass er wegen der Lage seiner Pfründe in Feldkirchen, aber mit Augsburg als Herkunftsort unter der Diözese Freising verzeichnet wurde. Georg Graff dagegen war gebürtiger Münchener, das Bistum Freising wurde deshalb trotz seines mit Salzburg angegebenen Wohnsitzes registriert. Das in einer Supplik erwähnte Zell am Ziller gehörte beispielsweise nicht zum Territorialbesitz des Bistums Freising. Es handelte sich vielleicht um den Geburtsort des Freisinger Kanonikers Heinrich von Schmiechen, zum Zeitpunkt seines Gesuches bereits Kanoniker und Inhaber einer Kommende an der St. Veit Kirche in Freising[23], der eine Bitte um Studienlizenz einreichte. Aufgrund seiner Zugehörigkeit zum Domkapitel wurde in diesem Fall Freising als Herkunftsdiözese verzeichnet.

In einem 1467 registrierten Fall aus Salzburg mit zwei Suppliken[24] wurde sogar eine Begründung verzeichnet, weshalb der Fall außerhalb des Zuständigkeitsbereiches des Ortsbischofs verhandelt wurde: Der Petent wünschte explizit eine Übergabe seines Falles an den Kaiser. Dies war rechtlich möglich, da der

---

[19] Karte 5: Penitentiaria Apostolica – Ehedispense und Ehelizenzen.
[20] Siehe Karte 1: Penitentiaria Apostolica – Herkunftsorte der Freisinger Petenten.
[21] Haidlfing.
[22] Salzburg.
[23] PA 16, fol. 98v.
[24] Paul II., PA 15, fol. 114r; PA 15, fol. 115v.

Kaiser in seiner Stellung als *filius specialis* des Papstes ebenso und gleichwertig als letzte Appellationsinstanz angerufen werden konnte[25]. Es handelt sich um einen Mönch, der um Erlaubnis bat, in ein Kloster unter anderer und wahrscheinlich leichterer Regel wechseln zu dürfen. Offensichtlich war er mit der durch Albrecht IV. beeinflussten Klosterpolitik nicht einverstanden und hielt auch seinen Ordinarius in dieser Angelegenheit für befangen. Bei der Ortsangabe *Schiern* könnte es sich um Scheyern gehandelt haben, wo sich für 1467 zwar ein Mandat oder Weisung Albrechts IV. an das Kloster nachweisen lässt[26], jedoch keine Visitation[27] oder Wahlbeeinflussung[28].

In den meisten Suppliken von außerhalb der Bistumsgrenzen lebenden Antragstellern findet sich jedoch keine inhaltliche Begründung, weshalb sie unter der Diözese Freising verzeichnet wurden. Möglicherweise nahmen sie einfach den geographisch kürzesten Weg zu dem am für sie am besten erreichbaren Offizialatsgericht. Insgesamt wurden in regelmäßigen Abständen auch externe Fälle in erster Instanz in Freising behandelt. Dies könnte ein Hinweis auf eine zeitweise überregionale Anziehungskraft dieses geistlichen Gerichtes vor allem unter den juristisch geschulten Bischöfen Johann Tulbeck und Sixtus von Tannberg sowie ihren Offizialen darstellen. Möglicherweise wurde deshalb aufgrund vorausgegangener Verhandlungen der Fälle am Freisinger Offizialatsgericht auch in den Suppliken Freising als Herkunftsdiözese genannt, obwohl die Bittsteller eigentlich einem anderen Bistum angehörten. Die Suppliken aus dem Bistum Chiemsee kamen zwischen 1455[29] und 1496[30] an die Pönitentiarie und stammen aus sehr unterschiedlichen Rubriken. Ob ihre im Supplikenregister erfolgte Verzeichnung unter Freising damit zu begründet war, dass das dortige Offizialatsgericht nicht aufgesucht wurde, weil es dem Archidiakon unterstand anstatt dem Bischof und diese phasenweise starke Auseinandersetzungen um die Ausübung der geistlichen Gerichtsbarkeit pflegten[31], lässt sich an dieser Stelle nicht klären. Aus der *narratio* der Suppliken geht nicht hervor, ob diese Fälle überhaupt am Freisinger Offizialat als Vorinstanz verhandelt wurden.

Insgesamt erscheint die Verteilung der Herkunftsorte zunächst gleichmäßig, jedoch ist das Alpengebiet südlich des 47,6° Breitengrades nur sehr gering

---

[25] PLÖCHL, Kirchenrecht, 376. In der Praxis geschah dieses wohl eher selten.
[26] FEUERER, Klosterpolitik, 129.
[27] FEUERER, Klosterpolitik, 30-31.
[28] FEUERER, Klosterpolitik, 59-60.
[29] PA 6, fol. 169v.
[30] PA 46, fol. 171v-172r.
[31] HEIM, Chiemsee, 35-41.

mit vier Orten (Ettal, Mittenwald, Zell am Ziller und Innsbruck) vertreten, ebenso das Hochstiftsterritorium.

b) Karte 2: Herkunftsorte und bayerische Teilherzogtümer
Die graphische Ergänzung der Grenzen der bayerischen Teilherzogtümer in Karte 2 unter der Fragestellung, ob die Herzöge die Kurienkontakte ihrer Untertanen gefördert oder vermindert haben könnten, zeigt anhand der Ortsnamensverteilung keine herzoglichen Einflusssphären[32]. Im Bereich der Jurisdiktion lassen sich bei den in den Supplikenregistern verzeichneten Themen damit keine Regionen nachweisen, in denen das sogenannte landesherrliche Kirchenregiment, dessen früher Höhepunkt in Bayern wohl mit dem Herrschaftsbeginn Albrechts IV. zusammenfällt[33], bereits eine messbare Wirkung auf die geistliche Rechtsprechung und die der Kirche vorbehaltenen Fälle zeigte. In solchen Gebieten wäre nämlich eine besonders geringe Anzahl an Kurienkontakten zu vermuten. In der Freisinger Überlieferung gibt es zahlreiche Hinweise auf Auseinandersetzungen zwischen geistlichen und weltlichen Gerichten um die Sicherung ihrer Einflusssphären[34] und auf Kompetenzüberschreitungen der säkularen zu Lasten der kirchlichen Jurisdiktion[35]. Diese Konflikte sind zwar ab dem Jahr 1469 erstmals schriftlich überliefert worden[36] und gingen mit der Intensivierung des landesherrlichen Kirchenregiments in der Regierungszeit Albrechts IV. einher[37]. Anhand der geographischen Verteilung der Herkunftsorte und der in den Suppliken vorkommenden Themen kann aber nicht belegt werden, ob und welche weltlichen Gerichte Albrechts IV. mit der geistlichen Rechtsprechung kon-

---

[32] Karte 2: Penitentiaria Apostolica – Herkunftsorte und bayerische Teilherzogtümer.
[33] RANKL, Landesherrliches Kirchenregiment, 59.
[34] BayHStA München, Kurbayern, Äußeres Archiv, 407 und 435: Streit wegen von Seite Freisings im Bayerischen angemaßter Jurisdiktion (Beginn der Akte im Jahr 1477) und Streit des Hochstiftes Freising mit Bayern in verschiedenen Punkten, insbesondere mit den Gerichten in Dachau, Aichach, Schrobenhausen, Schwaben, Aibling, Tölz, Wolfratshausen und Pfaffenhofen (1489 – 1540).
[35] Helmuth STAHLEDER, Hochstift Freising, 254, 284-286.
[36] Siehe folgende Quellenbestände im Bayerischen Haupstaatsarchiv München: Kurbayern, Äußeres Archiv, 406: mit dem Inhalt Streit wegen von Seite Freising im Bayerischen angemaßter Jurisdiktion 1469 bis 1479 und Kurbayern, Äußeres Archiv 435: Streit des Hochstiftes Freising mit Bayern in verschiedenen Punkten, besonders mit den Gerichten in Dachau, Aichach, Schrobenhausen, Schwaben, Aibling, Tölz, Wolfratshausen und Pfaffenhofen 1489 bis 1540 sowie Kurbayern, Äußeres Archiv 436: Jurisdiktions-Streitigkeiten zwischen dem Hochstift Freising und Bayern und zwar mit den Gerichten Erding, Haag, Schwaben und Moosburg.
[37] Reinhard HEYDENREUTER, Kriminalgeschichte Bayerns. Von den Anfängen bis ins 20. Jahrhundert, Regensburg 2008, 53: Mithilfe der Rezeption römischen Rechts.

kurrierten oder diese bereits zurückgedrängt hatten mit der Folge, dass aus diesen Gebieten nur noch besonders wenige Suppliken an die Kurie gelangten. Auch die Supplikentexte geben nahezu keine Hinweise auf eine herzogliche Beeinflussung der kirchlichen Jurisdiktion.

Die Dispens des Klerikers Johannes Fraundienst aus dem Jahr 1481[38] enthält einen konkreten Hinweis auf Auseinandersetzungen zwischen Herzog und Bischof und gibt Beispiel dafür, dass Albrecht IV. bei einer Pfründenvergabe den bischöflichen Einfluss zurückzudrängen versuchte. Johannes Fraundienst beschuldigte im Rahmen der Zuteilung unter anderem seinen Kontrahenten der Simonie und der Bestechung. Er hatte zum Zeitpunkt seines Gesuches einen langwierigen Prozess am Offizialatsgericht verloren und musste Urfehde schwören. Anschließend wandte er sich an die Kurie, um sein Benefiz doch noch erhalten zu können und bat darum, das Verfahren beim Salzburger Erzbischof neu aufnehmen zu dürfen mit der Begründung, dass er seinen Bischof „unter Verdacht habe". Er unterstellte ihm hiermit, parteiisch zu sein.

Der Bereich Eherecht fiel im 15. Jahrhundert eindeutig unter die Zuständigkeit des Freisinger Offizialatsgerichtes, auch bei anderen in den Rubriken *de diversis formis* und *de declaratoriis* verzeichneten Gesuchen war die Jurisdiktionskompetenz eindeutig die des Freisinger Bischofs beziehungsweise seines Offizials, da es sich hier meist um Kleriker oder Auseinandersetzungen zwischen Laien mit Geistlichen handelte. Laut Rankl unterstanden in Freising im 15. Jahrhundert etwa 50% der Bauern als Untertanen geistlicher Grundherren der kirchlichen Jurisdiktion oder Vogtei[39], während nur 12% Kastenamtsbauern des Landesherren waren[40], so dass deren Prozesse zu Gewalttaten und Kapitalverbrechen eigentlich am Offizialatsgericht und an der Kurie verhandelt worden sein müssten. Gewalttaten oder Kapitalverbrechen von Klerikern oder Laien, welche möglicherweise bereits vor die mit den geistlichen konkurrierenden weltlichen Gerichte gelangten, sind in den Protokollen des Freisinger Offizialatsgericht dagegen nicht enthalten. Dies könnte ein Hinweis auf eine bereits vorhandene Kompetenzschmälerung des geistlichen Gerichtes in Freising in diesem Bereich sein und damit eine Vorentwicklung zu den Privilegien Hadrians VI. (1522 – 1523) aus dem Jahr 1523 und Clemens VII. (1523 – 1534) aus dem Jahr 1526 anzeigen, welche den bayerischen Herzögen weitgehende Jurisdik-

---

[38] PA 30, fol. 33r.
[39] Helmut RANKL, Landvolk und frühmoderner Staat in Bayern 1400 – 1800, Bd. 1, München 1999, 346-347.
[40] RANKL, Landvolk, 346.

tionsrechte über den straffälligen Klerus einräumten[41]. Aus anderen Diözesen wie beispielsweise Lübeck, Schleswig, Kammin, Bremen in Norddeutschland gelangten gerade zu diesem Themenbereich besonders viele Fälle von Klerikern und Laien an die Pönitentiarie. Im Supplikenregister der Pönitentiarie sind keine weiteren Hinweise auf eine Konkurrenz zwischen geistlichen und weltlichen Gerichten zu finden. Somit sind weitere Interessenskonflikte zwischen Herzog und Bischof anhand der untersuchten Quellen nicht nachweisbar, deshalb kann die Fragestellung hier nicht weiter verfolgt werden.

c) Karte 3: Herkunftsorte, Personenzahl und Stand

Die Gesamtzahl der von 1449 bis 1508 im Pönitentiarieregister unter der Diözese Freising verzeichneten Personen betrug 1005, davon waren 73,8% oder 742 Personen Laien, 22,2% oder 220 Personen zählten zum Säkularklerus, während es sich bei 3,8% oder 39 Personen um Mönche oder Laienbrüder handelte[42]. 0,2% oder zwei Suppliken zählten zur Kategorie Sonstige, es handelte sich hier um gemeinschaftliche Suppliken der Stadt München[43], beziehungsweise der Bürger der Stadt *Ipliz* und der Pfarrkirche in Tölz[44].

In dieser Karte wurden die Ortsangaben präzisiert: Für jede namentliche Erwähnung wurde ein Symbol eingetragen, um eine Häufigkeitsverteilung zu visualisieren. Thematisiert wurde hier der Stand der Bittsteller: Kleriker (hochstehendes Oval), angehende Kleriker beziehungsweise noch dem Laienstand angehörige Scholaren (Kreis)[45], Laien (Quadrat), Mönche (Stern) und angehende Mönche, Novizen oder Laienbrüder (querstehendes Oval). Außerdem wurde in der Auswertung zwischen Stadt- und Landbevölkerung unterschieden. Zur urbanen Bevölkerung wurde neben Städten mit überregionaler Bedeutung und einer

---

[41] UNTERBURGER, Konkordat, 106. Die Privilegien sind überliefert: BayHStA, Kurbaxern, Äußeres Archiv, 1179 Tom. 49 (Patronat). Hier finden sich von 1447 bis 1583 zahlreiche Gnaden und Freiheiten verschiedener Päpste an die bayerischen Herzöge bezüglich Jurisdiktion, Kollatur, Patronat und vergleichbarer Themen.
[42] Karte 3: Penitentiaria Apostolica – Herkunftsorte, Personenzahl, Stand.
[43] PA 28, fol. 163v.
[44] PA 20, fol. 175v.
[45] Jacques VERGER, Scholares. In: LexMA VII, 1995, 1519-1520. Mit Scholar sind Schüler und Studenten als Universitätsmitglieder mit privilegiertem Rechtsstatus gemeint, die durch Tonsur und Habit zwar als ein dem Klerus ähnlicher Stand gekennzeichnet waren, jedoch im 15. Jahrhundert nicht dem Klerus zugerechnet werden. Die Zuordnung zum Laienstand erfolgte ebenso bei Schmugge. Siehe hierzu SCHMUGGE u.a., Pius II., 61 und SCHMUGGE, Kinder, Kirche, Karrieren, 145 und 154.

Einwohnerschaft von mehr als 8000 Personen wie München, Augsburg[46] und Salzburg auch Landshut und Freising gerechnet. Zu Kleinstädten wie Moosburg, Erding, Wasserburg wurden die an Einwohnerzahl oft gleichrangigen Märkte wie Dachau, Tölz, Aibling oder Rosenheim gezählt[47]. Innerhalb der Diözese Freising kamen 84 Petenten aus überregionalen Städten sowie acht aus dem Einzugsgebiet Münchens[48], dreizehn stammten aus kleinen Städten[49] und sechsundzwanzig aus stadtähnlichen Märkten[50]. Damit waren innerhalb des Bistums mehr als die Hälfte der lokalisierbaren Bittsteller Stadtbewohner, nämlich 131 von 234 zuordenbaren Personen. Umgerechnet auf die Gesamtzahl der Personen mit Ortsangabe liegt er bei rund 47%. Ihr Anteil lag hier weitaus höher als der damalige Anteil städtischer Bevölkerung von etwa 20% im 15 Jahrhundert beziehungsweise 25% im ausgehenden 16. Jahrhundert[51]. Eine genauere Analyse von Suppliken urbaner Herkunft konnte aufgrund der hohen Anzahl am Beispiel Münchens erfolgen[52].

Deutlich sind größere und kleinere Zentren zu erkennen, aus denen besonders häufig Gesuche an die Pönitentiarie geschickt wurden. Es stellt sich vor allem die Frage, ob hier Einflusssphären der geistlichen Rechtsprechung zu erkennen sind, und ob das Freisinger Offizialatsgericht als erste Instanz aufgesucht wurde, bevor sich die Bittsteller an die Pönitentiarie wandten. Die Frage ist also, ob die lokale Rechtsprechung eine fördernde Auswirkung auf die Anzahl der Kurienkontakte hatte. Eine Untersuchung der geistlichen Rechtsprechung Freisings im 15. Jahrhundert wurde bisher noch nicht ausreichend vorgenommen[53]. Aufgrund der geringen Anzahl von Suppliken, denen nachweislich ein Prozess am Freisinger Offizialatsgericht vorausgegangen war, bietet eine statistische Untersuchung jedoch keine Aussagekraft zu dieser Frage[54]. Eine fördernde Wirkung auf die Kurienkontakte durch das Freisinger Offizialatsge-

---

[46] Joachim JAHN, Augsburgs Einwohnerzahl im 16. Jahrhundert, ein statistischer Versuch. In: ZBLG 39, 1976, 379-396; 384-394: Augsburg zählte gegen Ende des 15. Jahrhunderts 18 000 Einwohner, die Stadt wuchs in dieser Zeit sehr schnell.
[47] STÖRMER, Städte und Märkte, 45.
[48] 64 Personen aus München, vierzehn aus Freising, sechs aus Landshut sowie acht aus den an Münchener Fernhandelsstraßen gelegenen Orten Feldmoching (zwei), Aubing (eine), Sendling (eine), Giesing (eine), Haching (zwei) und Oberhaching (eine).
[49] Sechs Personen aus Wasserburg, drei aus Moosburg und vier aus Erding.
[50] Vier Personen aus Dachau, sieben aus Ebersberg, sechs aus Bruck, eine aus Grafing, eine aus Tölz, zwei aus Aibling, zwei aus Rosenheim und drei aus Mittenwald.
[51] STÖRMER, Städte und Märkte, 92.
[52] Siehe Kapitel V.7.b, insbesondere Abschnitt dd).
[53] RANKL, Landesherrliches Kirchenregiment, 147; HEYDENREUTER, Strafrechtspflege, 217.
[54] Siehe Kapitel IX.1: Beispiele für einen Instanzenzug nach Rom.

richt konnte an dieser Stelle nicht nachgewiesen werden. Vermutlich waren im Bereich Eherecht der Bevölkerung die mit einem Dispenserwerb an der Pönitentiarie verbundenen Vorteile aber sehr gut bekannt. Außerdem herrschte allgemein eine große Vertrautheit mit den kanonischen Vorschriften zu diesem Thema, wie Salonen anhand einer Ehedispens aus dem Jahr 1463 sehr zutreffend beschreibt[55]. In diesem Fall war der am Offizialatsgericht als Zeuge auftretende Priester Sigismund Pfeubert selber neun Jahre vorher an der Pönitentiarie gewesen[56], ebenso sein Bruder Conrad[57]. Er hatte vielleicht sein Wissen um die Möglichkeiten eines Dispenserwerbes an die Antragstellerin weitergegeben, welches sie im Prozess gewinnbringend für sich einzusetzen wusste.

Die mit Ortsnamen versehenen Suppliken lassen sich geographisch in drei Zonen teilen, diese sind durch unterschiedlich intensive Kurienkontakte gekennzeichnet und dort variieren die Bittsteller deutlich in Punkto Stand und Herkunft. Größere Städte wie München, Landshut oder Salzburg ähneln einander im Themenspektrum, haben aber eine deutlich abweichende Anzahl an Gesuchen. Sie sollen dennoch inhaltlich verglichen werden und den Anliegen aus dem Hochstift Freising gegenübergestellt werden. Der ländliche Raum unterlag bezüglich Anzahl und Art der Anliegen sowie Stand der Personen einem leichten Nord-Süd-Gefälle: Zum nördlichen Raum mit Nähe zum Bischofssitz wurden Orte wie Scheyern, Moosburg, Bruck und Ebersberg gerechnet. Er hob sich deutlich vom Ostteil des Bistums sowie dem Voralpenland ab, zu dem Orte wie Schliersee, Rott, Tegernsee, Kohlgrub oder Fischbachau gezählt wurden.

63 Personen kamen aus München, weitere zwölf aus an den Ausfallstraßen in direkter Umgebung Münchens liegenden Orten[58] wie Aubing, Sendling, Feldmoching, Giesing, Unter- und Oberhaching. Landshut wurde sechsmal als Herkunftsort, Freising wurde dreizehn Mal als Herkunftsort genannt. Es wies im ausgehenden 15. Jahrhundert bereits eine geringere Einwohnerzahl auf[59] als München[60]. Schwerpunkt der Freisinger Kundschaft bildeten Kleriker mit elf Suppliken, während sich nur zwei Laien an die Pönitentiarie wandten. Insgesamt gelangte aus der Grafschaft Burgrain eine Supplik an die Pönitentiarie, während aus der Grafschaft Werdenfels drei Gesuche kamen. Ins-

---

[55] SALONEN, Heinrich and Diemunda, 58-59.
[56] PA 4, fol. 219v von 1454.
[57] PA 4, fol. 220r von 1454.
[58] Helmut STAHLEDER, Stadlanung Münchens. In: OA 119, 237-239.
[59] STAHLEDER, Freising, 904-906.
[60] SCHMID, München, 898.

gesamt waren die geistlichen Territorien somit deutlich geringer vertreten als die unter weltlicher Herrschaft stehenden Gebiete.

aa) Hochstift Freising

Eine naheliegende Vermutung ist, dass gerade aus dem Hochstiftsterritorium besonders häufig Rechtsfälle an die Kurie verwiesen wurden. Hier wäre eigentlich ein verstärkender Einfluss auf die Suppliken- und Personenzahl durch gute Beziehungen des Freisinger Bischofs und seiner Offiziale zur Kurie zu erwarten. Auffallend ist aber die im Vergleich zu den übrigen Gebieten wesentlich geringere Zahl der Gesuche aus den geistlichen Besitzungen Freisings wie der Grafschaft Werdenfels, Burgrain oder dem um Freising gelegenen Hochstiftsterritorium. Vermutlich war dieses in Folge eines Konkordates zwischen Bischöfen und Papst exempt von der kurialen Jurisdiktion[61].

Nur aus der Stadt Freising, die gegen Ende des 15. Jahrhunderts knapp 10 000 Einwohner zählte[62], kamen mit vierzehn Petenten gehäuft Suppliken aus dem Hochstiftsterritorium an die Pönitentiarie. Hierunter befanden sich vor allem höher stehende Kleriker aus den Kollegiatsstiften[63]: Sie stammten vornehmlich aus dem Freisinger Domkapitel und umliegenden Stiften und besaßen häufig bereits höher dotierte Pfründen wie Kanonikate[64] oder Präbenden[65]. Es waren großenteils Adelige und Angehörige der städtischen Ratsfamilien. In sechs Fällen wurde um einen Anrechtsschein auf weitere, hochwertige Benefizien wie Präbenden an Kathedral- oder Metropolitankirchen gebeten. Sechs Suppliken verzeichnen die vorhandenen Pfründen namentlich[66], von dreien wurden sogar die jährlichen Einnahmen angegeben[67]: Sie lagen zwischen drei und zwölf Mark Silber. Die weiteren Interessen der Kleriker galten dem Erwerb eines Butterbriefes, beispielsweise eines Kanonikers für sich und seine Familiaren sowie der Erteilung von Weihedispensen. Außerdem fand sich unter den Suppliken eine Anklage wegen Mordes aufgrund der Anwesenheit des Antragstellers

---

[61] Dies müsste anhand des reichen Quellenbestandes zu Freising überprüft werden, konnte in dieser Untersuchung jedoch nicht erfolgen.
[62] STAHLEDER, Freising, 904-906.
[63] PA 4, fol. 21r: St. Pauli; PA 20, fol. 257r: St. Trinitate; PA 24, fol. 210vs: St. Veit; PA 35, fol. 161v: St. Arsanius.
[64] PA 4, fol. 21r; PA 20, fol. 257r; PA 35, fol. 161v.
[65] PA 24, fol. 210v.
[66] PA 4, fol. 21r; PA 4, fol. 63v; PA 20, fol. 257r; PA 24, fol. 226r; PA 24, fol. 210v.
[67] PA 4, fol. 21r; PA 20, fol. 257r.

bei einem Kapitalverbrechen[68]. Der Fall wurde zur endgültigen Entscheidung nach einer Zeugenbefragung wieder an den Freisinger Bischof zurückverwiesen.

Eine besonders schwierige Rechtssituation lag dem bereits in Kapitel III.5.e) beschriebenen Fall des Freisinger Klerikers Markus Hornle zugrunde, der in einem eheähnlichen Verhältnis mit der Magd eines Freisinger Bürgers gelebt und ein Kind gezeugt hatte[69]. Aufgrund der Schwere des Falles drohte eine gerichtliche Auseinandersetzung vor dem Freisinger Bischofsgericht. Im Zuge des Prozesses wurde ein Gesuch an die Pönitentiarie geschickt, wahrscheinlich wegen der besonders schwierigen Rechtslage. Der Fall war jedoch zu komplex, um an der Pönitentiarie entschieden zu werden, und wurde wieder an den Bischof zurückverwiesen. Diese Supplik ist der einzige Beleg dafür, dass besonders schwerwiegende Fälle aus den Bereichen Gewalt- und Kapitalverbrechen aus den geistlichen Territorien Freisings zur Klärung an die Kurie delegiert wurden, selbst hier blieb aber die endgültige Entscheidung dem Bischof vorbehalten. Weitere Gewalttaten oder Kapitalverbrechen wurden für das Hochstift Freising nicht verzeichnet.

Unter den Laien befanden sich ein Scholar mit Geburtsmakel und ein ehemaliger Mönch, der wieder in den Laienstand zurückgekehrt war und seine bereits geschlossene Ehe samt Nachwuchs legalisieren wollte. Ein weiterer Laie wandte sich an die Pönitentiarie: Er bat um die Lizenz zur freien Wahl seines Beichtvaters. Er gab den Namen eines Priesters und Kanonikers aus dem Kollegiatsstift St. Zeno in Isen an. Insgesamt kamen nur sehr wenige Laien aus diesem Teil des Hochstiftes an die Pönitentiarie.

Aus der Grafschaft Werdenfels, seit der Erwerbung durch den Bischof Emicho im Jahr 1294[70] geistliches Territorium und dem Hochstift Freising zugehörig, kamen im gesamten Untersuchungszeitraum nur drei Suppliken aus Mittenwald an die Pönitentiarie: Ein angehender Kleriker bat um Befreiung vom Geburtsmakel[71], der hoch verschuldete Kleriker Oswald Fabri aus Mittenwald konnte nach einem Prozess in Rom seine Schulden bei einem Priester in Isen nicht zurückzahlen[72] und ein Laie war in einen schwierigen Eheprozess verwickelt, der bereits in Kapitel III.5.d) behandelt wurde. Er war nach lokalem

---

[68] PA 35, fol. 161v.
[69] PA 31, fol. 104r.
[70] Helmut STAHLEDER, Hochstift Freising. Freising, Ismaning und Burgrain, HAB Altbayern 1, München 1974, 16.
[71] PA 15, fol. 263v.
[72] PA 30, fol. 21r.

Brauch ein Eheversprechen ohne Zeugen eingegangen[73]. Die folgende schweren Auseinandersetzung mit den Eltern der Braut ist nicht in den Protokollen des Offizialatsgerichts enthalten, müsste jedoch in Aufzeichnungen des Hofmarksgerichtes von Aiterbach zu finden sein. Hiereth und Fried beschreiben Aiterbach im 15. Jahrhundert als eine geteilte, jedoch beiderseits in weltlichen Händen befindliche Hofmark[74], so dass die an der Pönitentiarie verwendete Bezeichnung *curia spiritualis*[75] irreführend und vermutlich inhaltlich nicht zutreffend ist. Gewalttaten oder Kapitalverbrechen wurden aus Werdenfels nicht vermeldet. Mit der Rechtsprechung in der Grafschaft Werdenfels befasst sich Johannes Haslauer[76]. Die Supplikenzahl aus diesem Hochstiftsterritorium ist insgesamt äußerst gering[77].

Mit einem einzigen Fall war die Grafschaft Burgrain vertreten, dort hatten zwei Kleriker untereinander eine gewalttätige Auseinandersetzung mit Blutvergießen und hielten anschließend mehrere Messen ab. Infolgedessen wurden sie exkommuniziert und mussten sich an die Kurie wenden. Weitere Anliegen wurden nicht verzeichnet. Eine Supplik erwähnt das Kollegiatsstift Isen in Verbindung mit einem Beichtbrief an einen Laien aus Freising: Dieser wollte den Priester Wilhelm Nagt, Kanoniker an St. Zeno, zu seinem Beichtvater machen[78]. Insgesamt ist jedoch auch dieses Gebiet in den Supplikenregistern der Pönitentiarie stark unterrepräsentiert[79].

Aus den Gebieten des Hochstiftes kamen überwiegend Gesuche von Klerikern aus der Stadt Freising und damit aus der direkten Umgebung des Bischofs an die Pönitentiarie, sie baten vor allem um Geburtsmakel- und Pfründendispense. Diese Themen fielen eher in den Zuständigkeitsbereich des Bischofs und sind deshalb nur selten am Offizialatsgericht zu finden. Einige Weihedispense, Butterbriefe oder Beichtbriefe erweiterten das Themenspektrum, während Gewalttaten und Morde unter Klerikern und Laien nur einen sehr geringen Stellenwert einnahmen und nicht von kurialen Behörden behandelt wurden. Die

---

[73] PA 21, fol. 79r.
[74] FRIED, Dachau und Kranzberg, 236-237; HIERETH, Moosburg, 46.
[75] PA 21, fol. 79r.
[76] Auf das baldige Erscheinen dieser Dissertation soll an dieser Stelle verwiesen werden.
[77] In Karte 7 ist zu erkennen, dass sich die Bewohner der Grafschaft Werdenfels in ähnlich geringem Maße an das Freisinger Offizialatsgericht wandten wie an die Pönitentiarie.
[78] PA 37, fol. 338v.
[79] In Karte 7, Herkunftsorte und Personenzahl am Offizialatsgericht Freising, kommen Orte aus dem Hochstiftsterritorium in geringerer Zahl, jedoch häufiger als im Repertorium Pönitentiariae Germanicum vor. Das Hochstiftsterritorium war dort also nicht in gleichem Maße unterrepräsentiert wie an der Pönitentiarie.

Gesuche der meist in Freising ansässigen Kleriker zeigen, dass diese mit den Vorteilen der kurialen Dispensgebung sehr gut vertraut waren: Etwa die Hälfte von ihnen, das sind sieben von dreizehn Personen, nutzte sie gezielt für ihre Karriereplanung beziehungsweise zur Erleichterung ihres Alltagslebens[80]. Die Grafschaften Werdenfels und Burgrain müssen jedoch aufgrund ihrer besonders geringen Supplikenzahl vom restlichen Hochstiftsterritotium unterschieden werden.

Von Laien wurden keine Ehedispense oder -lizenzen wegen zu naher Verwandtschaft eingeholt. Die Rechtslage bei den einzigen beiden Suppliken zum Thema Ehe war verhältnismäßig schwierig – es handelte sich jeweils um Ausnahmesituationen, welche einer speziellen Klärung durch die Kurie bedurften. Dem auffälligen Fehlen beider Rubriken im Verhältnis zum restlichen Gebiet der Diözese und insbesondere zu München könnten zwei Ursachen zugrunde liegen: Entweder sind diese Themen im Hochstiftsterritorium während des Untersuchungszeitraumes nicht vorgekommen. Oder der Freisinger Bischof hatte innerhalb des Hochstiftes weiter reichende Rechtsprechungsbefugnisse besessen und ausgeübt als außerhalb dieser Gebiete, so dass reguläre Prozesse um Ehehindernisse wegen zu nahem Verwandtschaftsgrad nicht nach Rom weitergemeldet wurden. Eine Erklärung für die geringe Supplikenzahl bei Gewalt- und Kapitalverbrechen wäre, dass die Rechtsprechung dort bereits vollständig an weltliche Behörden des Herzogs übergegangen war, so dass das Fehlen dieser Themen als ein Beleg für die im 15. Jahrhundert allmählich geschmälerte Kompetenz geistlicher Gerichte zu deuten wäre. Insgesamt stellten vor allem außerhalb des hochstiftlichen Territoriums liegende Gebiete und dort insbesondere Laien die Klientel der Pönitentiarie. Diese sollen nun genauer betrachtet werden.

bb) Überregionale Städte

Die gegen Ende des 15. Jahrhunderts mit etwa 14 000 Seelen größte Stadt innerhalb des Bistums war München[81]. Aus weiteren Städten mit einer Einwohnerzahl von etwa 9000 Bewohnern im 15. Jahrhundert[82] wäre bei Einwohnern Landshuts ein mit Freising und München vergleichbar starker Andrang an die Kurie zu vermuten[83]. Das außerhalb des Bistums gelegene und schnell wach-

---

[80] Sechs Pfründengesuche und ein Butterbrief.
[81] SCHMID, München, 898: Um 1500 war München mit etwa 14 000 Einwohnern die bevölkerungsstärkste Ansiedlung im Herzogtum Bayern.
[82] SPITZLBERGER, Landshut, 1674-1675.
[83] Von hier kamen jedoch insgesamt nur sechs Personen an die Pönitentiarie.

sende Augsburg war mit etwa 18 000 Einwohnern im ausgehenden 15. Jahrhundert sogar größer als München[84], auch von hier gelangten einzelne unter Diözese Freising verzeichnete Gesuche an die Pönitentiarie.

Mit insgesamt 30 Ortsangaben beziehungsweise 29 Personen[85] im Pönitentiarieregister und weiteren 34 Personen, die nach Hinzuziehung lokaler Quellen[86] der Stadt München zugerechnet wurden, bildete es auch im Supplikenregister den verhältnismäßig größten Schwerpunkt[87]. Bei ihnen wurde die Herkunft München ergänzt, da sie in lokalen Quellen als Angehörige der ratsführenden Schicht identifiziert werden konnten. Insgesamt kamen demnach mindestens 63 Personen aus München. Damit wurde zahlenmäßig ein hoher Anteil erreicht, prozentual ergibt sich dennoch ein unterdurchschnittlicher Wert, da die Stadt München mit einer Einwohnerzahl von 13 000 bis 14 000 Personen[88] nach Stabers Bevölkerungsstatistik 10% der Einwohnerschaft der Diözese Freising ausmachte, aber nur bei 6,3% der Personen im Supplikenregister als Herkunftsort angegeben war[89]. Die Suppliken aus der Stadt München unterschieden sich sowohl bezüglich Stand und Herkunft der Petenten als auch bezüglich ihrer Themen deutlich vom Hochstiftsterritorium. Insgesamt ist auch der Anteil der Rechtsfälle, deren endgültige Entscheidung der Kurie reserviert war, hier deutlich geringer als die Zahl der Anliegen, die den Bittstellern einen persönlichen Vorteil brachten, denn viele Personen suchten die Pönitentiarie aus eigenem Antrieb auf, beispielsweise um Rechtsfragen bei Ehen vorab zu klären, um den Alltag erleichternde Dispense für die Fastenzeit oder um die freie Wahl des Beichtvaters zu erhalten[90].

Unter den 63 der gesamten im Supplikenregister enthaltenen Personen aus München befanden sich 47 Laien oder ein Anteil von 74%, dieser Wert entspricht dem statistischen Anteil aller Laien aus dem Bistum im Pöni-

---

[84] JAHN, Augsburg, 384-394; SCHMUGGE, Kinder, Kirchen, Karrieren, 276.
[85] Bei 29 Personen wurde als Herkunft die Stadt München angegeben, eine weitere Supplik der gesamten Bürgerschaft Münchens kann in dieser Karte nicht als Person eingezeichnet werden.
[86] STAHLEDER, Münchener Häuserbuch und verschiedene im Oberbayerischen Archiv publizierte Untersuchungen zu Münchener Bürgergeschlechtern. Eine prosopographische Untersuchung der in den Supplikenregistern vorkommenden Personen erfolgt in Kapitel V.7.
[87] Hier stellt sich die Frage, ob die Nähe zu den Münchener Wittelsbachern einen verstärkenden Einfluss auf die Anzahl der Kurienkontakte bewirkte oder ob das entstehende landesherrliche Kirchenregiment möglicherweise gar keinen Einfluss auf die Anzahl der Kurienkontakte darstellte.
[88] SCHMID, München, 898; STABER, Die Seelsorge, 210.
[89] STABER, Die Seelsorge, 207-226, 210.
[90] Insgesamt gelangte die Hälfte der Gesuche von den Laien auf eigene Initiative und wegen eines persönlichen Vorteils an die Pönitentiarie.

tentiarieregister. Zehn Personen baten um einen Beichtbrief[91], ein Ehepaar bat im Jahr 1477 um einen Butterbrief zur Erleichterung der Fastenbestimmungen[92]. Zwei Jahre später kam von den Bürgern der Stadt München ein Gesuch für die gesamte Einwohnerschaft, es war explizit auch für diejenigen gültig, die bis dato noch ohne apostolische Dispens waren[93]. Dies wäre als Hinweis auf eine verhältnismäßig schnelle Verbreitung der Butterbriefe zu bewerten, die erstmals im Jahr 1473 in der Stadt Freising auftauchten[94].

Es gab zwei Paare mit Ehewunsch trotz zu naher Verwandtschaft im dritten Grad, ein Paar war sogar im zweiten Grad miteinander verwandt[95]. Ein Mann hatte nach seinem Klosteraustritt geheiratet und wollte nun seine Ehe und die daraus hervorgegangenen Nachkommen legitimieren. Auffallend ist auch die im Vergleich zum Umland wesentlich höhere Zahl an Lebensgemeinschaften, die nicht den kirchlichen Vorgaben entsprachen. In den sechs Geburtsmakeldispensen aus München sind anhand der Angaben zu Eltern Hinweise auf nicht den kirchlichen Regeln entsprechende Lebensformen zu finden[96]. Zwei Elternpaare waren anderweitig verheiratet und hatten damit eine konkubinäre Lebensgemeinschaft geführt[97], ein drittes Elternpaar war ledig und nicht durch eine Ehe miteinander verbunden[98]. Insgesamt sind in den Münchener Supliken drei von sechs nicht den kanonischen Vorschriften entsprechende Paarbeziehungen unter Laien zu finden so dass sich der Anschein ergibt, in dieser Stadt wären die kirchlichen Ehegesetze von der Einwohnerschaft in geringerem Maß beachtet worden.

Sechzehn von insgesamt etwa 220 Säkularklerikern kamen aus München. Mit 25,4% entsprach der Anteil Münchener Kleriker etwa dem für die gesamte Diözese ermittelten statistischen Wert. Im Vergleich zur Stadt Freising war der Anteil an Klerikern unter den Bittstellern jedoch deutlich niedriger. Folgende Anliegen wurden an der Pönitentiarie eingereicht: Sechs Bitten um eine Geburtsmakeldispens, davon zwei in Verbindung mit einem Klostereintritt und

---

[91] PA 17, fol. 278r; PA 25, fol. 200r; PA 44, fol. 415r; PA 49, fol. 751r; PA 49, fol. 752r und die beiden Kleriker in einer gemeinschaftlichen Supplik: PA 18, fol. 282r.
[92] PA 25, fol. 88v.
[93] PA 28, fol. 163v.
[94] PA 21, fol. 118r.
[95] PA 31, fol. 79v.
[96] Siehe Liste 1.
[97] PA 7, fol. 316v; PA 17, fol. 180v; PA 48, fol. 820v.
[98] PA 19, fol. 54r.

dem Anrechtsschein auf Erwerb höherer Ämter, zwei Bitten um die Ausstellung eines Beichtbriefes sowie zwei unter *de diversis formis* verzeichnete Gesuche: Ein Kleriker war in eine Schlägerei mit einem anderen Geistlichen verwickelt und eine Person benötigte eine Studienlizenz. Zwei Kleriker baten um eine Weihe trotz körperlichem Makel beziehungsweise Altersdefekt – in dieser Supplik ist ein Hinweis auf ein möglicherweise in Paris abgeschlossenes Studium enthalten, in dessen Verlauf der Petent bereits erste Weihen bis zum Subdiakon erhalten hatte. Der Anteil an Akademikern oder angehenden Studenten unter dem Münchener Klerus ist mit sechs Personen beziehungsweise 6% der im Pönitentiarieregister verzeichneten Münchener verhältnismäßig höher als im gesamten Bistum. Die prosopographische Auswertung in den Kapiteln V.1 bis V.7 zeigt aber, dass die universitäre Ausbildung bei vielen Personen nicht verzeichnet wurde[99]. Die tatsächliche Akademikerzahl war insgesamt weitaus höher. Insgesamt zählten laut Supplikenregister zehn von 1000 Personen zu den Akademikern, darunter befanden sich fünf angehende Studenten mit der Bitte um Studienlizenz[100] und fünf Personen, die bereits einen akademischen Titel erworben hatten und diesen in ihren Personenangaben erwähnten[101]. Das Thema Studium scheint insgesamt erst gegen Ende des 15. Jahrhunderts ein besonderes Interesse hervorgerufen zu haben, denn erst ab 1500 wurden vermehrt Studienlizenzen erbeten[102]. Die Supplikenzahlen sind jedoch zu niedrig, um hierzu eine präzise statistische Aussage vorzunehmen.

Neben der Verwicklung zweier Kleriker in eine Schlägerei wurden aus München keine Gewalttaten und Kapitalverbrechen gemeldet. Dies könnte München als eine im 15. Jahrhundert recht gewaltfreie Stadt kennzeichnen, wahrscheinlicher aber ist die Annahme, dass diese Themen auch in München

---

[99] Ein Studium abgeschlossen hatten laut Supplikenregister Johannes Heller: PA 3, fol. 206r; laut weiteren Quellen: Petrus Ridler: Helmut STAHLEDER, Die Ridler. In: OA 116, 132; Vinzent Schrenck: Helmut STAHLEDER, Die Schrenck: in: OA 127, 104; An der Pönitentiarie bat Georg Diener aus München im Jahr 1500 um Studienlizenz: PA 49, fol. 235v. Bei zwei angehenden Klerikern aus München ergab sich aus dem Supplikentext der Hinweis auf ein Studium in Paris: Babrenzel Wandal aus München und Leonhard Müncher aus Feldmoching: PA 37, fol. 272r.
[100] PA 3, fol. 206v; PA 16, fol. 98v; PA 49, fol. 235v; PA 49, fol. 313r; PA 49, fol. 424v-425r.
[101] PA 4, fol. 219v: Sigismund Pfeubert, Scholar, Bacc. art. lib.; PA 7, fol. 379v: Georg Aldorffer, Kleriker, Dr. decr.; PA 21, fol. 239r: Petrus Ridler, Kleriker, Dr. decr. can.; PA 43, fol. 451 r; PA 47, fol. 310r: Petrus Krafft, *Laie, Dr. leg. utriusque, Consiliarii*; PA 44, fol. 400 r-v: Antonius Hering, Kleriker, Mag. art.
[102] PA 49, fol. 235v aus München; PA 49, fol. 313r aus *Vißlerem;* PA 49, fol. 424v-425r aus *Volkersdorf.*

nicht mehr der geistlichen Jurisdiktionskompetenz unterlagen. Häufiger kamen auch Bittsteller aus zum Einzugsgebiet zählenden Ortschaften wie Aubing, Sendling oder Giesing[103], die an den Ausfalls- und Fernstraßen Münchens lagen[104], mit verschiedenen Anliegen an die Pönitentiarie.

Landshut wurde in den Pönitentiarieregistern erst ab 1477 endgültig zur Diözese Freising gezählt[105], im Jahr 1467 wurde es dort zeitweise unter Bistum Regensburg verzeichnet[106]. In einer Supplik aus dem Jahr 1450 fehlte die Angabe des Bistums, so dass sich der Eindruck ergibt, dass es an der Kurie Unsicherheiten über die Zugehörigkeit Landshuts gegeben haben könnte. Landshut hatte zwar mit etwa 8000[107] bis 9000 Bewohnern im 15. Jahrhundert[108] eine geringere Größe als München[109], müsste aber als Herrscherresidenz Ludwigs und Georgs des Reichen eine München vergleichbare Stadt- und Bevölkerungsstruktur aufgewiesen haben, deshalb sollen nachfolgend die Gesuche aus beiden Städten verglichen werden.

In den Registerbänden finden sich die Gesuche von drei Laien, einem Scholaren und zwei Klerikern. Alle Laien waren mit den rechtlichen Vorteilen vertraut, die ihnen eine Dispens der Pönitentiarie bringen konnte und nutzten diese für sich gewinnbringend. Ein Ehepaar bat um einen Beichtbrief[110], ein Bürger um die Möglichkeit, die Sakramente von einem Priester seiner Wahl empfangen zu dürfen[111]. Die Supplik wurde nicht unterzeichnet, somit ist unklar, ob das Anliegen genehmigt wurde. Es ist naheliegend, dass die kirchlichen Vorschriften zum Eherecht der Bevölkerung vor Ort bereits schärfer durchgesetzt wurden, weil aus dieser Stadt keine Ehedispense an die Pönitentiarie gelangten.

Die Geburtsmakeldispens des Scholaren Johannes Huber zeigt eine uneheliche Verbindung seiner Eltern an, sein Vater war anderweitig verheiratet. Zwei Kleriker beabsichtigten, ihre Karriere durch vorzeitige Weihe beziehungsweise durch Weihe in Italien zu beschleunigen und baten um eine ent-

---

[103] Siehe Karte 2, Häufigkeitsverteilung (nur geographisch nachvollziehbare Ortsangaben): 41 von 226 Ortsangaben.
[104] STAHLEDER, Stadlanung Münchens, 237-239.
[105] In einigen steht Regensburg als Herkunftsdiözese, z.B. PA 6, fol. 112r (1457); PA 15, fol. 227v (1467); PA 18, fol. 225v (1470). Im Jahr 1477 dagegen wurde die Stadt zum Bistum Freising gezählt: PA 25, fol. 202v.
[106] PA 15, fol. 227v.
[107] BAYERISCHES LANDESAMT FÜR UMWELT: Landshut.
[108] SPITZLBERGER, Landshut, 1678.
[109] SCHMID, München, 898.
[110] PA 25, fol. 202v.
[111] PA 3, fol. 214v.

sprechende Dispens. Die Art und die Anzahl der geistlichen Gesuche zeigt die gleiche Tendenz an wie bei den Laien: Eine Vertrautheit mit den vorteilbringenden Möglichkeiten kurialer Dispense, die selten aber gewinnbringend genutzt wurden. Insgesamt ist die Anzahl der Kurienkontakte jedoch wesentlich geringer als im benachbarten Freising oder im nahe gelegenen München. Landshut ist damit im Pönitentiarieregister deutlich unterrepräsentiert.

cc) Dispense aus weiteren Städten

Bruck, Wasserburg und Rott sind mit jeweils sechs Suppliken oder Personen vertreten, Dachau wurde von vier Personen als Herkunftsort genannt. Weitere Städte oder Märkte sind nicht in größerer Zahl vertreten. Die geringe Supplikenzahl zeigt, dass neben München und Freising die Petenten aus den weiteren Städten und Märkten keinen nennenswerten Anteil unter den Petenten an der Kurie einnahmen. Insgesamt ergibt sich der Eindruck, dass mit einer größeren Einwohnerzahl der Städte auch die Themenvielfalt der Suppliken stark zunahm.

dd) Ländliche Regionen

Deutlich unterscheidet sich der ländliche Raum mit kleineren Ortschaften von den Städten München und Landshut, ebenso vom Hochstiftsterritorium Freising. Insgesamt war dort der Laienanteil sehr hoch, es handelte sich bei den Gesuchen nahezu ausschließlich um Ehedispense und -lizenzen. Butterbriefe, Beichtbriefe und weitere Themen kommen dagegen nicht vor.

In der Auswertung wird zwischen nördlichem und südlichem Raum unterschieden. Zum südlichen ländlichen Raum oder Voralpenland wurden Berg, Schäftlarn (mit Pfarrbezirk Aufkirchen, Dingharting), die Region Tegernsee-Schliersee (mit den Ortsangaben Fischbachau, Schwarzenberg, Gmund, Oppenried, Parsberg, Breitenbach, Kloster Tegernsee, Schliersee, Parsberg, Breitenberg und Pfarrbezirk Tegernsee), die Region Rott (mit den Orten Rott, Beyharting, Aibling und Rosenheim), der südwestliche Zipfel des Bistums (mit den Orten Rottenbuch, Saulgrub, Kohlgrub und dem Kloster Ettal) sowie die östlich und außerhalb der Diözese im ehemaligen Bistum Chiemsee gelegenen Orte (Kammern, Guntersberg, Epping, Steppach und Eschelbach) gerechnet. Sie sind durch eine größere Distanz zum Bistumssitz Freising gekennzeichnet und befinden sich in höchstens 50 km Entfernung zu den Alpen. Dieses Gebiet war im 15. Jahrhundert wesentlich dichter bevölkert als die nähere Umgebung Freisings[112].

---

[112] STABER, Die Seelsorge, 210-211.

Im Süden der Diözese lagen laut Staber größere Gemeinden mit bis zu 1200 Kommunikanten als in der weniger dicht besiedelten Umgebung Freisings, wo einige Gemeinden nur 200 Seelen zählten. Diese Bevölkerungsverteilung spiegelt sich auch in den Ortsangaben des Pönitentiarieregisters wider. Eine starke Häufung findet sich in der dicht besiedelten, ländlichen Region Schliersee-Tegernsee mit insgesamt einundzwanzig Angaben sowie im Gebiet Rosenheim-Aibling-Rott-Wasserburg mit insgesamt neunzehn Suppliken. Ein weiterer Schwerpunkt lag in Ebersberg mit sieben hauptsächlich aus dem Benediktinerkloster St. Sebastian stammenden Petenten. Neun Personen stammten aus Scheyern oder dem benachbarten Ilmmünster, acht kamen aus dem Gebiet um Fürstenfeldbruck sowie zehn aus Berg und nördlich und westlich des Starnberger Sees gelegenen Orten. Aus Dingharting und dem nahegelegenen Schäftlarn wandten sich sechs Bittsteller an die Pönitentiarie. Bei Ebersberg, Scheyern, Schliersee-Tegernsee und Schäftlarn wurde bei den Laien vermutlich die Anzahl der Kurienkontakte durch die jeweiligen Klöster beeinflusst, was aber nicht durch Detailangaben nachgewiesen werden konnte. Die Supplikenzahlen stehen in direktem Zusammenhang zur Besiedlungsdichte, im weniger dicht besiedelten Umkreis Freisings waren sie niedriger als im südlichen Teil des Bistums, dem sogenannten Voralpenland.

Unter den Suppliken befindet sich neben den Matrimonialdispensen nur ein weiteres Thema: Die gewalttätige Auseinandersetzung des Laien Erhard Lamberti aus Aubing bei München mit einem Priester, den er in einem Wutanfall geschlagen hatte[113]. Beicht-, Butterbriefe oder andere vorteilsbringende Anliegen für den Kirchenalltag wurden nicht an der Pönitentiarie eingereicht.

Aus dem Klerus kamen sehr unterschiedliche Gesuche, mit zunehmender geographischer Entfernung vom Bischofssitz sank der Anteil der Geistlichen unter den Petenten. Kleriker und Scholaren waren zahlenmäßig wesentlich höher im nördlichen als im südlichen Teil des Bistums vertreten, außerdem waren ihre Gesuche dort von größerer thematischer Vielfalt. Da viele Antragsteller ihre Gesuche zum persönlichen Vorteil stellten ergibt sich der Eindruck, dass die Pönitentiarie unter dem Klerus einen hohen Bekanntheitsgrad besaß und sie deshalb insgesamt gerne und häufig frequentiert wurde. Dreizehn Scholaren suchten um Befreiung von ihrem Geburtsmakel, unter den Eltern befanden sich sieben unverheiratete Elternpaare, eine Verbindung, in dem der Mann anderweitig liiert

---

[113] PA 45, fol. 269v.

war und sieben Klerikerväter. Damit war der Anteil an unverheirateten Eltern oder Clandestinehen verhältnismäßig hoch.

Unter den zehn Säkularklerikern finden sich ein Pfründengesuch, ein Beichtbrief, zwei Altersdefekte, zwei Weihedispense und drei unter *de diversis formis* eingetragene Anliegen. Einmalig für Freising im gesamten Untersuchungszeitraum ist die Bitte des Priesters Frederic Fralhauner aus Wasserburg um Befreiung vom Simonievorwurf aus dem Jahr 1450[114]. Er hatte drei Jahre zuvor gegen eine Zahlung von einem Goldflorin an die Konsuln der Stadt eine Kapelle mit einem Wert von sechzehn Goldflorinen erworben. Nun suchte er um Lösung der deshalb empfangenen Exkommunikation sowie um erneute Provision mit der Pfründe durch die Kurie. Sein Anliegen wurde nach einer Strafzahlung an die Datarie genehmigt. Zwei Priester waren in Schlägereien mit anderen Klerikern verwickelt, während derer ihre Opfer verwundet wurden und Blut geflossen war[115]. Ein anderer Kleriker suchte nachträglich um Befreiung vom Geburtsmakel[116].

Insgesamt elf Mönche kamen überwiegend aus den Klöstern Ebersberg oder Scheyern. Drei von ihnen hatten unerlaubt ihre Klöster verlassen und sich der Apostasie schuldig gemacht[117]. Vier Mönche im Alter von dreiundzwanzig bis vierundzwanzig Jahren aus Scheyern baten zeitgleich um Lizenz zur vorzeitigen Erlangung der Priesterweihe[118], ein weiterer aus dem Benediktinerkloster in Ebersberg bat um nachträgliche Anerkennung seiner bereits erhaltenen Grade und wurde zwei Monate vom Altardienst suspendiert[119]. Drei weitere Bewohner desselben Klosters suchten um einen dauerhaften Beichtbrief nach[120].

Die Anzahl der Mönche ist mit elf Personen zwar höher als die der Säkularkleriker, im Verhältnis zur hohen Anzahl an Laien dennoch als eher gering einzustufen. Einer wurde in Verbindung mit einer Ehedispens genannt, ein Hinweis auf weitere Jurisdiktionsinstanzen im Bistum[121]. Möglicherweise war er an der Eherechtsprechung des Paares durch das Kloster in Rott beteiligt. Drei Klos-

---

[114] PA 7, fol. 154r.
[115] PA 20, fol. 176v aus Moching von 1472; PA 26, fol. 97v aus Geisenhausen von 1477.
[116] PA 44, fol. 370r.
[117] Kloster Ebersberg im Jahr 1452: PA 3, fol. 313r und im Jahr 1507: PA 54, fol. 322r. Kloster Attel 1466: PA 14, fol. 221r.
[118] PA 29, fol. 248r (zwei Personen), PA 24, fol. 191r; PA 24, fol. 191r.
[119] PA 20, fol. 273r.
[120] Drei einzelne Suppliken, alle unter PA 8, fol. 355v verzeichnet.
[121] PA 20, fol. 289v.

terbewohner waren in gewalttätige Auseinandersetzungen verwickelt[122], einer hatte sich zudem der Teilnahme am Glücksspiel innerhalb der Klostermauern schuldig gemacht[123]. In den Supplikenregistern ist ein Fall von Apostasie enthalten[124] sowie ein unter Beichtbriefen verzeichnetes Gesuch des Abtes des Klosters Tegernsee. Er suchte um das Anrecht auf Erteilung der Seelsorge in Kirchen und Klöstern des Pfarrbezirkes Gmund für sich und sein Kloster nach, im jährlichen Wechsel mit den lokalen Priestern[125]. Ein Mönch bat um eine Lizenz zur vorzeitigen Erlangung der Priesterweihe[126], ebenso ein Klostervorsteher für seine sieben nicht namentlich genannten Schüler, die noch nicht das für einen Subdiakon beziehungsweise Diakon erforderliche Alter erreicht hatten[127]. Außerdem war ein mit einer Generalsentenz bestrafter Bittsteller verzeichnet.[128]. Insgesamt überwiegen die schwerwiegenderen Rechtsfälle, dennoch gab es auch im Voralpenland mehrere freiwillige Gesuche von Klerikern, um einen persönlichen Vorteil im Kirchenalltag zu gewinnen.

Bei der nach Herkunftsorten und Stand verteilten Personanzahl lassen sich verschiedene Schwerpunktbildungen erkennen: Die im Pönitentiarieregister verzeichneten Geistlichen stammten vor allem aus dem nördlichen Teil Freisings. Mehr als die Hälfte aller Bittsteller kam zudem aus Städten, stadtnahen oder stadtähnlichen Siedlungen. Die Verteilung der Ortsangaben im Verhältnis zu den Gemeindegrößen im ausgehenden 15. Jahrhundert lässt zunächst nicht auf eine regionale Gewichtung schließen. Da sich jedoch bei Laien aus dem Voralpenland insbesondere der Inhalt der Matrimonialdispense von den nördlichen, näher oder in direkter Umgebung des Hochstifts gelegenen Gebieten unterscheidet, könnte der ländliche Raum in der geistlichen Rechtsprechung ein Nord-Süd-Gefälle aufgewiesen. Genauere Ergebnisse lassen sich bei Laien durch Auswertung der an der Pönitentiarie behandelten Themen, insbesondere der Ehedispense erzielen[129].

---

[122] Christof Czelleiner, Priester im Prämonstratenserkloster Schäftlarn: PA 26, fol. 142r; Michael Plauch, Priester im Augustinerkloster in Rottenbuch: PA 42, fol. 338v-339r sowie Augustinus Lueb, Priester im Benediktinerkloster Ettal: PA 26, fol. 122r.
[123] PA 26, fol. 142r: Michael Plauch, Ettal.
[124] Bernard Inninger, Priester und angehender Mönch im Johanniterkloster in Beyharting: PA 41, fol. 182v.
[125] PA 37, fol. 343r-343v.
[126] PA 31, fol. 247r.
[127] Ulrich, Vorsteher des Augustinerklosters in Beyharting: PA 41, fol. 397r.
[128] Leonard Hoffmann, Priester im Benediktinerkloster in Rott: PA 20, fol. 289v.
[129] Siehe Auswertung der Karten 4 und 5.

d) Karte 4: Scheidungen und Exkommunikationen

In Karte 4 wurden Ehedispense erfasst, in denen eine Trennung des Paares durch den Bischof oder den Offizial erwähnt wurde[130]. Die Ortsangaben und der Ausstellungszeitpunkt wurden nach Zehnjahresabständen gekennzeichnet. Neben Scheidungen wurden auch Exkommunikationen eingetragen. Mit dieser Karte soll der Frage nachgegangen werden, ob es Regionen gab, in denen sich beim Thema Eherecht Konflikte zwischen der Bevölkerung und der Kirche häuften. Dort sind neben einer größeren Zahl an Verstößen gegen kanonisches Recht, infolgederer die Personen die Pönitentiarie aufsuchen mussten, um ihre Heirat und bereits vorhandenen Kinder zu legalisieren[131] auch zahlreiche Prozesse in erster Instanz am Offizialatsgericht zu vermuten. Insgesamt war aufgrund der geographischen Nähe zu Freising die dort lebende Bevölkerung auch stärker vertraut mit den kirchlichen Gesetzen, und sie verstieß deswegen seltener gegen kirchliche Ehevorschriften. Schmugge und Salonen gehen von einer allgemein großen Vertrautheit der Bevölkerung mit kanonischen Vorschriften zum Thema Ehe im 15. Jahrhundert aus, unter anderem als Folge von zahlreichen Eheprozessen[132]. Dabei wies Schmugge vor allem im letzten Viertel des 15. Jahrhunderts im Heiligen Römischen Reich Deutscher Nation ein stark zunehmendes Eingreifen der lokalen Jurisdiktion in Eheverhältnisse nach, vor allem nach dem Jahr 1484[133].

Eher selten enthielten die Freisinger Supliken eine detailliertere Beschreibung der in Freising vorausgegangenen Verfahren: Ein Ehepaar aus Kohlgrub hatte eine Benachrichtigung durch den Freisinger Bischof erhalten, war bereits in einen Prozess verwickelt und dort von seinem Ordinarius wieder geschieden worden[134]. Ein anderes Paar mit Kind aus *Eschelbach* hatte sich 1491 während seines Eheprozesses am Offizialatsgericht an die oberste Beichtbehörde gewandt und bat um eine Dispens wegen seines dritten Grades der Blutsverwandtschaft und um Absolution von der Exkommunikationsstrafe[135]. Das Gesuch wurde mit dem Kommissionsvermerk *committatur officiali ecclesie Frisingensis, cui cause matrimoniales, ut illis cognoscat, committi consueverunt*

---

[130] Karte 4: Penitentiaria Apostolica – Scheidungen und Exkommunikationen.
[131] Eine genauere Untersuchung hierzu wird in Kapitel IV.4.e) anhand der Karte 5 vorgenommen.
[132] SCHMUGGE, Ehen, 81; SALONEN, Heinrich and Diemunda, 58-59.
[133] SCHMUGGE, Ehen, 85.
[134] PA 31, fol. 17v (Kohlgrub).
[135] PA 40, fol. 113v.

wieder nach Freising zurückverwiesen und mit *fiat de speciali et expresso* genehmigt.

aa) Der nördliche ländliche Raum mit Nähe zu Freising
Gerade in der nahen Umgebung Freisings wurden mehr Annullierungen und Exkommunikationen von Ehen ausgesprochen als im bevölkerungsreichen Süden des Bistums. Mit zweiundzwanzig Suppliken beziehungsweise fünfzehn Scheidungen fanden sich im nördlichen Teil des Bistums deutlich mehr Einträge als im Voralpenland. Alle Orte lagen in geographischer Nähe zum Bischofssitz Freising oder zu der Grafschaft Burgrain. In Augsburg und Umgebung sowie vor allem in Scheyern wurden besonders häufig Ehen geschieden oder Brauaare wegen Verstoßes gegen das Eherecht exkommuniziert. Die Entfernung zum Bischofssitz wirkte sich demnach auf die Art der an der Pönitentiarie eingereichten Ehedispense aus. Zeitlich betrachtet wurden die meisten Matrimonialdispense zwischen 1480 und 1500 erbeten. Diese Beobachtung korrespondiert mit den Ergebnissen Schmugges, der im Reichsgebiet vor allem nach 1484 ein stark zunehmendes Eingreifen der Offizialate in Eheverhältnisse nachwies[136].

bb) Der südliche ländliche Raum
Im Voralpenland beläuft sich die Anzahl der Einträge auf zwölf lokalisierbare Gesuche, darunter befanden sich sechs Scheidungen. In Weyarn waren zwischen 1490 und 1500 zwei Ehen getrennt worden, in Kohlgrub zwischen 1470 und 1490 sogar vier. Alle Exkommunikationen wurden zwischen 1490 und 1500 ausgesprochen, so dass sich insgesamt der Eindruck ergibt, dass es im Süden Freisings ab 1490 zu einer schärferen Durchsetzung des Eherechtes kam. Zwischen 1450 und 1490 gab es mehrere Diözesan- und Provinzialsynoden, auf denen regelmäßig die Probleme Konkubinat, Kleriker- und Clandestinehe, Ehehindernisse, Illegitimität und Geburtsmakel thematisiert wurden[137]. Zwar konnte in den auf eine Diözesansynode folgenden Jahren zahlenmäßig kein nennenswerter Anstieg der Gesuche in Rom festgestellt werden[138], dennoch weisen die im Supplikenregister zunehmend erwähnten Kirchenstrafen in den Ehedispensen und -lizenzen auf einen solchen Zusammenhang hin.

---

[136] SCHMUGGE, Ehen, 85.
[137] Siehe Kapitel III.2.a)dd), III.3.e) und Grafik 1.
[138] Siehe Kapitel III.2.a)dd) und Grafik 1.

Ein Paar aus Kohlgrub bat 1481 um eine Dispens, um seine Ehe erneut schließen zu können[139]. Es besaß ebenfalls bereits mehrere Kinder. Neu ist in dieser Supplik die erstmals auftauchende Formulierung, durch die vom Bischof ausgesprochene Scheidung sei ein Skandal hervorgerufen worden, weil die Kinder ohne Eltern seien. Diese Begründung tauchte im Supplikenregister wiederholt auf und zeigt, dass in der Praxis das Eherecht durch die Offizialatsgerichte zwar zunächst sehr schematisch angewandt wurde[140], dass aber die Jurisdiktionspraxis letztendlich auch sehr viel milder ausfallen konnte, weil der Bestand von kinderreichen Ehen zumindest seitens der Pönitentiarie eher geschützt wurde.

cc) Weitere Hinweise zur rechtlichen Entwicklung

In vier Suppliken fanden sich Hinweise auf Diözesansynoden oder Synodaldekrete: Einer stammt aus dem Jahr 1469[141]. Ein Paar aus *Euterbach* hatte heimlich geheiratet und war im vierten Grad miteinander verwandt. Es wurde auf einer nicht näher spezifizierten Provinzialsynode, möglicherweise auf der Salzburger Provinzialsynode von 1456, exkommuniziert und mit weiteren Strafen wie der Promulgation belegt. Es bat um Absolution und um Erlaubnis, die Ehe fortsetzen zu dürfen. Bei diesem Ort handelte es sich vermutlich um das nordwestlich nahe Freising gelegene Aiterbach. Drei weitere Gesuche stammen aus dem Jahr 1495 und weisen auf eine schärfere Bekämpfung heimlicher Ehen als Folge von Diözesansynoden hin[142]. Ein Paar aus Scheyern hatte in Unkenntnis seiner geistlichen Verwandtschaft geheiratet und war wegen Verstoß gegen die Synodaldekrete mit der Exkommunikation belegt worden. Missachtung der geistlichen Verwandtschaft wurde laut Schmugge auch seitens der Pönitentiarie stärker geahndet als die Blutsverwandtschaft angehender Eheleute[143]. Ein Paar aus Rott wurde in angeblichem Unwissen um seine Blutsverwandtschaft heimlich durch einen Priester getraut und mit Hinweis auf die Synodaldekrete sowohl exkommuniziert als auch getrennt[144]. Den gleichen Verstoß mit demselben Strafmaß hatte auch zwei Eheleute aus Großenviecht begangen[145]. Sie besaßen sogar bereits ein Kind. Alle Gesuche wurden in Rom mit *fiat de speciali* genehmigt.

---

[139] PA 31, fol. 17v.
[140] SCHMUGGE, Ehen, 84.
[141] PA 17, fol. 40r.
[142] Siehe auch Kapitel III.3.e)cc), Diözesansynoden.
[143] SCHMUGGE, Ehen, 41: Tabelle der Strafzahlungen.
[144] PA 45, fol. 40v.
[145] PA 45, fol. 40v.

Ein zur selben Zeit heimlich durch einen Priester verheiratetes Paar hatte nach eigenen Angaben nicht um seine geistliche Verwandtschaft gewusst[146]. Es kam aus *Masen* und musste sich wegen seiner Clandestinehe im Jahr 1495 sogar einem Inquisitionsprozess unterziehen. Die Ehe wurde annulliert und die Brautleute exkommuniziert, ihre erneute Hochzeit wurde jedoch mit einer durch *fiat de speciali et expresso* unterzeichneten Dispens ermöglicht. Die Lage dieses Ortes ließ sich nicht verifizieren. Akkusations- oder Inquisitionsprozesse waren bei Verstößen gegen das Eherecht eher selten, zumeist wurden nur Kirchenstrafen wie die Exkommunikation angewandt[147]. Insgesamt untermalen diese fünf Gesuche deutlich eine zunehmend strengere Handhabung des Eherechtes gegen Ende des 15. Jahrhunderts in Freising, obwohl die erste Freisinger Eheannullierung durch einen Bischof bereits im Jahr 1456 verzeichnet wurde[148]. Diese Entwicklung konstatierte Schmugge für den gesamten deutschsprachigen Raum im letzten Viertel des 15. Jahrhunderts: Ein massiv zunehmendes Eingreifen der Offizialate in Eheangelegenheiten[149]. Damit einher ging jedoch bereits gegen Mitte des Jahrhunderts auch eine zunehmende gesellschaftliche Verweigerung gegen gerichtliche Trennungen von Ehen, die sich laut Schmugge zwar statistisch nicht messen lässt[150], aber auch in Freising in der steigenden Zahl an Gesuchen um Verbleib in der Ehe[151] oder Wiederverheiratung nach einer Scheidung durch den Bischof oder Offizial niederschlug[152].

In den von Dalham veröffentlichten Statuten der Salzburger Provinzialsynode von 1490 sind zahlreiche Gesetze zum Eherecht enthalten[153]. Dabei fin-

---

[146] PA 45, fol. 4r.
[147] PAARHAMMER, Rechtsprechung, 176.
[148] PA 6, fol. 218 v.
[149] SCHMUGGE, Ehen, 85.
[150] SCHMUGGE, Ehen, 86.
[151] PA 31, fol. 7v; PA 31, fol. 49r; PA 35, fol. 9 r; PA 36, fol. 111r; PA 38, fol. 157v, PA 38, fol. 130v; PA 38, fol. 92r; PA 39, fol. 90r; PA 39, fol. 138r; PA 40, fol. 28r; PA 40, fol. 71v; PA 40, fol. 113v; PA 40, fol. 120r; PA 41, fol. 131r; PA 42, fol. 4r; PA 42, fol. 17r; PA 42, fol. 52v; PA 42, fol. 70r; PA 42, fol. 80r; PA 43, fol. 2r; PA 42, fol. 3r; PA 44, fol. 36r; PA 44, fol. 36v; PA 44, fol. 36v; PA 44, fol. 36v; PA 44, fol. 71r; PA 44, fol. 71v; PA 44, fol. 96r; PA 44, fol. 121v; PA 44, fol. 121v; PA 44, fol. 124r; PA 44, fol. 133r; PA 45, fol. 208v; PA 47, fol. 47r; PA 47, fol. 100r; PA 47, fol. 115r; PA 48, fol. 223v; PA 48, fol. 229v; PA 49, fol. 138r; PA 50, fol. 158v.
[152] PA 26, fol. 48v; PA 26, fol. 48v; PA 31, fol. 17v; PA 31, fol. 17v; PA 36, fol. 19 r; PA 38, fol. 115v; PA 38, fol. 112r; PA 38, fol. 106r; PA 45, fol. 4r -hier ging der Scheidung ein Inquisitionsprozess voraus, PA 45, fol. 40v; PA 45, fol. 40v; PA 45, fol. 150r; PA 45, fol. 168r; PA 45, fol. 176r; PA 47, fol. 132r; PA 53, fol. 56r; PA 53, fol. 56v; PA 55, fol. 528r; PA 55, fol. 623r; PA 55, fol. 623r; PA 55, fol. 649v.
[153] DALHAM, Concilia, 254-261.

den sich neben Bestimmungen gegen die Clandestinehe und zur kirchlichen Trauung auch Verbote an mit den Offizialatsgerichten konkurrierende Laien, Priester und Institutionen, ohne Aufforderung des Bischofs und seiner Stellvertreter Eherechtsprechungen vorzunehmen[154].

Den zahlreichen Hinweisen auf ungültige Ehen steht jedoch nur eine Supplik gegenüber, die über eine gezielte Umgehung des Kirchenrechts seitens der die Brautleute trauenden Geistlichen berichtet. In dieser bereits in Kapitel III.5.a) behandelten Dispens wandte sich der Priester Christian Ringler im Jahr 1499 unter anderem wegen angemaßter Rechtsprechung, illegitimen Trauungen und gewaltsamen Auseinandersetzungen mit Todesfolge an die Pönitentiarie: Er befand sich im 1498 am Tag der heiligen Magdalena in der Pfarrkirche in Holzen, als er „aus Albernheit den Rechtsspruch des Laien Johannes Rott dieses Pfarrbezirks verglich und andere Rechtssprüche und Petitionen zum Thema Ehe gegen Honorar. Er schloss auch acht Ehen, manche waren ungültig[155], zum Beispiel die von Osvaldus Raimer und von Udalricus Scherer und manche kamen mit ihrer Ehefrau und waren verärgert, dass er eine Rechnung von elf Goldflorinen machte, die zu bezahlen war. Den ersten Teil zahlt der Pleban, sagte er, und den anderen Teil Osvaldus Raimer mit den anderen. Die wurden aber zornig und mit bösen Worten und schlugen ihn auf den Kopf mit Blutvergießen und er (Osvaldus) zog sein Messer, um ihn in den Kopf zu stechen und fügte dem Antragsteller eine große Wunde zu." [156] Christian Ringler bekam Todesangst und wehrte sich: Er „zog selber ein Messer, was er dabeihatte, um sich zu verteidigen, und weil er sich des Angriffs seines Gegners anders nicht wehren konnte. Währenddessen kam Uldaricus Scherer heran und glaubte, dass Osvald den Antragsteller durchbohren wolle und fügte Osvald eine tödliche Wunde zu, so dass dieser starb. Weil aber der Antragsteller nicht an dem Tod von Osvald Schuld hat, sondern von ihm selber verwundet wurde, zweifelt er dennoch, ob er in seinen Weihen weiter ministrieren darf (...) und dass er den Vorwurf des Mordes auf sich geladen hat und den Makel der Irregularität sowie die Inhabilität. Damit niemand vielleicht über ihn sagen könne, dass er sich den Vorwurf des Mordes auf sich geladen hat, den Makel der Irregularität sowie die Inhabilität und dass dies ein Hindernis gegen die freie und legitime Ausübung seiner Weihen sei." Anschließend bat er um eine dem entsprechenden Formular gemäßen Dispens.

---

[154] DALHAM, Concilia, 254 Kap. XXII.
[155] Möglicherweise wegen Ehehindernissen.
[156] PA 47, fol. 470r-470v.

Diese Supplik zeigt deutlich, dass es in der Bevölkerung bewusste Verstöße gegen und ein vielleicht sogar zielgerichtetes Umgehen der kanonischen Ehevorschriften gab, dass aber auch kirchlicherseits Missbräuche im Bereich Eheschließung existierten und Kleriker davon gezielt zu profitieren wussten. Die Brautleute versuchten, trotz der ihnen offensichtlich bekannten Ehehindernisse, einen Priester mit Geldzahlung zur öffentlichen Trauung zu bewegen, um nicht wegen dem Vorwurf einer heimlichen Ehe eine Exkommunikation oder Annullierung zu riskieren. Möglicherweise versuchten sie im Anschluss, durch Dispense der Pönitentiarie oder anderer Institutionen die Ehehindernisse zu beseitigen, während der Priester offensichtlich gerne die Zahlungen der Brautleute in Empfang genommen hatte. Insgesamt ergibt sich der Eindruck, dass es sich hier nicht um einen einmaligen Verstoß gegen kirchliches Recht handelte, sondern dass bei allen Beteiligten ein systematisches Umgehen der Vorschriften zum Eherecht vorausgesetzt werden darf. Über die tatsächliche Verbreitung dieser Praxis lässt sich keine Aussage machen, denn in den Registerbänden der Pönitentiarie finden sich keine weiteren Hinweise auf durch den Freisinger Klerus vorgenommene unrechtmäßige Trauungen, ebenso wenig in den Freisinger Offizialatsprotokollen.

Eine bei Schmugge konstatierte Instrumentalisierung des kanonischen Rechtes als Scheidungsinstrument ist für Gesuche aus Freising aufgrund der sehr geringen Überschneidung mit Fällen am Offizialatsgericht und aufgrund der geringen Zahl an Gesuchen um Lizenz zur Wiederverheiratung nur schwer und statistisch nicht nachweisbar. Solche Fälle kamen in Freising nur einmal vor: Jeronimus Hamperger hatte einst mit einer ledigen Frau geschlafen. Davon gelangte eine Nachricht an den Bischof, und Freunde und Blutsverwandte der Frau ließen ihn gefangen nehmen und anklagen. Er kam wieder frei trotz Strafe des Exzesses und lernte eine andere Frau kennen, die er heiraten wollte. Erst musste er von seiner Strafe absolviert werden, was sein Bischof ablehnte, an der Pönitentiarie reichte er eine Bitte um Lösung von seiner Strafe, vom Vorwurf des Exzesses und um Absolution ein, die mit *fiat de speciali* genehmigt wurde[157]. Offensichtlich war Jeronimus Hamperger in ein Ehezusprechungsverfahren verwickelt, aus dem er sich zu befreien versuchte. Weitere vergleichbare Gesuche kamen aus Freising nicht an die Pönitentiarie, jedoch zwei Scheidungsgesuche von Frauen wegen Impotenz ihres Gatten aus den Jahren 1489[158] und

---

[157] PA 36, fol. 159v.
[158] PA 38, fol. 288v.

1495[159]. Ehetrennungen wegen Grausamkeit des Gatten oder anderen Gründen wurden von Freisinger Bittstellern an der Pönitentiarie nicht beantragt.

Insgesamt zeigt die geographische Verteilung eine klare Schwerpunktbildung: Scheidungen und Exkommunikationen wurden vor allem in Nähe des Bischofssitzes ausgesprochen, obwohl Freising und das Umland eine deutlich geringere Einwohnerzahl als der Südteil des Bistums aufwiesen. Die Anzahl der Scheidungen nahm in Richtung Voralpenland trotz größerer Bevölkerungsdichte deutlich ab. Zu vermuten ist, dass die Eherechtsprechung im Voralpenland auch durch weitere Instanzen wie die dortigen Klöster, beispielsweise Kloster Tegernsee, erfolgte.

e) Karte 5: Ehedispense und Ehelizenzen

Grundlage dieser Karte sind die von den Einwohnern an der Pönitentiarie erbetenen Lizenzen vor Abschluss einer Ehe und die nach einer Hochzeit eingeholten Dispense, aus denen die geistliche oder die Blutsverwandtschaft hervorgeht[160]. In keiner davon sind Hinweise auf parallel geführte oder vorhergehende Prozesse am Offizialatsgericht durch beispielsweise Exkommunikationen oder Scheidungen enthalten. Vor allem bei vorab erteilten Ehelizenzen ist von den Antragstellern anzunehmen, dass sie in genauer Kenntnis kanonischer Vorschriften bestehende Ehehindernisse durch kuriale Dispense zielgerichtet vor Eheschluss zu beseitigen versuchten, um Gerichtsprozesse zu vermeiden.

Unter den hier registrierten Personen befanden sich 49 Laien oder 25 Paare. Bei 39 Personen beziehungsweise zwanzig Paaren bestand das Hindernis eines vierten Grades der Blutsverwandtschaft, sechs waren in näherem Grad miteinander verwandt. Zwölf Personen oder sechs Paare suchten vor Abschluss der Ehe eine Beseitigung ihres Hindernisses zu erreichen[161], während drei Paare heimlich geheiratet hatten[162]. Bei vier Personen wurde eine geistliche Verwandtschaft festgestellt und vier Eheleute besaßen bereits Kinder, als sie sich an die Pönitentiarie wandten. Die überwiegende Zahl der Supliken wurden nach dem Jahr 1478 eingereicht[163], so dass sich auch hier der Eindruck einer zunehmenden kirchlichen Reglementierung bereits geschlossener Ehen ergibt, infolgedessen

---

[159] PA 44, fol. 286v.
[160] Karte 5: Penitentiaria Apostolica – Ehedispense und Ehelizenzen.
[161] PA 26, fol. 49r (Berg); PA 30, fol. 55v (Fischbachau); PA 31, fol. 11v (Aibling); PA 26, fol. 39v (Kammern); PA 45, fol. 128r (Fischbachau) und PA 49, fol. 38r (Schliersee).
[162] PA 15, fol. 61v (Berg); PA 17, fol. 40r (Schäftlarn); PA 45, fol. 40v (Rott).
[163] Siehe Grafik 2.

im ausgehenden 15. Jahrhundert in zunehmender Menge Matrimonialdispense an der Pönitentiarie eingereicht wurden und es auch an geistlichen Gerichten allgemein zu einer höheren Anzahl von Eheprozessen kam[164].

München wurde entsprechend dem insgesamt großen Anteil der Petenten in acht Dispensen als Herkunftsort angegeben. Fünf vor der Hochzeit eingeholte Ehelizenzen, darunter eine wegen zweitem und drittem Verwandtschaftsgrades aus dem Jahr 1482[165], lassen gerade in dieser Stadt auf eine mit den kanonischen Vorschriften gut vertraute Bevölkerung schließen, die einer strengeren Anwendung kirchlicher Ehevorschriften gezielt durch vorab erteilte Ehelizenzen entgegenzuwirken versuchte. Eine vergleichbare Häufung von derartigen Dispensen findet sich nur noch im Raum Tegernsee-Schliersee mit vier Suppliken. Die meisten Ehelizenzen wurden zwischen 1475 und 1489 eingeholt, nach diesem Zeitraum kamen zwischen 1495 und 1500 drei weitere Gesuche an die Pönitentiarie.

Die Verteilung der Ehedispense und -lizenzen kontrastiert mit den in Karte 4 visualisierten Scheidungen und Exkommunikationen. Mit zunehmender Distanz zum Bischofssitz sank nicht nur die Rate der Eheannullierungen und Exkommunikationen, es wurden dort insgesamt mehr Ehedispense und vorab erteilte -lizenzen eingeholt. Neben München bilden die Regionen Tegern- und Schliersee, der Archidiakonat Rottenbuch sowie das Umland des Starnberger Sees lokale Schwerpunkte unter den Gesuchen.

5. Die Eltern von illegitimen Klerikern, Scholaren und Mönchen

Geburtsmakeldispense enthalten ebenfalls Hinweise auf die Verbreitung von Clandestinehen und Konkubinaten, wenn beide Eltern Laien waren. Die Angaben zu Klerikereltern wurden in Liste 1 zusammengefasst.

a) Voralpenland

Sechzehn illegitime Kleriker oder Scholaren konnten im Voralpenraum lokalisiert werden, wie Liste 1 erkennen lässt. Unter ihren Eltern befanden sich sieben nicht verheiratete Laienpaare[166]. Bei einem Paar aus Innsbruck war der Mann anderweitig verheiratet, die restlichen Eltern wurden mit *solutus/soluta* bezeichnet und lebten demnach in Clandestinehen oder in außerehelichen Verhältnissen.

---

[164] SCHMUGGE, Ehen, 85.
[165] PA 31, fol. 79v.
[166] Beispielsweise PA 4, fol. 128r.

Die geringere Anzahl der Geburtsmakeldispense aus dieser Region kontrastiert mit der höheren Einwohnerzahl und den bei Staber erwähnten Gemeindegrößen[167].

b) Der nördliche Diözesenteil

Deutlich mehr Geburtsmakeldispense kamen aus dem nördlichen Bistumsteil, unter den 36 auffindbaren Herkunftsorten fanden sich zwanzig Scholaren und Kleriker, deren Eltern beide als Laien bezeichnet wurden. Bei dreizehn Paaren waren beide Elternteile ledig, sieben waren ein außereheliches Verhältnis eingegangen, davon waren bei dreien beide Partner anderweitig verheiratet. München steht bei illegitimen Elternpaaren mit fünf von sieben Geburtsmakeldispensen an der Spitze, gefolgt von Bruck mit drei Clandestinehen oder außerehelichen Lebensgemeinschaften und Dachau mit zwei ledigen Elternpaaren und einem Konkubinat. In Freising wurde in sechs Geburtsmakeldispensen eine Clandestinehe und ein Konkubinat lokalisiert. Die Angabe, dass ihre Eltern eine nicht legitime Ehen geführt hatten, war somit laut Supplikenregister bei angehenden Klerikern aus Städten und aus dem nördlichen Teil der Diözese deutlich häufiger als aus den restlichen Teilen Freisings. Vermutlich gab es unter in Städten lebenden Laien mehr außereheliche Lebensgemeinschaften und Konkubinate verschiedener Art, wahrscheinlich war im Nordteil des Bistums wie bei Schmugge für Geistliche aus dem südwestdeutschen Raum beschrieben der soziale Druck auf angehende Geistliche wesentlich höher, so dass diese für ihre Karriere eine Pönitentiariedispens benötigten[168].

c) Ergebnis

Mit zunehmender geographischer Distanz zum Bistumssitz stieg parallel zur Besiedlungsdichte auch die Anzahl der Ehedispense und -lizenzen. Hier ist ein deutliches Nord-Süd-Gefälle innerhalb des Bistums zu erkennen, außerdem bildete die Stadt München mit weitem Abstand den größten Schwerpunkt. Gleichzeitig zeigen die zeitliche Verteilung und die inhaltliche Auswertung, dass es eine Verschärfung oder eine intensivere Anwendung des Eherechtes im Verlauf des 15. Jahrhunderts gegeben haben dürfte. Anhand der höheren Anzahl von Ehedispensen und -lizenzen gegenüber der geringeren Scheidungs- und Exkommunikationsrate im Voralpengebiet stellt sich die Vermutung, dass gerade

---

[167] STABER, Die Seelsorge, 210-212.
[168] SCHMUGGE, Kinder Kirche, Karrieren, 248-251.

in diesem Teil des Bistums kirchliche Normen und Gesetze in der Bevölkerung in geringerem Maße akzeptiert wurden und Eheprozesse auch an anderer Stelle wie den lokalen Klöstern, beispielsweise Tegernsee, verhandelt wurde. Gerade im Bereich Eherecht könnten noch in größerem Umfang lokale Traditionen vorgeherrscht zu haben als im nördlichen Teil der Diözese. In den letzten Jahrzehnten des Untersuchungszeitraumes scheinen kirchliche Normen allmählich stärker durchgesetzt worden zu sein, was sich zunächst in steigenden Supplikenzahlen niederschlug. Geburtsmakeldispense mit Hinweis auf Clandestinehen kamen dagegen wie Scheidungen und Exkommunikationen häufiger aus der Stadt Freising und Umgebung, wohl auch in Verbindung zu einem dort stärker ausgeübten sozialen Druck auf angehende Geistliche. Städte waren bei Geburtsmakeldispensen häufiger vertreten als ländliche Gegenden. Auch dies kann als zunehmende und schärfere soziale Reglementierung unter Klerikern im Wettbewerb um Pfründen und Aufstiegsmöglichkeiten in der Kirche gerade in der Nähe des Bischofssitzes gewertet werden.

V. Das Personenspektrum an der Pönitentiarie

1. Namen und Schreibweisen

Der Frage nach der Effizienz des päpstlichen Dispenswesens sowie der Verbreitung des Wissens um die Möglichkeiten der Apostolischen Pönitentiarie gerade in kurienfernen Gebieten und im Laienstand geht Schmugge am Beispiel von Geburtsmakeldispensen nach[1]. Den Buchdruck als Mittel zur Verbreitung von kurialen Formelsammlungen schließt Schmugge dabei aus[2]. Er vermutet jedoch das Vorhandensein von persönlichen Netzwerken. Da zur Klärung dieser Frage eine umfangreiche Analyse lokaler Quellen nötig ist, wurde aufgrund des guten Forschungsstandes das Thema an dieser Stelle aufgegriffen. Es soll nun anhand des Freisinger Materials weiter verfolgt werden, denn im Personenregister der Datenbank lassen sich ganz deutlich verschiedene Personenkreise erkennen, die sich besonders oft an die Pönitentiarie wandten. Es könnte sich um verschiedene Klientelgruppen handeln, die jeweils in engem persönlichen Kontakt untereinander gestanden hatten. Die Analyse dieser Gruppen erfordert zunächst eine prosopographische und statistische Auswertung des Suplikenregisters.

Bei der Namenerhebung des Suplikenregisters waren ebenso wie bei der kartographischen Auswertung einige Unregelmäßigkeiten zu glätten. So erfassten die Pönitentiarieschreiber die Namen uneinheitlich, sie wurden wie die Herkunftsorte nicht immer korrekt wiedergegeben. Manche Namen beziehungsweise Berufsbezeichnungen wie Weber, Schmied oder Bäcker wurden mit *textor*, *faber* beziehungsweise *pistor* latinisiert[3]. Einige Namen wie Schmied, latinisiert *fabri*, waren mit sieben Personen oder *sartor* mit drei Personen besonders häufig anzutreffen, ebenso traf dies auf bäuerliche Namen mit Bezug zur Größe der Hofstelle wie Huber mit vierzehn Nennungen beziehungsweise zehn Personen zu. Hier ist nicht von verwandtschaftlichen Beziehungen der Antragsteller auszugehen.

Auch die Nachnamen von mehrfach an der Kurie anwesenden Personen wichen in der Schreibweise voneinander ab, wie beispielsweise an den unterschiedlichen Formen der Namen Fraunhofer[4], Pötschner[5] oder Nürnberg[6] zu se-

---

[1] SCHMUGGE, Kinder, Kirche, Karrieren, 324-328.
[2] SCHMUGGE, Kinder, Kirche, Karrieren, 326.
[3] Siehe auch SCHMUGGE, Kinder, Kirche, Karrieren, 126-127.
[4] PA 6, fol. 126v; PA 23, fol. 239v; PA 22, fol. 203v: sechs Personen mit drei unterschiedlichen Schreibweisen.

hen ist. Gelegentlich waren Lautverschiebungen anzutreffen, so wurde zum Beispiel Heinrich Bart als Henricus Part verzeichnet[7], der Kontext seiner Ehedispens lässt jedoch auf seine Zugehörigkeit zur Münchener Ratsfamilie Bart schließen[8]. Bei identischen oder sehr ähnlich lautenden Nachnamen wurde in der Untersuchung eine familiäre Zusammengehörigkeit zwischen den Petenten angenommen. Bei stark voneinander abweichenden Schreibarten unterblieb die eindeutige Zuordnung von Verwandtschaftsverhältnissen dagegen, ebenso bei den sehr besonders zahlreich vorkommenden Namen, die auf eine berufliche Tätigkeit oder eine Zugehörigkeit zum Handwerk hinwiesen,

In einigen Suppliken wurde zusätzlich der Name und der Vorname der Eltern des Bittstellers, vornehmlich der des Vaters, vermerkt. Ob es sich speziell hier um noch sehr junge Bittsteller gehandelt hatte, die im heutigen Sinne noch minderjährig und daher nicht rechtsmündig waren, lässt sich wegen der meist fehlenden Altersangaben nicht nachvollziehen.

2. Sozialer Stand, Geschlecht und Themen aller Bittsteller

Im Supplikenregister finden sich verhältnismäßig viele Laien, die sich vor allem mit Ehedispensen und -lizenzen an die Pönitentiarie wandten. Die Anzahl der Männer überwiegt die der Frauen, beispielsweise wurde in zwei Fällen nur von einzelnen Männern eine Lizenz erbeten, um eine neue Ehe eingehen zu dürfen. Zwei Frauen wandten sich in Scheidungsgesuchen nach Rom[9], außerdem suchten Männer und Frauen teils gemeinsam, teils einzeln um Beichtbriefe. Selten kamen auch komplizierte, unter *de diversis formis* oder *de declaratoriis* verzeichnete Anliegen vor. Wie in Grafik 6 zu erkennen ist, lag der Laienanteil mit 742 von 959 Personen oder einem Anteil von 77% deutlich höher als im gesamten deutschsprachigen Raum, wo er laut Schmugge unter Pius II. 40%[10] beziehungsweise im gesamten Supplikenregister etwa 50% betrug[11]. Damit kamen aus Freising verhältnismäßig wenige Kleriker an die Pönitentiarie.

---

[5] PA 4, fol. 159r; PA 20, fol. 257r; PA 17, fol. 38v; PA 49, fol. 752r; PA 10, fol. 19r, fünf Personen mit vier verschiedenen Schreibformen.
[6] PA 17, fol. 166r; PA 24, fol. 210v; PA 18, fol. 246v; PA 50, fol. 335r: Drei Personen mit erheblich voneinander abweichenden Schreibweisen, die nicht mehr eindeutig auf eine Namensgleichheit und damit Familienzusammengehörigkeit schließen lassen.
[7] PA 31, fol. 79v.
[8] STAHLEDER, Stadlanung Münchens, 31.
[9] Beide wegen angeblicher Impotenz ihres Mannes.
[10] SCHMUGGE, Kinder, Kirche, Karrieren, 310.
[11] SCHMUGGE, Kinder, Kirche, Karrieren, 136.

Gebildete männliche und als Scholaren bezeichnete Personen ohne geistliche Weihen waren überwiegend mit Geburtsmakeldispensen vertreten, um dem Klerikerstand beitreten zu können, sie sind aber laut Schmugge im 15. Jahrhundert noch den Laien zuzurechnen[12]. Der Begriff Scholar wird im Supplikenregister nicht weiter spezifiziert, so dass darunter sowohl Studenten als auch Klerikerschüler oder angehende Geistliche zu finden sind. Sie nahmen mit 116 Gesuchen von 316 Personen einen recht hohen Anteil ein. In vielen Fällen handelte es sich dabei wohl noch um Kinder unter sieben Jahren, dem Mindestalter für die Erteilung der ersten Tonsur[13]. Ihr Alter ist jedoch anhand des Supplikenregisters meist nicht zu bestimmen, wenn auch der in vielen Gesuchen formulierte Wunsch, dem Klerikerstand beizutreten, auf das geringe Lebensalter der Antragsteller hindeutet. Zu beachten ist aber auch die im Spätmittelalter verbreitete Praxis bei den Eltern unehelicher Kinder, vorsorglich und frühzeitig eine Geburtsmakeldispens einzuholen, auch wenn noch keine konkreten Pläne bestanden, dass die Kinder tatsächlich Kleriker werden sollten[14]. Scholaren holten darüber hinaus auch Pfründendispense ein. Selten erbaten sie Studienlizenzen, häufiger dagegen hatten sie Verstöße gegen kanonische Vorschriften bei ihrer Weihe begangen, die unter *de promotis*, meist aber unter *de diversis formis* verzeichnet wurden[15].

Zeittypisch bedingt war im Supplikenregister ein niedriger Frauenanteil zu finden, meistens waren sie an Ehedispensen beteiligt, einige Frauen suchten Beichtbriefe, selten kamen von ihnen auch Einzeldispense und kompliziertere Einzelfälle nach Rom wie die oben genannten Scheidungsgesuche. Frauen nahmen auch unter allen aktiven Bittstellern aus dem deutschsprachigen Raum einen sehr geringen Anteil ein[16]. Unter den 1001 Freisinger Bittstellern befanden sich 191 weibliche Personen, fünfzehn von 772 Gesuchen an der Pönitentiarie kamen aktiv und ausschließlich von Frauen. Insgesamt erzielten sie mit 1,9% einen ähnlich niedrigen Anteil wie im gesamten deutschsprachigen Raum. In einem Scheidungsgesuch geht aus dem Supplikeninhalt hervor, dass sich die Frau um eine endgültige Trennung von ihrem Ehepartner bemühte[17], eine weitere Frau suchte ebenfalls um Auflösung und Annullierung ihrer bestehenden

---

[12] SCHMUGGE, Kinder, Kirche, Karrieren, 123.
[13] SCHMUGGE, Kinder, Kirche, Karrieren, 123.
[14] SCHMUGGE, Kinder, Kirche, Karrieren, 221.
[15] Eine genauere Analyse wird bei den Personendaten zu Stand und Ausbildung der Kleriker vorgenommen.
[16] SCHMUGGE, u.a., Pius II., 61.
[17] PA 44, fol. 286v von 1495.

Ehe[18]. Wer bei Ehedispensen die Initiative ergriff, um eine Dispens an der Pönitentiarie zu erhalten, ließ sich anhand der Texte des Supplikenregisters nicht nachvollziehen und könnte nur anhand von lokalen Quellen geklärt werden. So ging beispielsweise aus den Freisinger Offizialatsprotokollen hervor, dass einer Ehedispens aus dem Jahr 1461 die Initiative der Frau zugrunde lag, die in Freising auf Zusprechung ihres Ehepartners und Anerkennung einer Ehe klagte. Im Pönitentiarieregister waren dagegen beide Personen als Antragsteller verzeichnet.

Die von einzelnen Frauen eingereichten Themen waren fünf Beichtbriefe[19], zwei Geburtsmakeldispense, einmal von einem Geschwisterpaar, das vermutlich aus Traunstein kam[20], ein Gesuch um Teilnahme an Messen während auswärtiger Aufenthalte[21], ein Fall von automatischer Exkommunikation bedingt durch Kontakt zu einer unter Interdikt stehenden Person[22], ein Bruch des Gelübdes, in einen Orden einzutreten[23], eine Umwandlung des Fastengelübdes in eine Pilgerfahrt[24] sowie die Bitte um Erlaubnis, den Laienstand verlassen zu dürfen, um in ein Kloster einzutreten[25]. Es handelte sich bei Suppliken der weiblichen Kundschaft der Pönitentiarie also überwiegend um religiöse Themen. Die meisten Frauen aus Freising wurden jedoch in Ehedispensen verzeichnet, aus denen inhaltlich nicht hervorgeht, ob die Frau, der Mann oder beide gemeinsam die Antragsteller waren. Über ihren sozialen Hintergrund und gesellschaftlichen Stand erfährt der Leser aufgrund fehlender Informationen im Supplikenregister so gut wie nichts. Eine zuverlässige namentliche oder statistische Auswertung ist deshalb mangels Daten nicht möglich.

3. Personendaten der Säkularkleriker

Die anhand von Ämtern und Einkommen in der Kirche erkennbare soziale Stellung der Geistlichen lässt sich auch bedingt anhand ihres Weihegrades erkennen: 51 Personen gaben keinen Weihegrad an, zwanzig hatten niedere Weihen wie

---

[18] PA 38, fol. 288v von 1489.
[19] PA 7, fol. 420v von 1459; PA 18, fol. 278r von 1470; PA 37, fol. 333v; PA 37, fol. 334r von 1487; PA 41, fol. 442v von 1492.
[20] PA 35, fol. 232v von 1486; PA 43, fol. 414v von 1492 von Barbara und Dorothea aus *Tramista*, vermutlich Traunstein.
[21] PA 7, fol. 236r von 1459.
[22] PA 21, fol. 82r von 1472.
[23] PA 21, fol. 105v von 1473.
[24] PA 21, fol. 108r von 1473.
[25] PA 44, fol. 166v von 1495.

acolitus oder *subdiaconus* erreicht, während 143 Personen den Grad eines Diakons, Priesters oder Kanonikers angaben und damit bereits eine mittlere bis höhere Stellung in der Kirchenhierarchie eingenommen hatten. Hinzuzurechnen sind fünf Personen, die *prepositus* oder Leiter einer Pfarrkirche waren, für diese Stellung mussten sie eine Weihe zum *presbyter* vorweisen. Insgesamt zählten die im Supplikenregister der Pönitentiarie enthaltenen Kleriker überwiegend zum höheren Klerus: 135 von insgesamt 220 Klerikern oder 61% waren Priester. Dieser hohe Anteil könnte auch durch die für eine Dispens erforderlichen Gebühren der Pönitentiarie bedingt sein, da Priester durch ihr Pfründeneinkommen eher über die erforderlichen Mittel zur Erlangung von kostspieligen kurialen Dispensen verfügten als einfache Geistliche.

a) Akademische Ausbildung

Mehrfach wiederholt wurde ab 1130 von den Päpsten ein Verbot des Medizin- und Rechtsstudiums ausgesprochen. Bonifaz VIII. (1294 – 1303) erlaubte dieses jedoch wieder, wenn es vor Erlangung der Priesterweihe stattfand, ebenso genehmigte er die rechtliche Vertretung von Witwen und Waisen vor Gerichten und damit die Teilhabe von Klerikern an allen Formen der Rechtsprechung[26]. Grundsätzlich war Klerikern jedoch eigentlich eine aktive Teilhabe an der Strafgerichtsbarkeit verboten. Diese zog einen sogenannten Mangel an Herzensmilde beziehungsweise die Irregularität nach sich, das bedeutete ein faktisches Verbot, die empfangenen Weihen auszuüben[27]. Andererseits hatten die Päpste es den Klerikern schon früh ermöglicht, eine akademische Ausbildung zu durchlaufen, indem sie ihnen während des Studiums die Residenzpflicht an den Pfründen erließ, so dass sie diese zur Studienfinanzierung einsetzen konnten[28]. Die an den Universitäten angebotenen Studiengänge wurden laut Schwinges im späten Mittelalter häufig von Geistlichen genutzt[29] und bis 1520 kam es insgesamt zu einem starken Anstieg der Studentenzahlen[30]. Gleichzeitig sank in der zweiten Hälfte des 15. Jahrhunderts der Anteil immatrikulierter Kleriker an den Univer-

---

[26] PLÖCHL, Kirchenrecht, 190.
[27] PLÖCHL, Kirchenrecht, 292-293.
[28] Rainer Christoph SCHWINGES, Pfaffen und Laien in der Universitätswelt. In: Studenten und Gelehrte. Studien zur Sozial- und Kulturgeschichte deutscher Universitäten im Mittelalter, Leiden 2008, 299-315, 308.
[29] Rainer Christoph SCHWINGES, Zur Professionalisierung gelehrter Tätigkeit im deutschen Spätmittelalter. In: Studenten und Gelehrte. Studien zur Sozial- und Kulturgeschichte deutscher Universitäten im Mittelalter, Leiden 2008, 553-578, 556.
[30] SCHWINGES, Professionalisierung, 557.

sitäten, viele erhielten nun erst nach ihrem Studium Weihegrade oder traten dem Klerus bei[31]. Dennoch blieb die Kirche zu dieser Zeit „weiterhin die größte Arbeitgeberin von Akademikern, auch wenn diese in weltlichen Verwaltungen dienten".[32] Mit dem zunehmenden Andrang an die Universitäten ging laut Schwinges eine reichsweite Professionalisierung der kirchlichen Berufe einher[33], bedingt durch den mit der zunehmenden Anzahl an Absolventen einhergehenden Angebotsdruck[34].

Trotz einer großen Zahl an Scholaren, also gebildeten Männern aus dem Laienstand ohne geistliche Weihen[35] mit Wunsch, dem Klerikerstand beizutreten, gab es laut Supplikenregister nur wenige Geistliche aus Freising mit einer akademischen Ausbildung, wie Liste 2 zeigt. So ergibt sich der Eindruck, dass dort ein geringes Interesse an einem Studium bestand, nur sehr selten wurden in den Supliken der Säkularkleriker ihre akademische Grade angegeben. Die Studienfächer waren in der Regel Recht, einmal auch ein Grundstudium in der Artistischen Fakultät. Da die überwiegende Zahl der Gesuche in den Kategorien Geburtsmakel und Pfründe verzeichnet war und da diese Gesuche teilweise schon mit sieben Jahren in sehr frühem Alter gestellt wurden[36] ist es aber durchaus möglich, dass eine viel höhere Zahl an Klerikern zu späterer Zeit eine Universität aufsuchte. So sollten die wenigen Angaben im Supplikenregister nicht unbedingt mit einer geringen Akademikerzahl im Freisinger Klerus gleichgesetzt werden. Bei dreißig Illegitimen wurde sogar in der Geburtsmakeldispens vermerkt, dass diese erst dem Klerikerstand beitreten wollten[37]. Alle diese Kle-

---

[31] SCHWINGES, Pfaffen und Laien, 314.
[32] SCHWINGES, Pfaffen und Laien, 324. Siehe auch SCHWINGES, Professionalisierung, 567: Die Papstkirche blieb Ende des Mittelalters für etwa 2/3 der Akademiker nach wie vor der größte Arbeitgeber.
[33] SCHWINGES, Pfaffen und Laien, 315.
[34] SCHWINGES, Professionalisierung, 564-565.
[35] VERGER, Scholares, 1519 - 1520; SCHMUGGE, Kinder, Kirche, Karrieren, 154.
[36] SCHMUGGE, Kinder, Kirche, Karrieren, 270.
[37] PA 17, fol. 161r Johannes Andree (1469); PA 24, fol. 235v Ulricus Has (1475); PA 26, fol. 239r Johannes Stockel (1478); PA 28, fol.185v Erhard Zollner (1478); PA 28, fol. 186r Kilianus Kel (1478); PA 28, fol. 186r Johannes Zollner (1478); PA 29, fol. 229v Constantinus Merckel (1479); PA 34, fol. 284r Gabriel de Bistendorff (1485); PA 35, fol. 226r Georg Hadersperger (1486); PA 35, fol. 232r Johannes Sedelmair (1486); PA 35, fol. 232v Margaretha Hyettgernyn (1486); PA 36, fol. 333v Sigismund Arndorffer (1486); PA 36, fol. 334v Wolfgang Kahamer (1487); PA 36, fol. 344r Johannes Mentzinger (1487); PA 38, fol. 398r Johannes und Michael Hilmaier (1489); PA 38, fol. 398r Johannes Streicher (1489); PA 39, fol. 395r Volgangus Passauer (1489); PA 39, fol. 401r Sigismund Sachelin (1490); PA 40, fol. 500r Wolfgang Tewsempeck (1491); PA 42, fol. 274v Georg Tuller (1493); PA 43, fol. 414v Barbara und Dorothea Tramista (1494); PA 45, fol. 476r Petrus Harder (1496); PA 46, fol.

rikeraspiranten könnten also zu diesem Zeitpunkt noch sehr jung gewesen sein. Sie müssten demnach erst am Beginn ihrer späteren Kirchenlaufbahn gestanden sein, so dass bei ihnen zu diesem Zeitpunkt noch keine akademische Ausbildung zu erwarten war. Zu berücksichtigen ist hierbei auch, dass die Mehrzahl der Studenten aus Kostengründen kein Interesse an Prüfungen hatte und damit ohne Abschluss blieb[38].

Neben den Hinweisen in der Forschungsliteratur zu Freising und angrenzenden Diözesen wurde vor allem die Datenbank Repertorium Academicum Germanicum verwendet[39], um bei allen Freisinger Klerikern zu überprüfen, ob sie vor, während oder nach ihrem Kontakt zur Pönitentiarie eine Universität besucht hatten. Dabei konnte von etlichen Freisinger Bittstellern ihr Ausbildungsweg ergänzt werden, wobei auch mit den in Liste 2d zusammengetragenen Informationen zu Studium und Universitätsbesuch sicher noch keine Vollständigkeit erreicht wurde. Die Bezeichnung *scholar* beinhaltete bei den meisten Antragstellern zudem nicht die Zugehörigkeit zu einer Universität[40], sondern kennzeichnete sie ebenso als Teilnehmer einer auf den geistlichen Stand vorbereitenden Klerikerschule.

aa) Studium laut Angaben im Supplikenregister

Bei zehn Freisinger Klerikern wurden im Supplikenregister eine akademische Ausbildung registriert. Studienlizenzen wurden von fünf Personen erbeten, zwei davon hatten bereits ein Studium begonnen und wollten dieses oder ein weiteres mit einer Promotion abschließen[41]: Dies wurde in der Supplik Heinrichs von Schmiechen, späterer *iudex* am Freisinger Offizialatsgericht, verzeichnet[42]. Er wollte wie Georg Irnhoris eine akademische Ausbildung aufnehmen, beide baten um die Erlaubnis, sieben Jahre Zivilrecht studieren zu dürfen unter Behalt ihres Pfründeneinkommens und um einen möglichen Erwerb akademischer Grade[43]. Heinrich von Schmiechen bat ebenfalls um die Erlaubnis zur Promotion, nannte

---

438v Johannes Angermair (1497); PA 46, fol. 438v Sigismund Angermair (1497); PA 47, fol. 560v Johannes Moser (1498); PA 47, fol. 570r Johannes Weychser (1499); PA 47, fol. 587v Albertus (1499); PA 48, fol. 822r Wilhelm Vesiner (1499).
[38] SCHWINGES, Professionalisierung, 563: Er erwähnt beispielsweise die hohen Promotionskosten und stellt fest, dass Studenten ohne Abschluss im ausgehenden Mittelalter der Normalfall waren.
[39] Siehe www.rag-online.org.
[40] VERGER, Scholares, 1519-1520.
[41] PA 3, fol. 206r Johannes Heller, Dr. art.; PA 49, fol. 313r Adam Wernheri, Lic. iur. utr.
[42] PA 16, fol. 98v.
[43] PA 16, fol. 98v: Heinrich von Schmiechen; PA 49, fol. 424v-425r: Georg Imhoris.

aber wie alle anderen Bitsteller keinen Studienort. Unter den Akademikern befand sich auch Johannes Heller, späterer Offizial zu Freising[44], Petrus Krafft[45] und der aus einem Landshuter Ratsgeschlecht stammende Dr. Georg Altdorfer[46], späterer Bischof von Chiemsee[47]. Stephanus Furk beantragte eine Lizenz für ein siebenjähriges Rechtsstudium ohne weitere Angaben[48], Adam Wernheri[49] und Georg Irnhoris[50] wollten sieben Jahre Zivilrecht studieren, alle drei nannten jedoch nicht die von ihnen favorisierte Universität. Um eine Erlaubnis, kanonisches und römisches Recht studieren zu können ohne Angabe einer Dauer, suchte im Jahr 1500 auch der aus München stammende Akolyth Georg Diener[51]. Die erbetene Studienlizenz wurde seitens der Pönitentiarie in allen Fällen gewährt.

Die Supplik des späteren Freisinger Offizials Johannes Heller beinhaltet die Bitte um Aufhebung eines Freisinger Gerichtsurteils, nämlich dem Verbot, einen weiteren Studienabschluss zu erwerben[52]. Er besaß bereits zu diesem Zeitpunkt bereits einen Doktortitel. Seine sehr gute und umfangreiche akademische Ausbildung war die Grundlage für seine spätere Karriere nicht nur am Freisinger Offizialatsgericht, sondern er war auch Mitglied des Domkapitels[53]. Fünf im Supplikenregister verzeichnete Personen verfügten über einen Studienabschluss, Johannes Heller und Georg Aldorffer erreichten die Promotion[54], Adam Wernheri eine Lehrbefugnis[55], das Lizenziat für kanonisches und römisches Recht[56]. Er bat nicht nur um die Studien-, sondern um eine Lehrgenehmigung für verschiedene Orte, ohne diese weiter zu benennen sowie um Aufhebung der Resi-

---

[44] PA 3, fol. 206r: Johannes Heller, Dr. art.
[45] PA 47, fol. 310r; PA 43, fol. 451r. Sein Sohn wurde zu Beginn des 16. Jahrhunderts Weihbischof von Regensburg: BECKER, Bischofsthron, 100-101 und 415.
[46] BECKER, Bischofsthron, 106.
[47] PA 7, fol. 379v; BECKER, Bischofsthron, 426.
[48] PA 46, fol. 171v-172r.
[49] PA 49, fol. 313r.
[50] PA 49, fol. 424v-425r.
[51] PA 49, fol. 235v.
[52] Johannes Heller: PA 3, fol. 206r.
[53] MEICHELBECK, Freising, 610; BUCHHOLZ-JOHANEK, Eichstätt, 190.
[54] PA 7, fol. 379v: Georg Aldorffer, Dr. decr.; PA 3, fol. 206r: Johannes Heller, Dr. art.; PA 21, fol. 239r und PA 21, fol. 118v: Dr. decr. can.
[55] Martin KINTZINGER, Licentia. In: Rainer Christoph SCHWINGES (Hg.), Examen, Titel, Promotionen. Akademisches und staatliches Qualifikationswesen vom 13. bis 21. Jahrhundert, Basel 2007, 55-89, 65-67 Die Licentia docendi als Lehrerlaubnis war seit 1213 eine universitäre Qualifikation und eine Zwischenstufe auf dem Weg zur Promotion, stellte jedoch aus Kostengründen eine günstigere Alternative dar.
[56] PA 49, fol. 313r: Adam Wernheri, Lic. iur. utr.

denzpflicht an seiner Pfründe. Antonius Hering hatte einen Magistergrad erworben[57] und der Scholar und später in Freising als Priester tätige Sigismund Pfeubert[58] besaß 1454 einen *baccalaureus* der Artistischen Fakultät[59]. Durch Hinzuziehung lokaler Quellen konnte hier das Alter dieses Mannes ermittelt werden: Laut Freisinger Offizialatsprotokollen zählte er 1461 dreißig Jahre[60] und war damit zum Zeitpunkt seiner Geburtsmakeldispens etwa dreiundzwanzig Jahre alt. Bei zwei weiteren Klerikern ergibt sich aus dem Kontext der Suppliken, dass sie in Paris studiert haben könnten und dort entgegen den kirchlichen Vorschriften eine vorzeitige Weihe zum Subdiakon empfangen hatten[61]. Vermutlich waren sie im selben Alter wie Sigismund Pfeubert. Der Anteil an studierten Klerikern lag jedoch höher als im Supplikenregister angegeben. Beispielsweise wurde in drei Suppliken zum Thema Mord in Folge von Notwehr deutlich, dass diese Personen zur Tatzeit einen längeren Studienaufenthalt an der Wiener beziehungsweise Ingolstädter Universität verbracht hatten[62]. Wolfgang Kirchdorfer hatte zum Zeitpunkt seines Gesuches im Jahr 1493 an der Universität Ingolstadt noch keinen Abschluss erworben, er war möglicherweise aufgrund seiner gewalttätigen Auseinandersetzungen von der Universität verwiesen worden oder beendete sein Studium erst nach Dispenserwerb.

Die an der Pönentiarie verzeichnete Akademikerzahl steht in starkem Gegensatz zu dem laut Forschungsliteratur in der Bevölkerung, vor allem unter Richtern, Advokaten, Diplomaten, Intellektuellen und politischen wie zivilen Führungskräften Europas im 15. Jahrhundert stark ansteigenden Trend zum Besuch einer Universität[63] beziehungsweise zur Aufnahme eines Rechtsstudiums an bestehenden und neu gegründeten Universitäten[64]. Brundage spricht sogar von einem Schwerpunkt des erwachenden Studieninteresses im Deutschen Reich: „The greatest explosion in higher education, however, took place in Germany and Scandinavia." [65] Im 15. Jahrhundert entstanden allein vierzehn davon im deutsch- und skandinavischsprachigem Raum, der Schwerpunkt lag

---

[57] PA 44, fol. 400r-v: Antonius Hering, Mag. art.
[58] HL Freising 93, fol. 30r.
[59] PA 4, fol. 219v im Jahr 1454.
[60] HL Freising 93, fol. 30r.
[61] PA 37, fol. 272r Wandal Babrenzel und Leonhard Müncher.
[62] PA 23, fol. 177v: Johannes Heller, Studium in Wien; PA 3, fol. 75r: Udalricus Ettlinger, Studium in Wien; PA 42, fol. 381v: Wolfgang Kirchdorfer, Studium in Ingolstadt.
[63] SCHWINGES, Professionalisierung, 556-557.
[64] BRUNDAGE, Law, 489-490.
[65] BRUNDAGE, Law, 489.

bei bestehenden und neuen Universitäten auf einer Ausbildung in zivilem oder kanonischen Recht, meist wurden beide Disziplinen gelehrt[66]. Schmugge gibt von 1471 bis 1515 eine Verdoppelung der Anzahl der an einer Universität immatrikulierten Studenten an, deren Zahl sich im gesamten 15. Jahrhundert sogar versechsfacht habe. Laut Schmugge hatte jeder dritte Kleriker im Deutschen Reich mindestens einige Studiensemester durchlaufen[67].

Studenten machten jedoch auch aus anderen deutschsprachigen Diözesen nur einen geringen Anteil unter den Bittstellern an der Kurie aus[68]. Insgesamt wurden nur 69 Graduierte oder 0,5% aus dem deutschsprachigen Raum verzeichnet, darunter befanden sich 54 Artisten und fünfzehn Absolventen mit einem höheren Abschluss. Das an den Universitäten aufgrund der dort vorhandenen Strukturen wie *familiae*, Tischgenossen und Patronageverbänden erlangte Beziehungsnetz und der Tendenz von Landsleuten, vor allem untereinander zu verkehren[69], gab den Akademikern neben der erworbenen Bildung ein „solides Fundament". Studenten waren nach Schmugge außerdem „bereits während ihrer Ausbildung gefragte Vermittler zwischen Heimat und römischer Kurie"[70].

Insgesamt ergibt sich deshalb anhand des Supplikenregisters der Eindruck, dass Geistliche im Bistum Freising ein Studium nur in geringem Maße als Mittel zur Beschleunigung ihrer Kirchenkarriere betrachteten, wie Schmugge und Schwinges es für angehende Geistliche[71], insbesondere für Illegitime aus dem deutschsprachigen Raum beschreiben[72]. Dass Kleriker mithilfe ihrer akademischen Ausbildung einen erfolgreichen sozialen Aufstieg verbanden, zeigt die Untersuchung in Kapitel V.7.a): Dort werden in den Registerbänden der Pönitentiarie unter Freising verzeichnete Kleriker und ihre spätere Karriere im Bistum sowie unter den bayerischen Herzögen untersucht[73].

---

[66] BRUNDAGE, Law, 489.
[67] SCHMUGGE, Kinder, Kirche, Karrieren, 138.
[68] SCHMUGGE, Kinder, Kirche, Karrieren, 171.
[69] SCHWINGES, Pfaffen und Laien, 307.
[70] SCHMUGGE, Kinder, Kirche, Karrieren, 229.
[71] SCHWINGES, Professionalisierung, 564-567.
[72] SCHMUGGE, Kinder, Kirche, Karrieren, 222-224 und 229-231.
[73] Mit zweiundzwanzig weiteren Geistlichen war zudem eine viel höhere Zahl von Studenten oder angehenden Akademikern unter den Freisinger Klerikern zu finden, als die Anzahl der an der Pönitentiarie verzeichneten akademischen Titel und Studienlizenzen vermuten lässt. Dies zeigt sich bei der Untersuchung weiterer Quellen und Datenbanken.

bb) Studium vor oder während des Pönitentiariekontaktes laut anderen Quellen

In den Freisinger Suppliken genannte Geistliche, die in späteren Jahren am Freisinger Offizialatsgericht als Notare, Rechtsbeistände und Verteidiger tätig waren, wiesen ebenfalls einen Magistertitel auf: So beispielsweise die im Protokoll aus dem Jahr 1467 als Prokuratoren angegebenen Pankraz Haselberger und Georg Newnburg alias Nuerberg[74]. Sie waren beide Geistliche mit einer akademischen Ausbildung. Pankraz Haselberger supplizierte am 18. März 1475 an der Pönitentiarie, dort hatte er laut eigenen Angaben bereits zuvor eine apostolische Dispens erhalten, kraft derer er sich zu allen Weihen promovieren ließ, die aber nicht im Supplikenregister verzeichnet wurde. Er wurde daraufhin in eine Pfarrkirche in Perlach in der Diözese Freising eingesetzt, aus deren Einkünften er seinen Lebensunterhalt angeblich nicht ausreichend bestreiten konnte. Er bat darum, dass er *de uberiori gratia* ein anderes kompatibles, möglicherweise in einer Kathedralkirche gelegenes Benefizium erhalten könne, mit der Erlaubnis, dieses auch tauschen zu dürfen[75]. Seine akademischen Ausbildung wurde dort nicht erwähnt. Er immatrikulierte sich aber 1464 an der Wiener Universität und ab 1477 an der Universität Ingolstadt[76]. Während er 1475 seine Pfründendispens einholte[77], hatte er bereits mehrere Studienjahre durchlaufen, möglicherweise aber noch keinen akademischen Grad erworben. Feuerer erwähnt in der Kurzbiographie Haselbergers neben dessen Magister Artium auch ein Lizentiat im Kanonischen Recht, jedoch ohne Studienort oder Jahresangabe[78]. Eine Immatrikulation Georg Newnburgs konnte nicht nachgewiesen werden, jedoch wurde er in den Freisinger Offizialatsprotokollen als Magister und Prokurator verzeichnet und hatte somit studiert[79]. Feuerer erwähnt in dessen Biogramm ebenfalls den Grad des Magister Artium[80].

Der Priester und Leiter einer Pfarrkirche in Kolbach, Johannes Dornvogt, musste wegen seiner Schulden nicht nur langjährige Prozesse am Freisinger Offizialatsgericht führen[81], sondern sich in diesem Zusammenhang 1479 auch an

---

[74] HL Freising 96, fol. 3v nennt Magister Georg Newnburg als Prokurator und gibt damit ein abgeschlossenes Studium an.
[75] PA 23, fol. 237r von 1475.
[76] LIEBERICH, Gelehrte Räte, 172, 255.
[77] PA 23, fol. 237r von 1475.
[78] FEUERER, Klosterpolitik Albrechts IV., 691.
[79] Siehe beispielsweise HL Freising 96, fol. 3v.
[80] FEUERER, Klosterpolitik Albrechts IV., 709 ohne weitere Detailangaben.
[81] HL Freising 96 bis 103.

die Pönitentiarie wenden[82]. Das Supplikenregister erwähnt auch bei ihnen keinen akademischen Grad, im Registerband des Offizialatsgerichtes aus dem Jahr 1471 wurde jedoch schon einige Jahre zuvor ein Magistertitel von Johannes Dornvogt ohne genauere Angabe seines Studienfaches verzeichnet[83]. Er war bereits 1435 an der Universität Wien immatrikuliert, hatte 1438 den *baccalaureus artes* erworben sowie 1445 die Promotion und das Lizentiat[84], ebenso der mit einer Weihedispens verzeichnete Georg Graff[85]. Auch der Scholar Wilhelm Fraunhofer hatte während seines Antrags auf Geburtsmakeldispens im Jahr 1474[86] bereits ein längeres Studium durchlaufen: Er war 1470 in Bologna immatrikuliert und ab 1474 an der Ingolstädter Juristenfakultät, wo er in beiden Rechten promovierte[87]. Zwei namensgleiche Verwandte aus der adeligen Familie Fraunhofer schrieben sich an der Universität Ingolstadt ein[88]. Sie waren Nachkommen, jedoch wohl nicht identisch mit den 1456 im Supplikenregister genannten Scholaren Johannes und Gregorius Fraunhofer[89]. Sie immatrikulierten sich 1493 und 1507 [90]. Auch Petrus Harder aus Bruck hatte bereits ein Jahr vor Erwerb seiner Geburtsmakeldispens[91] den Magister Artium an der Universität Basel erworben[92] und der Benediktinermönch Sigismund Seyboltsdorf aus Scheyern immatrikulierte sich 1476, während er um Legitimation seiner vorzeitigen Priesterweihe bat[93], an der Universität Ingolstadt[94]. Der 1491 mit der Bitte um eine Weihelizenz trotz körperlichen Makels vertretene Kleriker Erasmus Tobler, der zwei Jahre später seine Tätigkeit als Rat Albrechts IV. begann, hatte

---

[82] PA 28, fol. 169r.
[83] HL Freising 97, fol. 6r.
[84] ht://www.rag-online.org/: Das Repertorium Academicum Germanicum nennt für Johannes Dornvogt aus München die Quelle AFA Wien, Bd. 2 fol. 131r, fol. 169v und als Literatur SZAIVERT u.a., M Wien, Bd. 1, 190.
[85] PA 18, fol. 216v, 1470; AFA Wien, Bd. 3 fol. 123rv, fol. 98rv; SZAIVERT u.a., M Wien, Bd. 2, 42.
[86] PA 22, fol. 203v.
[87] Helmut WOLFF, Geschichte der Ingolstädter Juristenfakultät 1472 - 1625, Berlin 1973, 268; PÖLNITZ, M Ingolstadt, Tl. 1, Bd. 1, 52.
[88] Fraunhofer, Georg: Immatrikulation in Ingolstadt 1493, Fraunhofer Johannes: Immatrikulation in Ingolstadt 1507, Siehe Liste 2d).
[89] PA 6, fol. 126v: gemeinschaftliche Dispens der Scholaren Wilhelm, Gregor, Gaspar und Johannes Fraunhofer wegen Geburtsmakel und Bitte um Lizenz, dem Klerikerstand beitreten zu dürfen aus dem Jahr 1456.
[90] PÖLNITZ, M Ingolstadt, Tl. 1, Bd. 1, 222 und 317.
[91] PA 45, fol. 476r von 1496.
[92] WACKERNAGEL, M Basel, Bd. 1, 233.
[93] PA 24, fol. 191r.
[94] PÖLNITZ, M Ingolstadt, Tl. 1, Bd. 1, 65.

zu diesem Zeitpunkt bereits eine Promotion in beiden Rechten abgeschlossen und war für diesen auch als Kurienprokurator tätig[95]. Im Supplikenregister ist sein hochkarätiger akademischer und beruflicher Werdegang nicht einmal angedeutet.

Der spätere Offizial Freisings und mit einer Dispens wegen unerlaubter Weihe in Italien vertretene Kleriker Vinzent Schrenck[96] hatte sich bereits fünf Jahre vor seinem Gesuch in Padua für ein Rechtsstudium immatrikuliert[97] und 1485 unter Angabe seiner Promotion in beiden Rechten auch in Ingolstadt[98]. Der 1469 mit einem Geburtsmakel vertretene Scholar Johannes Andree konnte in den folgenden Jahren einen beträchtlichen sozialen Aufstieg verfolgen[99]. Sein Vater Hans Andree war laut Lieberich Pfarrer in Garmisch und war vor seinem Eintritt in den Klerikerstand mit Anna N. verheiratet, mit der er insgesamt drei Söhne hatte[100]. Laut Verfasser lebte er aber vielleicht noch in einem eheähnlichen Verhältnis mit dieser Frau, während er als Priester amtierte. Johannes Andree hielt sich zwanzig Jahre in Rom auf, war aber vor Dispenserwerb bereits von 1458 bis 1460 an der Universität Wien eingeschrieben[101]. Er studierte vermutlich anschließend in Rom an der „Sapienza"[102], wo er in beiden Rechten promovierte[103]. 1483 wurde er Offizial in Freising[104] und war ebenfalls Domherr in Passau, von 1481 bis 1503 war er außerdem im herzoglichen Rat in Landshut tätig[105], denn eine Notiz von 1491 bezeichnet Johannes Andree als Rat und Diener Herzog Georgs des Reichen[106]. Außerdem war er zu dieser Zeit Pfarrer in Garmisch und Unding[107] und verfügte damit neben seiner Tätigkeit in der bischöflichen und herzoglichen Verwaltung insgesamt über ein nicht geringes

---

[95] FEUERER, Klosterpolitik Albrechts IV., 232 und 733.
[96] PA 25, fol. 157v.
[97] LIEBERICH, Gelehrte Räte, 148.
[98] PÖLNITZ, M Ingolstadt, Tl. 1, Bd. 1, 148.
[99] PA 17, fol. 161r.
[100] LIEBERICH, Gelehrte Räte, 1253, siehe auch Johann B. PRECHTL, Chronik der ehemals bischöflich freisingischen Grafschaft Werdenfels in Oberbayern. Mit ihren 3 Untergerichten u. Pfarreien Garmisch, Partenkirchen u. Mittenwald, Garmisch 1931, 171; Joseph A. BAADER, Chronik des Marktes Mittenwald 1880, Nördlingen 1880, 25-27.
[101] AFA Wien, Bd. 3, fol. 137rv; MFI Wien, Bd. 2, fol. 16r; SZAIVERT u.a., M Wien, Bd. 2, 59.
[102] BECKER, Bischofsthron, 317: Die genaue Bedeutung dieser Hochschule lässt sich laut Becker mangels Quellen nicht genau einschätzen.
[103] LIEBERICH, Gelehrte Räte, 153; MEICHELBECK, Freising, 309.
[104] LIEBERICH, Gelehrte Räte, 153.
[105] LIEBERICH, Gelehrte Räte, 253.
[106] LIEBERICH, Gelehrte Räte, 253.
[107] LIEBERICH, Gelehrte Räte, 253.

Pfründeneinkommen. Sein Studium wurde wie alle an dieser Stelle zusammengetragenen akademischen Grade der Freisinger Petenten nicht im Supplikenregister verzeichnet. Ein Beispiel für die Ungenauigkeit der Personenangaben im Supplikenregister ist auch der Laie Petrus Strobl aus München, der in seiner Geburtsmakeldispens als Scholar und damit möglicherweise als Student[108], in einer weiteren Dispens aber nur als Laie verzeichnet wurde[109].

cc) Studium nach Pönitentiariekontakt laut anderen Quellen

Mehrere angehende Geistliche durchliefen sehr bald nach dem Aufsuchen der Pönitentiarie eine akademische Ausbildung. So immatrikulierte sich der Kleriker Emmeram Newpeck vier Jahre nach Erwerb seiner Geburtsmakeldispens[110] 1473 an der Universität Ingolstadt und schloss sechs Jahre später sein Studium mit der Promotion ab[111]. Der mit einer Familiendispens für einen Beichtbrief[112] und einem Beitrittsgesuch zum Klerus trotz Illegitimität[113] vertretene Johannes Zollner aus München nahm zwei Jahre nach seiner Geburtsmakeldispens 1480 ein Studium in Wien auf, das er 1489 mit der Promotion und dem Lizentiat beendete[114]. Der 1482 mit einem Mordvorwurf und Zölibatsbruch im Supplikenregister vertretene Freisinger Priester und Domkanoniker Markus Hornle hatte laut Veit Arnpeck vierzehn Jahre nach seinem Gesuch an der Pönitentiarie ebenfalls ein Studium beider Rechte mit einem Lizentiat erfolgreich beendet[115], im Supplikenregister ist aber kein Hinweis auf eine akademische Ausbildung enthalten[116].

In den beiden Aufsätzen von Heinz Lieberich über Klerus und Laienwelt unter den bayerischen Herzögen waren insgesamt neunzehn Geistliche aufzufinden, die auch an der Pönitentiarie eine Dispens erworben hatten[117]. Auch unter ihnen hatten zehn Personen nachweislich ein Studium abgeschlossen[118], da-

---

[108] PA 19, fol. 54r.
[109] PA 19, fol. 16v.
[110] PA 17, fol. 166r.
[111] UA München, O I 2, fol. 58r; PÖLNITZ, M Ingolstadt, Tl. 1, Bd. 1, 41.
[112] PA 29, fol. 166v.
[113] PA 28, fol. 186r.
[114] AFA Wien, Bd. 3, fol. 299v, fol. 332v; SZAIVERT u.a., M Wien, Bd. 2, 175.
[115] SCHMUGGE, Ehen, 134; Veit ARNPECK, Liber de gestis. In: Georg LEIDINGER (Hg.), Veit Arnpeck, Sämtliche Chroniken. Quellen und Erörterungen zur bayerischen und deutschen Geschichte, Neue Folge 3, München 1915.
[116] PA 31, fol. 104r.
[117] LIEBERICH, Klerus und Laienwelt 239-258; LIEBERICH, Gelehrte Räte, 126-151.
[118] Johannes Tründel in Wien und Padua: LIEBERICH, Gelehrte Räte, 139; LIEBERICH., Klerus und Laienwelt, 254; Ulrich Arsinger in Wien und Padua: LIEBERICH, Gelehrte Räte, 125, 131; LIEBERICH., Klerus und Laienwelt, 252; Heinrich von Absberg in Padua : LIEBERICH, Klerus und

von fünf mit Promotion, vier in Recht einer in Theologie[119]. Eine legitime Geburt als unabdingliche Voraussetzung für eine erfolgreiche Karriere[120] scheint in der herzoglichen Verwaltung nur von geringer Bedeutung gewesen zu sein, denn sieben dieser im Supplikenregister verzeichneten Personen hatten einen Geburtsmakel[121].

dd) Ergebnis

Das Thema Studium und Ausbildung unter Geistlichen bekam im Zuge der Kirchenreform im 16. Jahrhundert eine große Bedeutung. Der angeblich geringe Bildungsgrad und damit die mangelnde Eignung der Klerikerkandidaten in dieser Zeit sollte für Freising weiter statistisch ausgewertet und überprüft werden. Ein abgeschlossenes Studium, ein Antrag auf eine Studienlizenz oder eine universitäre Ausbildung wurde im Supplikenregister bei zwölf Klerikern vermerkt. Laut anderen Quellen hatten aber zweiundzwanzig weitere Kleriker eine akademische Ausbildung genossen. Ein Studium vor oder während der Dispenserteilung wiesen davon fünfzehn Geistliche auf, fünf weitere studierten nach ihrem Kontakt zur Pönitentiarie und bei zweien konnten der Zeitpunkt der Immatrikulation beziehungsweise des Studienabschlusses nicht ermittelt werden. Als Ergebnis bleibt festzuhalten, dass das Supplikenregister bezüglich der Angabe zu Studium, Ausbildung und akademischer Grade bei Weitem nicht vollständig ist und deshalb von einem höheren Akademisierungsgrad unter Klerikern und Laien auszugehen ist, während sie an der Kurie eine Dispens suchten. Insgesamt hatten demnach 34 Personen im Supplikenregister wenigstens eine akademische Ausbildung durchlaufen und fast immer erfolgreich abgeschlossen. Die mit sechzehn Personen vergleichsweise hohe Anzahl Illegitimer unter den Akade-

---

Laienwelt, 253; Wilhelm Stamhover in Basel und Ingolstadt: LIEBERICH, Gelehrte Räte, 129; LIEBERICH., Klerus und Laienwelt, 257-258; Heinrich von Schmiechen in Ingolstadt: LIEBERICH, Gelehrte Räte, 132, 147; LIEBERICH., Klerus und Laienwelt, 257; Johannes Andree in Rom: LIEBERICH, Gelehrte Räte, 142; LIEBERICH., Klerus und Laienwelt, 153; Vinzent Schrenck in Padua: LIEBERICH, Gelehrte Räte, 142, 147; LIEBERICH., Klerus und Laienwelt, 257; STAHLEDER, OA 127 104, 110; Pankraz Haselberger in Ingolstadt: LIEBERICH, Gelehrte Räte, 143; Caspar Rawbein – keine Ortsangabe: LIEBERICH, Gelehrte Räte, 143, 179; Andreas Vogelrieder – keine Ortsangabe: LIEBERICH, Gelehrte Räte, 144, 163.

[119] Ulrich Arsinger: Dr. leg.: LIEBERICH, Gelehrte Räte, 125, 131; LIEBERICH., Klerus und Laienwelt, 252; Heinrich von Schmiechen: Dr. leg. utr.: LIEBERICH, Gelehrte Räte, 132 147; LIEBERICH., Klerus und Laienwelt, 257; Johannes Andree: Dr. leg. can.: LIEBERICH, Gelehrte Räte, 142, 153; LIEBERICH., Klerus und Laienwelt, 153; Caspar Rawbein: Dr. theol.: LIEBERICH, Gelehrte Räte, 143, 179; Andreas Vogelrieder: Dr.: LIEBERICH, Gelehrte Räte, 144, 163.

[120] SCHMUGGE, Ehen, 67.

[121] Eine detaillierte Auswertung erfolgt in Kapitel V.7.a).

mikern[122] zeigt, dass trotz eines bei Boehm erwähnten Ausschlusses von Illegitimen von der Immatrikulation oder der Zulassungen zu Prüfungen, insbesondere der Promotion[123], ein Geburtsmakel im ausgehenden Mittelalter den Universitätsbesuch einschließlich Abschluss nicht grundlegend beeinträchtigte.

Die von den Petenten bevorzugten Studienorte waren Wien, Padua und sehr bald nach der 1472 erfolgten Universitätsgründung auch Ingolstadt[124]. Eine hohe Zahl von mindestens sieben Studenten stammte aus München, jedoch waren nicht bei allen die Herkunftsorte angegeben. Die tatsächliche Akademikerzahl im Supplikenregister lässt sich auch anhand des zusätzlich benutzten Quellenmaterials nicht vollzählig ermitteln und dürfte noch höher als der hier bestimmte Wert liegen. Der geringe Anteil an im Supplikenregister verzeichneten Akademikern kontrastiert aber insgesamt deutlich mit der tatsächlichen Studentenzahl.

b) Sozialer Aufstieg und Karrierebeschleunigung durch vorzeitige Weihen

Das Thema Bildung und mangelnde Eignung der Geistlichen war im 16. Jahrhundert von großer Bedeutung. Seit dem frühen Mittelalter war das Erreichen eines Weihegrades von festgelegten Altersfristen und Terminen bestimmt, über die sich nur der Papst hinwegsetzen durfte[125]. Zur Erlangung der Priesterweihe war seit dem Konzil von Vienne ein Mindestalter von fünfundzwanzig Jahren vorgeschrieben, die Altersgrenze für das Diakonat war seit Clemens V. (1305 – 1314) auf zwanzig Jahre und für das Subdiakonat auf vierzehn Jahre festgelegt. Der Defekt des mangelnden Alters war dispensabel, die Ausübung der Weihe war dennoch erst mit Erreichen der entsprechenden Jahreszahl möglich[126]. Eine vorzeitige Weihe konnte bei Erwerb einer Pfründe in Verbindung mit dem hierfür nötigen Weihegrad nötig sein, aber auch allgemein die Chancen auf dem Bewerbermarkt beträchtlich erhöhen[127]. Ein rechtswidriger Weiheempfang, beispielsweise ohne bischöfliche Überprüfung des Kandidaten, die unrechtmäßige

---

[122] Davon Studium vor oder während Dispenserwerb an der Pönitentiarie: Johannes Andree, Johannes Feldner, Johannes Falkner, Wilhelm Fraunhofer, Ulrich Halder, Pankraz Haselberger, Petrus Harder, Georg Newnburg, Sigismund Pfeubert, Caspar Rawbein, Wilhelm Stamhofer, Petrus Strobl, Johannes Tründel und Andreas Vogelrieder. Studium nach Dispenserwerb an der Pönitentiarie: Emmeram Newpeck und Johannes Zollner.
[123] BOEHM, Akademische Grade, 11-54, 18.
[124] LIEBERICH, Gelehrte Räte, 147; LIEBERICH., Klerus und Laienwelt, 250.
[125] WEISS, Kurie und Ortskirche, 301.
[126] PLÖCHL, Kirchenrecht, 291.
[127] WEISS, Kurie und Ortskirche, 301.

oder vorzeitige Ausübung von Weihegraden waren schwere Vergehen gegen das Kirchenrecht[128], dennoch war die Überprüfung der Weiheaspiranten an der Kurie sehr viel weniger sorgfältig und dies war Anlass wiederholter Kritik durch die Ortsbischöfe[129]. Für die Erteilung war bei niederen Graden grundsätzlich der Bischof zuständig[130]. Art und Umfang der erteilten Grade wurde durch die Versorgungspflicht des Bischofs für die Inhaber höherer Weihen begrenzt[131], da dieser nur eine beschränkte Anzahl von Benefizien vergeben konnte.

Diese Beschränkung sowie die Umgehung bestehender Hindernisse versuchten Kleriker durch päpstliche Dispense und durch Weihe im Ausland zu unterwandern, um so ihre Karriere und ihren sozialen Aufstieg in der Kirchenhierarchie zu beschleunigen, was sich auch als Weihetourismus bezeichnen lässt. Besonders illegitimer Nachwuchs wurde von seinen Eltern ohnehin gerne ins Ausland, vorzugsweise nach Italien und an die Kurie ausgelagert[132]. Es handelte sich hierbei im ausgehenden Mittelalter um ein grundsätzliches Problem unter angehenden Geistlichen, dem viele päpstliche Bullen Einhalt zu gebieten versuchten[133].

Wiederholt gab es Verbote an Bischöfe, unwürdige Kandidaten aus Nachbarländern zu weihen[134]. Die Würdigkeit von Kandidaten ließ sich in der Praxis jedoch nur schwer überprüfen. Dem zunehmenden Weihetourismus nach Italien begegneten erstmals die Päpste Clemens IV. (1265 – 1268) und Bonifaz VIII. (1294 – 1303), die eine Berechtigung des Ortsbischofs zur Weiheerteilung festschrieben[135]. Die Nichtbeachtung dieser Vorschrift führte seit dem Konzil von Lyon 1274 zur Suspension von den Ämtern[136]. Dennoch setze sich die umfangreiche Reisetätigkeit angehender Kleriker in den darauffolgenden Jahrhunderten weiter fort, so dass Papst Pius II. mit der am 17. November 1461 erlassenen Bulle *cum ex sacrorum* diese Vorschriften aufgriff und vertiefte[137]. Für die Erlangung aller Weihen einschließlich des Priestergrades galt nun eine Mindestfrist von sieben Jahren[138]. In den Suppliken des Pönitentiarieregisters zu Weihedis-

---

[128] PLÖCHL, Kirchenrecht, 298.
[129] WEISS, Kurie und Ortskirche, 301-302.
[130] PLÖCHL, Kirchenrecht, 299.
[131] PLÖCHL, Kirchenrecht, 303.
[132] SCHMUGGE, Kinder, Kirche, Karrieren, 222-223; SCHMUGGE u.a., Pius II., 201-204.
[133] Z.B. Pius II., mit der Bulle *cum ex sacrorum*.
[134] PLÖCHL, Kirchenrecht, 300.
[135] PLÖCHL, Kirchenrecht, 300.
[136] PLÖCHL, Kirchenrecht, 301.
[137] SCHMUGGE u.a., Pius II., 202; PLÖCHL, Kirchenrecht, 301.
[138] PLÖCHL, Kirchenrecht, 304.

pensen und Altersdefekten wurde häufig auf oben genannte Bullen und Konzilsbeschlüsse namentlich Bezug genommen[139], so dass sich insgesamt der Eindruck eines vorsätzlichen Umgehens kanonischer Vorschriften und damit einer umfangreichen Reisetätigkeit bei den Antragstellern ergab. Nach Erlass der Bulle Pius II. erhöhte sich die Gebühr für eine kuriale Dispens vom kanonischen Alter beträchtlich[140].

Obwohl Schmugge konstatiert, dass im Heiligen Römischen Reich Deutscher Nation im Wettbewerb um Pfründen der Bildungsgrad zunehmend als Vehikel des sozialen Aufstieges diente[141], Becker dies ebenso vor allem für die geistlichen Eliten in der Kirchenprovinz Salzburg als ein wesentliches Kennzeichen betrachtet[142] und Schwinges vom zunehmender Professionalisierung in Kirchenberufen[143] sowie von einem starken Angebotsdruck durch Akademiker auf den kirchlichen Stellenmarkt schreibt[144], reisten laut Supplikenregister im 15. Jahrhundert insgesamt 43 angehende Kleriker aus dem Bistum Freising oder rund 20% anstelle eines Studiums viel lieber ins Ausland, vor allem nach Norditalien, um sich dort vorzeitig weihen zu lassen. Zahlreiche unter *de promotis et promovendis* und *de defectu etatis* verzeichnete Suppliken ließen nicht nur auf die persönliche Anwesenheit der Bittsteller an der Kurie schließen, sie geben auch Auskunft über den regen und sicher kostspieligen Reiseverkehr der Freisinger Geistlichen.

Es handelte sich bei ihren an der Pönitentiarie vorgetragenen Anliegen vor allem um die Legitimierung vorzeitiger Weihen in Italien oder Rom[145], manche sogar ausdrücklich entgegen der Erlaubnis des Bischofs, meist um Geburtsmakeldispense in Verbindung mit an der Kurie angestrebten Weihegraden[146].

---

[139] Auf Clemens IV. beziehen sich PA 6, fol. 368r; PA 6, fol. 370r; ebenso PA 23, fol. 213v. Die Bulle *cum ex sacrorum* von Pius II. nennen PA 24, fol. 178v; PA 13, fol. 212r; PA 15, fol. 227v; PA 20, fol. 273r; PA 22, fol. 174r; PA 23, fol. 207v; PA 30, fol. 160r; PA 36, fol. 305r; PA 37, fol. 284v-285r; PA 40, fol. 426r-v; PA 48, fol. 777v; PA 49, fol. 555v. Auf das Lyoner und das Lateranische Konzil verweisen folgende Suppliken: PA 29, fol. 248r; PA 41, fol. 397r; PA 46, fol. 382r.
[140] SCHMUGGE u.a., Pius II., 204.
[141] SCHMUGGE, Kinder, Kirche, Karrieren, 249.
[142] BECKER, Bischofsthron, 372-373.
[143] SCHWINGES, Pfaffen und Laien, 315.
[144] SCHWINGES, Professionalisierung, 564.
[145] PA 23, fol. 213v; PA 37, fol. 284v-285r; PA 42, fol. 426v; PA 44, fol. 394v; PA, fol. 45 445r; PA 48, fol. 698r; PA 48, fol. 732v-733r; PA 48, fol. 737r; PA 49, fol. 576v-577r; PA 50, fol. 301v; PA 53, fol. 628v.
[146] PA 32, fol. 230v; PA 36, fol. 334v; PA 40, fol. 527v-528r; PA 42, fol. 277r; PA 44, fol. 445r; PA 47, fol. 559v; PA 47, fol. 560v; PA 47, fol. 570v; PA 47, fol. 587v; PA 48, fol. 826r.

Die Bevorzugung Italiens durch Freisinger Weiheaspiranten lässt bei der Karriereplanung einen ähnlichen geographischen Interessenschwerpunkt erkennen wie durch die Elite der Kirchenprovinz Salzburg, die laut Becker bevorzugt italienische Universitäten aufsuchte[147]. Auch aus dem gesamten Deutschen Reich hatten 40% aller unter *de promotis et promovendis* verzeichneten Kleriker vorzeitige Weihen im Ausland, insbesondere in Italien, erhalten[148]. So gab es demnach auch beim niederen Klerus im ausgehenden Mittelalter eine „Hochphase der Präsenz" in Italien und an der Kurie[149], auch begründet durch eine zu dieser Zeit häufige Vergabe von Pfründen im Reich durch die Kurie[150]. Rom war laut Schmugge außerdem der bestens geeignete Ort zur Auslagerung Illegitimer, denn dort konnten sie ihre kirchliche Karriere besonders gut vorbereiten[151].

Die vorzeitige Weihe erfolgte bei Freisinger Geistlichen vor allem nach 1470, nämlich bei elf Personen in Oberitalien oder Brixen[152]. Nach 1490 war in sechzehn Fällen die Kurie der bevorzugte Ort[153] für eine vorzeitige Weihe. Im Falle Georg Altdorfers wurden die 1459 dispensierten vorzeitigen Weihen sogar durch den Papst selber vorgenommen. Altdorfer ist im Gegensatz zu Heinrich von Schmiechen, Georg Graff, Johannes Huber und Sigismund Seyboltsdorffer einer der wenigen Weiheaspiranten, dessen Studium bei Dispenserteilung registriert wurde[154]. Dass die 1456 in Bologna erlangte Promotion in Recht neben der päpstlichen Weihe dem späteren Aufstieg Georg Altdorfers zum Bischof von Chiemsee diente[155], ist ein frühes Beispiel für die von Becker für die folgende Zeit beschriebene „Verwissenschaftlichung des Episkopats im frühen 16. Jahr-

---

[147] BECKER, Bischofsthron, 291, 372.
[148] SCHMUGGE u.a., Pius II., 201.
[149] BECKER, Bischofsthron, 291.
[150] BECKER, Bischofsthron, 290-291.
[151] SCHMUGGE, Kinder, Kirche, Karrieren, 222-224.
[152] PA 6, fol. 368r; PA 6, fol. 370r; PA 6, fol. 378r; PA 6, fol. 378v; PA 15, fol. 227r; PA 18, fol. 216v; PA 23, fol. 207v; PA 23, fol. 213v; PA 24, fol. 178v; PA 30, fol. 160r; PA 48, fol. 777v.
[153] PA 7, fol. 379v; PA 4, fol. 414v; PA 22, fol. 185v; PA 39, fol. 350v; PA 40, fol. 426r-v; PA 41, fol. 386r; PA 42, fol. 426v; PA 42, fol. 429r; PA 44, fol. 349v; PA 45, fol. 445r; PA 46, fol. 381v; PA 49, fol. 555v; PA 49, fol. 576v; PA 49, fol. 604r-v; PA 50, fol. 301v; PA 50, fol. 599v-600r.
[154] Heinrich von Absberg: Wien 1436 und Padua 1441, Titel siehe PA 15, fol. 296r, Studium siehe LIEBERICH, Klerus und Laienwelt, 148; LIEBERICH., gelehrte Räte, 253; Heinrich von Schmiechen: Wien 1459, Ingolstadt, siehe LIEBERICH, Gelehrte Räte, 132 147; LIEBERICH., Klerus und Laienwelt, 257, Georg Graff: Wien 1456 - 1459 siehe AFA Wien, Bd. 3, fol. 123rv, fol. 98rv; SZAIVERT u.a., M Wien, Bd. 2, 42. Johannes Huber: Wien 1490 - 1505 siehe MFI Wien, Bd. 2, fol. 47v; SZAIVERT u.a., M Wien, Bd. 2, 215 Sigismund Seyboltsdorffer: Ingolstadt ab 1476 siehe PÖLNITZ, M Ingolstadt, Tl. 1, Bd. 1, 65.
[155] BECKER, Bischofsthron, 426.

hundert"[156], aber auch ein Beleg für die Tendenz der Salzburger Bischöfe, gerade dieses Bistum vorrangig mit gelehrten Juristen zu betrauen, da Chiemsee stark in die geistliche Verwaltung der Erzdiözese eingebunden war[157]. Sicherlich hatte er an der Kurie, aber auch während seines Studiums in Wien und Bologna[158], wertvolle und karrierefördernde Kontakte geschlossen. Intensive Kurienkontakte und längere Romaufenthalte angehender Kleriker, eventuell auch ein Studium in Rom an der Sapienza, kamen neben einer Weihe in Rom häufiger vor. Diese kuriale Universität wurde in den Suppliken jedoch nicht namentlich genannt.

Sieben weitere Weihedispense enthielten keine genaueren Angaben zu dem Ort der Weiheerteilung. Wenn diese Kleriker ihre Weihen durch den Papst erhalten hatten konnten sie höhere Grade nur mit dessen Zustimmung erwerben und mussten sich deswegen wieder an ihren Weiheort begeben[159]. Nur zwei Kleriker hatten während eines Studienaufenthaltes an der Pariser Universität vorzeitige Weihen erhalten[160]. In sieben Fällen geschah die vorzeitige Erteilung unter Verschweigen des Alters[161], fünfzehn Mal unter Auslassung vorher erhaltener Grade[162] und zweimal sogar gegen den ausdrücklichen Wunsch des Bischofs[163]. Die Vorgehensweise erscheint dabei sehr systematisch: Nach Erhalt ihrer Weihe und zur Beschleunigung ihres Aufstieges in der Kirchenhierarchie supplizierten die Kleriker an der Pönitentiarie und legalisierten somit ihre Stellung, um in ihrer Heimatdiözese Pfründen erwerben zu können. Die vorzeitige Weihe als sogenannte Karrierebeschleunigung hatte angesichts der im Supplikenregister ermittelten Studentenzahlen im Klerus aber einen geringeren Stellenwert, als die Statistik zunächst vermuten lässt.

---

[156] BECKER, Bischofsthron, 255.
[157] BECKER, Bischofsthron, 255.
[158] BECKER, Bischofsthron, 426.
[159] PLÖCHL, Kirchenrecht, 300.
[160] PA 37, fol. 272r; PA 37, fol. 272v.
[161] PA 13, fol. 212r; PA 18, fol. 216v; PA 22, fol. 174r; PA 36, fol. 305r; PA 37, fol. 272r; PA 37, fol. 272v; PA 48, fol. 777v.
[162] PA 41, fol. 386r; PA 42, fol. 420r; PA 42, fol. 426v; PA 42, fol. 429r; PA 44, fol. 349v; PA 45, fol. 445r; PA 46, fol. 381v; PA 48, fol. 698r; PA 48, fol. 732v-733r; PA 48, fol. 737r; PA 49, fol. 555v; PA 49 576v-577r; PA 49, fol. 604r-v; PA 50, fol. 301v; PA 50, fol. 599v-600r.
[163] PA 53, fol. 628v; PA 54, fol. 756v.

4. Personendaten der Laien

Die soziale Zugehörigkeit von Laien lässt sich anhand der im Supplikenregister verzeichneten wenig ausführlichen Personendaten nicht oder nur sehr eingeschränkt dingfest machen. Das im Supplikenregister enthaltene Personenspektrum bekommt daher erst durch Befragung lokaler Quellen genauere Konturen. Die im Supplikenregister genannten 316 Scholaren waren noch nicht dem geistlichen Stand zugehörig[1], auch wenn sie bereits vergleichbare Privilegien besaßen[2]. Scholar als Standesbezeichnung konnte sowohl die Teilnahme an einer Kleriker- oder Laienschule bedeuten, als auch die Immatrikulation an einer Universität[3]. Genaueres lässt sich nur in manchen Beispielen anhand des Supplikenkontextes erschließen. Am Beginn ihrer Ausbildung und des beruflichen Werdeganges stehend nahmen sie alle noch keine herausragende soziale oder gesellschaftliche Stellung ein. Scholaren wurden in der Auswertung nicht zum Klerus gerechnet, bezüglich ihrer akademischen Ausbildung jedoch bereits zusammen mit den Geistlichen erfasst[4], da die meisten von ihnen in späteren Jahren Kirchenämter ausübten. Insgesamt bieten die in den Registerbänden enthaltenen Angaben zur sozialen oder gesellschaftlichen Stellung der Laien zunächst wenig Aussagekraft. Dies ist nach Schmugge auch auf die in den Suppliken verkürzte Form der Textwiedergabe zurückzuführen[5]. Von den 742 im Pönitentiarieregister verzeichneten Freisinger Petenten nahmen laut Grafik 6 sechzehn oder 2,2% eine herausragende Stellung in der Gesellschaft ein. Bei dem Laien und aus dem Reutlinger Patriziat stammende Petrus Krafft, der als herzoglicher Rat tätig war[6], wurde mit *doctor legis* sein akademischer Grad und mit *consiliarius* auch seine berufliche Tätigkeit in der herzoglichen Verwaltung im Supplikenregister verzeichnet. Er hatte in Ingolstadt und Tübingen studiert sowie 1488 in Padua promoviert und war ab 1490 am Hofgericht Georgs des Reichen tätig[7]. Er konnte einen sehr erfolgreichen gesellschaftlichen und sozialen Aufstieg verfolgen. Dies galt ebenso für den mit einer Ehedispens vertretenen Christoph Dorner, der von 1445 bis 1472 zunächst als Kanzleischreiber Heinrichs und Ludwigs des Reichen tätig war, ab 1459 als herzoglicher Rat diente und schließ-

---

[1] SCHMUGGE, Kinder, Kirche, Karrieren, 123.
[2] Standesgemäße Zuordnung siehe SCHMUGGE, Kinder, Kirche, Karrieren 145, 154.
[3] VERGER, Scholares, 1519-1520.
[4] Siehe Kapitel V.3.
[5] SCHMUGGE, Kinder, Kirche, Karrieren, 155.
[6] PA 43, fol. 451r und PA 47, fol. 310r.
[7] LIEBERICH, Klerus und Laienwelt, 254.

lich ab 1472 zum leitenden Kanzler ernannt wurde[8]. Ob er eine Petrus Krafft vergleichbare akademische Ausbildung durchlaufen hatte, geht aus den Quellen und der Forschungsliteratur nicht hervor, dennoch konnte er eine erfolgreiche Karriere abschließen. Obwohl er laut Lieberich zunächst dem Klerikerstand angehörte[9], trat er im Laufe seiner Tätigkeit am herzoglichen Hofe in Landshut durch Eheschließung[10] wieder in den Laienstand zurück. Des weiteren besaß der Scholar Sigismund Pfeubert im Jahr 1454 einen *baccalaureus* der Artistischen Fakultät[11], im Jahr 1461 war er bereits Kleriker, nämlich Priester im Norden Freisings[12]. Er dürfte unter anderem aufgrund seines akademischen Titels einen schnellen Zugang zu höheren Kirchenämtern erreicht haben, zählt in dieser Statistik jedoch noch zu den Laien. Insgesamt ist wie in Kapitel V.4. zu vermuten, dass der tatsächliche Akademikeranteil unter den Laien ebenso höher war, als die geringe Anzahl registrierter Titel im Supplikenregister es vermuten lässt[13].

Fünfzehn Männer und Frauen gehörten eigenen Angaben nach dem Adel an[14], drei Männer gaben ihre Stellung als *armiger* oder Waffenträger an[15] und einer war als Verwaltungsmann tätig[16], jedoch finden sich bei allen keine detaillierteren Personendaten. So ergibt diese Statistik den Eindruck, dass sich vor allem Personen mittlerer bis einfacher Herkunft an die Pönitentiarie gewandt haben. Im Vergleich der in der Datenbank enthaltenen Namen mit den von Lieberich publizierten Listen der den bayerischen Landständen zugehörigen Familien kommt bei 71 weiteren Bittstellern aufgrund der Namensgleichheit eine Zugehörigkeit zum Adel und damit zu einer höheren sozialen und gesell-

---

[8] LIEBERICH, Klerus und Laienwelt, 247.
[9] LIEBERICH, Gelehrte Räte, 128: Dorner war Mitglied der herzoglichen Hofkapelle.
[10] Ehedispens am 14.4.1461 mit Anna wegen viertem Grades der Blutsverwandtschaft.
[11] PA 4, fol. 219v.
[12] HL Freising 93 und 94.
[13] Aufgrund der hohen Anzahl von Ehedispensen unter den Laien wurde unter der Annahme, dass es sich hierbei um eine breiter geschichtete Bevölkerungsgruppe als bei den Klerikern handelt, auf eine Recherche nach Studium und Ausbildung verzichtet.
[14] PA 14, fol. 316r: Anna und Gabriel, Johannes und Catherina Buschzyvilshaym und Berthold und Anna Windegk; PA 11, fol. 97r: Johannes Sunderndorffer und Magdalena Zilhoferin; PA 26, fol. 259v: Johannes und Margarethe Tauffluchter; PA 36, fol. 208r: Piraffy de Bruenpach; PA 18, fol. 278r: Ursula Owerin alias de Spitz; PA 44, fol. 166v: Beata Biperlin; PA 6, fol. 39v: Sigismund Lentershain; PA 3, fol. 110r: Sigismund Torer; PA 26, fol. 117v: Heinrich Hertenberger; PA 3, fol. 179r: Christiannus Aycher; PA 3, fol. 205v: Jakob Pütrich.
[15] PA 3, fol. 179r: Christiannus Aycher; PA 3, fol. 205v: Jakob Pütrich; PA 6, fol. 39v: Sigismund Lenthersheim.
[16] PA 2, fol. 5r: Petrus Knaur.

schaftlichen Schicht in Frage[17]. Zu diesen zählte vermutlich auch das mit einer Bitte um einen dauerhaft gültigen Beichtbrief aus dem Jahr 1480 vertretene Ehepaar de Waldeck aus Schliersee[18]. Die reichsunmittelbare Stellung dieser oberbayerischen Familie[19] wurde in einem gerichtlichen Vergleich aus dem Jahr 1559 bestätigt[20], im Supplikenregister wurde jedoch keine herausragende gesellschaftliche Position verzeichnet. Da von insgesamt 89 möglichen Adeligen bei der überwiegenden Personenzahl keine Ortsangabe erfolgte, ist selten eine eindeutige Zuordnung möglich, dennoch ergibt sich an dieser Stelle insgesamt ein anderer Eindruck, dass nämlich die Pönitentiarie auch aus dem Bistum Freising gerne von wirtschaftlich potenten Bittstellern oder adeligen Familien aufgesucht wurde[21], die somit vielleicht eine Art Kundenkreis bildeten. Ob diese auch persönliche Kontakte untereinander pflegten und damit wie die ratsführende Schicht aus München eine spezielle Gruppe bildeten, ist nicht nachprüfbar.

Die Kosten für einen kanonischen Eheprozess und der aufwändige Weg zur Pönitentiarie waren laut Schmugge bei Ehefragen vor allem, wenn vor Ort eine Strafzahlung drohte, für den einfachen Mann schwer zu bestreiten[22]. Dies ist ein weiteres Argument für den wahrscheinlich eher größeren Anteil vermögender gesellschaftlich höhererstehender Bevölkerung im Supplikenregister, darunter Adel, Ritter und bayerische Landstände, was auf den ersten Blick anhand der verzeichneten Personenangaben nicht zu erkennen ist. Insgesamt findet sich dagegen nur in der *narratio* des Freisinger Kanonikers Markus Hornle ein Hinweis auf eine beteiligte Person niederen sozialen Ranges, eine Magd, die je-

---

[17] Diepold Ahamer, Oswald Aldersberg, Paulus Alweg, Sigismund Arndorffer, Ulrich Arsinger, Christian und Paulus Auer, Conrad de Egenhofen, Georg und Leonard Eglinger, Christoph, Ulrich und Paulus Ettlinger, Wilhelm, Gregor, Johannes und Gaspar Fraunhofer, Leonard und Conrad Friesinger, Georg und Augustus Gruber, Ulrich Halder, Sigismund Hausner, Johannes Hehenberger, Johannes Heller, Sigismund Heseloher, Ursula und Leonus Hoheneger, Andreas Kitzinger, Augustinus Krätzel, Wilhelm Lampfritzhamer, Christian Leitgeb, Christophorus Mäusel, Gregor und Alexius Neunhauser, Wolfgang Oberdorfer, Christoforus Perfalder, Gaspar Perger, Christoforus Pernpeck und Frau, Conrad, Johannes und Margaretha Prand; Vinzent und Johannes Pucher, Johannes, Leonhard und Wilhelm Regeldorfer, Johannes Rott, Heinrich Salchinger, Heinrich Saldorfer, Leonard Saller, Johannes Schaldorffer, Johannes Schmarts, Heinrich von Schmiechen, Georg Schnabel, Wolfgang Schondorfer, Sigismund Seyboltsdorfer, Johannes, Onoffrius und Anna Stockel, Johannes und Martin Tanner, Johannes Tründel, Wolfgang und Amelia de Waldeck, Georg Waltenhofer, Gabriel und Johannes Westendorfer und Johannes Weychser.
[18] PA 29, fol. 270r.
[19] LIEBERICH, Heinz: Die Bayerischen Landstände 1313/40 – 1807, München 1990, 128.
[20] SAGSTETTER, Hoch- und Niedergerichtsbarkeit, 29.
[21] SCHMUGGE, Ehen, 44-46.
[22] SCHMUGGE, Ehen, 44.

doch nicht selber um den Gnadenerweis bat[23]. Nachweislich arme und sozial niederen Schichten angehörige Bittsteller finden sich insgesamt nur selten unter den Freisinger Bittstellern.

Eine Zugehörigkeit zum Bürgertum oder zur ratsfähigen Oberschicht der Städte wie Freising, Landshut oder München, erkennbar an den Bezeichnungen *civis* oder *oppidanus*, ist in den Suppliken nur einmal verzeichnet: Fanciscus Ludovici war Bürger der Stadt Landshut[24]. Dennoch kam ein deutlich größerer Teil an Bittstellern aus diesen Kreisen: Denn auch Georg Altdorfer muss zum Landshuter Bürgertum gerechnet werden[25], ebenso Petrus Krafft zum Reutlinger Patriziat[26]. Bei beiden wurde dies nicht im Supplikenregister vermerkt, dennoch kann insgesamt von einem höheren Anteil ratsführender Bürgergeschlechter ausgegangen werden, als im Supplikenregister angegeben wurde. Anhand lokaler Quellen konnten allein aus München durch namentliche Zugehörigkeit zur ratsführenden Schicht bei insgesamt 43 Personen ein höherer gesellschaftlicher Rang identifiziert werden. Eine genauere Untersuchung dieser Namen erfolgt in Kapitel V.7.b), der Beschreibung von Klientelgruppen an der Pönitentiarie. Insgesamt wären von den Laien 134 Personen oder rund 18% durch Zugehörigkeit zum Adel oder zum gehobenem Stadtbürgertum einer höheren gesellschaftlichen Stellung zuzurechnen.

5. Die Angaben zu Eltern in den Geburtsmakeldispensen

Geburtsmakel- und Pfründendispense wurden besonders stark formalisiert aufgezeichnet, bei Illegitimität wurde das sogenannte „Formular 1" verwendet. Der Name verweist auf den hohen Verwaltungsgrad der Pönitentiarie im 15. Jahrhundert. Die im Repertorium Poenitentiariae Germanicum enthaltenen Personendaten von Illegitimen lassen sich vor allem statistisch auswerten. So erlauben bei Klerikern die in Geburtsmakeldispensen enthaltenen Angaben zum Stand der Eltern eine Statistik zur Verbreitung der Clandestinehe[27], des Konkubinats von Laien[28] und bei illegitimen Klerikerkindern zur Einhaltung des Zölibats[29]. Veränderungen oder Verschärfungen des Eherechts könnten sich in einer rückläufigen Zahl an Laieneltern statistisch niederschlagen. Aus Freising kamen

---

[23] PA 31, fol. 104r.
[24] PA 3, fol. 214v aus dem Jahr 1450.
[25] BECKER, Bischofsthron, 106.
[26] BECKER, Bischofsthron, 101.
[27] Stand der Eltern: *solutus – soluta*.
[28] Eltern: *solutus – coniugata, coniugatus – soluta* oder *coniugatus – coniugata*.
[29] Vater Kleriker (unter Angabe des Weihegrades) – *soluta*, selten *coniugata*.

insgesamt 119 Geburtsmakeldispense, 181 Gesuche wurden unter *de defectu natalium* und *de uberiori* verzeichnet und 39 weitere Suppliken enthielten Angaben zur illegitimen Herkunft der insgesamt 316 Antragsteller. In eingeschränkten Maß ermöglichen die in den Geburtsmakel- und anderen Dispensen genannten Eltern einen Rückschluss auf die Herkunft und die soziale Stellung der Bittsteller. Diese in Liste 1 zusammengefassten Geburtsmakeldispense werden im Folgenden mit Blick auf Herkunft und Stand der Eltern genauer untersucht.

Schmugge konstatiert im Verlauf des 15. Jahrhunderts insgesamt eine Abnahme der Geburtsmakeldispense aus dem deutschsprachigen Raum, insbesondere in der Zeit zwischen 1470 und 1490 aufgrund einer schlechteren Zugänglichkeit der Pönitentiarie für die Bevölkerung durch steigende Gebühren. In manchen Diözesen ging ihr Anteil deshalb bereits auf Null zurück[30], für andere Bistümer wie Köln oder Augsburg stellt Schmugge einen gleichbleibenden Andrang an die Kurie fest. In Freising ließ sich ein gravierender Rückgang der Geburtsmakeldispense erst im Pontifikat von Julius II. erkennen, eine rückläufige Supplikenzahl war bereits im letzten Drittel des Pontifikates von Sixtus IV. erkennen, außerdem im gesamten Pontifikat von Innozenz VIII. Unter Alexander VI. nahmen von 1493 bis 1502 die Geburtsmakeldispense mit bis zu fünf Gesuchen pro Jahr und zehn im Heiligen Jahr 1500 noch einmal zu. Dennoch wurde hier ein deutlich geringerer Wert im Vergleich zu den 35 Dispensen unter Nikolaus V. im Jahr 1450 erzielt.

Zu beachten ist das zum Teil sehr junge Alter der Petenten, deren Eltern, sobald es mit sieben Jahren oder der ersten Tonsur oder dem Eintritt in den Klerikerstand rechtlich möglich war, bereits eventuelle Hindernisse für eine Klerikerkarriere zu beseitigen versuchten[31]. Diese Praxis war vor allem im Heiligen Römischen Reich Deutscher Nation weit verbreitet[32]. In Suppliken zum Thema Pfründe mussten die angehenden Kleriker neben ihrem Weihegrad und ihrer Pfründe ebenfalls den Stand ihrer Eltern genau angeben, damit die Dispens gültig war. Hieraus lassen sich – neben einer Untersuchung des Zölibats – ebenfalls Aussagen zur Verbreitung von Clandestinehen und anderen konkubinären Lebensformen ablesen. Einige Personen mussten ihre Angaben über die Eltern in einer zweiten Supplik korrigieren, so beispielsweise Emmeram Newpeck und

---

[30] SCHMUGGE, Kinder, Kirche, Karrieren, 350.
[31] SCHMUGGE, Kinder, Kirche, Karrieren, 270.
[32] SCHMUGGE, Kinder, Kirche, Karrieren, 270.

Johannes Streicher, die zuerst beide Eltern als ledige bezeichneten[33], in späteren Suppliken jedoch angaben, dass ihr Vater als Priester tätig war[34].

Insgesamt 339 Suppliken von Scholaren und angehenden Klerikern aus Freising mit Geburtsmakel- und Pfründengesuchen enthalten Angaben zu den Eltern, die in einer den kanonischen Vorschriften entgegenstehenden Verbindung lebten. Mit 23% lag der Anteil an Geschwisterdispensen weit über dem von Schmugge mit 14% für alle deutschsprachigen Bistümer ermittelten Wert[35]. Europaweit kamen an der Pönitentiarie Geschwisterdispense mit 38% vor[36]. Abzüglich einer Verfälschung der Elternstatistik durch 74 Geschwisterdispense[37] sowie vierundzwanzig mehrfach vorkommende Bittsteller ließen sich insgesamt 272 Freisinger Elternpaare finden[38].

Laut Schmugge bemühten sich vor allem Kinder aufstrebender gesellschaftlicher Gruppen wie Stadtbürger, niederer Adel und Kleriker in höheren Positionen um Geburtsmakeldispense[39]. Zu den bayerischen Landständen gehörten dem Namen nach 31 Personen oder etwa 10% der Illegitimen. Insbesondere bei mehreren Personen, wie beispielsweise vier Geschwistern aus der Familie Fraunhofer mit identischen Angaben zu den Eltern, nämlich einem langjährigen Konkubinat des Vaters mit einer ledigen Frau, ist die bei Schmugge beschriebene Praxis zu vermuten, dass illegitimer Nachwuchs aus adeligen Familien gerne in der Kirche untergebracht wurde, weil er dort eine gesicherte Perspektive erwartete[40]. Bei dem mit einer Geburtsmakeldispens vertretenen Johannes Griewalder aus dem Jahr 1480[41] ergibt sich die Vermutung, es handele sich um einen Nachfahren des illegitimen Wittelsbachers und Freisinger Bischofs, Johannes Grünwalder. Da keine weiteren Angaben vorliegen, handelt es sich hierbei wohl eher um eine zufällige Namensähnlichkeit in Verbindung mit dem Herkunftsort Grünwald bei München.

Bei sechs dem Namen nach adeligen Illegitimen war ein Elternteil anderweitig verheiratet, bei acht wurden beide Eltern als ledig bezeichnet, siebzehn geistliche Väter waren allesamt Priester. Diese Eltern aus höheren gesell-

---

[33] PA 24, fol. 210v; PA 38, fol. 398v.
[34] PA 17, fol. 166r; PA 42, fol. 271r.
[35] SCHMUGGE, Kinder, Kirche, Karrieren, 277.
[36] SCHMUGGE, Kinder, Kirche, Karrieren, 195.
[37] Geschwister wurden bei mit gleichen Eltern und Nachnamen angenommen.
[38] Siehe Liste 1.
[39] SCHMUGGE, Kinder, Kirche, Karrieren, 349-350.
[40] SCHMUGGE, Kinder, Kirche, Karrieren, 222-225, 336-340.
[41] PA 31, fol. 226v von 1481.

schaftlichen Schichten nahmen insgesamt einen Anteil von 13,2% ein und damit zeigt sich, dass es sich sowohl bei Clandestinehe als auch bei Konkubinat oder Zölibatsbruch nicht um ein Unterschichtenphänomen handelte, sondern dass diese in allen gesellschaftlichen Schichten verbreitet waren. Dieser Wert entspricht genau dem Anteil der in der Rubrik Geburtsmakel im Supplikenregister verzeichneten Adeligen aus der Diözese Konstanz, dort betrug er ebenfalls 13%[42].

a) Laien als Väter

Laut Schmugge waren vor allem Städte die Orte, an denen Laien gegen die kirchlichen Lehren zum Sexualverhalten verstießen[43]. Brundage geht von einer Verbreitung der Clandestinehe vor allem in der einfachen Bevölkerung aus[44]. Die Anzahl der unverheirateten Laien betrug im Bistum Freising 96 Personen oder 42%. Bei diesen Verbindungen kann von einer Clandestinehe oder einem vorehelichen Verhältnis ausgegangen werden, ein Rückschluss auf die soziale Stellung der Eltern ist jedoch schwierig. Diese Zahl liegt deutlich über dem von Schmugge für den deutschsprachigen Raum ermittelten Wert von 28%[45]. Anhand der Wohnorte war innerhalb des Bistums kein lokaler Schwerpunkt zu erkennen, jedoch überwogen bei den Ortsangaben[46] mit Bruck, Rosenheim oder Bernried Märkte und mittlere bis kleinere ländliche Siedlungen. Vor allem in Städten war im 15. Jahrhundert laut Schmugge Konkubinate unter Laien nicht ungewöhnlich[47]. Vier Elternteile aus Freising, *Loe*[48] und München lebten beide in einer anderen Ehe, zeugte aber miteinander Kinder. Die wenigen Ortsangaben lassen darauf schließen, dass derartige Verbindungen in der Diözese Freising eher in Städten und Märkten vorkamen. So wurde bei einem verheirateten Elternteil je einmal Innsbruck[49] und Landshut[50], viermal München[51], je einmal Da-

---

[42] SCHMUGGE, Kinder, Kirche, Karrieren, 239.
[43] SCHMUGGE, Kinder, Kirche, Karrieren, 139-140.
[44] BRUNDAGE, Law, 591.
[45] SCHMUGGE, Kinder, Kirche, Karrieren, 277.
[46] Bernried (1), Beuerberg (1), Bruck (3), Dachau (1), Erding (1), Gmund (1), Gramartzhausen (1), München (1), Oberdorf (1), Pucheim (1), Reding (1), Rosenheim (1), Rottenberg (1), Schäftlarn (1), Schliersee (1).
[47] SCHMUGGE, Kinder, Kirche, Karrieren, 276-278.
[48] Dieser Ortsname konnte aufgrund der Schreibweise nicht gefunden werden.
[49] PA 4, fol. 32r.
[50] PA 6, fol. 112r.
[51] PA 7, fol. 316v ; PA 17, fol. 180v ; PA 48, fol. 820v.

chau[52], Arsing bei Augsburg[53], Freising[54] und zweimal Traunstein[55] als Herkunftsort angegeben. Bei den Laieneltern waren bei insgesamt neunzehn Vätern oder Müttern ein Elternteil anderweitig verheiratet, und damit neben der Ehe zeitweise oder dauerhaft eine andere Partnerschaft eingegangen. Aufgrund der namentlichen Zugehörigkeit und unter Hinzuziehung lokaler Quellen konnte unter den Illegitimen dreizehn Angehörige der Münchener Bürgergeschlechter ausgemacht werden, jedoch war bei allen kein Herkunftsort verzeichnet. Es sind 3,2% der Illegitimen. Acht Väter waren Geistliche und besaßen die Priesterweihe, ein Vater war Mönch und Mitglied eines Benediktinerordens, vier Väter waren ledig und zählten zu den Laien. Zehn Personen baten um eine Geburtsmakeldispens[56], drei weitere mussten ihre Herkunft im Zusammenhang mit Pfründengesuchen erwähnen[57]. Zu den Ortsangaben bei unverheirateten Laieneltern oder möglicherweise Clandestinehen kann demnach München mit vier Nennungen hinzugerechnet werden. Der soziale Stand muss aufgrund der namentlichen Zugehörigkeit zur ratsführenden Schicht bei allen Petenten als hoch eingestuft werden.

Diese Angaben weisen tendenziell in eine andere Richtung als die Forschungsergebnisse Brundages und Schmugges, die beide vor allem die Bevölkerung größerer Städte als häufiger unverheiratet bezeichnen[58], während laut Verfasser die Landbevölkerung beispielsweise in England oder Oberitalien wesentlich öfter und früher eine Ehe eingegangen sei[59].

b) Kleriker als Väter

Die Anzahl der Klerikerväter betrug 176, darunter befanden sich acht Mönche. Mit drei Ausnahmen hatten alle dem Säkularklerus entstammenden Väter bei Geburt bereits die Amtseinsetzung zum Priester erreicht, bei dreien fehlt die

---

[52] PA 7, fol. 336v.
[53] PA 15, fol. 246v.
[54] PA 24, fol. 226r.
[55] PA 43, fol. 414v.
[56] Auer, Paulus: PA 20, fol. 241r von 1472; Fendt, Alexius: PA 45, fol. 472v von 1496; Heselloher, Sigismund: PA 18, fol. 254v von 1470; Mäusel, Christoph: PA 26, fol. 235v von 1478; Stupf, Wolfgang: PA 54, fol. 802r von 1506; Tulchinger, Georgius: PA 4, fol. 233v von 1455; Tulchinger, Henricus: PA 21, fol.187v von 1473; Tulchinger, Johannes: PA 48, fol. 833v von 1500; Zollner, Erhard: PA 28, fol. 185v von 1478; Zollner, Johannes: PA 28, fol. 185v von 1478.
[57] Auer, Christian: PA 47, fol. 559v von 1498; Pötschner, Johannes: PA 4, fol. 159r von 1453; Weichsler, Johannes: PA 47, fol. 570v von 1499.
[58] BRUNDAGE, Law, 491-492; SCHMUGGE, Kinder, Kirche, Karrieren, 140-141.
[59] BRUNDAGE, Law, 495.

Angabe eines Weihegrades während Väter mit niederen Weihegraden bei Freisinger Bittstellern mit einem Anteil von 2% – im Gegensatz zu anderen Diözesen des Deutschen Reiches[60] – fast nicht vorkamen. Nahezu 100% der Freisinger Klerikerväter verfügte damit zum Zeitpunkt der Geburt bereits über die Priesterweihe, im gesamten deutschsprachigen Raum waren nur 56% durch höhere Weihen bereits dem Zölibat verpflichtet[61]. Aus dem Ordensklerus hatten vier einfache Mönche, drei Priester sowie ein Abt gegen die Zölibatsvorschriften verstoßen und Nachwuchs gezeugt. Demnach besaß die überwiegende Zahl dieser geistlichen Väter eine mittlere bis hohe Stellung in der Kirchenhierarchie. Der bereits am Kollegiatsstift St. Veit in Freising ansässige Illegitime Johannes Pötschner mit einem Gesuch um Pfründentausch[62] kam aus einer ratsführenden Familie Münchens[63] und hatte selber bereits eine hohe soziale Position erreicht. Er war aus dem Verhältnis eines Priesters mit einer ledigen Frau hervorgegangen. Neun weitere Nachkommen aus unehelichen Verbindungen zwischen den Münchener Bürgergeschlechtern entstammenden Priestern beziehungsweise einem Mönch und ledigen Frauen waren noch Scholaren und versuchten erst, mithilfe ihrer Geburtsmakeldispens dem Klerikerstand beizutreten[64]. Aufgrund ihrer Familienzugehörigkeit wie auch des kirchlichen Ranges ihrer Väter können sie alle eine höhere gesellschaftliche Stellung eingenommen haben.

c) Ergebnis

Der soziale Stand der Illegitimen war vielfach hoch, nahezu 100% der Klerikerväter wurden als Priester angegeben, unter den Laienvätern gehörten dreizehn von 96 dem Münchener Patriziat an und weitere 13% dem Adel. Bei den vermutlich höchstens zwanzigjährigen, meist weitaus jüngeren, angehenden Klerikern[65] nahmen laut Pönitentiarieregister die Zahl der unehelich verbundenen Laien-Eltern in einem langsamen Prozess ab, ihr Anteil war ab 1470 rückläufig. Eine Interpretationsmöglichkeit wäre ein in Freising wie in westlichen Diözesen

---

[60] SCHMUGGE, Kinder, Kirche, Karrieren, 271.
[61] SCHMUGGE, Kinder, Kirche, Karrieren, 182.
[62] PA 4, fol. 159r.
[63] STAHLEDER, Stadtentwicklung Münchens, OA 120, 25, 31.
[64] Auer, Paulus: PA 20, fol. 241r von 1472; Fendt, Alexius: PA 45, fol. 472v von 1496; Mäusel, Christoph: PA 26, fol. 235v von 1478; Pötschner, Johannes: PA 4, fol. 159r von 1453; Tulchinger, Georgius: PA 4, fol. 233v von 1455; Tulchinger, Johannes: PA 48, fol. 833v von 1500; Weichsler, Johannes: PA 47, fol. 570v von 1499; Zollner, Erhard: PA 28, fol. 185v von 1478; Zollner, Johannes: PA 28, fol. 185v von 1478.
[65] SCHMUGGE, Kinder, Kirche, Karrieren, 270.

des Heiligen Römischen Reiches Deutscher Nation zunehmender Ausschluss von Illegitimen aus der Kirchenhierarchie, die aus einer Clandestinehe oder einem Konkubinat hervorgegangen waren. Die durchschnittliche Anzahl der Priesterkinder verringerte sich in Freising von 1449 bis 1508 dagegen kaum. Insgesamt kann in Freising bis 1508 keine zunehmende Ausgrenzung Illegitimer von kirchlichen Ämtern belegt werden, wie Schmugge dies für andere Teile des Reiches feststellt[66]. In der Statistik der Geburtsmakeldispense lässt sich deshalb ab dem letzten Jahrzehnt des 15. Jahrhunderts nur ein sinkender Anteil der unverheirateten Eltern von angehenden Klerikern beobachten[67]. Diese Entwicklung lässt außerdem vermuten, dass die wiederholt auf den Diözesan- und Provinzialsynoden thematisierten kanonischen Ehevorschriften und Verbote von Clandestinehen in der Diözese Freising allmählich stärker durchgesetzt wurden. Dies könnte eine Verschärfung der Zugangsberechtigung zum Klerikeramt zur Folge gehabt haben. Die aus dem Supplikenregister ermittelten Zahlen sind jedoch zu gering, um als eine faktische Auswirkung der zunehmend strenger gehandhabter kirchlicher Ehebestimmungen auf die Eheschließungspraxis der Einwohnerschaft im Bistum Freising bewertet zu werden. Die tatsächliche Anzahl der Clandestinehen ging laut Forschungsliteratur im Verlauf des 15. Jahrhunderts nämlich weder in der Diözese Freising noch in der gesamten Kirchenprovinz Salzburg wesentlich zurück[68].

6. Ordenszugehörigkeit und Weihegrade der Mönche

Bei sieben von insgesamt 37 Mönchen fand sich keine Angabe des Ordens, bei sechs wurden keine Weihegrade verzeichnet, wie Grafik 6 zeigt. Insgesamt wurde nur in wenigen Fällen das Kloster genau angeführt, so dass dessen Lage beispielsweise in Orten wie Freising, Beyharting oder Schäftlarn bestimmt werden konnte. Karte 1 zeigt alle im Supplikenregister genannten Klöster. Dabei fällt auf, dass die meisten von ihnen im Alpenvorland südlich Münchens lagen. Unter den Orden waren die acht Benediktinerklöster zahlenmäßig am stärksten vertreten, gefolgt von fünf unter der Augustinerregel stehenden Klöstern und den fünf Kollegiatstiften, während die weiteren Ausrichtungen nur geringfügig vertreten waren. Die im Supplikenregister genannten Weihegrade zeigen ein breites Per-

---

[66] SCHMUGGE, Kinder, Kirche, Karrieren, 222-225; Ludwig SCHMUGGE, Schleichwege zu Pfründe und Altar: päpstliche Dispense vom Geburtsmakel 1449–1533, München 1994, 32.
[67] Siehe Liste 1, und SCHMUGGE, Kinder, Kirche, Karrieren, 259, Grafik.
[68] BRUNDAGE Law, 546-548; PAARHAMMER, Rechtsprechung, 82-85.

sonenspektrum im Ordensklerus, das von Novize, Profess über Priester bis *prepositus* oder Abt reichte[69].

Vierzehn Regularkleriker kamen aus dem Benediktinerorden, zweimal wurde das Klosterpatrozinium St. Sebastian ohne die dazugehörige Ortsangabe Ebersberg genannt, acht gehörten zu den Augustiner-Chorherren verschiedener Klöster, sechs zählten zu den Prämonstratensern und ein Mönch kam aus dem Johanniterorden. Die insgesamt niedrigen Zahlen sind nur sehr bedingt für eine statistische Auswertung tauglich und damit für die Kurienkontakte der Orden in Bayern im 15. Jahrhundert nicht repräsentativ. Eine Auswirkung der Klosterpolitik Albrechts IV. zeigt sich insofern, als dass die im Supplikenregister vorrangig vertretenen Orden der Benediktiner und Augustiner auch im Fokus seiner Klosterpolitik standen. Sie waren häufiger Gegenstand herzoglichen Interesses, beispielsweise durch Visitationen[70], Wahlbeeinflussungen[71], Streitschlichtungen[72] oder Gunsterweise[73]. Seine reformierende Tätigkeit weckte anscheinend bei vielen Klosterbewohnern den Wunsch nach einem Orts- und Ordenswechsel, da bei ihren zweiundzwanzig Gesuchen im Supplikenregister die Apostasie das am häufigsten genannte Thema ist. Ebenso oft wurde der Wunsch nach einem legitimen Wechsel des Klosters geäußert. Insgesamt werden unter den Ordensgeistlichen nur wenige hochstehende Kleriker genannt. Unter den Suppliken befanden sich sieben Geburtsmakeldispense, seltener hatten diese auch andere Themen zum Inhalt wie beispielsweise Mordvorwürfe, den Überfall eines Klosters durch zwei Laien, einige Verstöße gegen die Ordensregel durch Glücksspiel oder die unerlaubte Predigt eines entlaufenen Mönches.

7. Klientelgruppen der Pönitentiarie anhand von Freisinger Quellen

a) Laien, Scholaren, angehende Kleriker und ihre Karrieren
  aa) Laien und Geistliche in der herzoglichen Verwaltung
Mit dem zunehmenden Eindringen und der Ausbreitung des römischen Rechts im deutschsprachigen Raum wurden in der herzoglichen Verwaltung auch im-

---

[69] Zur Verteilung der Mönche und Klöster siehe auch Karte 3, Personenzahl und Stand sowie die Auswertung in Kapitel IV.3.5, in Abschnitt d).
[70] FEUERER, Klosterpolitik Albrechts IV., 32-40.
[71] FEUERER, Klosterpolitik Albrechts IV., 56-65.
[72] FEUERER, Klosterpolitik Albrechts IV., 91-93.
[73] FEUERER, Klosterpolitik Albrechts IV., 99-116.

mer mehr fachkundige Akademiker benötigt[74]. Die zunehmende Verrechtlichung und Verschriftlichung betraf sämtliche Ebenen der Verwaltung, vor allem Juristen waren dort sehr gefragt[75]. Andererseits zog die wachsende Anzahl graduierter Akademiker eine Professionalisierung der kirchlichen[76], aber auch der weltlichen Berufe nach sich. Da bis Mitte des 15. Jahrhunderts überwiegend Kleriker ein entsprechendes Studium verfolgten und auch anschließend erst allmählich Laien an die Universitäten strebten[77], bot sich hier für Geistliche eine Möglichkeit, beruflich tätig zu werden. Die zunehmende Anstellung von Gelehrten und Akademikern bildete laut Schwinges dabei den Ausgang vieler Reformen, beispielsweise in den landesherrlichen Verwaltungen und dort bereits gegen Ende des 15. Jahrhunderts[78]. Die Karriere des geistlichen Führungspersonals führte dabei in der gesamten Kirchenprovinz Salzburg häufiger über die weltliche als die geistliche Verwaltung[79], dies galt auch für die mittlere bis höhere Klerikerschicht im Bistum Freising.

Am bayerischen Hof waren um 1400 noch sehr wenige Kleriker zu finden[80], ab Mitte des 15. Jahrhunderts war der Kanzler jedoch regelmäßig auch Mitglied des herzoglichen Rates und dieses Amt wurde zunächst überwiegend von Geistlichen ausgeübt. Gerade die mit einer Pfründe verbundene Stellung des Kanzlers war zwar kein weltliches Amt, es diente aber der Versorgung des Inhabers anstelle von Soldzahlungen[81] und unterlag keinen kirchlichen Restriktionen. Der herzogliche Rat der Wittelsbacher entwickelte sich im 16. Jahrhundert zu einem festen Regierungsorgan[82], im ausgehenden Mittelalter war seine Tätigkeit noch weniger scharf umrissen und beinhaltete eher eine beratende Funktion[83]. Der für sensible Fragen zuständige Geheime Rat bestand laut Lieberich im Jahre 1466 in München aus sieben Personen: Einem Hofmeister und sechs Räten, die ihrer Herkunft nach zum Teil Geistliche, zum Teil andere

---

[74] LIEBERICH, Gelehrte Räte, 120.
[75] BECKER, Bischofsthron, 289.
[76] SCHWINGES, Pfaffen und Laien, 314.
[77] LIEBERICH, Gelehrte Räte, 121-123 und 130: Das Laienstudium war erst nach 1480 zunehmend verbreitet, vorher gab es nur sehr wenige Laien, die eine akademische Ausbildung vorwiesen.
[78] Rainer Christoph SCHWINGES, Karrieremuster. Zur sozialen Rolle der Gelehrten im Reich des 14. bis 16. Jahrhunderts. Eine Einführung, in: Studenten und Gelehrte. Studien zur Sozial- und Kulturgeschichte deutscher Universitäten im Mittelalter, Leiden 2008, 515-528, 515.
[79] BECKER, Bischofsthron, 263-265.
[80] LIEBERICH, Gelehrte Räte, 122.
[81] LIEBERICH, Klerus und Laienwelt, 239.
[82] LIEBERICH, Gelehrte Räte, 121-122.
[83] LIEBERICH, Gelehrte Räte, 122.

Beamte waren[84] und die in überwiegender Zahl eine fundierte Rechtsausbildung besaßen[85].

In den Hofräten aktive Geistliche waren ohne Definition von Sachaufgaben tätig, jedoch waren sie beispielsweise an der Rechtsprechung beteiligt[86]. Nicht nur der sogenannte berufliche Werdegang süddeutscher Bischöfe[87], sondern auch der weiteren in der Verwaltung eingesetzten Geistlichen war dabei zumeist zweigleisig und führte häufiger über die Administration weltlicher Herrschaften wie beispielsweise der bayerischen Herzöge als über die geistliche Verwaltung eines Bistums[88]. Oft gab es auch Wechsel zwischen den Seiten. Der Anteil an Geistlichen in der bayerischen herzoglichen Verwaltung stieg gegen Ende des 15. Jahrhundert schnell an[89], ebenso wuchs dort insgesamt der Anteil an Akademikern. Der Blick in das Supplikenregister zeigt, dass dort auch eine größere Personengruppe zu finden war, die in späteren Jahren in der Verwaltung der bayerischen Herzögen amtierte, wie in Liste 2a zu erkennen ist.

So standen 19 von 220 Säkularklerikern oder 8,4% in Diensten der bayerischen Herzöge[90] und waren an den Höfen Albrechts III., Albrechts IV. oder Georgs des Reichen in unterschiedlicher Stellung tätig[91]: Johannes Andree aus Ilmmünster diente von 1481 bis 1503 in Landshut[92], er war jedoch ab 1483 auch Offizial von Freising[93] und hatte nicht nur einen zwanzigjährigen Romaufenthalt nebst Studium und Promotion beider Rechte hinter sich[94], sondern er wurde

---

[84] ROSENTHAL, Gerichtswesen, 258-259.
[85] LIEBERICH, Gelehrte Räte, 136, 140-145.
[86] BECKER, Bischofsthron, 228-229.
[87] BECKER, Bischofsthron, 373.
[88] BECKER, Bischofsthron, 263-265.
[89] LIEBERICH, Gelehrte Räte, 124-129.
[90] Siehe Liste 2 – Penitentiaria Apostolica: a) Klientelgruppe Geistliche in der herzoglichen Verwaltung.
[91] Johannes Andree, Ilmmünster: PA 17, fol. 161r; Johannes Feldner: PA 16, fol. 191r; Johannes Falkner alias Faucher: PA 4, fol. 22v; Ulrich Halder: PA 31, fol. 205v; Pankraz Haselberger: PA 23, fol. 237r; Caspar Rawbein: PA 21, fol. 185r; Wilhelm Stamhover alias Stainhover: PA 6, fol. 65v; Johannes Tründel: PA 4, fol. 105r; Andreas Vogelrieder: PA 24, fol. 240r; Ulrich Arsinger: PA 3, fol. 358bis; Heinrich von Schmiechen: PA 16, fol. 98v; Vinzenz Schrenck: PA 25, fol. 157v; Christof Dorner: PA 6, fol. 65v; Hans Täschinger alias Johannes Tascher: PA 21, fol. 18r; Ulrich Steger alias Stuhger: PA 38, fol. 115v; Heinrich von Absberg: PA 15, fol. 296r; Petrus Krafft, alias Craffe: PA 43, fol. 451r und PA 47, fol. 310r; Erasmus Tobler: PA 41, fol. 390r; Paulus Ettlinger: PA 39, fol. 206r.
[92] LIEBERICH, Klerus und Laienwelt, 253.
[93] LIEBERICH, Klerus und Laienwelt, 153.
[94] LIEBERICH, Gelehrte Räte, 253.

1491 auch als Rat und Diener Georgs des Reichen bezeichnet[95]. Johannes Feldner, ebenso Johannes Falkner alias Faucher[96] sowie der 1460 vereidigte Ulrich Halder waren als Kanzleischreiber und Räte der Herzöge Sigmund und Johann angestellt und blieben nach 1467 unter Albrecht IV tätig. Ulrich Halder wurde 1476 als dessen Geistlicher Rat bezeichnet[97]. Pankraz Haselberger erhielt 1499 eine Ernennung zum Notar und war bis dahin Dekan von St. Veit in Freising[98] er arbeitete auch als kaiserlicher Notar. Außerdem war er im sogenannten herzoglichen Rat in München tätig, und amtierte nebenher als *advocatus* oder *procurator* am Freisinger Offizialatsgericht[99]. Caspar Rawbein wurde ab 1502 unter Albrecht IV. als sogenannter Geistlicher Rat bezeichnet[100], Wilhelm Stainhover amtierte als Pfarrer in Burghausen und war ab 1479 im Rat Georgs des Reichen aufzufinden[101]. Johannes Türndl alias Tründel aus Freising diente ab 1432 als Berater von Herzog Ernst in München[102] und Andreas Vogelrieder ab 1502 als Geistlicher Rat Albrechts IV.[103]. Ulrich Arsinger wurde von Lieberich als maßgeblicher Leiter der landesherrlichen Politik in der Zeit vor 1485, insbesondere unter Albrecht III. sowie unter den Herzögen Johannes und Sigmund bezeichnet[104]. Er hatte bereits vor dem Basler Konzil eine Weihe zum Subdiakon erhalten, und bat an der Pönitentiarie um die Anerkennung dieser Weihe sowie um die Möglichkeit, weitere Weihegrade erwerben zu können.

Des weiteren wandte sich Heinrich von Schmiechen, in den Jahren 1479 bis nach 1482 Offizial zu Freising und nach 1480 auch Professor für Zivilrecht an der Universität Ingolstadt, laut Lieberich zudem als Geistlicher Rat in Landshut tätig[105], an die oberste Beichtbehörde in Rom. Vinzenz Schrenck, der 1486 Generalvikar von Freising war[106] und in den Jahren um 1499 das Amt des Offizials zu Freising inne hatte[107], laut Lieberich vor 1499 auch herzoglicher Rat in

---

[95] LIEBERICH, Gelehrte Räte, 253.
[96] LIEBERICH, Klerus und Laienwelt, 258.
[97] LIEBERICH, Klerus und Laienwelt, 245, 248.
[98] FEUERER, Klosterpolitik Albrechts IV., 691.
[99] LIEBERICH, Gelehrte Räte, 143; LIEBERICH, Klerus und Laienwelt, 255.
[100] LIEBERICH, Gelehrte Räte, 143.
[101] LIEBERICH, Gelehrte Räte, 129; LIEBERICH, Klerus und Laienwelt, 257-258.
[102] LIEBERICH, Gelehrte Räte, 139; LIEBERICH, Klerus und Laienwelt, 254.
[103] LIEBERICH, Gelehrte Räte, 144, 168.
[104] LIEBERICH, Klerus und Laienwelt, 252.
[105] LIEBERICH, Gelehrte Räte, 132, 147, 184; LIEBERICH, Klerus und Laienwelt, 257.
[106] STAHLEDER, OA 127, Die Schrenck, 110; MEICHELBECK, Freising, 611; BRANDMÜLLER Handbuch KG, 1209.
[107] PA 47, fol. 325r.

Landshut[108]. Er amtierte laut Stahleder ab 1480 als Rat Herzog Georgs des Reichen von Landshut[109]. Erasmus Tobler war laut Lieberich und Feuerer ab 1493 als Rat in München tätig[110]. Der 1451 der herzoglichen Hofkapelle und damit zeitweise dem Klerikerstand angehörige Christof Dorner[111] bat 1461 um eine Ehedispens[112] und besaß unter Heinrich dem Reichen und Ludwig dem Reichen in Landshut von 1472 bis 1474 das Amt des Kanzleischreibers[113]. Er wurde ab 1472 auch zum Kanzler befördert[114].

Hans Täschinger alias Johannes Tascher war nach 1472 verheiratet[115], er diente 1490 als Kanzleischreiber Albrechts IV., er wurde 1496 zum *secretarius* befördert und 1508 von Herzog Wolfgang vereidigt[116]. Ulrich Steger alias Stuhger, war ebenfalls ab 1489 verheiratet[117] und laut Supplikenregister nicht im Besitz geistlicher Weihen, sondern Laie. Er fungierte von 1496 bis 1508 als Kanzleischreiber und *secretarius* der Herzöge Albrecht IV. und Wolfgang[118]. Heinrich von Absberg, ab 1465 Bischof von Regensburg[119] diente nach 1461 als Rat Markgraf Albrechts von Brandenburg und in Landshut[120]. Der Laie sowie promovierte Jurist Petrus Krafft alias Craffe war ab 1490 im Hofgericht Georg des Reichen in Landshut tätig[121]. Seine Supplik ist aber die einzige, in der seine Tätigkeit als Geistlicher Rat mit *consiliarius* sogar vermerkt wurde[122]. Der 1450 mit einer Geburtsmakeldispens vertretene Johannes Westendorfer[123] machte sechsundzwanzig Jahre später Karriere als Rat Albrechts IV. und bekleidete außerdem von 1478 bis 1483 das Amt des Mautners von Straubing[124]. Bei ihm

---

[108] LIEBERICH, Gelehrte Räte, 142, 147; LIEBERICH, Klerus und Laienwelt, 257.
[109] STAHLEDER, OA 127, Die Schrenck, 110.
[110] LIEBERICH, Gelehrte Räte, 143, 148-149; FEUERER, Klosterpolitik Albrechts IV., 733.
[111] LIEBERICH, Gelehrte Räte, 128: Er besaß aber wohl nur niedere Weihen.
[112] PA 9, fol. 37v.
[113] LIEBERICH, Klerus und Laienwelt, 247.
[114] LIEBERICH, Klerus und Laienwelt, 244.
[115] PA 21, fol. 18r: Eine Ehedispens im Jahr 1472.
[116] LIEBERICH, Klerus und Laienwelt, 245 und 247.
[117] PA 38, fol. 115v: Eine Ehedispens im Jahr 1489.
[118] LIEBERICH, Klerus und Laienwelt, 245 und 249.
[119] LIEBERICH, Gelehrte Räte, 137.
[120] LIEBERICH, Gelehrte Räte, 132; LIEBERICH, Klerus und Laienwelt, 253.
[121] LIEBERICH, Gelehrte Räte, 133, 143, 162; LIEBERICH, Klerus und Laienwelt, 254.
[122] PA 47, fol. 310r: Auch sein Sohn verfolgte eine beachtliche Karriere, denn dieser amtierte von 1501 bis 1530 als Weihbischof von Regensburg: BECKER, Bischofsthron, 100-101 und 415.
[123] PA 4, fol. 47r.
[124] FEUERER, Klosterpolitik, 736.

ist unklar, ob er zur Zeit seiner Dispens und danach dem geistlichen Stand angehörte[125].

Drei weitere Bittsteller waren kurzfristig in der Klosterpolitik Albrechts IV. aktiv und damit zumindest phasenweise beratend für diesen Herzog tätig. Nur für kurze Zeit eingebunden und nicht ausdrücklich als Rat bezeichnet wurde Johannes Prebeck aus Regensburg. Er arbeitete für Albrecht IV., indem er ihn 1472 bzw. 1474 als Prokurator in einem Prozess gegen die Regensburger Damenstifte an der Rota vertrat[126]. Er war und blieb aber in Regensburg ansässig, obwohl er im Supplikenregister mit einer Dispens wegen einer gewalttätigen Auseinandersetzung während seines Kurienaufenthaltes unter der Diözese Freising aufgeführt wurde[127], vermutlich wegen seiner Tätigkeit für Albrecht IV., obwohl er zur Diözese Regensburg gehörte[128]. Auch der 1470 als Scholar mit einer Geburtsmakeldispens vertretene Georg Nuerberg machte 1500 nicht nur als Kaplan Albrechts IV. Karriere, er war zu dieser Zeit auch bezüglich der Äbtissinnenwahl im Kloster Geisenfeld beratend tätig[129]. Auch er wurde nicht ausdrücklich als herzoglicher Rat bezeichnet.

Ebenso amtierte laut *narratio* seiner Dispens der Kleriker Paulus Ettlinger am Hofe Georg des Reichen in Landshut als Rechtsberater. Er gab „als Familiar Herzog Georgs von Bayern ... Rat zu Gerichtssprüchen. Anschließend hatte er sich aus großem Eifer der Frömmigkeit zu allen Weihen promovieren lassen und war immer noch Familiar des Herzogs mit jurisdiktioneller Beratungstätigkeit in verschiedenen Fällen." Er fürchtete „wegen seiner Tätigkeit vielleicht die Anschuldigung des Mordes und andere Vorwürfe auf sich geladen zu haben" und hoffte, „dass kein Hindernis gegen seine empfangenen Weihen bestehe, dass er auch weiterhin zu Altardienst und anderen kirchlichen Tätigkeiten zugelassen sei und dass er ein kirchliches Benefizium mit oder ohne Seelsorge erhalten könne oder ein Kanonikat."

Er ist in den von Lieberich zusammengestellten Listen von Geistlichen in den herzoglichen Verwaltungen nicht aufzufinden und bekleidete demnach keine der bei Lieberich aufzählten Stellungen. Vermutlich handelte es sich bei ihm zudem um einen Verwandten oder sogar Nachkommen von Heinrich Ettlinger,

---

[125] 50 Jahre später wandte sich ein namensgleicher Verwandter oder sogar sein Sohn ebenfalls wegen eines Geburtsmakels an die Pönitentiarie, weil sein Vater ein Priester war: PA 48, fol. 831v.
[126] FEUERER, Klosterpolitik Albrechts IV., 717.
[127] PA 22, fol. 153r.
[128] Er ist bei Lieberich nicht als herzoglicher Rat in München aufgeführt.
[129] FEUERER, Klosterpolitik Albrechts IV., 709.

der im Jahr 1463 zum Generalvikar von Freising ernannt wurde[130]. Zwei weitere Kleriker aus der Familie Ettlinger hatten sich in vorhergehenden Jahren ebenfalls an die Kurie gewandt[131].

Damit diente ein relativ hoher Anteil von zweiundzwanzig Personen oder 10% unter den Klerikern im Supplikenregister als geistliche Berater oder Angestellte unter den bayerischen Herzögen. Elf Personen supplizierten vor ihrer Tätigkeit an den herzoglichen Höfen[132], fünf wandten sich währenddessen an die Pönitentiarie[133], bei drei Geistlichen ist die zeitliche Eingrenzung ihrer ratgeberischen Tätigkeit nicht eindeutig[134]. Nur bei zwei Personen wurde dabei im Supplikenregister ein akademischer Titel verzeichnet[135]. Hier stellt sich die Frage, ob die engen Beziehungen dieser Kleriker zu den bayerischen Herzögen von ihren guten Kontakten zur Kurie positiv beeinflusst wurden oder diese sogar ein Mittel für eine Karriere an den herzoglichen Höfen darstellten. Die guten Beziehungen der bayerischen Herzöge Georgs der Reiche und Albrecht IV. zu den Päpsten Pius II. und Paul II.[136] und insbesondere die guten Beziehungen Albrechts IV. zu Sixtus IV.[137] könnten ebenso fördernd auf die Romkontakte der Hofgeistlichen gewirkt haben – messbar an ihrer insgesamt vergleichsweise hohen Supplikenzahl an der Pönitentiarie. Um diese Tendenz weiter zu präzisieren, müssten weitere Bände des Supplikenregisters für das 16. Jahrhundert unter dieser Fragestellung statistisch ausgewertet werden. Ein verstärkender Einfluss der Herzöge auf die zunehmenden Kurienkontakte, wie beispielsweise Per Ingesman

---

[130] MEICHELBECK, Freising, 610; Walter BRANDMÜLLER, Handbuch der Bayerischen Kirchengeschichte. Bd. 1: Von den Anfängen bis zur Schwelle der Neuzeit, Teil II. das kirchliche Leben, 1209.

[131] Udalricus Ettlinger, 1449: PA 3, fol. 75r und Christoph Ettlinger: 1470, PA 18, fol. 140r.

[132] Ulrich Arsinger: PA 3, fol. 358bis zum Thema Weihehindernis; Wilhelm Stainhofer: PA 6, fol. 65v zum Thema Geburtsmakel; Christof Dorner: PA 9, fol. 37r mit einer Ehedispens; Johannes Andree: PA 17, fol. 161r zum Thema Geburtsmakel; Hans Täschinger: PA 21, fol. 18r mit einer Ehedispens; Caspar Rawbein: PA 21, fol. 185r zum Thema Gebrutsmakel; Pankraz Haselberger: PA 23, fol. 237r zum Pfründenerwerb und Pfründentausch; Andreas Vogelrieder: PA 24, fol. 240r zum Thema Geburtsmakel; Vinzent Schrenck: PA 25, fol. 157v wegen unerlaubter vorzeitiger Weihe in Italien; Ulrich Steger: PA 38, fol. 115v wegen einer Ehedispens; Erasmus Tobler: PA 41, fol. 390r wegen eines Weihehindernisses.

[133] Johannes Tründel: PA 4, fol. 105r wegen eines Weihehindernisses; Heinrich von Absberg: PA 15, fol. 296r mit der Bitte um einen Beichtbrief; Heinrich von Schmiechen: PA 16, fol. 98v wegen einer Studienlizenz; Ulrich Halder: PA 31, fol. 205v wegen eines Geburtsmakels; Petrus Krafft mit Ehefrau: PA 43, fol. 451r um 1493 wegen eines tragbaren Altars und PA 47, fol. 310r um 1499 zum Thema Weihe während eines Interdiktes.

[134] Johannes Feldner, Paulus Ettlinger und Johannes Falkner.

[135] Bei Petrus Krafft und bei Heinrich von Schmiechen, siehe Liste 2a.

[136] RANKL, Landesherrliches Kirchenregiment, 57.

[137] RANKL, Landesherrliches Kirchenregiment, 58.

für Dänemark ab 1471 für Kleriker aus dem Umfeld des dänischen Königs Christian I. aufgrund dessen guter Beziehungen nach Rom nachweist[138], wäre demnach auch für das Bistum Freising anzunehmen.

Die illegitime Herkunft der Antragsteller scheint für eine Zulassung in den herzoglichen Landesverwaltungen im 15. Jahrhundert weitgehend ohne Bedeutung gewesen zu sein: Neun bei Heinz Lieberich als dem Rat der bayerischen Herzöge zugehörig bezeichnete Kleriker[139] oder nahezu die Hälfte baten an der Pönitentiarie um eine einfache Geburtsmakeldispens, bevor sie ihre Karriere in der Landesverwaltung begannen: der Jurist Johannes Andree aus Ilmmünster[140], sein Vater war laut Lieberich, bevor er sich zum Priester weihen ließ, verheiratet und hatte insgesamt drei Kinder[141]. Er hatte in Rom studiert[142] und in beiden Rechten promoviert[143] und sich dort zwanzig Jahre aufgehalten. Laut lokalen Quellen war er jedoch nicht illegitimer Herkunft, da sein Vater vor dem Eintritt in den Klerikerstand verheiratet gewesen war und bereits in dieser Zeit seinen Nachwuchs gezeugt hatte[144]. Johannes Feldner[145], Johannes Faucher[146], Ulrich Halder[147], Pankraz Haselberger[148], Caspar Rawbein[149], Wilhelm Stamhover[150], Johannes Tründel[151] oder Andreas Vogelrieder waren ebenfalls von ihrer illegitimen Herkunft dispensiert worden[152]. Damit waren ihnen alle höheren Weihegrade zugänglich. Keiner von ihnen bat dagegen um eine Erlaubnis zur zukünftigen Verschweigung ihres Geburtsmakels. Ihre Illegitimität dürfte damit öffentlich bekannt geblieben sein und war Hindernis bei ihrer Tätigkeit als Geistlicher Rat der bayerischen Herzöge. Sicherlich lag der Anteil an Illegitimen in der her-

---

[138] INGESMAN, Per: Danmark og Pavestolen i senmiddelalderen. In: Per Ingesman - Jens Villiam JENSEN (Hg.), Danmark i Senmiddelalderen, Aarhus 1994, 292-316. Siehe besonders 313-315: Nach Ingesmann ist für Dänemark einschließlich des Herzogtums Schleswig für die Zeit nach 1471 eine erhöhte Zunahme der Supplikenzahl zu erkennen, eine Folge der sehr guten Beziehungen Christians I. zur Kurie.
[139] LIEBERICH, Klerus und Laienwelt, 239-258.
[140] PA 17, fol. 161r, Vater: Priester, Mutter: *soluta*.
[141] PA 6, fol. 65v, Vater: *solutus*, Mutter: *soluta*.
[142] LIEBERICH, Gelehrte Räte, 148.
[143] LIEBERICH, Gelehrte Räte, 142.
[144] LIEBERICH, Gelehrte Räte, 153.
[145] PA 16, fol. 191r, Vater: Priester, Mutter: *soluta*.
[146] PA 4, fol. 22v, Vater: *solutus*, Mutter: *soluta*.
[147] PA 31, fol. 205v, Vater: *solutus*, Mutter: *soluta*.
[148] PA 23, fol. 237r, Vater: Priester, Mutter: *soluta*.
[149] PA 21, fol. 185r, Vater: Priester, Mutter: *soluta*.
[150] PA 6, fol. 65v, Vater: *solutus*, Mutter: *soluta*.
[151] PA 4, fol. 105r, Vater: Priester, Mutter: *soluta*.
[152] PA 24, fol. 240r, Vater: Priester, Mutter: *soluta*.

zoglichen Verwaltung noch höher, da sich einige von ihnen auch an weiteren kurialen Behörden eine entsprechende Dispens erworben haben könnten.

Auch die Nichteinhaltung des Zölibats durch Geistliche mit niederen Weihen war anscheinend keine Einschränkung für eine Tätigkeit in den herzoglichen Verwaltungen: Fünf waren verheiratet, davon baten drei vor Beginn ihrer Tätigkeit als Geistlicher Rat um eine Ehedispens[153]. In beiden Suppliken von Petrus Krafft wird seine Ehefrau genannt[154], während der in den Supplikenregistern als Kleriker und bei Lieberich als Kanzleischreiber genannte Ulrich Halder im Jahr 1481 um eine Geburtsmakeldispens bat[155], bei Lieberich jedoch als verheiratet bezeichnet wird[156].

bb) Weitere in der Rechtspflege oder geistlichen Verwaltung tätige Geistliche

Liste 2b zeigt, dass vier der von Lieberich als Geistliche Räte bezeichneten Kleriker auch im kirchlichen Bereich Karriere machten und in hohe Positionen in der geistlichen Verwaltung Freisings oder in der Salzburger Kirchenprovinz aufstrebten. So wurde Heinrich von Absberg im Jahr 1465 zum Bischof von Eichstätt gewählt[157]. Bei dem 1459 mit einer Dispens um vorzeitige, durch den Papst vorgenommene Weihen und bereits abgeschlossener Promotion im Recht vertretenen Georg Altdorfer[158] handelte es sich um den 1477 bis 1495 amtierenden Bischof von Chiemsee[159]. Pankraz Haselberger war ab 1476 Notar und Rechtsbeistand am Offizialatsgericht Freising[160], während Heinrich von Schmiechen dort ab 1479 die Position des Offizials[161] einnahm. Der Priester Johannes Swalb alias Andree[162] amtierte ab 1483 ebenfalls als Freisinger Offizial. Er hatte bei seinem zwanzigjährigen Romaufenthalt[163] sicher beste Kenntnisse der dortigen kurialen Behörden erworben. Er supplizierte 1471 wegen eines Simonievorwurfes an der Kurie, denn er hatte von Bischof Sixtus von Tannberg gegen Anna-

---

[153] Christoph Dorner, PA 9, fol. 37v im Jahr 1461; Hans Täschinger PA 21, fol. 18r im Jahr 1472 und Ulrich Steger PA 38, fol. 115v im Jahr 1489.
[154] PA 43, fol. 451r; PA 47, fol. 310r.
[155] PA 31, fol. 205v im Jahr 1481.
[156] LIEBERICH, Klerus und Laienwelt, 245, jedoch ohne Angabe einer Jahreszahl.
[157] LIEBERICH, Gelehrte Räte, 137.
[158] PA 7, fol. 379v.
[159] BECKER, Bischofsthron, 426.
[160] HL Freising 100 und folgende Bände.
[161] HL Freising 101 und folgende Bände.
[162] LIEBERICH, Gelehrte Räte, 153.
[163] LIEBERICH, Gelehrte Räte, 142 und insbesondere 153.

tenzahlung eine nicht spezifizierte Pfründe erhalten[164]. Zu dieser Zeit war er bereits in der Amtszeit Hadmars von Laber als Prokurator am Salzburger Konsistorium tätig[165]. 1483 stieg er zum Offizial in Freising auf[166].

Vinzent Schrenck taucht dagegen namentlich im Jahr 1499 als *iudex* in einem Kommissionsverweis der Pönitentiarie in einem Fall von Gewalt unter sieben Klerikern auf. Möglicherweise war er zu dieser Zeit als Offizial von Freising tätig, während er von 1480 bis 1488 Generalvikar von Freising[167] war. Auch der zwischen 1450 und 1460 in Eichstätt[168] und zwischen 1472 und 1479 in Freising tätige Offizial Johannes Heller hatte im Jahr 1451 an der Pönitentiarie um eine Lizenz für den Empfang eines akademischen Grades in der Artistischen Fakultät nachgesucht[169]. Damit waren drei der Freisinger Offiziale persönlich mit den rechtlichen Möglichkeiten, welche die Pönitentiarie bot, sehr genau vertraut. Während sie sich an die Pönitentiarie wandten, verfolgten die Geistlichen Johannes Andree und Johannes Heller bereits eine weit gediehene Karriere in der kirchlichen Verwaltung. So besaß der aus München stammende Johannes Heller bereits 1425 ein Kanonikat an St. Veit in Freising, bevor er 1438 an der Universität Wien sein Studium aufnahm[170]. Diese Domherrenstelle wurde im Supplikenregister jedoch nicht verzeichnet. Dies gilt auch für Vinzent Schrenk[171], Ulrich Arsinger[172] und Johannes Tründl[173].

Weitere Karrieren von Petenten lassen sich anhand der Quellen verfolgen. So zählte der Kleriker Michael Deyninger 1504 zur *familia* des Bischofs von Brictonorien[174], dessen Vorgänger im Amt Giuliano della Rovere[175] zu dieser Zeit als Papst Julius II. amtierte. Von 1480 bis 1485 wurde della Rovere häufiger in Supplikationen der Pönitentiarie genannt[176] und von 1486[177] bis 1502[178] amtierte er dort als Regens. Die kurialen Familiaren genossen besonderen Rückhalt

---

[164] PA 20, fol. 169v.
[165] PAARHAMMER, Geistliche Verwaltung, 47, jedoch ohne präzise zeitliche Angabe.
[166] LIEBERICH, Gelehrte Räte, 153.
[167] MEICHELBECK, Freising, 611; BRANDMÜLLER, Handbuch KG, 1209.
[168] BUCHHOLZ-JOHANEK, Eichstätt, 189-191.
[169] PA 3, fol. 206r.
[170] BUCHHOLZ-JOHANEK, Eichstätt, 190.
[171] MEICHELBECK, Freising, 611; STAHLEDER, OA 116, 132.
[172] MEICHELBECK, Freising, 602.
[173] MEICHELBECK, Freising, 606.
[174] PA 52, fol. 351v-352r.
[175] SCHMUGGE u.a., Pius II., S. 12; SCHMUGGE, Kinder, Kirche, Karrieren, 84.
[176] Siehe beispielsweise PA 26, fol. 142r; PA 29, fol. 56r; PA 30, fol. 12v bis PA 33, fol. 254r.
[177] PA 35, fol. 232r von 1486.
[178] PA 50, fol. 599v-600r.

und Schutz sowie Protektion bei der Pfründensuche[179], dabei lassen sich die genauen Verhältnisse im Hintergrund nicht immer genau klären. In seiner Dispens waren mehrere Anliegen Deyningers zusammengefasst: Er bat um eine Legitimierung seiner Priesterweihe, einen Beichtbrief, einen Butterbrief sowie um Lizenz, regelmäßig Messen und andere Gottesdienste im Haus seiner *familia* abhalten zu dürfen. Das Ziel seines beruflichen Aufstieges war damit zunächst vorrangig die Kurie.

Der Freisinger Domherr und seit 1469 Vorsitzende des Baramtsgerichtes[180] Petrus Ridler bat 1472 in Rom um einen persönlichen Beichtbrief und eine Fastendispens für sich und seine Familiaren[181]. Er stammte aus der seit 1318 im Münchener Stadtrat vertretenen Familie Ridler[182] und wurde 1483 Propst zu Isen und Schliersee[183]. Dabei ist zu beachten, dass im Freisinger Domkapitel im ausgehenden Mittelalter nicht nur eine hohe Zahl an ehemaligen Kurienangehörigen zu finden waren[184], der Zugang war außerdem zumeist an eine adelige Herkunft gebunden[185]. Neun weitere Kleriker stammten überwiegend aus dem Freisinger Domkapitel oder gehörten den Kollegiatsstiften St. Arsatius in Ilmmünster und St. Castulus in Moosburg an[186] und waren vermutlich zum großen Teil adelig[187].

Der mit einer Geburtsmakeldispens im Supplikenregister enthaltene Scholar Sigismund Pfeubert[188] wurde im Jahr 1461 in einem Fall am Freisinger Offizialatsgericht als Zeuge genannt[189] und fungierte darüber hinaus aufgrund seiner Kurienerfahrung und seiner Studienkenntnisse wohlmöglich als inoffizieller Rechtsberater. 1474 führte er zudem am Offizialatsgericht Freising einen eige-

---

[179] BECKER, Bischofsthron, 340.
[180] STAHLEDER, Die Ridler, in: OA 116, 1992, 115-180, 132.
[181] PA 21, fol. 118r und 239r.
[182] STAHLEDER, OA 116, 116.
[183] STAHLEDER, OA 116, 132.
[184] BECKER, Bischofsthron, 363. Er verweist in Anmerkung 220 auf die mangelhafte Forschungslage, die eine Quantifizierung der personalen Zusammensetzung bisher unmöglich macht.
[185] BECKER, Bischofsthron, 366.
[186] Petrus Ridler: Freising, St. Veit: PA 21, fol. 118r und 239r (1472 und 1473); Johannes Pötschner: Freising, St. Veit: PA 20, fol. 257r von 1472; Andreas Utenberger: Freising, St. Veit: PA 36, fol. 217r von 1487; Emeram Newpeck: Freising, St. Veit: PA 24, fol. 210v von 1476; Heinrich von Schmicchen: Freising, St. Veit: PA 16, fol. 98v von 1467; Markus Hornle: Freising, St. Veit: PA 31, fol. 104r von 1482; Thomas Wagenhuber: Ilmmünster, St. Arsatius: PA 35, fol. 161v von 1486; Georg Wolfhauser: Kollegiatsstift, o. Ort: PA 55, fol. 684r von 1508; Heinrich Salchinger: Moosburg, St. Castulus: PA 24, fol. 210v von 1476.
[187] BECKER, Bischofsthron, 366.
[188] PA 4, fol. 219v.
[189] HL Freising 93 und 94.

nen Prozess, der jedoch nur im Index des Registerbandes angegeben ist und wegen des summarischen Verfahrens nicht schriftlich festgehalten wurde[190]. Insgesamt handelte es sich hier um eine nicht unbedeutende, in der geistlichen Verwaltung oder in der Rechtspflege tätige Personenzahl, die beruflich bedingt auch in persönlichem Kontakt zueinander gestanden haben könnte und ebenfalls als eine Art Klientel bezeichnet werden kann. Sie machten insgesamt einen Anteil von etwa 8% der Säkularkleriker aus.

cc) Personen mit Verwandten in hohen Kirchenpositionen

Nicht nur Klerikersöhne, sondern ebenso Klerikeraspiranten mit Geschwistern und geistlicher Verwandtschaft machten sich – wie Becker dies für den gehobenen Klerus aus der Kirchenprovinz Salzburg zutreffend beschreibt – den „familiären Erfahrungsschatz" zu Nutze bis hin zu einer sogenannten Berufstradition des Klerikerstandes in manchen Familien[191]. Er nennt eine Reihe von Beispielen für den Einfluss familiärer Beziehungen auf die Karriere in der Salzburger Kirchenprovinz[192]. Auch im Supplikenregister können bei einer Reihe von Geistlichen und Laien aufgrund ihrer Namensgleichheit nahestehende Verwandte in verschiedenen hohen kirchlichen Positionen vermutet werden, wie Liste 2c zusammenfassend darstellt. Damit ist von einer innerfamiliären Mundpropaganda bezüglich der vorteilsbringenden Möglichkeiten von Dispensen der Apostolischen Pönitentiarie auszugehen.

So bat Ludwig Abtesmüller 1469 um ein weiteres Benefiz mit Seelsorge sowie um Erlaubnis, dieses tauschen zu dürfen[193]. Eine verwandtschaftliche Verbindung zu Dionysius Abtesmüller, 1446 Offizial und Generalvikar zu Freising[194], ist anzunehmen. Christoph und Uldaricus Ettlinger waren beide während ihres Studiums in gewalttätige Auseinandersetzungen verwickelt. Uldaricus Ettlinger war in Passau von drei Laien angegriffen worden und hatte in Notwehr sein Schwert gezogen und einen von ihnen getötet[195], während Christoph Ettlinger in Eichstätt eine Schlägerei mit einem anderen Kleriker eingegangen war[196]. Bei ihnen könnte es sich vielleicht um nahe Verwandte von Heinrich Ettlinger,

---

[190] HL Freising 99, fol. 1r. Die Seiten des Registerbandes weisen hier Wasserschäden und einige Löcher auf, der Text ist daher großenteils nicht lesbar.
[191] BECKER, Bischofsthron, 115.
[192] BECKER, Bischofsthron, 115-119.
[193] PA 17, fol. 189v.
[194] MEICHELBECK, Freising, 610; BRANDMÜLLER, Handbuch KG, 1209.
[195] PA 3, fol. 75r.
[196] PA 18, fol. 140r.

der 1463 als Generalvikar in Freising amtierte[197], handeln, ebenso bei Paulus Ettlinger, der 1490 seine beratende Tätigkeit in Rechtsprozessen am Landshuter Hof erwähnte[198]. Ihre Verwicklung in Gewalt- und Kapitalverbrechen könnte aber trotz der guten verwandtschaftlichen Beziehungen bei Christoph und Uldaricus Ettlinger einer weiteren geistlichen Karriere in Freising entgegengewirkt zu haben.

Georg Peringer, der 1467 um eine Dispens wegen des Abhaltens einer Messe in Regensburg an einem mit Interdikt belegten Ort bat und in dieser Angelegenheit bereits eine Vordispens des Regensburger Bischofs besaß[199], könnte ein Verwandter von Erasmus Perchinger sein, der von 1482 bis 1483 als Weihbischof von Freising tätig war[200]. Bei dem Priester Johannes Stadler mit einer Supplik aus dem Jahr 1500 wegen unerlaubter Weihe an der Kurie und Bitte um Anerkennung seiner Grade[201] handelte es sich wahrscheinlich um einen Verwandten oder Nachkommen des Freisinger Generalvikars von 1461, Johannes Stadler oder des ab 1479 emtierenden Johannes Stadler des Jüngeren[202]. Der 1500 mit einer Geburtsmakeldispens vertretene Scholar Johannes Westendorfer[203] dürfte Sohn oder Verwandter des 1478 bis 1483 als Mautner zu Straubing und seit 1476 als Rat Albrechts IV. tätigen Hans Westendorfer sein[204], der 1450 ebenfalls an der Pönitentiarie als Scholar mit einer Geburtsmakeldispens verzeichnet wurde[205].

Christoph und Uldaricus Ettlinger, Georg Peringer und Johannes Stadler besaßen durch nahe Verwandtschaft wohl gute persönliche Beziehungen zu hochstehenden Geistlichen im Bistum Freising. Bei insgesamt dreizehn Personen ist zu vermuten, dass persönliche verwandtschaftliche Beziehungen zu hochstehenden Klerikern bestanden[206] und daraus besondere Rechtskenntnisse und Vertrautheit mit den Möglichkeiten der geistlichen Instanzen, was ihre Kurienkontakte gefördert hatte. Mit einem Anteil von 5,9% bildeten sie eine kleine,

---

[197] MEICHELBECK, Freising, 610; BRANDMÜLLER, Handbuch KG, 1209.
[198] PA 39, fol. 206.
[199] PA 15, fol. 116v.
[200] BECKER, Bischofsthron, 392-393.
[201] PA 49, fol. 555v.
[202] MEICHELBECK, Freising, 610; BRANDMÜLLER, Handbuch KG, 1209.
[203] PA 48, fol. 831v.
[204] FEUERER, Klosterpolitk Albrechts IV., 736.
[205] PA 4, fol. 47r.
[206] Ludwig Abtesmüller, Christoph Ettlinger, Uldaricus Ettlinger, Georg Peringer, Johannes Stadler, Henricus Apperger, Franciscus Ludovici, Caspar Perger, Vincencius Puechler und Johannes Puecher: Siehe Liste 2c.

aber nicht unbedeutende Gruppe unter den Freisinger Säularklerikern im Register der römischen Beichtbehörde.

Auch bei dem mit zwei Ehedispensen aus dem Jahr 1508 vertretenen Laien Jakob Abmer[207] ist eine Verwandtschaft zu dem aus dem oberbayerischen Adel stammenden Ludwig Ebmer zu vermuten, der vor seiner Ernennung 1495 zum Ordinarius als Offizial und Generalvikar von Salzburg tätig war[208] und dessen Rechtskenntnisse und Vertrautheit mit den verschiedenen Instanzen geistlicher Rechtsprechung seinen Kontakt zur Pönitentiarie vermutlich gefördert hatte. Weitere Beispiele von Empfehlungen der Pönitentiarie durch Mundpropaganda bei Laien fanden sich auch in der Einwohnerschaft Münchens[209].

dd) Geistliche aus aufstrebenden gesellschaftlichen Gruppen

An dieser Stelle seien nochmals die Eltern von dreizehn dem Münchener Stadtbürgertum und einunddreißig dem Namen nach zu den bayerischen Landständen zugehörigen Scholaren und Geistlichen erwähnt, die aufgrund ihrer höheren sozialen und gesellschaftlichen Stellung ebenso eine Art Klientel der Pönitentiarie gebildet haben könnten, da laut Schmugge besonders der niedere Adel und aufstrebende gesellschaftliche Gruppen wie das sogenannte Münchener Patriziat sich stark darum bemühte, seine illegitimen Nachkommen mit einer Stellung in der Kirche angemessen zu versorgen[210]. Sie machen einen Anteil von 20% unter den im Supplikenregister verzeichneten Klerikern aus. Die anhand der Elternnamen in Geburtsmakel- und Pfründendispensen erkennbare gesellschaftliche Stellung wurde in Liste 1 zusammengestellt[211]. Die gerade im Münchener Bürgertum erkennbar enge personelle, verwandtschaftliche und nachbarschaftliche Verflechtung lässt diese Gruppe ebenfalls als eine Klientel der Pönitentiarie erscheinen, sie soll im folgenden Kapitel näher betrachtet werden. Somit können ein großer Teil der Freisinger Säkularkleriker und angehenden Geistlichen, die sich an die Apostolische Pönitentiarie in Rom wandten, in verschiedene Klientelgruppen mit intensiveren, persönlichen Beziehungen, welche die Kontakte zur Kurie förderten, eingeteilt werden.

---

[207] PA 55, fol. 479v und 502r.
[208] BECKER, Bischofsthron, 250-251.
[209] Sie werden in Kapitel V.7.b), Untersuchung der Münchener Kundschaft der Pönitentiarie sowie in Kapitel IX.1.a), einer Einzelfallanalyse unter Hinzuziehung der Freisinger Offizialatsprotokolle, genauer beschrieben.
[210] SCHMUGGE, Kinder, Kirche, Karrieren, 123.
[211] Siehe Liste 1.

b) Die Stadtbevölkerung Münchens
   aa) Die Münchener Oberschicht

Am Beispiel von Bittstellern aus der Stadt, insbesondere aus der Oberschicht Münchens, ergibt sich ein weiterer deutlicher Einblick auf einen Teil des an der Pönitentiarie vertretenen Personenspektrums. Nur zweiundzwanzig Suppliken von neunundzwanzig Petenten nennen als Herkunftsort München und eine wurde von allen Bürgern der Stadt München gemeinsam gestellt. 41 Gesuche konnten insgesamt der Münchener Oberschicht zugeordnet werden[212], auch wenn nur sieben Bittsteller explizit die Stadt München als Wohnort angaben und ihre Zugehörigkeit zur Münchener Bürgerschaft in keinem Fall mit Zusätzen wie *civis* oder *oppidanus* verzeichnet wurde. Darunter befanden sich dreißig Laien, sie kamen dem Namen nach aus ratsfähigen Familien, weitere zweiundzwanzig erwähnten München als Herkunftsort oder konnten im Münchener Häuserbuch gefunden werden. Der Anteil Münchener Einwohner liegt im Supplikenregister bei 6,3% und von 742 Laien gehörten 5% zur Münchener Oberschicht. Die Einwohner aus München sowie die namentliche Zugehörigkeit von Freisinger Petenten wurden in Liste 3 zusammengestellt.

Mehrfachnennungen einiger Familiennamen wie Ridler, Zollner oder Schluder zeigen, dass es im 15. Jahrhundert vermutlich auch im Münchener Bürgertum bereits eine Art Klientel der Pönitentiarie gegeben haben könnte. Der Forschungsstand zu einigen ratsässigen Familien ist hervorragend, insbesondere die Münchener Oberschicht wurde von Helmuth Stahleder mit dem Münchener Häuserbuch[213] und zahlreichen Artikeln im Oberbayerischen Archiv[214] detailliert

---

[212] PA 20, fol. 241r und PA 41 373v: Paulus Auer; PA 47, fol. 559v: Christian Auer; PA 31, fol. 79v: Heinrich Bart; PA 49, fol. 235v: Georg Diener; PA 45, fol. 472v: Alexius Fendt; PA 9, fol. 94r: Elisabeth Günter; PA 18, fol. 254v: Sigismund Heselloher; PA 13, fol. 87v: Margaretha Kray; PA 26, fol. 235v: Christoph Mäusel; PA 10, fol. 19r: Eberhard Pötschner; PA 4, fol. 159r: Johannes Pötschner; PA 49, fol. 752r: Melchior Pötschner; PA 3, fol. 205v: Jakob Pütrich; PA 21, fol. 239r: und PA 21 118r: Petrus Ridler; PA 31, fol. 79v: Barbara Ridler; PA 25, fol. 17v: Anna Ridler; PA 17, fol. 276v: Franziskus Ridler; PA 17, fol. 276v: Seland Ridler; PA 30, fol. 53v: Jakob Rosenbusch; PA 30, fol. 53v: Margarethe Rudolf; PA 25, fol. 17v und PA 24, fol. 13r: Johannes Schluder; PA 10, fol. 19r: Anna Schluder; PA 25, fol. 157v: Vinzent Schrenck; PA 9, fol. 94r: Matheus Sendlinger; PA 54, fol. 802r und PA 55, fol. 792v: Wolfgang Stupf; PA 17, fol. 38v: Anna fil. Andree Stupf; PA 49, fol. 803r: Vinzent Tulbek; PA 49, fol. 803r: Elsbeth Tulbek; PA 15, fol. 95v: Johannes Tulbek I.; PA 48, fol. 833v: Johannes Tulbek II.; PA 47, fol. 570v: Johannes Weichsler; PA 28, fol. 185v: Erhard Zollner; PA 28, fol. 185v und PA 29 166v: Johannes Zollner; PA 29, fol. 166v: Paulus Zollner; PA 29, fol. 166v: Gabriel Zollner; PA 21, fol. 105v: Diemut Zollner.

[213] STAHLEDER, Münchener Häuserbuch, Bd. 1 und 2.

[214] Helmuth STAHLEDER, Die Astaler, Katzmair, Scharfzahn und Tulbeck, in: OA 113, 1989, 195-230; Helmuth STAHLEDER, Die Wilbrecht, Rosenbusch, Pütrich, in: OA 114, 1990, 227-

und genau beschrieben. Sie stammten aus den sogenannten ratsfähigen Familien[215], die im 15. Jahrhundert einen Sitz in der Gemeinde, im Inneren oder Äußeren Rat der Stadt einnahmen oder weitere Ämter wie das des Stadtkämmerers, Münzmeisters oder Bußmeisters in der Stadtverwaltung bekleideten. Der Begriff Patriziat ist als solcher für das 15. Jahrhundert noch nicht zutreffend[216] und soll deshalb nur unter Vorbehalt verwendet werden, da es für diese Zeit noch keine Geschlechterlisten gab und es sich damit bei diesen Familien noch nicht um einen abgeschlossenen Stand handelte[217]. Bei der überwiegenden Zahl ist aufgrund der hervorragenden Forschungslage eine exakte Zuordnung zu Wohnsitz, Besitzverhältnissen, Geburts- und Todesjahr sowie Ahnen- und Nachkommenschaft möglich. Mehrere Münchener Petenten wohnten in unmittelbarer Nachbarschaft, waren miteinander verwandt oder verschwägert und wandten sich mit ähnlichen Themen manchmal zeitgleich an die oberste Beichtbehörde in Rom.

Einige Nachnamen wie Auer, Bart, Diener, Fendt, Günter, Heselloher, Kray, Mäusel, Pütrich, Rosenbusch, Rudolf, Schrenck, Sendlinger, Weichsler sind nur ein- oder zweimal in den Registerbänden zu finden. Der Inhalt der Gesuche kam aus den Themenbereichen Ehelizenz oder -dispens, bei Klerikern fanden sich Gesuche zu den Themen Geburtsmakel, Weihehindernis und Pfründengesuche. Diese Personengruppe stellte keine kostspieligeren und schwerwiegenden Gesuche wegen schwieriger unter *de diversis* oder *de declaratoriis* verzeichneten Rechtsfälle, und sie beantragte auch keine Luxusdispense wie Beicht- oder Butterbriefe.

Die reichhaltige lokale Überlieferung ermöglicht eine ausführlichere Analyse der Eheschließung zwischen Jakob Rosenbusch und Margaretha Rudolf. Ergänzend zu einer sehr kurzen Ehelizenz wegen einem vierten Verwandtschaftsgrad an der Pönitentiarie vom 15. Oktober 1480 aus der hervorgeht, dass die Ehe noch nicht geschlossen war, konnten lokale Quellen den persönlichen Hintergrund der Antragsteller erhellen. Am Freisinger Offizialatsgericht wurde

---

281; Helmuth STAHLEDER, Die Ridler, in: OA 116, 1992, 115-180; Helmuth STAHLEDER, Die Ligsalz, in: OA 117, 1993/4, 175-260; Helmuth STAHLEDER, Die Tichtel, in: OA 120, 1996 211-263; Helmuth STAHLEDER, Die Impler und Reitmor, in: OA 121, 1997, 297-337; Helmuth STAHLEDER, Die Rudolf, in: OA 122, 1998, 135-218; Helmuth STAHLEDER, Die Schluder., in: OA 123, 1999, 39-74; Helmuth STAHLEDER, Die Bart, in: OA 125, 2001, 289-392; Helmuth STAHLEDER, Die Schrenck, in: OA 127, 2003, 61-149.

[215] STAHLEDER, Häuserbuch I, 39.
[216] Michael SCHATTENHOFER: Beiträge zur Geschichte der Stadt München, in: OA 109, 1984, 25.
[217] SCHATTENHOFER, Beiträge, 33.

vom Bräutigam in den Jahren 1479 bis 1481 mit einer anderen Frau ein Eheprozess geführt[218], der wohl nach September 1481 seinen Abschluss fand[219]. Der Bruder von Margarethe Rudolf, Jakob Rudolf, wurde in diesem Prozess bei der Strafzahlung von sieben Goldflorinen als Mittelsmann genannt[220]. Er zählte 1482 zum Freisinger Domkapitel sowie zum Gerichtspersonal am Offizialatsgericht, wo er als Beisitzer des Freisinger Offizialatsgerichtes erwähnt wurde[221]. Er stieg bald darauf zum Chorrichter in Freising auf[222]. Jakob Rudolf hatte laut Offizialatsprotokoll aus dem Jahr 1482 ein Studium mit Promotion in den Rechtswissenschaften abgeschlossen[223], 1493 wurde er herzoglicher Rat in Landshut[224]. Er könnte während dieses Prozesses auch als juristischer Berater des Paares tätig gewesen sein. Das Paar musste für seine anstehende Hochzeit demnach einen höheren Betrag für die Pönitentiarie und insbesondere für die Gerichtskosten am Offizialatsgericht aufwenden, ein erster Beleg für die Herkunft einer oder beider Personen aus wohlhabenden Familien. Ein weiterer Verwandter von Margarethe Rudolf führte im Jahr 1476 einen Eheprozess in Freising[225], dessen Verlauf sowie damit verbundene rechtliche Bestimmungen und Probleme zum Thema Ehe dem Paar genau bekannt gewesen sein dürfte.

Aus einigen Familien hatten sich zum Teil aus zwei oder mehr Generationen bis zu fünf Personen an die Pönitentiarie gewandt: Familie Ridler war mit fünf Personen, Familie Schluder mit zwei Personen und drei Gesuchen, Familie Tulbek mit drei Personen und Familie Zollner mit fünf Personen vertreten. Diese könnten deshalb als eine Art Stammkundschaft oder Klientel bezeichnet werden.

Bei einer Gruppe von neunzehn Personen aus München konnten anhand lokaler Quellen auf Verwandtschaft, Schwägerschaft oder gemeinsamen oder sehr nahe liegenden Wohnsitzen basierende direkte persönliche Beziehungen nachgewiesen werden. Dies wurde in Grafik 8 (Nachbarschaft in München unter Petenten der Pönitentiarie) zusammengestellt. So war der durch seine Heirat

---

[218] HL Freising 101 und 102.
[219] HL Freising 102, fol. 251r-v.
[220] HL Freising 102, fol. 259v.
[221] HL Freising 103 und HL Freising 103, fol. 2r.
[222] STAHLEDER, OA 122, 144′, Ahnentafel der Familie Rudolf.
[223] HL Freising 103, fol. 14r.
[224] LIEBERICH, Gelehrte Räte, 142.
[225] HL Freising 100.

1482 mit sechs Mitgliedern der Familie Ridler[226] verschwägerte Heinrich Bart in der Kaufingerstraße 6 sesshaft [227]. Er lebte im selben Haus wie Eberhard Pötschner[228], der durch seine 1462 mit Anna Schluder geschlossene Ehe[229] auch mit Johannes Schluder verschwägert war, welcher wiederum laut Supplikenregister 1477 Anna Ridler geheiratet hatte[230]. Christoph Pütrich war ein entfernter Verwandter[231] von Jakob Pütrich, er wurde in der Schrenck-Chronik als Schwager von Johannes Schluder bezeichnet[232] und hatte vor 1484 eine Maria Pötschner geheiratet[233]. Im Pötschner-Haus am Rindermarkt 8a wohnte Christoph Rudolf[234], der 1476 in Freising einen Matrimonialprozess führte und ein Cousin zweiten Grades von Margarethe Rudolf war, der angehenden Ehefrau von Jakob Rosenbusch, der 1480 bis 1481 ebenfalls einen Eheprozess am Offizialatsgericht führte[235]. Bei den Verhandlungen wurde ihr Bruder Jacob Rudolf, Domherr zu Freising, Chorrichter und späterer Freisinger Offizial, als Beteiligter genannt[236]. Während des Gerichtsverfahrens wandten sich die Brautleute auch an die Pönitentiarie[237]. Sie zogen nach der Eheschließung in das Haus am Rindermarkt 7b[238] und lebten somit neben Christoph Rudolf, der vier Jahre zuvor einen Matrimonialprozess in Freising geführt hatte[239]. Die Brautleute hatten nicht nur mit Elisabeth Schrenck eine gemeinsame Urgroßmutter[240], sondern waren dadurch auch entferntere Verwandte des Geistlichen Rates, Generalvikars und späteren Freisinger und Augsburger Domherren Vinzent Schrenck[241].

Nachbarschaftliche Beziehungen im Sinne einer persönlichen Bekanntschaft könnten auch zwischen Christoph Pütrich, sesshaft am Rindermarkt 3, mit

---

[226] Ehefrau Barbara Ridler, Petrus Ridler, Anna Ridler, Franz und Seland Ridler sowie Bezeichnung als Schwager Balthasar Ridlers: Stahleder, OA 125, 336.
[227] STAHLEDER, OA 125, 334.
[228] STAHLEDER, Häuserbuch I, 496.
[229] PA 10, fol. 19r.
[230] PA 25, fol. 17v.
[231] Nämlich ein Cousin vierten Grades.
[232] STAHLEDER, OA 114, 274.
[233] STAHLEDER, OA 114, 274.
[234] STAHLEDER, OA 122, 179.
[235] HL Freising 101 und 102.
[236] HL Freising 102, fol. 259v.
[237] PA 30, fol. 53v.
[238] STAHLEDER, OA 114, 242; STAHLEDER, Häuserbuch 1, 161, 372, 504 und 507. Sie besaßen auch Teileigentum am Haus in der Kaufingerstr. 8 und damit nachbarschaftliche Beziehungen zu Eberhard Pötschner mit Anna Schluder und Heinrich Bart mit Barbara Ridler.
[239] HL Freising 100.
[240] STAHLEDER, OA 122, 120.
[241] PA 25, fol. 157v; LIEBERICH, Gelehrte Räte, 142; LIEBERICH, Klerus und Laienwelt, 257.

einer Dispens wegen Gewalt gegen einen Kleriker aus dem Jahr 1488[242], und dem mit einer Geburtsmakeldispens vertretenen Scholaren Petrus Strobl mit Wohnsitz am Rindermarkt 1[243], sowie Margarethe Rudolf und Jacob Rosenbusch am Rindermarkt 7b bestanden haben[244]. Ebenso wäre eine nachbarschaftliche Beziehung zwischen Familie Rosenbusch, Christoph Rudolf, insbesondere auch zwischen Melchior Pötschner, Rindermarkt 8b[245], und dem Weinschenk Johannes Wirsimeyr und seiner Frau, ebenfalls mit Wohnsitz am Rindermarkt 1, zu vermuten[246]. Melchior Pötschner und das Ehepaar Wirsimeyr hatten im Jahr 1500 zeitgleich einen Beichtbrief erbeten[247]. Diese Personengruppe ist ein Beispiel für eine mögliche Bekanntheit der Pönitentiarie durch sogenannte Mundpropaganda in Kreisen, die durch enge persönliche und verwandtschaftliche Beziehungen verbunden waren. Da insgesamt ein hoher Anteil an Petitionen aus den ratsässigen Familien Münchens kam, ist zumindest innerhalb dieser Personengruppe ein größerer Bekanntheitsgrad der Pönitentiarie und anderer kurialer Behörden zu vermuten als in der einfachen Einwohnerschaft Münchens.

bb) Weitere Personen aus München

Von 34 Personen mit Ortsangabe München konnten sechs der Münchener Oberschicht zugeordnet werden[248]. Weitere und über den gesellschaftlichen Stand hinausragende enge personelle Verflechtungen sind innerhalb der Münchener Klientel zu vermuten, jedoch ist der Forschungsstand zu den übrigen ratsässigen Familien wie beispielsweise den Familien Sendlinger, Heselloher oder Günther und der übrigen Einwohnerschaft Münchens weniger ausführlich. Fünf Petenten auf Liste 3 fanden sich auf Münchener Steuerlisten und waren Vollbürger, besaßen jedoch als sogenannte *inquilini* keinen Grundbesitz[249] oder städtische Ämter, sondern wohnten als Mieter bei anderen Münchener Bürgern: Andreas Werker war als Schankwirt tätig und wohnte mit seiner Frau im Jahr

---

[242] STAHLEDER, Häuserbuch 1, 139, 197.
[243] PA 19, fol. 16v und 54r sowie STAHLEDER, Häuserbuch 1, 131, 136 und 381.
[244] STAHLEDER, OA 114, 242; STAHLEDER, Häuserbuch 1, 161, 372, 504 und 507.
[245] STAHLEDER, Häuserbuch 1, 171, 312, 438-439 und 459-460.
[246] STAHLEDER, Häuserbuch 1, 131, 189.
[247] PA 49, fol. 752r; PA 49, fol. 751r.
[248] Elisabeth Günter: PA 9, fol. 94r; Barbara Ridler: PA 31, fol. 79v; Anna Ridler: PA 25, fol. 17v; Margarethe Rudolf: PA 30, fol. 53v; Johannes Schluder: PA 24, fol. 13r und PA 25 17v; Matheus Sendlinger: PA 9, fol. 94r.
[249] PA 25, fol. 88v und STAHLEDER, Häuserbuch 1, 34.

1462 am Marienplatz 24[250]. Johannes Wirsimeyr wurde 1496 als Weinschenk und im Jahr 1508 als Wirt genannt, er wohnte mit seiner Frau von 1490 bis 1525 am Rindermarkt 1[251], ebenso der Scholar Petrus Strobl, zu dessen Werdegang im Münchener Häuserbuch keine Angaben zu finden sind[252].

Sie sind als steuerzahlende Vollbürger ebenfalls einer höheren Gesellschaftsschicht zuzurechnen. Die restlichen zwanzig Personen mit Ortsangabe München konnten in den lokalen Quellen oder im Münchener Häuserbuch nicht gefunden werden. Unter ihnen befanden sich fünf Kleriker und zwei Mönche[253], bei den übrigen dreizehn ist eine soziale Spezifizierung nicht möglich. Der spätere Offizial zu Eichstätt und Freising, Johannes Heller, der zum Zeitpunkt seines Gesuches bereits seit fünfundzwanzig Jahren eine Domherrenstelle an St. Veit in Freising besaß, stammte laut Angabe bei seiner Immatrikulation in Wien ebenso ursprünglich aus München[254]. Weder sein Herkunftsort noch seine Pfründe wurden im Supplikenregister verzeichnet. Dies galt ebenso für die beiden Geistlichen Johannes Dornvogt und Georg Graff, sie hatten beide in Wien studiert und promoviert[255]. Bei ihrer Immatrikulation war als Herkunftsort München angegeben und Johannes Dornvogt konnte im Verlauf seiner Kirchenkarriere von Kolbach[256] im Jahr 1482 an eine Kaplansstelle der Münchener Marienkirche wechseln[257], im Supplikenregister sind aber keine dieser Angaben enthalten. Als Herkunftsort wurde bei Johannes Dornvogt Kolbach, also sein Wohnsitz bzw. seine dortige Plebansstelle und bei Georg Graff Salzburg, wo sich vermutlich sein Benefizium befand, angegeben[258].

---

[250] PA 49, fol. 751r und STAHLEDER, Häuserbuch 1, 410.
[251] PA 19, fol. 16v, PA 19, fol. 54r und STAHLEDER, Häuserbuch 1, 131, 189.
[252] STAHLEDER, Häuserbuch 1, 131, 136, 381.
[253] Johannes aus München, Kleriker (Priester): PA 26, fol. 122v; Johannes Heller, Kleriker: PA 3, fol. 206r; Johannes Pymeter, Kleriker: PA 18, fol. 282r; Nicolaus Pymeter, Kleriker: PA 18, fol. 282r; Octonus Pymeter, Kleriker: PA 18, fol. 282v; Nicolaus, Mönch ohne Ordensangabe: PA 48, fol. 820v; Sigismund, Mönch ohne Ordensangabe: PA 48, fol. 820v.
[254] BUCHHOLZ-JOHANEK, Eichstätt, 190.
[255] Johannes Dornvogt: A 28, fol. 169r, 1479. Studium in Wien 1435 -1445 siehe AFA Wien, Bd. 2 fol. 131r, fol. 169v; SZAIVERT u.a., M Wien, Bd. 1, 190 und akademischer Titel: HL Freising 97, fol. 6r; Georg Graff: PA 18, fol. 216v, 1470 Studium in Wien 1456 - 1459 siehe AFA Wien, Bd. 3 fol. 123rv, fol. 98rv; SZAIVERT u.a., M Wien, Bd. 2, 42.
[256] PA 28, fol. 169r.
[257] HL Freising 103, fol. 120v.
[258] Da in der kartographischen Auswertung die Wohnsitze angegeben und eingetragen wurden, erfolgte bei diesen drei Klerikern keine ergänzende Zuordnung zu München.

cc) Ergebnis

Im Supplikenregister ließen sich deutlich Personenkreise oder sogar Netzwerke erkennen, welche die Pönitentiarie bevorzugt aufsuchten: Bei einem Viertel des Säkularklerus und auch bei den Laien, in diesem Fall vor allem bei den Münchener Einwohnern beziehungsweise der Münchener Oberschicht sind deutlich abzugrenzende Klientelgruppen zu erkennen, die eine spezielle Kundschaft der Pönitentiarie stellten. Das Aufsuchen der Pönitentiarie wurde durch auf persönlichen Beziehungen wie Verwandtschaft oder persönliche Bekanntheit untereinander basierender Mundpropaganda stark gefördert. Bei Scholaren geschah dies mittels während des Studiums gebildeten Netzwerken, bei angehenden Geistlichen durch im Studium oder während eines Kurienaufenthaltes angebahnten Beziehungen und bei höherstehenden Klerikern durch Kontakt während ihrer beratenden oder sogar beruflichen Tätigkeit an den herzoglichen Höfen, oder in der geistlichen Verwaltung. Persönliche Netzwerke scheinen insgesamt die Verbreitung des Wissens um die Möglichkeiten einer Dispens der Pönitentiarie erheblich gefördert zu haben, damit ging eine erhöhte Anzahl der Romkontakte einher.

Die Pönitentiarie war der Münchener Stadtbevölkerung weithin bekannt, wie die Untersuchung zeigen konnte. Die Weitergabe der Dispensmöglichkeiten durch Mundpropaganda ließ sich vor allem bei gemeinsamem Wohnsitz, Nachbarschaft, oder Verwandtschaftsbeziehungen und Schwägerschaft vermuten. Vor allem ab 1470 kam es zu einem häufigen Zustrom der Münchener Oberschicht an die Pönitentiarie, insbesondere in den Jahren 1470 bis 1485 mit Schwerpunkt auf Ehedispensen. Dabei fällt auf, dass in den meisten Ehefällen kein Instanzenzug vom Offizialatsgericht Freising nach Rom stattfand, sondern dass die Pönitentiarie häufiger auf eigene Initiative und vorab aufgesucht wurde. Insgesamt war die Pönitentiarie bei der Münchener Bürgerschaft deutlich beliebter als das Freisinger Offizialatsgericht[1]. Der Inhalt der Gesuche, bei Laien vor allem Beichtbriefe, Ehelizenzen und -dispense, zeigt, dass die Dispense der Pönitentiarie vor allem bei der Oberschicht als Ausweg bei Ehehindernissen wegen zu naher Verwandtschaft fungierte, denn alle diese Familien waren eng miteinander versippt[2]. Sie bildeten im Laufe des Jahrhunderts einen zunehmend abgeschlossenen Stand, der vorzugsweise untereinander heiratete[3] oder Verbindungen mit

---

[1] Siehe Kapitel VIII.2.a): Dort kamen nur elf von 1100 Personen aus der Münchener Oberschicht.
[2] SCHATTENHOFER, Beiträge, 25-26.
[3] SCHATTENHOFER, Beiträge, 31.

ratsführenden Familien anderer Städte einging[4]. Das Problem zu enger Verwandtschaftsverhältnisse war ihnen offensichtlich bekannt und wurde durch den teilweise systematischen Erwerb von Pönitentiariedispensen und -lizenzen umgangen, im ausgehenden 15. Jahrhundert vor allem von den Familien Ridler und Schluder.

dd) Themen der Münchener Stadtbevölkerung

Die mit 43 Personen beziehungsweise 47 Gesuchen besonders zahlreich vertretenen ratsässigen Bürgergeschlechter Münchens erlauben eine gesonderte inhaltliche Untersuchung ihrer Anliegen. Mit zwanzig Personen gehörte die Hälfte von ihnen zu den Klerikern oder waren als Scholaren mit Geburtsmakeldispensen angehende Geistliche. Sie wandten sich mit unterschiedlichen Themen an die Pönitentiarie. Dreizehn Geburtsmakel- und Pfründendispense wurden bereits in Kapitel IV.5., Herkunft und Stand der Eltern in Geburtsmakeldispensen, untersucht. Die gesellschaftlich aufstrebenden Familien Auer, Fendt, Heselloher, Mäusel, Pötschner, Stupf, Tulchinger, Weichsler und Zollner versuchten, wie bei Schmugge beschrieben[5], gezielt, ihre mit entsprechenden Dispensen ausgestatteten illegitimen Nachkommen in der Kirche unter zu bringen. Die Karriere von Paulus Auer lässt sich weiterverfolgen: Er hatte eine Pfründe an der St. Lambertikirche in Wambach erhalten und stellte zwanzig Jahre später ein Gesuch um Pfründentausch, um sein Einkommen zu verbessern. Er strebte nach „einem Benefizium in einer Metropolitankirche oder Kathedrale oder einem Kanonikat oder einer Präbende oder nach Kollationsrechte oder danach, ein anderes kirchliches Amt erhalten oder eine passende Filialkirche durch die Kurie zu dürfen"[6] und versuchte damit, seine Stellung in der Kirchenhierarchie weiter zu verbessern.

Während der spätere Domherr und Offizial Vinzent Schrenck seine geistliche Karriere um 1477 vorrangig mithilfe vorzeitiger Weihen in Italien voranzutreiben wusste und sein nebenher abgeschlossenes Studium nicht erwähnte, bat der Kleriker Georg Diener dreiundzwanzig Jahre später vorrangig um eine Studienlizenz für kanonisches und römisches Recht, um mithilfe einer akademischen Ausbildung in späteren Jahren seine Karrierechancen zu erhöhen. Sicher ist dies ein Hinweis auf ein sich wandelndes Karrieremuster, bei dem eine uni-

---

[4] SCHATTENHOFER, Beiträge, 32; STAHLEDER, OA 116, 129: Beispielsweise stammte die Ehefrau von Franziskus Ridler, Seland Ridler geborene Meitinger, aus dem Augsburger Patriziat.
[5] SCHMUGGE, Kinder, Kirche, Karrieren, 123.
[6] Auer, Paulus: PA 41, fol. 373v von 1492.

versitäre Ausbildung im Verlauf des 15. Jahrhunderts zunehmend an Bedeutung gewann[7].

Ebenfalls zahlreich vertreten war mit fünf Personen und sechs Suppliken die Familie Ridler, aus welcher der Domkanoniker Petrus entstammte, der zum einen für sich und seine Familiaren um einen Butterbrief bat, zum anderen einen Beichtbrief einholte[8]. Mehrere Familienangehörige besaßen gute Rechtskenntnisse und dienten in der herzoglichen Verwaltung, wie der Regensburger Domherr Gabriel Ridler unter Wilhelm IV. ab 1513[9], oder befanden sich wie Petrus Ridler in hohen Kirchenpositionen, beispielsweise als Mitglied im Freisinger Domkapitel. Der 1469 mit Ehefrau in einem Beichtbrief vertretene Franziskus Ridler[10] besaß oder erwarb beispielsweise gute Verbindungen zu Albrecht IV. und führte 1481 als amtierender Pfleger in dessen Namen eine Reform im Münchener Klarissenkloster durch[11].

Der Fokus von Angehörigen der Familie Tulchinger lag bei vier von sechs Gesuchen auf Geburtsmakeldispensen, wobei aufgrund des langen Zeitabstandes von 45 Jahren mindestens drei Generationen vertreten waren. Möglicherweise handelte es sich bei Johannes Vater, einem Priester, um Heinrich Tulchinger, der sich im Jahr 1473 ebenfalls eine Geburtsmakeldispens an der Pönitentiarie besorgt hatte. Als Vater käme jedoch auch der Priester Johannes Tulchinger aus dem Jahr 1467 in Frage, der aufgrund eines körperlichen Defektes, in diesem Falle mangelnder Sehkraft auf dem linken Auge, noch kein passendes Benefizium bekommen hatte. Er wandte sich zweimal mit dieser Angelegenheit an die Pönitentiarie[12].

Drei von fünf Nachkommen aus dem Geschlecht der Zollner interessierten sich für Beichtbriefe[13], neben zwei Geburtsmakeldispensen der Geschwister Erhard und Johannes aus dem Jahr 1478 bat sechs Jahre zuvor Diemut Zollner um die Erlaubnis, ihren geistlichen Stand und ihr Kloster verlassen zu dürfen, um eine Ehe einzugehen[14]. Die Gesuche dieser Familie liegen zwischen 1473 und

---

[7] SCHMUGGE, Kinder, Kirche, Karrieren, 249.
[8] PA 21, fol. 239r von 1472; PA 21, fol. 118r von 1473.
[9] LIEBERICH, Gelehrte Räte, 145.
[10] PA 17, fol. 276v von 1469.
[11] FEUERER, Klosterpolitik Albrechts IV., 722.
[12] Tulchinger, Johannes: PA 15 95v von 1467 (zwei Suppliken).
[13] Zollner, Johannes, Paulus (Priester) und Gabriel (Priester): PA 29 166v (Gemeinschaftssupplik).
[14] Zollner, Diemut: PA 21, fol. 105v von 1473.

1479 und damit zeitlich sehr nahe beieinander. Das Supplikenregister enthält keine weiteren Dispense dieser Familie.

Aus der Oberschicht Münchens wurden drei Beichtbriefe für insgesamt fünf Personen[15] aus den Familien Pötschner, Ridler und Tulchinger registriert, Jakob Pütrich bat im Heiligen Jahr 1450 um Absolution wegen seiner Teilnahme an Kriegen[16], vermutlich in Verbindung mit den Bayerischen Erbfolgestreitigkeiten. Die gewalttätige Auseinandersetzung zwischen dem verheirateten Laien Christoph Pütrich und einem Kleriker war Gegenstand einer weiteren inhaltlich sehr kurz gefassten Supplik[17].

Vierundzwanzig Angehörige aus vierzehn Münchener Bürgergeschlechtern waren Laien mit einem eigenen, auffallenden Schwerpunkt. Sie interessierten sich vor allem für Ehelizenzen und -dispense und bildeten an der Pönitentiarie im Gegensatz zu Augsburg, wo bereits im vorausgehenden Jahrhundert eher wenige Stadtbürger an Eheprozessen beteiligt waren[18], eine verhältnismäßig zahlreiche Gruppe. Insgesamt sechzehn Personen wurden zwischen 1461 und 1493 unter *de matrimonialibus* erfasst[19]. Damit zeigt sich bei ihnen bereits im 15. Jahrhundert eine klare Entwicklung hin zu einem abgeschlossenen Stand, der zu dieser Zeit bereits eng miteinander verschwägert und versippt war, wie Stahleder das Münchener Patriziat im darauffolgenden Jahrhundert charakterisiert[20]. Außerdem kann ihnen die bei Brundage beschriebene Besitzkonzentration wohlhabender Schichten durch gezielte Ehe- und Heiratspolitik unterstellt werden, die seiner Meinung nach eine Hauptursache für die kirchlichen Vorschriften zu Blutsverwandtschaft als Ehehindernis waren, um so der Anhäufung von Land und Reichtum in kleinen Gesellschaftsgruppen entgegenzuwirken[21].

---

[15] Pötschner, Melchior: PA 49, fol. 752r von 1500; Ridler, Franziskus und Seland: PA 17, fol. 276v von 1469; Tulchinger, Vinzent und Elsbet: PA 49, fol. 803r von 1501.
[16] Pütrich, Jakob: PA 3, fol. 205v von 1451.
[17] Pütrich, Christoph: PA 37, fol. 136r von 1488.
[18] SCHWAB, Augsburger Offizialatsregister, 457.
[19] Bart, Heinrich: PA 31, fol. 79v von 1482; Günther, Elisabeth: PA 9, fol. 94r von 1461; Kray, Margaretha: PA 13, fol. 87r von 1465; Liegsalz, Carolus: PA 13, fol. 87r von 1465; Pötschner, Eberhard: PA 10, fol. 19r von 1462; Pötschner, Erhard: PA 17, fol. 38v von 1469; Ridler, Barbara: PA 31, fol. 79v von 1482; Ridler, Anna: PA 25, fol. 17v von 1477; Rosenbusch, Jakob: PA 30, fol. 53v von 1480; Rudolf, Margarethe: PA 30, fol. 53v von 1480; Schluder, Johannes: PA 24, fol. 13r von 1475 und PA 25, fol. 17v von 1477; Schluder, Anna: PA 10, fol. 19r von 1462; Schrenck, Anna: PA 42, fol. 52v von 1493; Sendlinger, Matheus: PA 9, fol. 94r von 1461; Stupf, Anna: PA 17, fol. 38v von 1469.
[20] SCHATTENHOFER, OA 109, 25-26.
[21] BRUNDAGE, Law, 606.

Fünf Personen suchten zwischen 1462 und 1465 sowie im Jahr 1493 nach Eingang ihrer Ehe um eine päpstliche Dispens, alle wegen des vierten Grades der Blutsverwandtschaft. Elf angehende Brauaare kümmerten sich zwischen 1461 und 1482 vor Eingang ihrer Verbindung um ihre zu nahen Verwandtschaftsverhältnisse. Der Schwerpunkt liegt bei den unter *de matrimonialibus* verzeichneten Gesuchen in einem Zeitraum von einundzwanzig Jahren zwischen 1462 und 1482, also vor der bei Schmugge beschriebenen verschärften Anwendung von Ehevorschriften im deutschsprachigen Raum[22].

Unter den sechzehn Angehörigen des Münchener Patriziats befanden sich sieben angehende oder frisch verheiratete Ehepaare. Die von Johannes Schluder mit Margarethe Runler geplante Ehe aus einer Supplik von 1475 scheint nicht realisiert worden zu sein[23]. Zwei Jahre später besorgte er sich eine neue Ehelizenz und heiratete die mit ihm im vierten Grad verwandte Anna Ridler. Dies bestätigen auch lokale Quellen[24]. Die mit dem zweiten und dritten Grad der Blutsverwandtschaft sehr nahe verwandten Brautleute Heinrich Bart und Barbara Ridler[25] konnten ihre Ehehindernisse mit einem Preis von wahrscheinlich 4 ½ Kammergulden oder mehr[26] sehr teuer, aber erfolgreich beseitigen und heirateten laut Münchener Stadtchronik kurz nach Erhalt ihrer Ehelizenz[27].

Die Schrenck-Chronik gibt Hinweis darauf, dass ein weiteres Paar für die Eheschließung eine römische Dispens benötigte[28] und erwähnt detailgenau und korrekt die Notwendigkeit einer päpstlichen Dispens wegen zu naher Blutsverwandtschaft. Die Urgroßmutter väterlicherseits von Margarethe Rudolf war Elisabeth Schrenck, eine Schwester des Urgroßvaters Jakob Rosenbuschs, namens Andre Schrenck[29]. Da die Brautleute bereits vor der Hochzeit um eine Ehelizenz suchten und Jacob Rosenbusch gleichzeitig mit einer anderen Frau einen Deflorationsprozess am Offizialatsgericht führte, war dem angehenden Paar die für die Münchener Oberschicht typische Problematik einer zu naher Verwandtschaft bei Eheschließung sicher sehr deutlich bewusst. Die Ehelizenz der

---

[22] SCHMUGGE, Ehen, 85 und siehe Kapitel IV.4.d) und IV.4.e) sowie Karte 4.
[23] PA 24, fol. 13r, dritter Grad der Blutsverwandtschaft.
[24] STAHLEDER, OA 116, 134.
[25] PA 31, fol. 79v.
[26] SCHMUGGE, Ehen, 41: 4,5 Kammergulden betrug die Strafzahlung bei einem dritten Grad der Blutsverwandtschaft an der Pönentiarie, in diesem Fall müsste der Preis also noch höher gewesen sein.
[27] STAHLEDER, OA 116, 128.
[28] STAHLEDER, OA 122, 120.
[29] STAHLEDER, OA 122, 120.

Pönitentiarie bestätigt die Angaben in der Schrenck-Chronik. Im Münchener Häuserbuch und weiteren Quellen ist die insgesamt enge verwandtschaftliche Verbindung und Versippung dieser Familien weit über den Untersuchungszeitraum hinaus zu erkennen.

Weitere Informationen zum familiären Hintergrund finden sich in der Münchener Stadtgeschichte. Der Vater von Jakob Rosenbusch, Dr. iur. und Dr. med. Hans Rosenbusch, war Stadtwundarzt und Leibarzt Herzog Ernsts und außerdem als Stadtschreiber tätig[30]. Die Familie besaß demnach neben der Zugehörigkeit zur Oberschicht und exzellenten Rechtskenntnissen des Vaters auch gute Verbindungen zu den bayerischen Herzögen. Die Hochzeit von Jakob Rosenbusch wird in den Quellen zur Münchener Stadtgeschichte erwähnt, denn im Februar 1481 gab es ein Hochzeitsgeschenk der Stadtkämmerei[31]. Am Freisinger Offizialatsgericht wurde in der Liste der durch die Prokuratoren angekündigten Verfahren der 13. Juni 1482 als Verhandlungstag für einen Eheprozess von Jakob Rosenbusch angegeben, er ist aber in diesem Jahr nicht weiter schriftlich festgehalten worden.

Bislang konnte die Forschung noch nicht eindeutig klären, ob es sich 1481 bereits um seine spätere Ehefrau Margreth, geborene Rudolf, handelte[32], dies wird nun durch das Supplikenregister bestätigt. Nach seiner Hochzeit wurde Jakob Rosenbusch Mitglied der Gemeinde und stieg 1484 in den Äußeren Rat und 1502 in den Inneren Rat auf[33]. Die Familie besaß ein Haus am Rindermarkt, seine Ehefrau Margreth wurde erstmals 1509 in den Quellen als Witwe bezeichnet und lebte noch im Jahr 1542[34]. Sie war demnach mit vermutlich neunzehn Jahren noch ziemlich jung, als an der Pönitentiarie die Ehelizenz beantragt wurde, denn ihr Alter wird von Stahleder im Jahr 1542 auf etwa 80 Jahre geschätzt.

Eine weitläufige Verwandte dieses Paares stammte aus derselben Familie: Anna Schrenck bat 1493 ebenfalls um eine Dispens wegen des vierten Grades der Blutsverwandtschaft. Sie hatte bereits den eventuell aus dem Münchener Bürgergeschlecht Ainmiller stammenden Johannes Miller[35] geheiratet und bereits ein Kind geboren[36]. Weitere Paare der ratsführenden Schicht waren Elisabeth Günther und Matheus Sendlinger, Margaretha Kray und Carolus Liegsalz,

---

[30] STAHLEDER, OA 114, 241.
[31] STAHLEDER, OA 114, 242.
[32] STAHLEDER, OA 114, 242.
[33] STAHLEDER, OA 114, 242.
[34] STAHLEDER, OA 122, 120.
[35] Möglicherweise stammte er aus der ebenfalls ratsführenden Familie Ainmiller.
[36] PA 42, fol. 52v.

Eberhard Pötschner und Anna Schluder, sowie Erhard Pötschner und Anna Stupf.

Gerade die hohe Zahl zeitlich relativ nahe zusammenliegender Ehedispense, wahrscheinlich auch enge verwandtschaftliche Beziehungen innerhalb aller dieser Familien sowie die in Kapitel V.7.2 beschriebene enge nachbarschaftliche Verbundenheit einiger Antragsteller aus München lässt die Vermutung aufkommen, dass diese Personengruppe sich gegenseitig gut kannte und einander über die Möglichkeiten kurialer Dispensgebung informierte, um sie gezielt für ihre eigenen Interessen einzusetzen. Die damit verbundenen hohen Kosten der Pönitentiarie scheinen sich für die Antragsteller auf jeden Fall rentiert zu haben. Insgesamt handelte es sich bei ihnen daher phasenweise um einen festen Kundenkreis der Pönitentiarie. Weshalb aus diesen Münchener Kreisen in den letzten sechsundzwanzig Jahren des Untersuchungszeitraumes nur noch eine weitere Ehedispens[37] im Jahr 1493 eingeholt wurde, lässt sich an dieser Stelle nicht klären und muss mit lokalen Veränderungen kirchlicher und rechtlicher Natur begründet werden.

Im Vergleich zu den in Kapitel IV.5. untersuchten Geburtsmakeldispensen und den dort erwähnten Elternteilen zeigt sich auch, dass in Suppliken der Münchener Oberschicht nur zwei Fälle von Clandestinehen und acht Klerikerkinder vorkamen, während mit fünf vor Hochzeit gesuchten Ehelizenzen eine große Personenzahl versuchte, Ehehindernisse vor Abschluss einer Ehe durch eine päpstliche Dispens zu beseitigen[38]. Dies ergibt den Eindruck, dass sich die Stadtbevölkerung und Oberschicht Münchens gegen Ende des 15. Jahrhunderts in besonders starkem Maße um legitime und den kanonischen Vorschriften entsprechende Ehen bemühte, während das Thema Legalisierung einer sogenannten Clandestinehe von eher untergeordneter Bedeutung war. Ob bei Bittstellern aus der Oberschicht Landshuts, Freisings und weiterer Städten möglicherweise eine ähnliche Eheschließungspolitik wie in München vorherrschte kann sowohl aufgrund der geringen Anzahl von Ehedispensen[39] als auch wegen des weniger umfangreichen Forschungsstandes nicht geklärt werden.

---

[37] PA 42, fol. 52v von Anna Schrenck.
[38] Siehe kartographische Auswertung in Kapitel IV.4 insbesondere Karte 5, Ehedispense und -lizenzen.
[39] Siehe Kapitel IV.4.e), Karte 5.

VI. Der Freisinger Quellenbestand

1. Das Freisinger Offizialatsgericht

a) Der Freisinger Offizial

Ein wesentliches Merkmal geistlicher Rechtsprechung war das der Urteilsfindung zugrundeliegende gelehrte Prozessrecht, welches die hohe Beliebtheit vor allem der Offizialatsgerichte in der Bevölkerung erklärt[1]. Der Begriff und die Stellung des Offizials als stellvertretender bischöflicher Richter[2] mit fester Besoldung[3] sind in der Dissertation Schwabs gut und ausführlich beschrieben worden, so dass an dieser Stelle auf eine detaillierte Ausführung verzichtet wird. Die Arbeit von Achim Steins behandelt mit theoretischem Schwerpunkt die bischöflichen Offizialatsstatuten zu Ablauf und Organisation von Zivilprozessen an Offizialatsgerichten im deutschsprachigen Raum[4]. Für Freising sind jedoch möglicherweise keine solchartigen Statuten überliefert, die einen tieferen Einblick in die Prozesse der geistlichen Rechtsprechung bieten könnten. Hervorzuheben ist besonders, dass hierzu gerade für den deutschsprachigen Raum noch detaillierte und umfangreiche Forschungsarbeiten ausstehen, da bisherige Untersuchungen ihren Schwerpunkt vor allem auf lokaler Ebene haben[5]. Auch für den französischsprachigen Raum ist mit der Monographie von Michel Fournier aus dem Jahr 1922 und dessen Neuauflage 1940 kein aktueller und umfassender Forschungsstand zur Entstehung und Arbeitsweise der Offizialate vorhanden[6].

b) Die Offizialatsprotokolle von Freising

Ab dem Jahr 1424[7] wurden die Verfahren vor dem Freisinger Offizialatsgericht handschriftlich protokolliert, in einem Band pro Jahr zusammengetragen und in Leder gebunden. Der archivalische Bestand wurde im Zuge der Säkularisation geteilt[8]: Ein Teil des Archivgutes ist im Bayerischen Hauptstaatsarchiv München gelagert, der Rest befindet sich im Diözesanarchiv München. Dort gibt es insgesamt 45 Protokollbände aus der Zeit zwischen 1424 bis 1526[9]. Der Erhal-

---

[1] SCHWAB, Augsburger Offizialatsregister, 414.
[2] Siehe auch LINDNER, Courtship, 136.
[3] SCHWAB, Augsburger Offizialatsregister, 473-476.
[4] STEINS, Zivilprozess, v.a. 193-207.
[5] SCHWAB, Augsburger Offizialatsregister, 367.
[6] SCHWAB, Augsburger Offizialatsregister, 374.
[7] DONAHUE, Medieval Ecclesiastical Courts, 40.
[8] DONAHUE, Medieval Ecclesiastical Courts, 26-27.
[9] LINDNER, Courtship, 130 und 134; DONAHUE, Medieval Ecclesiastical Courts, 40-41.

tungszustand der laut Donahue 1982 mit einem Katalog zusammengestellten und damit öffentlich zugänglich gemachten Bände[10] ist zumeist gut, manche sind durch Wasserschäden angegriffen und teilweise fehlen zu Beginn oder am Schluss einige Seiten[11]. Der Umfang der Bände wechselt von beispielsweise 138[12], 186[13] bis zu 442[14] doppelseitig und oft flüchtig handgeschriebenen Seiten, zum Teil wurden Zeugenaussagen, Notariatserklärungen und andere zu den Prozessen gehörige Schriftstücke wie beispielsweise *litterae* der Pönitentiarie mit eingebunden. Der Umfang der Registerbände und damit die Zahl der vor dem Freisinger Offizialatsgericht behandelten Fälle nahm dabei bis 1526 kontinuierlich zu[15].

c) Gerichtsort und -tage

Die Organisationsstruktur ähnelt stark der des Salzburger Konsistoriums und anderer Offizialate benachbarter Diözesen. Gerichtstage waren wie in Salzburg, Eichstätt oder Regensburg[16] in der Regel Montag, Mittwoch und Freitag[17], seltener auch die restlichen Wochentage. Auch in Würzburg gab es am Offizialatsgericht mehrere Verhandlungstage pro Woche[18]. Als Verhandlungsort diente wie beim Regensburger[19], Augsburger und anderen Offizialatsgerichten[20] die Domkathedrale Freisings, wie ein Kommissionsvermerk des Supplikenregister zeigt[21]. Von Mitte Juli bis Ende August waren Gerichts- oder auch Ernteferien[22],

---

[10] DONAHUE, Medieval Ecclesiastical Courts, 40.
[11] BayHStA München: HL Freising 103 von 1482 ist gut und vollständig erhalten, ebenso HL Freising 102 aus dem Jahr 1481. HL Freising 101 hat Wasserschäden im oberen Seitenbereich, die Seiten sind dort teilweise zerstört. HL Freising 100 hat leichte Wasserschäden und wurde umfangreich restauriert, die Seiten sind zum Teil oben rechts abgerissen. HL Freising 99 befindet sich in einem guten Erhaltungszustand und hat nur leichte Wasserschäden. Teile des Inhaltsverzeichnisses fehlen, ebenso die Gerichtsprotokolle bis 21. März 1474. HL Freising 98 hat stärkere Wasserschäden, der Anfang mit Fallregister und Gerichtsprotokollen bis 31. Januar fehlen, ebenso der Schlussteil ab 19. Oktober 1472. HL Freising 97 aus dem Jahr 1468 ist gut und vollständig erhalten, ebenso HL Freising 96 aus dem Jahr 1467.
[12] DONAHUE, Medieval Ecclesiastical Courts, 40: Bd. 1 aus dem Jahr 1424.
[13] HL Freising 99 aus dem Jahr 1474.
[14] HL Freising 101 aus dem Jahr 1479.
[15] LINDNER, Courtship, 130.
[16] DEUTSCH, Ehegerichtsbarkeit, 13-23; BUCHHOLZ-JOHANEK, Eichstätt, 127-144; LINDNER, Courtship, 135.
[17] PAARHAMMER, Rechtsprechung, 65.
[18] STEINS, Zivilprozess, 215.
[19] LINDNER, Courtship, 134.
[20] SCHWAB, Augsburger Offizialatsregister, 500-501; STEINS, Zivilprozess, 238.
[21] PA 39, fol. 411v.
[22] PAARHAMMER, Rechtsprechung, 66.

in denen nur im Einzelfall ein Prozess fortgeführt oder aufgenommen wurde, analog zu Augsburg und anderen benachbarten Offizialatsgerichten[23]. Auch an hohen kirchlichen Feiertagen wie Ostern oder Pfingsten ruhte wie beispielsweise in Augsburg die Gerichtstätigkeit[24], genauso wie in Regensburg für bis zu drei Wochen nach Weihnachten[25]. An den meisten Gerichtstagen wurden mehrere Prozesse nacheinander verhandelt.

d) Das Gerichtspersonal

An erster Stelle eines jeden Bandes wurde der gerichtsvorsitzende Offizial nebst akademischen Titeln erwähnt. Von 1467 bis 1500 lautete der Titel nahezu gleichbleibend *Domino* (Name des Offizials und akademischer Titel), *Canonico et Iudici Ordinario venerabilis Capituli ecclesiae Frisingen*[sis] [26]. Hiermit deutet sich bei der Rechtsprechungskompetenz eine enge Verbindung zwischen Offizial und Domkapitel an. Alle Offiziale der eingesehenen Bände besaßen eine Promotion in beiden Rechten, die an verschiedenen Universitäten, zumeist aber in Italien erworben wurde, wie Liste 2b zeigt. Sie folgten damit bei der Wahl ihres Bildungszieles und -ortes der bei Becker beschriebenen Führungsschicht der Kirchenprovinz Salzburg. Weih-, Mediat- und Fürstbischöfe suchten zu dieser Zeit vorzugsweise italienische Universitäten auf, darunter häufig Bologna[27].

In den Jahren 1467 und 1468 hatte der im römischen und kanonischen Recht promovierte Kanoniker Dr. Heinrich Baruth den Vorsitz inne[28], als Notar amtierte Ambrosius Osterwein. Heinrich von Baruth wurde 1461 Domherr, 1467 Chorrichter und Offizial, bevor er 1476 bis vermutlich zu seinem Tode 1485 als Generalvikar amtierte[29]. Von 1472 bis 1476 amtierte Johannes Heller[30] als Offizial, mit der Wahl des Sixtus von Tannberg zum Bischof von Freising wechselte am 23. September 1476 auch der Gerichtsvorsitz. Er ging an Heinrich von Schmiechen über[31]. 1483 hatte bereits Johannes Andree die Stellung des Offizials inne[32], er diente zeitgleich als Rat in Landshut unter Ludwig und Georg dem

---

[23] SCHWAB, Augsburger Offizialatsregister, 511.
[24] SCHWAB, Augsburger Offizialatsgericht, 511.
[25] LINDNER, Courtship, 135.
[26] Siehe beispielsweise HL Freising 96, 100 und 107.
[27] BECKER, Bischofsthron, 295-297, 308.
[28] HL Freising 96, fol. 13r; HL Freising 97, fol. 12r.
[29] MEICHELBECK, Freising, 610.
[30] HL Freising 98 (ohne Einleitung mit Titelangabe), HL Freising 99 (ohne Einleitung mit Titelangabe), HL Freising 100, fol. 2r.
[31] HL Freising 100, ab , fol. 153r als *iudex* genannt.
[32] LIEBERICH, Gelehrte Räte, 153.

Reichen und besaß außerdem eine Domherrenstelle in Passau[33]. Im Jahr 1500 war sein Nachfolger im Amt der aus dem Münchener Patriziat stammende und dem Freisinger Domkapitel angehörige Kleriker Jakob Rudolf, der ebenfalls in beiden Rechten promoviert hatte[34]. Ob die Offiziale ein Kanonikat in Freising besaßen, ist im Einzelfall schwer zu klären. An dieser Stelle sei noch einmal darauf hingewiesen, dass für das Freisinger Domkapitel im 15. Jahrhundert noch Forschungsbedarf besteht, da die Arbeit Busleys mit dem ausgehenden 14. Jahrhundert endet[35] und die Untersuchung von Roland Götz, „Das Freisinger Domkapitel in der letzten Epoche der Reichskirche", mit dem Ende des Dreißigjährigen Krieges beginnt[36], während Meichelbeck zwar die Weihbischöfe, Domdekane und Generalvikare zu Freising chronologisch auflistet[37], jedoch nicht die Offiziale als eigene Gruppe und auch nicht die Mitglieder des Domkapitels. Das Amt des Regensburger *iudex* war unvereinbar mit dem des Generalvikars, jedoch gab es dort mehrfach einen Wechsel zwischen den Ämtern[38]. In Eichstätt wurden diese ebenso zeitweise zusammen ausgeübt[39]. Alle Offiziale gehörten dort vor ihrer Tätigkeit zwanzig Jahre und länger zum Domkapitel. Dies lässt sich in einem Fall auch für Freising nachweisen: So war Heinrich von Schmiechen von 1436 bis 1451 Domdekan[40]. Vinzent Schrenck wurde 1480 Domherr in Freising, im selben Jahr auch zum Generalvikar ernannt. 1485 wechselte er zum Augsburger Domkapitel, wo er bis zu seinem Tod 1499 verblieb[41].

Drei Freisinger Offiziale[42] hatten sich selber im Verlauf ihrer Kirchenkarriere an die Pönitentiarie gewandt, Jakob Rudolf war durch seine Teilnahme am Eheprozess seiner Schwester mit der obersten Beichtbehörde in Rom vertraut. Zu erwarten wäre infolgedessen eine verhältnismäßig hohe Anzahl an Prozessen in Freising, die unter Einbeziehung der Pönitentiarie als Rechtsinstanz

---

[33] LIEBERICH, Gelehrte Räte, 153.
[34] HL Freising 107, fol. 1r oder beispielsweise HL Freising 107, fol. 24v von 1500.
[35] BUSLEY, Freisinger Domkapitel.
[36] GÖTZ, Freisinger Domkapitel.
[37] MEICHELBECK, Freising, 586-612.
[38] DEUTSCH, Ehegerichtsbarkeit, 77-79.
[39] BUCHHOLZ-JOHANEK, Eichstätt, 189, 213-215.
[40] MEICHELBECK, Freising, 606.
[41] MEICHELBECK, Freising, 611.
[42] Heinrich von Schmiechen, Johannes Heller und Johannes Andree.

verhandelt wurden und damit eine Förderung der Kurienkontakte durch die Freisinger Offiziale[43].

In einigen Jahren wurden weitere dem Gerichtspersonal zugehörige Personen wie beispielsweise der Vertreter des Richters, die Gerichtsnotare[44], oder die Prokuratoren angegeben[45], ihre Aufzeichnung erfolgte jedoch nicht vollzählig oder systematisch. Die Einbeziehung eines Prokurators ging dabei, wie bei Lindner beschrieben, einher mit dem Vermögensstand des Prozessierenden[46]. Weitere am Prozess beteiligte Personen wurden im Einzelfall in den Gerichtsprotokollen vermerkt. Im Jahr 1479 wurde beispielsweise der aus Dinkelsbühl in der Diözese Augsburg stammende Kleriker Johannes Silcher als stellvertretender *iudex* erwähnt[47]. Eine Übertragung von Verfahren oder Verfahrensteilen durch den Offizial an dritte Personen konnte auch in Freising erfolgen und war dort wie in anderen Bistümern rechtlich möglich, wie auch einige Beispiele im Supplikenregister zeigten. Sie erwähnen aber keine gezielte Übertragung durch den Freisinger *iudex*[48]. In Regensburg wurde beispielsweise eine geringe Anzahl von Fällen auch an Mitglieder des Domkapitels zur Entscheidung delegiert[49]. Der Regensburger Bischof wurde dort in keinem Prozess als beteiligt verzeichnet, jedoch gab es einige Fälle, in denen die Beteiligten an den Bischof oder seinen Vikar appellierten, deren Ausgang dann in den Gerichtsprotokollen nicht weiter aufgezeichnet wurde[50].

Beisitzer oder Assessoren wurden anders als in Augsburg in den eingesehenen Freisinger Offizialatsprotokollen nicht verzeichnet[51], jedoch Advokaten, Prokuratoren und in einigen Bänden auch die Offizialatsnotare. Die Aufgaben und Funktionen des Freisinger Gerichtspersonals sollen an dieser Stelle jedoch nicht Gegenstand einer detaillierten Erörterung sein, obwohl eine entsprechende eigenständige Untersuchung wünschenswert wäre.

---

[43] Um so erstaunlicher ist die geringe Anzahl der Fälle pro Jahr, welche von Freising an die Pönitentiarie gelangten, wie die Auswertung des Freisinger Quellenbestandes ab Kapitel VII zeigt.
[44] HL Freising 96: im Jahr 1467 beispielsweise Ambrosius Osterwein.
[45] HL Freising 96: im Jahr 1467 waren dies Magister Johannes Bach, Magister Georg Newnberger und Magister Johannes Maulberger.
[46] LINDNER, Courtship, 137-138.
[47] HL Freising 101, fol. 11r.
[48] Achim STEINS, Der ordentliche Zivilprozess nach den Offizialatsstatuten. Ein Beitrag zur Geschichte des gelehrten Prozesses in Deutschland im Spätmittelalter. In: ZRG KA 90, 1973, 191-262, 228-229; siehe auch PA 15, fol. 114r und 115v.
[49] LINDNER, Courtship, 136.
[50] LINDNER, Courtship, 136.
[51] SCHWAB, Augsburger Offizialatsregister, 477.

Mit der Tätigkeit des Offizialatsgerichtes unmittelbar verbunden, jedoch nicht namentlich erwähnt, waren auch die zahlreichen Gerichtsboten, welche Ladungen zu Prozessen oder eventuelle Urteilssentenzen an die Pfarrer oder die Prozessteilnehmer überbrachten[52]. Es handelte sich hierbei überwiegend um verschiedene Geistliche aus dem Diözesanklerus, denen eine Nebentätigkeit als Gerichtsbote ausdrücklich erlaubt war[53]. Ebenso gehörten die Pfarrer zum personalen Umkreis der geistlichen Gerichte, weil sie zumindest in Ehefragen häufig die Paare veranlassten, eine gerichtliche Entscheidung zu suchen,[54] und weil sie auch die gerichtlichen Urteile auszuführen hatten, wie die Exekution der gerichtlichen Mandate[55], beispielsweise von Exkommunikationsstrafen oder auch die kirchlichen Trauungen nach erfolgreich abgeschlossenen Eheprozessen. Sie fanden in den Freisinger Offizialatsprotokollen keine Erwähnung.

e) Die Einteilung der Registerbände

Im Register der durch die Prokuratoren angekündigten Fälle[56] zu Beginn der Protokolle, in der Regel mit einem Umfang von acht bis zwölf Seiten, wurden in vier bis sechs Zeilen die angekündigten Verfahren, das voraussichtliche Verhandlungsdatum und die im Namen des Offizials geladenen Prozessteilnehmer[57] verzeichnet. Dies waren Kläger, Herkunftsort nebst Rechtsbeistand, eventuell in einer Kurzbeschreibung der Verhandlungsgegenstand, Verhandlungsbeginn, Prozessgegner, Herkunftsort und deren Verteidiger sowie zum Teil auch weitere Informationen zum Verfahren. Inhaltlich sind hier überwiegend die Prozesse von Klerikern verzeichnet, auffallend ist außerdem, dass die im Register angekündigten Prozessteilnehmer nebst Prokuratoren nur selten und wenn dann nicht zum angekündigten Verhandlungstermin in den darauffolgenden Gerichtsprotokollen auftauchten. Wenn dort Prozesse von Geistlichen registriert wurden, dann fand der Verhandlungsbeginn zumeist später statt, als im Index angegeben, zudem wurden diese Prozesse häufig nicht ausführlich niedergeschrieben, sondern es wurde nur der Verhandlungsstatus in zwei bis drei Zeilen und die begleitenden Amtshandlungen wiedergegeben, da es sich in den meisten Fällen um ein summarisches Verfahren handelte. Wie in Regensburg wurde – falls ein Urteil

---

[52] SCHWAB, Augsburger Offizialatsregister, 495.
[53] SCHWAB, Augsburger Offizialatsregister, 495-497.
[54] LINDNER, Courtship, 126, 141.
[55] SCHWAB, Augsburger Offizialatsregister, 496-497.
[56] SALONEN, Apostolic Penitentiary, 58: *List of proctor apointments.*
[57] STEINS, Zivilprozess, 237.

überhaupt schriftlich fixiert wurde – in keinem Fall eine rechtliche Begründung des Gerichtsentscheides niedergeschrieben[58].

Im Gegensatz zu den Prozessakten aus Regensburg[59] wurde in Freising keine inhaltliche Unterteilung nach Themen vorgenommen, die Fälle wurden chronologisch nach Verhandlungsdatum und sehr unterschiedlich ausführlich aufgezeichnet. Die Amtssprache war zumeist Latein, jedoch finden sich in regelmäßigen Abständen auch bereits deutschsprachige Notizen, Zeugenaussagen und anderes Schriftgut[60]. Die Anzahl der im Jahr behandelten Fälle war – parallel zum Seitenumfang – unterschiedlich hoch. Die Bände umfassen zwischen 138 Seiten im Jahr 1424, 100 Seiten im Jahr 1489 und 400 Seiten in den Jahren 1478 und 1501[61]. Im nach Gerichtstagen geordneten Protokollteil finden sich neben den häufigen Kurzfassungen auch einige ausführlich dokumentierte Prozesse nebst Rechtsschriftstücken aus Ehe- und Kirchensachen. Es handelt sich hierbei um Ehefälle, Ehehindernisse, Trennungsgesuche wegen Impotenz eines Partners, kirchlicherseits ausgesprochene Scheidungen, Unterhaltsklagen und Kindsadoptionen, Clandestinehen oder unerlaubtes Zusammenleben von Paaren. Unter den Geistlichen fanden sich vor allem Schulden- und Pfründenprozesse, selten auch Gewalttaten von und gegen Kleriker.

f) Die Jurisdiktionsverfahren

In der Regel waren die Offizialatsprotokolle keine wortgenauen Mitschriften der Prozesse, sondern wie in anderen Offizialatsregistern üblich inhaltliche Zusammenfassungen der dem Schreiber wichtig erscheinenden Prozessabläufe[62], die häufig eher flüchtig niedergeschrieben wurden. Die Verhandlungen vor dem Offizial erfolgten in der Regel mündlich[63], so auch in Freising. Damit waren die Gerichtsverfahren für die Prozessbeteiligten günstiger und dauerten eine kürzere Zeit[64]. Die Absicht der die Gerichtsverhandlungen zusammenfassend notierenden Schreiber[65] lag wie beispielsweise in Augsburg nicht auf einer ausführlichen Dokumentation des Prozesses. Die Notizen dienten als „Beleg für die formalju-

---

[58] DEUTSCH, Ehegerichtsbarkeit, 28.
[59] DEUTSCH, Ehegerichtsbarkeit, 12-13.
[60] HL Freising 102, fol. 221r-222v (eidesstattliche Erklärung).
[61] DONAHUE, Medieval Ecclesiastical Courts, 40-41.
[62] SCHWAB, Augsburger Offizialatsregister, 592-593; STEINS, Zivilprozess; LINDNER, Courtship, 139.
[63] STEINS, Zivilprozess, 223.
[64] BUCHHOLZ-JOHANEK, Eichstätt, 136.
[65] STEINS, Zivilprozess, 227.

ristische Korrektheit und Gültigkeit des Verfahrens"[66]. Von einer Vielzahl an Prozessen wurde daher nicht der Verhandlungsgegenstand aufgezeichnet, sondern nur das Datum, die beteiligten Personen und eventuell die verhängten Strafen. Dieses Ergebnis entspricht der Untersuchung Schwabs, in den Jahren 1348 bis 1352 wurden beim Augsburger Offizialatsgericht nur in 48 von 600 Einträgen genauere Informationen über die Prozessabläufe gegeben[67].

Einen genaueren Wortlaut können dagegen die von Notaren durchgeführten Zeugenvernehmungen[68] und umfangreich niedergeschriebenen Zeugenaussagen enthalten. Der Umfang der Freisinger Gerichtsprotokolle sowie die Genauigkeit der Niederschrift von Zeugenaussagen ging – wie Christina Deutsch für Regensburg vermutet – sicher auch in Freising einher mit dem Vermögensstand der Prozessteilnehmer[69]. Ein weiterer Grund wird auch die kurze Verfahrensdauer gewesen sein: Die meisten Eheprozesse wurden in Freising wie in Augsburg an einem Verhandlungstag abgeschlossen[70] und gehörten zu den Themen, die in einem summarischen Verfahren verhandelt werden durften[71]. Wie in Regensburg durchliefen die Freisinger Ehefälle in der Regel einem summarischen Prozess[72]. Dem Offizial oblag sogar die Pflicht, einen Prozess möglichst schnell zu beenden, wie beispielsweise Offizialatsstatuten der benachbarten Diözesen Würzburg und Bamberg belegen[73].

Das Thema Ehe war an spätmittelalterlichen Gerichten eine eigene Abteilung[74], jedoch wurden in Freising bei weitem nicht alle Ehefälle im Registerteil verzeichnet. Ein Grund für die Differenz zwischen Registrierung und Protokollteil ist nicht zu erkennen. Insgesamt findet sich in den Offizialatsprotokollen auch kein Hinweis auf eine persönliche Beteiligung des Freisinger Bischofs an Eheprozessen, wie die Suppliken texte im Pönitentiarieregister vor allem bei bereits geschiedenen Paaren vermuten lassen.

---

[66] SCHWAB, Augsburger Offizialatsregister, 591.
[67] SCHWAB, Augsburger Offizialatsregister, 591.
[68] STEINS, Zivilprozess, 257.
[69] DEUTSCH, Ehegerichtsbarkeit, 98.
[70] SCHWAB, Augsburger Offizialatsregister, 612.
[71] SCHWAB, Augsburger Offizialatsregister, 617.
[72] DEUTSCH, Ehegerichtsbarkeit, 177.
[73] STEINS, Zivilprozess, 213.
[74] SCHMUGGE, Ehen, 75.

VII. Kartographische Auswertung

1. Orte und Einflusssphären

Für eine kartographische Auswertung wurden aus den Registerbänden des Freisinger Offizialats die Angaben aus den Jahren 1467, 1468 und 1476 unter der Annahme erfasst, dass der aus den drei Jahren gebildete statistische Mittelwert für einen längeren Zeitraum repräsentativ ist. Doppelungen und Mehrfachnennungen wurden in der dieser Karte zugrundeliegenden Statistik herausgerechnet und unterschiedliche Schreibweisen von Ortsnamen vereinheitlicht. Soweit möglich wurde die Schreibweise der heutigen Form angeglichen. Mit 836 Gerichtsverfahren ist die Anzahl der Fälle um 60 höher als die Supplikenzahl im Pönentiariegister, jedoch ist dieser in der Auswertung verwertete Datenbestand aufgrund seines ähnlichen Umfanges statistisch vergleichbar.

Bei der Gesamtzahl der Prozesse wurden Angaben zu 422 Herkunftsorten gemacht, von denen sich bei 232 die Koordinaten mithilfe des Historischen Atlas von Bayern online ermitteln ließen. Die Genauigkeit der Schreibweise beziehungsweise der Ortsangaben ist wesentlich höher als im Supplikenregister. Bei Namen wie Niederdorf mit vier Treffern oder Dorfen mit dreizehn Treffern wurde mangels Eindeutigkeit auf eine kartographische Darstellung verzichtet. Die der Karte zugrundeliegende winkeltreue Mercatorprojektion mit Georelief beschränkt sich ebenso wie bei den Karten der Suppliken an die Pönentiarie auf die Lage zwischen 10,7° bis 12,9° Länge und 47,0° bis 48,2° Breite, um eine maßstabsmäßig genaue Darstellung vor allem der Diözese Freising zu ermöglichen und die ausgewerteten Orte gut vergleichen zu können. Städte wie Cham, Ansbach oder Nürnberg befanden sich in einer größeren Distanz zum Bistum Freising und konnten deshalb nicht berücksichtigt werden.

Einige Namen wurden sowohl in den Suppliken der Pönentiarie als auch am Offizialatsgericht verzeichnet, diese wurden mit weißem Kreis ebenso hervorgehoben wie größere Städte mit einer Einwohnerzahl von 10 000 oder mehr Personen.

2. Karte 6: Geographische Verteilung der Herkunftsorte

Insgesamt 92 von 422 Herkunftsorten befanden sich außerhalb der Diözesangrenzen, mit einem Anteil von 21% wandten sich damit von außerhalb des Bistums stammende Personen recht zahlreich an das Offizialatsgericht[1]. Diese Zahl

---

[1] Karte 6: HL Freising – Herkunftsorte.

ist noch höher als die 14% unter Freising verzeichneten, jedoch nicht dem Bistum zugehörigen Herkunftsorte im Supplikenregister. 50 außerhalb gelegene Orte wie Nürnberg oder Cham befinden sich sogar außerhalb des kartographischen Darstellungsbereiches, während neunundzwanzig meist nahe der Bistumsgrenze liegen, vor allem im Norden und Osten Freisings. Einmal wurde Mittal aus dem Pfarrbezirk Zell verzeichnet, es befindet sich im Süden der Diözese.

Insgesamt wurden 39 Ortsangaben sowohl im Supplikenregister als auch in den Freisinger Offizialatsprotokollen gefunden. Im Gegensatz zum Bistum Regensburg, wo bis zum Vordringen der Reformation keine speziellen regionalen Schwerpunkte oder ein Nord-Süd-Gefälle unter den Prozessierenden zu erkennen waren, lag der Schwerpunkt der am Freisinger Offizialatsgericht behandelten Fälle im Nordteil des Bistums und dort vor allem westlich des Hochstiftsterritoriums. Mit zunehmender geographischer Distanz zu Freising sank auch der Zustrom an das Gericht. Orte aus dem Voralpenland sind in erkennbar geringerer Zahl vertreten als im Pönitentiarieregister. Das circa südlich des 47,6° Breite gelegene Alpengebiet war in den Offizialatsprotokollen wie im Supplikenregister stark unterrepräsentiert. Christina Deutsch interpretiert für Regensburg die regelmäßige Verteilung der Herkunftsorte auf alle auch in weiterer Entfernung liegende Dekanate als Zeichen allgemeiner Funktion und Akzeptanz des Regensburger Diözesangerichtes[2]. Demnach gilt für Freising im Umkehrschluss, dass die Akzeptanz und Durchsetzungskraft des Offizialatsgerichtes nicht gleichmäßig ausfiel und die Kundschaft am Freisinger Offizialatsgericht eher aus bestimmten Gruppen bestand, die im Folgenden lokalisiert und beschrieben werden sollen.

Das Hochstiftsterritorium nahm bei den Herkunftsangaben einen geringen Anteil ein, war aber mit Ausnahme der Grafschaft Werdenfels wesentlich stärker vertreten als bei den Gesuchen an die Pönitentiarie. Damit unterscheidet sich der Einzugsbereich des Offizialatsgerichtes bereits von dem der obersten Beichtbehörde in Rom. Mithilfe der in Karte 2 vorgenommenen zahlenmäßigen Auswertung wird dieser Unterschied noch deutlicher erkennbar.

Insgesamt ergibt sich in dieser Karte ein umgekehrtes Verhältnis zu den Bevölkerungszahlen Stabers, nach dem sich gerade im Süden und im Voralpenland große Gemeinden wie Hartpenning mit 1000 Seelen oder Flintsbach

---

[2] DEUTSCH, Ehegerichtsbarkeit, 378.

mit 1200 und mehr Kommunikanten befanden³. Insbesondere die geographische Nähe zu Freising scheint demnach maßgeblich für die Anziehungskraft des Gerichtes gewesen zu sein, mit zunehmender Entfernung nahm die Zahl der Prozesse dagegen schnell ab. Gleichzeitig spricht die hohe Zahl der in weiterer Entfernung zu Freising gelegenen nördlichen Orte dennoch für eine verhältnismäßig hohe und überregionale Anziehungskraft des Offizialatsgerichtes vor allem in Richtung Norden.

3. Karte 7: Herkunftsorte und Personenzahl

Den 232 lokalisierbaren Orten konnten insgesamt 595 Personen zugeordnet werden⁴. Wie bereits in Karte 6 zu erkennen war, lag der Schwerpunkt der am Offizialatsgericht behandelten Fälle im Nordteil der Diözese, vor allem im Nordwesten Freisings, im deutlichen Kontrast zur von Staber ermittelten Einwohnerverteilung der Diözese. Auffallend ist auch, dass Freising⁵ mit 64 Angaben bei etwa 10 000 Einwohnern⁶ im Vergleich zu München⁷ mit 74 Angaben und 13 000 bis 14 000 Einwohnern statistisch betrachtet einen nahezu gleichwertigen Anteil einnimmt. Auch Landshut⁸ ist mit 32 Personen deutlich stärker am Freisinger Offizialatsgericht vertreten als im Supplikenregister, aber im Verhältnis zum nahezu gleich großen Freising leicht unterrepräsentiert.

Insgesamt kamen 222 Personen oder 37% der lokalisierten Prozessteilnehmer aus Städten. Unter Hinzurechnung der nicht gefundene Ortsnamen, bei denen es sich um kleine, ländliche Orte handelt, ergibt sich ein Anteil von 20% Stadtbevölkerung. Das Ergebnis entspricht der tatsächlichen Einwohnerverteilung des Bistums, sie lebten im ausgehenden 15. Jahrhundert zumeist in ländlichen Gegenden. Laut Störmer betrug der Anteil städtischer Bevölkerung um 1600 etwa 25%⁹ und lag im 15. Jahrhundert wie auch von Schmugge geschätzt¹⁰ bei vielleicht 20%¹¹. In der Diözese Regenburg gaben im Vergleich

---

³ STABER, Die Seelsorge, 211.
⁴ Karte 7: HL Freising - Herkunftsorte und Personenzahl.
⁵ STAHLEDER, Freising: 9000 Einwohner.
⁶ STAHLEDER, Freising, 904-906.
⁷ SCHMID, München, 898.
⁸ Bayerisches Landesamt für Umwelt: Fachinformationen. Stand: 02.07.2008, siehe ht:/www.lfu.bayern.de/natur/fachinformationen/landschaftsplanung/regional_lek/lek_landshut/textband/kap3/kap321/kap321.htm Landshut hatte laut dieser URL im 15. Jahrhundert etwa 8000 Einwohner.
⁹ STÖRMER, Städte und Märkte, 92.
¹⁰ SCHMUGGE, Kinder, Kirche, Karrieren, 137: 4/5 der Bevölkerung lebten außerhalb von Stadtmauern.

jedoch nur 10% der Prozessierenden eine Stadt oder einen größeren Markt als Herkunftsort an[11]. Die Stadtbewohner waren dort zahlenmäßig in der Minderheit, in Freising dagegen ihrem Anteil entsprechend am Offizialatsgericht vertreten.

Lokale Schwerpunkte innerhalb des Bistums liegen vor allem westlich Freisings mit Orten wie Ilmmünster (neun Angaben), der Stadt Moosburg (sechzehn Angaben), den Märkten Dachau und Obermenzing (je sechs Angaben), sowie Kirchdorf, Markt Indersdorf und Haimhausen (je fünf Angaben). Aus dem Osten Freisings kamen aus Fraunhofen und Anzing je sieben Personen, aus der Stadt Erding und Ambach je fünf Personen. Im Voralpenland sind nur der Markt Wolfratshausen mit sechs und die Gemeinde Harenning mit fünf Nennungen häufiger vertreten.

Innerhalb des Hochstiftsterritoriums sind die Stadt Freising und die Grafschaft Ismaning mit 68 Personen besonders zahlreich, die Grafschaft Burgrain mit sechs Erwähnungen deutlich schwächer vertreten. Die Grafschaft Werdenfels ist dagegen wie im Supplikenregister mit vier Ortsangaben stark unterrepräsentiert. Dennoch unterscheiden sich Verteilung und Häufigkeit der Herkunftsorte deutlich von denen des Pönentiarieregisters, wo nur insgesamt nur eine sehr geringe Zahl von Gesuchen aus dem Hochstiftsterritorium zu finden ist. Im Vergleich zu den Herkunftsorten im Pönentiarieregister zeigt sich außerdem, dass dort zahlreich vertretene Orte wie Scheyern[13], Bruck[14], Wasserburg[15], Rott[16], Fischbachau[17] oder Schliersee[18] am Offizialatsgericht seltener oder gar nicht verzeichnet sind.

Karte 7 zeigt damit noch sehr viel deutlicher die starke Anziehungskraft des Offizialatsgerichtes in der nahen Umgebung, während aus dem wesentlich dichter besiedelten Alpenvorland und dem Alpengebiet mit zunehmender Entfernung zu Freising die Anzahl der Prozessteilnehmer erkennbar abnimmt. Aus innerhalb der Diözese gelegenen Orten prozessierten häufig mehrere Personen am Offizialatsgericht, aus benachbarten Diözesen mit zunehmender Entfernung zu Freising eher einzelne Personen. Eine mit geographischer Distanz abnehmen-

---

[11] STÖRMER, Städte und Märkte, 90.
[12] DEUTSCH, Ehegerichtsbarkeit, 376.
[13] Sieben Personen.
[14] Sechs Personen.
[15] Sechs Personen.
[16] Sechs Personen.
[17] Sechs Personen.
[18] Fünf Personen.

de Prozesszahl spiegelte sich weder im Register des Regensburger Diözesangerichtes[19] noch in den Augsburger Offizialatsprotokollen[20].

Das Ergebnis dieser Auswertung korrespondiert aber mit der in den Karten 3 und 5 in Kapitel IV.4.c) und IV.4.d) erkennbaren Bevorzugung der Pönitentiarie in Rom durch Bewohner des Voralpenlandes, insbesondere zeigt sich dies bei Laien und ihren Ehedispensen. Sie frequentierten möglicherweise auch andere Institutionen als das Freisinger Offizialatsgericht, um Rechtshilfe zu suchen und gerade beim Thema Eherecht kanonische Vorschriften zu umgehen. Dagegen lässt die Karte 4 den Rückschluss zu, dass Scheidungen und Exkommunikationen vor allem im nahen Umkreis des Bischofssitzes ausgesprochen wurden, mit zunehmender geographischer Entfernung zu Freising sank deren Anzahl. Die bereits in Kapitel III.5.d) genauer untersuchte Supplik aus Mittenwald[21] deutet an, dass gerade im Alpen- und Voralpenraum traditionelle Formen der Eheschließung unter Ausschluss einer kirchlichen Trauung noch häufig zu finden waren. Mehrere Bestimmungen auf der Provinzialsynode von 1490 zur heimlichen Eheschließung und zur Durchsetzung kirchlicher Vorschriften zeigen, dass es gegen Ende des 15. Jahrhunderts zunehmende Probleme mit illegitimen Lebensgemeinschaften gab[22] oder diese schärfer bekämpft wurden. Darauf weist auch die in den Supplikenregistern erkennbare Zunahme an Scheidungen und Exkommunikationen[23].

Die Kirchengesetze zum Thema Ehe waren in der Praxis nur in geringem Maß erfolgreich. Dies zeigt sich an den auf mehreren Diözesan- und Provinzialsynoden wiederholt in den Statuten aufgenommenen Themen wie Clandestinehe und anderen Ehevorschriften, ein Beleg für die mangelnde Durchsetzung dieser Bestimmungen im Kirchenalltag[24]. Auch im 16. Jahrhundert fanden sich in den Salzburger Konsistoriumsprotokollen laut Paarhammer noch zahlreiche Hinweise auf traditionelle Eheverbindungen[25]. Darauf deutet laut Schwaiger auch eine Klage des Freisinger Bischofs Philipps hin, die Gesetze der Diözesansynoden seien in Vergessenheit geraten und müssten erneuert werden[26]. So kam es auf

---

[19] DEUTSCH, Ehegerichtsbarkeit, 334.
[20] SCHWAB, Augsburger Offizialatsregister, 692-694, dort allenfalls in Bezug zu der abnehmenden Bevölkerungsdichte im Allgäu.
[21] PA 21, fol. 79rs, genauere Analyse siehe Kapitel III.4.4.
[22] PAARHAMMER, Rechtsprechung, 84 und DALHAM, Concilia, 254-261.
[23] Siehe Karte 4 und 5 und Grafik 4.
[24] Siehe Kapitel 3.3.6.
[25] PAARHAMMER, Rechtsprechung, 85.
[26] SCHWAIGER, Bistum Freising, 23.

der Diözesansynode von 1509 zur wörtlichen Übernahme etlicher Statuten von 1480, darunter waren 51 Abschnitten, deren größter Teil bereits 1438 wortgleich niedergeschrieben worden war[27]. An ihrer erfolgreichen Umsetzung und Einhaltung zweifelt Schwaiger sicher zu Recht[28]. Möglicherweise war die sogenannte Clandestinehe oder formfreie Ehe in der Einwohnerschaft im Südteil Freisings noch weiter verbreitet und toleriert als in der Nähe des Bistumssitzes. Auch darin könnte eine Begründung für die geringe Repräsentanz dieses Gebietes bei Ehefällen am Freisinger Offizialatsgericht und vermutlich auch für die geringe Akzeptanz kanonischer Vorschriften in der Einwohnerschaft liegen.

Die Verbreitung der Clandestinehe und die mit der formfreien Eheschließung verbundene Problematik war keineswegs nur ein Unterschichtenphänomen, jedoch machten vermögende oder adelige Schichten einen geringeren Bevölkerungsanteil aus, der sich in einer entsprechend niedrigeren Anzahl von Klagen zu diesen Themen widerspiegelte[29]. Die bereits in Kapitel IV.4.c) beschriebenen unterschiedlichen Vermögensverhältnisse gingen einher mit der bei Staber beschriebenen Gemeindegröße und Besiedlungsdichte in Abhängigkeit von den niedrigeren Bodenerträgen der Landwirtschaft[30]. Deutlich erkennbar unterschied sich der reiche Südteil der Diözese anhand der Gemeindegröße von bis zu 1200 Kommunikanten beispielsweise in Gmund oder Flintsbach[31] vom ärmeren Norden mit kleinen Gemeinden mit teilweise 100 bis 200 Kommunikanten[32]. Demnach korrespondieren in der Diözese Freising vermutlich die Wirtschaftskraft der Einwohner mit dem Einzugskreis und -gebiet des Freisinger Offizialatsgerichtes.

Ein höherer Lebensstandard im Südteil des Bistums könnte mit einer stärker verbreiteten Praxis der Bewohner einhergegangen sein, die Kirchengesetze per kurialer Dispens zu umgehen. Laut Schmugge konnte der Gemeine Mann sich in Ehefragen allenfalls die geringeren Kosten eines summarischen Prozesses am Offizialatsgericht leisten[33], kaum jedoch einen kanonischen Prozess oder ein Gesuch an der Pönitentiarie zuzüglich damit verbundener Gebühren und eventuell anfallender Kosten für einen Prokurator und einer möglicherweise

---

[27] SCHWAIGER, Bistum Freising, 23.
[28] SCHWAIGER, Bistum Freising, 24.
[29] DEUTSCH, Ehegerichtsbarkeit, 377.
[30] JÄTZOLD, Physische Geographie, 154-156.
[31] STABER, Die Seelsorge, 211.
[32] STABER, Die Seelsorge, 210.
[33] SCHMUGGE, Ehen, 44.

drohenden Strafzahlung an der Kurie[34]. Die Kosten eines summarischen Verfahrens vor deutschen Offizialatsgerichten bis 1500 werden von Schmugge mit maximal zwei Gulden angesetzt, die Kompositionslisten der Pönitentiarie beinhalteten bei einem dritten Grad der Blutsverwandtschaft bereits eine Strafzahlung von 4,5 Kammergulden, bei drittem Grad der Affinität sogar 7,5 Kammergulden[35]. Hinzuzurechnen wären die für die Bearbeitung durch die Pönitentiarie anfallenden Gebühren[36], ein eventuell anfallendes Honorar für einen Prokurator und weitere Zahlungen. Die Freisinger Offizialatsprotokolle enthalten keinerlei Angaben über Prozesskosten, allenfalls wurden Strafzahlungen der unterlegenen Partei vermerkt sowie das Datum der Geldübergabe an durch das Gericht bestimmte Personen. Sie werden jedoch den Kosten der benachbarten Diözesangerichten entsprochen haben. Auch dies könnte ein Grund dafür gewesen sein, weshalb sich die Einwohner aus dem ärmeren Nordteil des Bistums in Ehefragen häufiger an das für sie günstigere Offizialatsgericht wandten als aus dem wohlhabenderen Voralpenland.

Eine Einschränkung der Mobilität von ärmeren Prozessteilnehmern, beispielsweise wegen Leibeigenschaft und Unfreiheit, bestand weder laut Christina Deutsch für die Diözese Regensburg[37] noch laut Christian Schwab für Augsburg[38], denn anhand der Verteilung der Herkunftsorte kamen die Bewohner bischöflicher Lehensgebiete nicht in stärkerer Zahl an das Augsburger Offizialatsgericht als aus den restlichen Gebieten. Schwab vermutet jedoch einen Versuch weltlicher Herrschaftsträger, in Eheangelegenheiten den Andrang an das Gericht einzuschränken[39], auch wenn sich dies nicht statistisch nachweisen ließ. Demnach kann auch in Freising Geldmangel oder Unfreiheit nicht den niedrigeren Zustrom aus Regionen mit weiterer Entfernung zum Offizialatsgericht verursacht haben, zumal gerade die wirtschaftlich ärmeren Gegenden in Nähe des Gerichtes lagen. Die Verteilung der Herkunftsorte zeigt also neben der Bevölkerungsdichte vor allem die Vermögensstruktur der Einwohnerschaft im gesamten Bistum Freising an. Der wohlhabendere und dichter besiedelte Süden des Bistums leistete sich demnach lieber kostspielige Dispense der Pönitentiarie und wandte sich vielleicht auch an die im Voralpenland gelegenen Klöster

---

[34] SCHMUGGE, Ehen, 44.
[35] SCHMUGGE, Ehen, 41.
[36] Siehe Kapitel II.5., Gebühren der Pönitentiarie.
[37] DEUTSCH, Ehegerichtsbarkeit, 333-335.
[38] SCHWAB, Augsburger Offizialatsregister, 692.
[39] SCHWAB, Augsburger Offizialatsregister, 692.

oder herzoglichen Landgerichte, während Einwohner aus dem nördlichen Teil eher das Freisinger Offizialatsgericht aufsuchten, was sich in geringem Maß bereits in Karte 4 und Karte 5 im Supplikenregister und besonders deutlich in den Ortsangaben der Freisinger Offizialatsprotokolle in Form eines Nord-Süd-Gefälles wiederspiegelt.

4. Karte 8: Herkunftsorte und Personenzahl bei Eheprozessen 1476

In dieser Karte sind nur die im Jahr 1476 am Offizialatsgericht an Prozessen zum Thema Eherecht beteiligten Personen erfasst[40]. Im Einzelnen handelte es sich um *causae matrimoniales in genere, causae deflorationis, causae sponsalium, causae impedimentes, causae mutuae cohabitationis, causae divortii* und *causae legitimationis*. Diese Themen wurden im Pönitentiarieregister zumeist unter *de matrimonialibus* oder in seltenen Fällen *de diversis formis* registriert. 458 Personen waren an verschiedenen Eheprozessen am Offizialatsgericht beteiligt, davon machten 294 Personen 193 unterschiedliche Ortsangaben. Von ihnen konnten 79 lokalisiert und in die Karte aufgenommen werden.

Einzelne Orte wie Feldmoching mit sieben, Erding mit neun, Baierbrunn oder Velden mit vier Personen bilden im Jahr 1476 einen deutlichen Schwerpunkt, waren aber in weiteren Jahren nicht zahlreich vertreten. Die Städte Landshut und Freising wurden etwa gleich häufig verzeichnet, München nahm entsprechend seiner größeren Einwohnerzahl mit dreizehn Personen einen höheren Stellenwert ein. Sechzehn Personen oder 5,6% kamen von außerhalb des Bistums gelegenen Orten, um in Freising wegen Ehefragen zu prozessieren. Die Verteilung geht wie in den vorhergehenden Auswertungen von Karte 6 und 7 nicht mit der Bevölkerungsdichte oder Gemeindegröße einher und lässt eine ähnliche Gewichtung wie Karte 7 erkennen, die jedoch etwas weniger deutlich ausfällt. Neben einem geringen Anteil des Voralpenlandes unter den Eheprozessen ist damit zu erkennen, dass andere Themenbereiche wie Schulden oder Pfründen ebenfalls eher aus dem Nordteil der Diözese an das Offizialatsgericht kamen und damit dessen Einflussbereich mit zunehmender geographischer Entfernung nach Süden insgesamt abnahm.

Ob der geringere Andrang aus dem Voralpenland auch eine größere Unabhängigkeit der Bewohner von kirchlichen Vorschriften erkennen lässt, auf einen besonders intensiven Widerstand gegen die zunehmend strengere Anwendung des kanonischen Rechtes bei Ehefragen anzeigt oder sogar einen Hinweis

---

[40] Karte 8: HL Freising - Herkunftsorte und Personenzahl bei Eheprozessen 1476.

auf weitere mit dem Offizialatsgericht konkurrierende geistliche Rechtsprechungsinstanzen wie beispielsweise das Kloster Tegernsee oder Benediktbeuern oder weltliche Rechtsprechungsinstanzen wie die herzoglichen Landgerichte gibt, kann auch hier nicht abschließend geklärt werden. Dieses Thema muss einer weiteren Untersuchung vorbehalten bleiben.

VIII. Das Personenspektrum am Offizialatsgericht

1. Personendaten

Die in den Registerbänden enthaltenen persönlichen Angaben zu Stand, Beruf, Herkunftsort und Ausbildung sind sehr unterschiedlich ausführlich und umfangreich[1]. Insgesamt ist der Informationsgehalt der persönlichen Angaben zumeist bei Laien und ebenso wie im Supplikenregister nicht sehr hoch und damit nur eingeschränkt repräsentativ für die Diözese Freising. Dennoch soll an dieser Stelle eine genaue Auswertung erfolgen, um einen tieferen Eindruck von der Kundschaft des Freisinger Offizialatsgerichtes zu gewinnen.

Für die statistische Auswertung wurden wie in den kartographischen Auswertungen die Daten der Bände HL Freising 96, 97 und 100 zusammengefasst, sie sind in Grafik 7 enthalten. In einigen Fällen wurden bei Laien mehrere Informationen wie akademischer Grad, Stand und mit *oppidanus*, *civis* oder *villanus* eine eventuelle Zugehörigkeit zur Bürgerschaft einer Stadt angegeben. Manche Kleriker erwähnten neben der akademischen Ausbildung und dem Weihegrad auch ihre Pfründe oder ihr Kirchenamt, von den meisten wurden hierzu jedoch keine detaillierte Informationen protokolliert. Insgesamt wurden 1100 Personen erfasst, rund ein Viertel machte detaillierte Angaben, die statistisch ausgewertet wurden. Aufgrund der Vielzahl an summarischen Verfahren, die mit durchschnittlich drei bis vier Zeilen aber zumeist unter Auslassung persönlicher Angaben schriftlich festgehalten wurden, bleiben daher drei Viertel der Personen unbekannt. Deshalb ist der Informationsgehalt der Offizialatsprotokolle unvollständig und dementsprechend auch die statistische Auswertung.

a) Laien

Laien prozessierten in Freising nahezu ausschließlich um Ehehindernisse, Scheidungsgesuche, Unterhalt von Kindern und ähnliche Themen. Im Vergleich zu den Petenten an der Pönitentiarie, die mit 74% dem Laienstand angehörten, zählten am Offizialatsgericht sogar 901 von 1100 Personen oder 82% zu den Laien, von 85 wurden genauere Informationen verzeichnet. Darunter waren etwas mehr als ein Drittel, nämlich dreißig Personen, laut eigenen Aussagen als

---

[1] HL Freising 96: 314 Personen, davon 142 mit persönlichen Angaben, HL Freising 97: 162 Personen, davon 95 mit persönlichen Angaben,
HL Freising 100: 457 Personen, davon 67 mit persönlichen Angaben.

Knechte und Mägde angestellt. Achtundzwanzig oder ein gutes weiteres Drittel zählten zur mittleren Bevölkerungsschicht während siebenundzwanzig Personen aufgrund ihrer Tätigkeit als Notar, Judex, Dr. med., Schulleiter, Präfekt oder durch Zugehörigkeit zur Ritterschaft eine gehobene soziale Stellung einnahmen.

Im Vergleich zum hohen Anteil des Münchener Patriziats mit insgesamt 43 Personen in den Supplikenregistern, ist in den Freisinger Offizialatsprotokollen mit neun prozessbeteiligten Laien und zwei Geistlichen ein deutlich niedriger Anteil an zur ratsfähigen Schicht Münchens zugehörigen Personen enthalten. Dieses Ergebnis entspricht auch der Auswertung des Augsburger Offizialatsregisters im 14. Jahrhundert mit einem geringen Anteil an Stadtbürgern bei Eheprozessen[2]. Ebenfalls ein knappes Drittel oder fünfundzwanzig Personen aus dem Laienstand gehörte aufgrund der Angabe *oppidanus*, *civis* oder *villanus* dezidiert zum Stadtbürgertum Münchens, Landshuts oder Vilshofens. Als *oppidanus* wurden auch fünf Geistliche bezeichnet. Dieser Wert liegt höher als der in Kapitel VII.3. ermittelten Anteil von 20% städtischer Bevölkerung am Offizialatsgericht. Damit war die städtische Bevölkerung vielleicht etwas stärker vertreten, als ihr tatsächlicher Anteil an der Einwohnerschaft der Diözese Freising im ausgehenden 15. Jahrhundert mit etwa 20% beziehungsweise 25% im 16. Jahrhundert betrug[3]. Jedoch ist die geringe Ausgangszahl dieser Statistik zu berücksichtigen, die damit kein repräsentatives Ergebnis bieten kann. Im Vergleich zur Kundschaft der Pönitentiarie, die zu mehr als 50% aus den Städten und Märkten der Diözese Freising und der stadtnahen Umgebung stammte, wurde auch hier ein deutlich geringerer Wert erzielt. Der Anteil städtischer Bevölkerung war aber auch laut dieser Auswertung am Freisinger höher als am Regensburger Diözesangericht[4].

Ein weiterer und nicht unbedeutender Teil der prozessierenden Laien gehörte dem Namen nach zum landständischen Adel, jedoch ist auch hier aufgrund der meist fehlenden Ortsangaben und Detailinformationen eine exakte Zuordnung schwierig. Eine adelige Herkunft wurde bei keinem der dreiundzwanzig aufgrund der Namensgleichheit in Frage kommenden Laien und auch keinem der drei Geistlichen in den Offizialatsprotokollen verzeichnet, so dass eine eindeutige Zugehörigkeit nicht geklärt werden kann. Auch in Augsburg kamen im 14. Jahrhundert eher wenige Adelige an das Offizialatsgericht, Schwab vermu-

---

[2] SCHWAB, Augsburger Offizialatsregister, 457.
[3] STÖRMER, Städte und Märkte, 92.
[4] DEUTSCH, Ehegerichtsbarkeit, 376.

tet, dass sich diese in Ehestreitigkeiten direkt an den Bischof wandten und dass der Adel aufgrund genauerer Kenntnis von Verwandtschaftsverhältnissen und wegen seiner besseren Vertrautheit mit Ehebestimmungen bei den Hochzeiten seltener gegen die kanonischen Vorschriften verstieß[5] und Eheprozesse zu vermeiden suchte.

Die am Offizialatsgericht vertretene Kundschaft gibt insgesamt ein realistischeres Abbild der Freisinger Einwohnerschaft im 15. Jahrhundert als die des Supplikenregisters. Das Personenspektrum am Freisinger Offizialatsgericht zeigt außerdem, dass in Freising wie in Regensburg im 15. Jahrhundert das Thema Clandestinehe oder formlose Eheschließung nicht an eine soziale Schicht gebunden war[6]. Es handelte sich bei Eheprozessen am Freisinger Offizialatsgericht aufgrund des hohen Anteils mittlerer und höherer Gesellschaftsschichten nicht um ein sogenanntes Unterschichtenphänomen armer Bevölkerungsgruppen ohne ausreichende Mittel zur Ausrichtung einer Hochzeitsfeier, wie bei Sheerhan beschrieben[7]. An Deflorationsprozessen und Klagen um Unterhalt von Kindern waren dagegen in größerer Zahl Mägde beteiligt. Über die Prozessinhalte in Freising wurde jedoch keine Statistik erstellt.

Einige in den Offizialatsprotokollen verzeichneten Berufe kennzeichnen die am Offizialatsgericht prozessierenden Personen als mögliche Angehörige eines bürgerlichen Mittelstandes, wobei ähnlich wie in Regensburg[8] viele Berufsgruppen vertreten waren, beispielsweise Wirte, Schneider, Maurer, Bäcker oder Pelzschneider, wie Liste 4 veranschaulicht. Diese wurden jedoch aufgrund der knappen Aufzeichnungsform eher selten notiert, die Berufe und damit der soziale Hintergrund der großen Mehrzahl von 816 Personen bleibt deshalb unbekannt. Nur aufgrund einer genauen inhaltlichen Auswertung der nicht oft ausführlichen Prozessakten könnten weitere Informationen zum sozialen Hintergrund gewonnen werden. Auch in Augsburg wurden insgesamt nur 35 Berufsangaben gefunden[9]. Für Freising wäre aufgrund des umfangreichen Materials eine detaillierte prosopographische Untersuchung sehr vielversprechend. In den Offizialatsprotokollen waren dem Familiennamen nach zahlreiche Abkömmlinge aus handwerklichen Berufen und damit aus mittleren sozialen oder gesell-

---

[5] SCHWAB, Augsburger Offizialatsregister, 691.
[6] DEUTSCH, Ehegerichtsbarkeit, 377.
[7] Michael M. SHEERHAN, Theory and practice: Marriage of the Unfree and Poor in Mediaval Society. In: Medieval Studies 50, 1998, 457-487. ND in: James K. FARGE (Hg.), Marriage, Family and Law in Medieval Europe: Collected Studies, Toronto 1996, 211-246, 483.
[8] DEUTSCH, Ehegerichtsbarkeit, 348-350.
[9] SCHWAB, Augsburger Offizialatsregister, 689.

schaftlichen Kreisen enthalten: Insbesondere Müller, Wirt, Schuster, Fischer oder Schneider waren dort häufige Namen, ob sie jedoch gegen Ende des 15. Jahrhunderts noch als Berufsbezeichnung dienten ist nicht sicher, auch wenn bei allen Personen eine geringe soziale Mobilität vorausgesetzt wird und damit ein Verbleib innerhalb des eigenen Standes. Vermutlich waren ebenso wie am Regensburger[10] oder am Augsburger Diözesangericht weitgehend alle Berufsgruppen vertreten[11], ohne dass an dieser Stelle hierzu eine präzise statistische Aussage möglich wäre.

Ebenso wurden in den Freisinger Offizialatsprotokollen viele Namen wie Huber oder Bauer verzeichnet, so dass sich insgesamt der Eindruck ergibt, dass ein großer Teil der Prozessierenden aus der mittleren bis einfachen Landbevölkerung stammte. Dieses Bild entspricht im Wesentlichen der Zusammensetzung der am Regensburger Diözesangericht in Ehefällen prozessierenden Bevölkerung, für die Christina Deutsch einen Anteil von 90% ländlicher Bevölkerung heterogener Zusammensetzung ermittelte, unter denen sich jedoch überwiegend Knechte und Mägde befanden und damit eine sozial eher niedere und wirtschaftlich weniger vermögende Personengruppe[12]. In Augsburg wurde dagegen keine Person eindeutig als Bauer verzeichnet, Schwab begründet dies damit, dass Bauer kein präzises Personenmerkmal sei „in einer Zeit, in der 90% der Menschen auf dem Land lebten," [13]. Der Herkunft nach stammten die am Freisinger Offizialatsgericht mit Matrimonialprozessen vertretenen Personen überwiegend aus einfachen bis mittleren Gesellschaftsschichten, während im Supplikenregister vermutlich 18% der Bittsteller einer höheren Gesellschaftsschicht angehörten. In der geographischen Bevölkerungsverteilung waren dort eher die reichen großen Gemeinden im Voralpenland vertreten[14], während das Supplikenregister nur wenige Hinweise auf die Stellung eines Bittstellers als Magd oder Knecht enthielt. Damit bestätigen auch die Freisinger Quellen die Aussage Schmugges, der gemeine Mann sei kaum in der Lage gewesen, die Kosten für einen kanonischen Eheprozess zu bestreiten und einfache Leute hätten sich allenfalls ein summarisches Verfahren mit Kosten von maximal zwei Gulden an den lokalen Diözesangerichten geleistet[15].

---

[10] DEUTSCH, Ehegerichtsbarkeit, 348-350.
[11] SCHWAB, Augsburger Offizialatsregister, 689-690.
[12] DEUTSCH, Ehegerichtsbarkeit, 376.
[13] SCHWAB, Augsburger Offizialatsregister, 689.
[14] Siehe Karte 1 bis Karte 3.
[15] SCHMUGGE, Ehen, 44.

b) Ordensgeistliche

Aus dem Regularklerus kamen ein Mönch und sieben Vorsteher der im Bistum gelegenen Klöster, nur acht Personen wandten sich insgesamt an das Offizialatsgericht. Sie nahmen unter den gesamten Klerikern einen Anteil von 3,4% ein und waren im Vergleich zum Anteil von 15% unter den geistlichen Petenten an der päpstlichen Beichtbehörde deutlich geringer vertreten. Vermutlich wurden bei Rechtsfragen aufgrund der meist exemten oder ehemals reichsunmittelbaren Stellung der Klöster in geistlichen Fragen lieber höhere und außerhalb Freisings gelegene Jurisdiktionsinstanzen angerufen wie beispielsweise an der Kurie die Rota, die Kanzlei oder die Pönitentiarie. Angesichts der geringen Personenzahl kann hier keine weitere statistische oder inhaltliche Auswertung der Regularkleriker erfolgen.

c) Säkularklerus

Neben Pfründenprozessen waren unter den 219 Weltgeistlichen in den Offizialatsprotokollen Schuldenprozesse das am häufigsten genannte Thema. Hier sind auch vermehrt Prozesse enthalten, die unter Einbeziehung der Pönitentiarie verhandelt werden mussten, deshalb waren die beteiligten Personen auch häufiger im Supplikenregister anzutreffen[16].

Wie Grafik 7 zeigt, befand sich unter dem am Freisinger Offizialatsgericht vor allem zu den Themen Pfründe und Schulden prozessierenden Säkularklerus mit neunzehn Personen oder rund 9% ein kleiner, aber konstanter Anteil an Domkanonikern, der höher lag als unter den Petenten an der Pönitentiarie[17]. Im Supplikenregister[18] wurden unter 220 Geistlichen 13 Domherren mit einen Anteil von rund 6% ermittelt. Ein aktueller Forschungsstand zum Freisinger Dom-

---

[16] Eine inhaltliche Auswertung der überwiegend wegen Schuldenproblemen und Pfründen geführten Prozesse, bei denen es einen Instanzenzug nach Rom gab, folgt in den Kapiteln IX.2.a) bis IX.2.e)
[17] Siehe Liste 4 und Grafik 7.
[18] Vinzent Schrenck gab seine Zugehörigkeit zum Domkapitel nicht an, war jedoch zum Zeitpunkt seines Gesuches bereits Mitglied desselben. Ebenso MEICHELBECK, Freising, 602: Ulrich Arsinger, Kanoniker und Propst von Freising 1463; MEICHELBECK, Freising, 606: Johann Tyrndl, Domdekan 1451 - 1457; MEICHELBECK, Freising, 610: Heinrich v. Baruth, Domherr seit 1461; MEICHELBECK, Freising, 611: Vinzent Schrenck v. Notzing, Domherr seit 1480; Stahleder, OA 116, 132: Domherr seit 1469.
BUCHHOLZ-JOHANEK, Eichstätt, 190: Johannes Heller besaß seit 1425 ein Kanonikat an St. Veit in Freising.

kapitel ist für das 15. Jahrhundert nicht vorhanden[19]: Die Geschichte und Zusammensetzung des Freisinger Domkapitels wurde von Busley bis zum Ende des 14. Jahrhunderts erforscht, für das darauffolgende Jahrhundert wäre eine entsprechende Arbeit sehr wünschenswert, da die Arbeit von Roland Götz über das Freisinger Domkapitel erst mit dem Ende des Dreißigjährigen Krieges beginnt[20].

Vier Kleriker waren in die Klosterpolitik Albrechts IV. eingebunden[21]: Thomas Rudolf stammte aus dem Münchener Patriziat. Johannes Neuhauser, Baltasar Hunderfund und Pankraz Haselberger amtierten zeitweise als Prokuratoren am Offizialatsgericht. Pankraz Haselberger war darüber hinaus ab 1499 als Rat Albrechts IV. tätig. Zwei Geistliche waren trotz ihres Standes Bürger der Stadt Landshut und stammten deshalb vermutlich aus wohlhabenden Bürgerfamilien, zwei gehörten dem Münchener Patriziat an und drei zählten aufgrund der Namengleichheit möglicherweise zu den bayerischen Landständen. Mit fast genau einem Drittel aller Kleriker machten jedoch Pfarrer oder Plebane einen größeren Anteil aus. Sie nahmen aufgrund ihres Amtes eine mittlere bis höhere Stellung in der Kirchenhierarchie ein, einige amtierten zudem als Dekane. Dieser Wert liegt unter dem Anteil von 52%, den die Priester unter den Geistlichen der Pönitentiarie ausmachen.

Mit 79 Personen oder 40% befand sich der Großteil aller Kleriker noch am Anfang ihrer Kirchenkarriere und war beispielsweise als Vikar, Kaplan oder Altarist tätig, jedoch wurden genauere Angaben zu den entsprechenden Pfründen oder Weihegraden nur selten verzeichnet. Ihr Anteil liegt damit wesentlich höher als im Supplikenregister, wo nur vierundzwanzig von 220 Petenten einen niederen Weihegrad wie Akolyth, Subdiakon oder Diakon besaßen. Damit geben diese Zahlen den Eindruck, dass sich Geistliche mit niederem Einkommen seltener an die Pönitentiarie wandten und vor Erreichen eines höheren Kirchenamtes eher lokale Institutionen wie das Offizialatsgericht bevorzugten oder aus Kostengründen bevorzugen mussten und bestätigen Schmugges Aussage[22].

---

[19] Eine entsprechende Untersuchung hätte die Analyse der Personendaten aus Freising sehr erleichtert.
[20] GÖTZ, Freisinger Domkapitel.
[21] Johannes Neuhauser: FEUERER, Klosterpolitik Albrechts IV., 195 und 704; Balthasar Hunderfund: FEUERER, Klosterpolitik Albrechts IV., 694; Franz/Franciscus Ridler: FEUERER, Klosterpolitik Albrechts IV., 722; Thomas Rudolf: FEUERER, Klosterpolitik Albrechts IV., 724; Pankraz Haselberger: FEUERER, Klosterpolititk Albrechts IV., 691.
[22] SCHMUGGE, Ehen, 44.

d) Akademische Ausbildung aller Personen

Laien und Kleriker besaßen mit neunzehn von 1100 Personen oder einem Anteil von 1,7% nur in sehr geringem Maße eine universitäre Ausbildung. Auch hier ist zu vermuten, dass wie im Supplikenregister der tatsächliche Anteil an Graduierten wesentlich höher lag. Ein Laie hatte sein Medizinstudium mit Dr. med. erfolgreich beendet, ein Notar den Grad des *decretuum licentuatus*, sechs Laien und elf Geistliche besaßen einen nicht weiter spezifizierten Magistertitel, so dass eine genauere statistische Auswertung mangels ausreichender Datenmenge unterblieb. Im Vergleich zum Bildungsgrad der Petenten an der Pönitentiarie war der Anteil von registrierten Akademikertiteln unter den Laien ähnlich niedrig, am Offizialatsgericht waren es zwei von 742 Personen[23].

Unter den Klerikern konnte durch Hinzuziehung des Repertorium Academicum Germanicum drei weitere Akademiker ermittelt werden, deren Abschluss in den Offizialatsprotokollen nicht verzeichnet wurde: Es handelte sich um Petrus Fabri mit einem Studium an der juristischen Fakultät in Prag[24], um Leonhard Zehentner aus Kranzberg mit einem Jurastudium in Wien[25], Johannes Dornvogt besaß einen Magister Artium und hatte an der Universität Wien studiert[26]. Der Akademikeranteil war unter Prozessierenden am Offizialatsgericht deutlich niedriger als im Supplikenregister, wo nach Durchsicht weiterer Quellen insgesamt mindestens 34 Kleriker ein Studium aufgenommen, meistens sogar erfolgreich abgeschlossen hatte[27]. Damit vertieft sich der Eindruck, dass die Rechtsprechungsinstanzen auch im Klerus unterschiedliche Einzugskreise besaßen, die mit der Bildungs- und Vermögensstruktur begründet werden können.

Laut Supplikenregister versuchte der Freisinger Klerus seinen Aufstieg in der Kirchenhierarchie eher mithilfe anderer Mittel zu erreichen, nämlich durch vorzeitige Weihen in Italien und nach 1470 vor allem an der Kurie[28]. Die in den Offizialatsprotokollen enthaltenen Personendaten bestätigen dieses Bild. Insgesamt ergibt sich damit auch für die geistlichen Prozessteilnehmer am Offizialatsgericht das Bild eines zumeist traditionelleren Karrieremustern folgenden Klerus, oft ohne akademische Ausbildung. Die Zahlen sind jedoch wegen der Knappheit der Aufzeichnungen in einer Vielzahl summarischer Verfahren oder

---

[23] Siehe Kapitel V.4.
[24] M Jur Prag, 158.
[25] SZAIVERT u.a., M Wien, Bd. 2, 69, 70; MFI Wien, Bd. 2, fol. 15v.
[26] AFA Wien, Bd. 2 fol. 131r, fol. 169v; SZAIVERT u.a., M Wien, Bd. 1, 190.
[27] Siehe Kapitel V.3.a).
[28] Siehe Kapitel V.3.b).

sogar durch das häufige Fehlen der durch Prokuratoren angekündigten Prozesse in den Protokollteilen nur sehr bedingt repräsentativ. Schmugge verweist in seinen Arbeiten außerdem auf eine Verdoppelung der Studentenzahlen an europäischen Universitäten von 1471 bis 1515, auf eine zunehmende Anzahl akademisch gebildeter Geistlicher sowie auf zahlreiche Gründungen auch im deutschsprachigen Raum gegen Ende des 15. Jahrhunderts, ebenso Schwinges in zahlreichen Arbeiten über Studenten und Universitäten im deutschsprachigen Raum[29]. Demnach müssten in späteren Registerbänden des Freisinger Offizialatsgerichtes auch der Anteil an studierten Klerikern deutlich zunehmen. Wie bei der Statistik für das Supplikenregister ist außerdem eine höhere Studentenzahl zu vermuten, die sich durch Auswertung weiterer Quellen belegen ließe.

2. Klientelgruppen

a) Münchener Patriziat

Insgesamt prozessierten 901 Männer und Frauen an Freising, davon 74 aus München[30]. 85% der aus München stammenden Personen gehörte aber nicht der ratsführenden Schicht an. In den Bänden HL Freising 96, 97 und 100 kamen elf von 1 100 Personen namentlich aus dem Münchener Patriziat waren an den insgesamt 836 verschiedenen Prozessen am Freisinger Offizialatsgericht beteiligt[31], wie Liste 5 veranschaulicht. Damit wurde mit 1,2% ein deutlich niedrigerer Anteil erreicht als unter den Petenten der Pönitentiarie in Rom. Im Supplikenregister gehörten dagegen mit 43 von insgesamt 64 Münchenern oder 67% wesentlich mehr Personen zur Münchener Oberschicht[32].

Zwei weitere Angehörige der ratsführenden Schicht waren bis 1482 an einem Prozess in Freising beteiligt, nämlich Jacob Rosenbusch als Angeklagter[33] und der später dem Gerichtspersonal zugehörige Domherr und Chorrichter[34] und im Jahr 1500 als Freisinger Offizial tätige Jacob Rudolf[35] in dem Deflora-

---

[29] Siehe beispielsweise SCHWINGES, Karrieremuster, 515-528; SCHWINGES, Pfaffen und Laien, 299-315; SCHWINGES, Professionalisierung, 553-578.
[30] Vergleiche Kapitel IV.4.c) und Karte 3.
[31] HL Freising 96: Johannes Heselloher, Johannes Tulching(er) und Johannes Wi(l)brecht; HL Freising 97: Oppidanus Andreas Stüph (Stupf), Domherr in Freising Petrus Ridler und Oppidanus Franciscus Pütrich; HL Freising 100: Cristofferus Rudolf, Wilhelm Trichtl, Margarethe und Johannes Zollner.
[32] Siehe Kapitel V.4.c) und Karte 3 sowie Kapitel V.7.b).
[33] HL Freising 102 und 103.
[34] STAHLEDER, OA 122, Die Rudolf, 144-146.
[35] HL Freising 107.

tionsprozess von Jacob Rosenbusch mit Anne Hartwig aus dem Jahr 1482[36]. Dieser heiratete nach Prozessende und nach einer Dispens der Pönitentiarie[37] dessen Schwester Margarethe Rudolf. Vermutlich unterstützte der rechtskundige Jacob Rudolf seinen angehenden Schwager auch in ihrem Eheprozess. Nähere Details sind in den Protokollen jedoch nicht enthalten, denn es handelte sich hierbei um ein summarisches Verfahren.

Insgesamt wandte sich die Münchener Oberschicht damit nur sehr viel seltener nach Freising als nach Rom, um Rechts- und speziell Ehefälle zu klären und bevorzugte eindeutig die kurialen Behörden. Das Münchener Patriziat bildete demnach im Gegensatz zur obersten Beichtbehörde keine nennenswerte Klientelgruppe des Offizialatsgerichtes.

b) Adel

Der Vergleich zu den von Lieberich veröffentlichen Listen der den bayerischen Landständen angehörigen Familien zeigt einige namentliche Übereinstimmungen. So zählten im Jahr 1467 vermutlich vierzehn von insgesamt 314 Klägern oder Prozessbeteiligten zu den bayerischen Landständen, drei Jahre später waren es ebenfalls vierzehn von 457 registrierten Personen. Im Jahr 1470 waren es zwölf von 457 Prozessteilnehmern oder 3%. Insgesamt wird ein ein Anteil von durchschnittlich 4,4% erzielt. Dieser Wert ist insgesamt sehr viel niedriger als im Pönitentiarieregister mit 13% adeligen Petenten, entspricht aber der Untersuchung von Christina Deutsch für die Diözese Regensburg, wo gegen Ende des 15. Jahrhunderts mit 90% der überwiegende Anteil der Prozessteilnehmer am Domkapitelgericht aus ländlichen Gegenden und einfachen Bevölkerungsschichten stammte[38]. Insgesamt ist damit im Personenspektrum des Freisinger Offizialatsgerichtes keine größere Klientelgruppe aus dem Adel oder dem gehobenem Stadtbürgertum zu erkennen.

---

[36] HL Freising 103, fol. 4r.
[37] PA 30, fol. 53v; STAHLEDER, OA 122, 212; STAHLEDER, Häuserbuch 1, 161, 372, 504, 507.
[38] DEUTSCH, Ehegerichtsbarkeit, 50 und 376.

IX. Themen aus den Freisinger Gerichtsprozessen

Das inhaltliche Spektrum der am Freisinger Offizialatsgericht behandelten Fälle erscheint im Vergleich zur Pönitentiarie deutlich reduziert. So sind bei Klerikern keine Weiheprozesse und nur selten Gewalt- oder Kapitalverbrechen zu finden, sehr viel häufiger dagegen waren Schulden und Pfründenangelegenheiten der Verhandlungsgegenstand. Hier konnte bei den prozessführenden Personen keine spezielle Gewichtung nach Weihegrad oder Stand innerhalb der Kirchenhierarchie festgemacht werden: Domkanoniker waren ebenso beteiligt wie Pfarrer oder einfache Kleriker. Bei Laien gab es keine Gesuche um Beicht- oder Butterbriefe und ebenso selten Kapital- oder Gewaltverbrechen, sondern überwiegend Ehefragen aller Art sowie Klagen um Anerkennung und Unterhalt von Kindern. Eine systematische Auswertung der zahlreichen Matrimonialprozesse in Freising in Hinblick auf rechtliche Veränderungen wie eine mögliche Verschärfung des Eherechtes kann aufgrund des umfangreichen Quellenmaterials im Rahmen dieser Arbeit nicht erfolgen, sollte jedoch unbedingt Thema einer eigenständigen Untersuchung sein.

1. Beispiele eines Instanzenzuges nach Rom: Freisinger Laien in Eheprozessen

In diesem Kapitel werden Fälle untersucht, denen eine Verhandlung am Freisinger Offizialatsgericht vorausging und Personen, die sich sowohl an das Freisinger Gericht wie auch in nachfolgenden Suppliken an die Pönitentiarie gewandt hatten. In den ausgewerteten Bänden waren zumeist fünf Personen oder mehr pro Jahr zu finden, die auch im Supplikenregister enthalten sind. In den Jahren 1467, 1468, 1472, 1474, 1476, 1479, 1481 und 1482 wandten sich insgesamt 53 Personen sowohl an das Offizialatsgericht als auch an die Pönitentiarie. Mit insgesamt 45 Personen überwiegen die Kleriker, die ihre Gesuche teilweise mehrfach sowohl an das Offizialatsgericht als auch an die Pönitentiarie richteten. Unter einer Vielzahl von Ehefällen blieb die Anzahl der während eines Matrimonialprozesses an der Pönitentiarie eingeholten Ehedispense weitaus niedriger als erwartet. Nur fünf Paare hatten in den untersuchten Jahren vor, während oder nach ihrem Eheprozess in Freising auch einen Bescheid der Pönitentiarie eingeholt. Dies könnte ein weiteres Anzeichen dafür sein, dass die Rechtsprechungskompetenz auch bei Ehefällen nicht ausschließlich in Händen des Offizialatsgerichtes lag, so dass von mehreren parallel amtierenden Rechtsprechungsinstanzen ausgegangen werden kann, auf die sich die von der Pönitentiarie nach Freising zurückgeschickten Matrimonialdispense verteilten[1] und in deren Gerichtsprotokollen die Eheprozesse zu suchen sind.

Nicht in allen Fällen gab es einen inhaltlichen Zusammenhang zwischen an der Pönitentiarie gesuchten Dispensen und den Gerichtsverfahren in Freising. Auffallend ist, dass die Kontaktintensität unter Geistlichen wesentlich höher war als unter Laien, obwohl diese am Freisinger Offizialatsgericht mit überwiegend Eheprozessen sehr viel zahlreicher vertreten waren als der Diözesanklerus. An dieser Stelle stellt sich zudem die Frage nach dem Verlauf des Rechtsweges, ob die Pönitentiarie als letzte Instanz fungierte, ob diese als Zwischeninstanz diente und während eines Verfahrens zur Rechtshilfe angerufen wurde oder ob sie auch als einzige Instanz aufgesucht wurde, um die Anliegen der Bittsteller zu entscheiden. Von den am Offizialatsgericht gefundenen Fällen sollen im folgenden einige Beispiele genauer untersucht werden.

a) Heinrich (Bauer) und Diemund (Moser)

Im Supplikenregister wurde am 17. März 1461 eine stark formalisierte, kurze Ehedispens eingetragen: Heinrich und Diemund hatten in Unkenntnis ihrer Blutsverwandtschaft im dritten oder vierten Grad eine Ehe geschlossen und vollzogen. Sie baten um eine nachträgliche Dispens mit Legitimation der Kinder, die mit *fiat de speciali* genehmigt wurde. Außerdem wurde ein Deklarationsschreiben über den dritten Grad der Blutsverwandtschaft verzeichnet[2]. Das Protokoll des zeitgleichen Gerichtsprozesses am Freisinger Offizialatsgericht enthält dagegen wesentlich mehr Informationen. Dieser besonders detailliert protokollierte Eheprozess wurde bereits 2007 von Kirsi Salonen ausführlich analysiert und publiziert[3]. Es handelt sich um einen für diese Zeit mit drei Monaten vergleichsweise lange andauernden Matrimonialprozess aus Freising von 1462[4], der neben einer ausführlichen Dokumentation nebst Zeugenbefragungen an drei

---

[1] Wie in Kapitel IV.4.c) bis IV.4.e) vermutet gab es noch weitere, parallele Rechtsprechungsinstanzen zum Offizialatsgericht, so dass ein bestimmter Anteil der Matrimonialdispense in anderen Gerichtsprotokollen enthalten sein dürfte. Als Beispiel wurden in Kapitel IV.4.d die Klöster Benediktbeuern (siehe auch SAGSTELLER, Hoch- und Niedergerichtsbarkeit, 201 bis 297 und Mallersdorf erwähnt, beispielsweise PA 38, fol. 91r, PA 39, fol. 90r, PA 40, fol. 120r eine phasenweise an das Domkapitel übergegangene Rechtsprechung oder in Kapitel III.3.e) eine bischöfliche Rechtsprechung auf Diözesansynoden (PA 17, fol. 40r) und in Kapitel III.5.c) insbesondere bei Scheidungen (PA 15, fol. 414v und PA 31, fol. 17v) genannt.

[2] PA 9, fol. 24r.

[3] SALONEN, Diemunda and Heinrich, 43-59.

[4] HL Freising 93: Prozessbeginn war der 15. Januar 1462, er endete mit der Urteilsverkündung am 2. April 1462.

Tagen sogar einen Gnadenbrief der Pönitentiarie vom 17. März 1461[5] mit Dispens über das Ehehindernis und einer Erlaubnis zur Fortsetzung der Ehe sowie einen Deklarationsbrief vom 20. März 1461 mit Dispens über den vierten Grad der Blutsverwandtschaft enthält[6].

Die Gerichtsprotokolle berichten über das eheähnliche Verhältnis einer Dienstmagd mit einem entfernteren Verwandten, bei dessen Bruder sie angestellt war. Es begann durch ein Eheversprechen ohne Zeugen, aus dem ein Kind hervorging, das vier Monate nach der Geburt starb[7]. Während des öffentlich bekannten Verhältnisses ohne kirchliche Trauung waren sich, wie aus den Verhandlungen der folgenden Prozesstage mehrfach hervorgeht, beide Seiten des Ehehindernisses bewusst, jedoch gab es unterschiedliche Meinungen darüber, ob mithilfe einer päpstlichen Dispens eine legale Ehe mit kirchlicher Trauung geschlossen werden sollte oder nicht[8]. Nach der Geburt wollte sich Heinrich offensichtlich seiner Partnerin entledigen, während diese durch einen Gerichtsprozess auf Zuerkennung des ihrer Meinung nach rechtmäßigen Ehemannes klagte. Drei Wochen nach Prozessbeginn schaltete Diemund einen Prokurator ein und holte sich damit Rechtshilfe[9]. Aufgrund einiger Formfehler war die Diemund gewährte Ehedispens jedoch ungültig und der Prozess endete mit einem Kompromiss, nämlich der Verurteilung Heinrichs zu einer Kompensationszahlung oder einem sogenannten „Kranzgeld"[10] von zehn Pfund an Diemund unter Androhung der Exkommunikation[11], welches er aber zunächst nicht leistete[12].

Die Klage auf Zuerkennung eines Ehegatten war nicht außergewöhnlich, es gab im 15. Jahrhundert zahlreiche ähnliche Verfahren, die häufig mit gleichem negativen Urteil endeten. Laut Weigand waren nur 10 bis 20 % der Ehezuerkennungsklagen erfolgreich[13]. Die Einzelheiten im Verfahren zeigen nach Salonen jedoch, dass sich eine gut informierte Anklägerin aller rechtlich zur Verfügung stehenden Hilfsmittel bediente, um ihr Anliegen zu erreichen, und dass hier vielleicht nicht die Rückgewinnung des Partners, sondern von Anfang

---

[5] HL Freising 93, fol. 37v.
[6] HL Freising 93, fol. 37v.
[7] HL Freising 93, fol. 12r.
[8] HL Freising 93, fol. 12r, 22r, 57v und 63r enthalten die Aussagen Diemunds, HL Freising 93, fol. 30r-v, 59r-60r, 63v enthalten die Gegendarstellung Heinrichs nebst Zeugen.
[9] HL Freising 93, fol. 3r, Liste der Prokuratoren.
[10] SCHMUGGE, Ehen, 81.
[11] HL Freising 93, fol. 77v.
[12] HL Freising 93, fol. 116r.
[13] Rudolf WEIGAND, Zur mittelalterlichen kirchlichen Ehegerichtsbarkeit. In: ZRG KA 67, 1981, 213-247, 216-220.

an eine Kompensationszahlung angestrebt wurde[14]. Auch Heinrich ließ durch seine Vorgehensweise und seine Aussagen erkennen, dass er umfangreichere Kenntnisse der Ehebestimmungen besaß, beispielsweise dass er genau wusste, weshalb die von Diemund eingeholte Dispens formal und damit rechtlich ungültig war und dass er deswegen nicht zur Ehe gezwungen werde konnte[15]. Für Salonen geben die beiden Prozessierenden ein Beispiel für die in der allgemeinen Bevölkerung weit verbreitete Kenntnisse über Eherecht, Ehehindernisse und diesbezügliche kanonische Vorschriften, aber auch über die selbstverständliche Verwendung der entsprechenden Rechtsmittel, um ein Anliegen vor Gericht zu erstreiten[16].

Der Fall ist, wie Salonen schreibt[17], ein seltenes Beispiel für eine große inhaltliche Divergenz zwischen der knappen Registrierung einer Ehedispens an der Pönitentiarie und dem reellen Hintergrund in den lokalen Prozessen am Gericht: Eine misslungene Klage auf Zuerkennung des Ehegatten unter Hinzuziehung der Pönitentiarie. So verbergen sich hinter formal gleichlautenden Einträgen im Supplikenregister eine Vielzahl unterschiedlicher persönlicher Geschichten. Salonen begründet dies damit, dass für die Entscheidungsfindung der Grund des Dispenserwerbes nicht benötigt und somit auch nicht verzeichnet wurde, so dass die Motive und Hintergründe der Antragsteller oft undeutlich oder gar nicht erkennbar sind[18]. Außerdem ist dieser Fall ein Beleg für die Vielzahl an sexuellen und nicht eheartigen Beziehungen in der Bevölkerung, welche häufig in vergleichbaren Gerichtsprozessen endeten, wo viele Frauen angaben, sie hätten nur unter Abgabe eines Eheversprechens zugestimmt[19]. Neben der Tatsache, dass bezüglich Eherecht und rechtlichen Hilfsmitteln gut informierte Personen im Umgang mit dem Offizialatsgericht beschrieben sind, lässt sich im Prozess auch im Hintergrund die tatkräftige Hilfe rechtskundiger Personen erkennen, die im Umgang mit der Pönitentiarie bestens vertraut waren.

---

[14] SALONEN, Heinrich and Diemunda, 57.
[15] SALONEN, Heinrich and Diemunda, 58.
[16] SALONEN, Heinrich and Diemunda, 58.
[17] SALONEN, Heinrich and Diemunda, 55.
[18] SALONEN, Heinrich and Diemunda, 55-56. Siehe auch Kapitel II.11: In keiner einzigen Supplik wurde das persönliche Motiv einer Person genannt, welches zur Tat führte, ebenso selten eine persönliche Reue, denn in allen Suppliken ging es nicht um die Wahrheitsfindung und die damit verbundene Schuldfrage und Bußleistung, sondern um die Erleichterung oder Aufhebung von kirchlichen Strafen für den Antragsteller.
[19] SALONEN, Heinrich and Diemunda, 56.

Der von Diemund beigebrachte Zeuge, ein dreißigjähriger Priester namens Sigismund Pfeubert, war nämlich selber sieben Jahre zuvor mit einer Geburtsmakeldispens an der Pönitentiarie vertreten. Er hatte zu diesem Zeitpunkt bereits einen *baccalaureus* der *artes liberales* erworben und somit studiert[20], er hatte nebenher sicher auch Rechtskenntnisse erworben. Auch sein Bruder Conrad Pfeubert war im selben Jahr mit einer Geburtsmakeldispens an der Pönitentiarie vertreten[21]. Einige Jahre nach seiner Zeugenschaft prozessierte Sigismund selber zu einem nicht weiter genannten Thema am Offizialatsgericht[22]. Als Zeuge Diemunds könnte er sicherlich nebenher als ihr inoffizieller Rechtsberater und als Mittelsmann im Kontakt zur Pönitentiarie gedient haben, auch wenn sie im Prozess durch den Prokurator Georg Neumair vertreten wurde und laut Aussagen Heinrichs ein Priester namens Hildebrand als Mittler zur Pönitentiarie diente[23].

Die sehr umfangreiche Aufzeichnungen des Prozesses samt Zeugenaussagen an drei Tagen und die darin enthaltenen Pönitentiariebescheide waren vermutlich sehr kostspielig und kontrastierten auffallend mit einem dem Anschein nach eher niedrigeren Stand der Prozessierenden: Heinrich war Bauer, Diemund als Magd auf dem Hof seines Bruders angestellt, deshalb erscheint es fragwürdig, ob und wie diese das Gerichtsverfahren, die Pönitentiariedispens mit 4,5 Kammergulden[24], eventuell den heimischen Priester als Mittelsmann sowie einem Prokurator bezahlen konnte. An einer Stelle wurde von Seiten Heinrichs der Vorwurf geäußert, ein Zeuge Diemunds sei von ihren Eltern bezahlt und bestochen worden[25], zu diesem Vorwurf gab es im Prozessverlauf aber keine weiteren Informationen. So stellt sich die Frage nach weiteren möglichen finanziellen Unterstützern im Hintergrund, die jedoch mangels Quellen nicht nachweisbar sind.

b) Katharina Öder und Johannes Neumair
An der Pönitentiarie wurde am 8. Juni 1463 folgende Dispens registriert: Johannes Neumair und Katherina, Wittwe von Johannes Nosmer, beide ohne Herkunftsort, heirateten, nicht wissend, dass sie im dritten Grad blutsverwandt wa-

---

[20] PA 4, fol. 219v, beide Elternpaare wurden mit *presbyter/soluta* verzeichnet.
[21] PA 4, fol. 220r.
[22] HL Freising 99, fol. 1r von 1474: Der Prozess wird nur im Registerteil angekündigt, aber nicht der Prozessgegenstand beschrieben.
[23] HL Freising 93, fol. 59r-60r.
[24] SCHMUGGE, Ehen, 42.
[25] HL Freising 93, fol. 59v-60r.

ren, und baten um eine Ehedispens *ut supra*. Die Supplik wurde mit *fiat de speciali et expresso* genehmigt[26] und es folgte eine Strafzahlung von 7,5 Kammergulden an die Datarie[27]. Dreizehn Jahre später fand am Freisinger Offizialatsgericht ein Eheprozess statt, an dem Katharina, Tochter des Johannes Öder, mit Herkunftsort Berghaim in dem Pfarrbezirk Mewching und Johannes Neumair aus Mewching beteiligt waren[28]. Die Aufzeichnungen sind verhältnismäßig kurz, jedoch sind einige Details zu dieser Verbindung enthalten. Johannes Neumair gab zu Protokoll, dass er drei Wochen zuvor mit Katherina Öder ein Eheversprechen vereinbarte. Sie vollzogen die Ehe heimlich durch körperlichen Verkehr, aber nicht durch eine Brautmesse, weil sie wussten, dass zwischen ihnen irgendein Ehehindernis bestand. Anschließend wurden die Zeugen verhört: Anna Frastin aus Hausbach, Oswald Weigl aus Hausdorf und der vierzigjährige Georg Neumair, ein Onkel von Johannes. Durch die Zeugenbefragung wurde das Verwandtschaftsverhältnis des Brauaares bestätigt und das eintägige Verfahren endete am Donnerstag, den 30. November mit einer Trennung des Paares durch den Offizial wegen heimlicher Eheschließung in Kenntnis seines Ehehindernisses des vierten Grades der Blutsverwandtschaft. Beide Partner erhielten die Erlaubnis, sich anderweitig neu zu verheiraten[29].

Ob in diesem Freisinger Eheprozess eine andere Frau als die an der Pönitentiarie verzeichnete Katharina beteiligt war oder ob zwischen Dispenserteilung und Gerichtsprozess tatsächlich der verhältnismäßig lange Zeitraum von dreizehn Jahren lag und damit eine langdauernde Clandestinehe, lässt sich an dieser Stelle nicht eindeutig klären. Auf jeden Fall waren in anderen deutschsprachigen Bistümern wie Augsburg Trennungen wegen Ehehindernissen auch nach langjähriger Ehe von fünfzehn oder zwanzig Jahren keine Seltenheit, einige Beispiele davon sind bei Schmugge beschrieben[30].

Die Familie Öder gehörte seit 1394 zu den Wittelsbacher Ministerialen[31], demnach war Katherina Öder vermutlich niederadelig, der Mann jedoch nicht. Deshalb besteht die Möglichkeit, dass seitens der Familie von Katharina Öder die Ehe mit einem sozial niedrigeren Partner unerwünscht war, während von Seiten des Paares eigentlich der Fortbestand der Ehe gewünscht wurde, da es

---

[26] PA 11, fol. 90r.
[27] SCHMUGGE, Ehen, 42.
[28] HL Freising 100, fol. 212r-v von 1476.
[29] HL Freising 100, fol. 212v.
[30] SCHMUGGE, Ehen, 85-87.
[31] LIEBERICH, Bayerische Landstände, 39, 108.

sich vorab aufwändig und kostspielig um Legalisierung seiner nicht den kanonischen Vorschriften entsprechenden Ehe durch die Pönitentiariedispens und eine Strafzahlung an die Datarie bemühte. Der verhältnismäßig ausführlich protokollierte Prozess enthielt mehrere Zeugenbefragungen über eine Liste über zehn Anklagepunkte, ein sogenanntes Klagelibell. Es wurde aber nicht registriert und lässt sich inhaltlich nicht rekonstruieren, da die aufgezeichneten Zeugenantworten nur ja oder nein lauteten. Eine Pönitentiariedispens war in diesem Prozess nicht enthalten und wurde auch nicht erwähnt.

Die Hochstiftsliteralien Freising 100 enthalten nur diesen einen Eintrag, der weitere Werdegang Katharina Öders und Johannes Neumairs ist deshalb nicht nachvollziehbar. Eine Appellation gegen die in Freising verhängte Eheannullierung am Salzburger Konsistorialgericht war rechtlich möglich, diese Gerichtsprotokolle wurden jedoch für diese Arbeit nicht einbezogen. In jedem Fall gibt diese Scheidung ein Beispiel für die schematisch-strenge Anwendung kanonischer Vorschriften in der Freisinger Rechtsprechung zur Durchsetzung kanonischer Ehevorschriften, obwohl aufgrund der Vordispens der Pönitentiarie eigentlich die Ehehindernisse beseitigt waren. So stellt sich in diesem Fall die Frage, ob die Unstimmigkeiten auf eine verdeckte und gewollte Ehetrennung hinweisen, bei der das Paar selber oder dessen Eltern mitwirkte, und die strenge Anwendung des Kirchenrechtes für eine beabsichtigte Trennung einschließlich der Möglichkeit einer Neuverheiratung für beide Personen sozusagen missbraucht wurde. Schmugge beschreibt anhand einiger Beispiele die Instrumentalisierung des Kirchenrechts als Scheidungsinstrument, also den erfolgreichen Versuch von Paaren, eine Eheannullierung durch schematische Anwendung kanonischer Ehevorschriften zu erreichen[32]. Diese Vorgehensweise darf auch dem Paar Katharina Öder und Johannes Neumair unterstellt werden, jedoch könnten hierzu nur weitere Aufzeichnungen näheren Aufschluss geben[33].

c) Jakob Rosenbusch und Margarethe Rudolf

Das Supplikenregister enthält am 15. Oktober 1480 folgenden Eintrag: „Jakob Rosenbusch und Margarethe Rudolf aus München bitten um Dispens, trotz vierten Grades der Blutsverwandtschaft die Ehe eingehen zu dürfen mit Legitimati-

---

[32] SCHMUGGE, Ehen, 150-152.
[33] Insbesondere wenn eine Appellation am Salzburger Konsistorialgericht erfolgte, in diesem Fall könnte aber immerhin vermutet werden, dass die Familie von Katharina Öder nicht mit der Ehe einverstanden war und vielleicht die Trennung von Johannes Neumair unterstützend eingegriffen hatte.

on zukünftiger Kinder"[34]. In den Freisinger Offizialatsprotokollen sind zwei aufeinanderfolgende Prozesse Jakob Rosenbuschs enthalten: Ein Deflorationsprozess aus dem Jahr 1481 gegen Anne Weylent und zukünftige Frau Hartwig, die als Magd bei einem Heinrich Messerschmid angestellt war[35]. Es handelte sich um ein kostengünstiges summarisches Verfahren[36], das nur stichwortartig aufgezeichnet wurde. Der Prozess endete in einer Geldzahlung von sieben Goldflorinen an die Frau[37]. Die endgültige Geldübergabe wurde von einem Mittelsmann, nämlich Jacob Rudolf, dem Bruder von Rosenbuschs zukünftiger Ehefrau, begleitet[38]. Dieser könnte auch als inoffizieller Rechtsberater des Brauaares gedient haben. Er hatte zehn Jahre später 1493 eine Promotion in der Rechtswissenschaft abgeschlossen, war aber bereits seit 1472 Domherr in Freising[39], Chorrichter, Propst in Schliersee und in Bayern-Landshut als herzoglicher Berater tätig[40]. Weitere Station seiner erfolgreichen Karriere war die Tätigkeit als Freisinger Offizial im Jahr 1500[41] und vermutlich bereits in vorhergehenden Jahren. Zwei andere Familienmitglieder hatten in darauffolgenden Jahren eine ausführliche Rechtsausbildung durchlaufen und eine Stellung im herzoglichen Rat Albrechts IV. erworben: Dr. Thomas Rudolf[42] und Dr. Thomas Rosenbusch, dieser wurde sogar von 1510 bis 1514 Professor für Zivilrecht an der Universität in Ingolstadt[43]. Da auch der Vater von Jakob Rosenbusch, Hans Rosenbusch, eine Promotion im Recht abgeschlossen hatte[44], waren innerhalb beider Familien ausführliche Rechtskenntnisse vorhanden, die den Umgang mit den verschiedenen Rechtsprechungsinstanzen sehr erleichtert haben dürften. Insgesamt wurden in Freising nur die notwendigsten Formalitäten und das Verhandlungsergebnis notiert.

---

[34] PA 30, fol. 53v.
[35] HL Freising 102, fol. 6v, angekündigter Prozessbeginn am 16. September mit einer Deponierung von vier Goldflorinen für Anne Weylent durch den Prokurator Georg Newnburg, HL Freising 102, fol. 251r: Deponierung des Klagelibells vor Gericht am Mittwoch, den 26. September, HL Freising 102, fol. 259v: Urteilsverkündung am 29. September: eine Strafzahlung von insgesamt sieben Goldflorinen, wovon bereits vier geleistet wurden und noch drei zu zahlen waren.
[36] BUCHHOLZ-JOHANEK, Eichstätt, 136.
[37] HL Freising 102, fol. 259v.
[38] HL Freising 102, fol. 259v.
[39] STAHLEDER, OA 122, 144-146.
[40] LIEBERICH, Gelehrte Räte, 142.
[41] HL Freising 107, fol. 1r.
[42] LIEBERICH, Gelehrte Räte, 144.
[43] LIEBERICH, Gelehrte Räte, 145.
[44] STAHLEDER, Die Rudolf, OA 114, 241-242.

Im nächsten Jahr folgte der zweite Prozess, der im Registerteil für den 13. Juni des Jahres 1482 angekündigt wurde[45], von dem aber keine schriftlichen Aufzeichnungen überliefert sind. In diesem Verfahren hatte Jakob Rosenbusch den Domkanoniker und Bruder seiner Braut, Jakob Rudolf, sowie Georg Newnburg als Prokuratoren. Der Prozess sollte den Weg bereiten für eine Eheschließung Rosenbuschs mit der Münchener Bürgerstochter Margarethe Rudolf nach Erhalt einer Ehedispens der Pönitentiarie[46]. Im selben Jahr fand auch die Hochzeit statt, darüber berichten Münchener Quellen wie beispielsweise die Schrenck-Chronik[47]. Die Vorgehensweise Jakob Rosenbuschs zeigt sein sehr genaues Bewusstsein über den zu nahen Verwandtschaftsgrad seiner Braut und zeugt von detaillierten Kenntnissen der familiären Beziehungen sowie den der Ehe entgegenstehenden Hindernissen, welchen er mit der Dispenserwerb entgegengewirkt hatte. Weitere Stolpersteine wie die voreheliche Beziehung zur Magd Anne Weylent waren bereits durch den Deflorationsprozess beseitigt und damit alle den kanonischen Vorschriften entsprechenden Ehehindernisse systematisch und sorgfältig eliminiert. In den Münchener Quellen ist kein Datum der Eheschließung zu finden[48], sie fand vermutlich im Sommer oder Herbst 1482 nach Abschluss des zweiten Eheprozesses statt.

Der Weg zur legitimen Ehe dauerte zwei Jahre an und führte über eine Ehedispens an der Pönitentiarie[49], es folgte der Deflorationsprozess in Freising[50], dann kam es zum eigentlichen Eheprozess im Jahr 1482[51]. Wie im von Salonen beschriebenen Matrimonialprozess von Heinrich und Diemund lässt die Vorgehensweise den Rückschluss zu, dass die Beteiligten sehr genau mit den kirchlichen Ehevorschriften vertraut waren und alle nötigen Rechtsmittel kannten, um diese auszuhebeln. Da hier neben ausgezeichneten familiären Rechtskenntnissen auch ausreichende finanzielle Mittel vorhanden waren, weil die Brautleute zum Münchener Patriziat zählten und über ein entsprechendes Vermögen verfügten, konnten alle nötigen Vorkehrungen wie Gerichtsprozesse und

---

[45] HL Freising 103, fol. 4r.
[46] PA 30, fol. 53v von 1480.
[47] STAHLEDER, OA 114, Die Wilbrecht, Rosenbusch, Pütrich, 241; STAHLEDER, OA 122, Die Rudolf, 190: Erwähnung eines päpstlichen Dispens für die Hochzeit von Jakob Rosenbusch und Margarethe Rudolf, weil die Urgroßmutter Margarethes, Elisabeth Schrenck, die Schwester des Urgroßvaters von Jakob Rosenbusch, Andrée Schrenck, war.
[48] STAHLEDER, OA 122, 190; STAHLEDER, Häuserbuch 1, 161, 372, 504, 507.
[49] PA 30, fol. 53v von 1480.
[50] HL Freising 102, fol. 6v, 145v, 251v, 259v.
[51] Angekündigt für den 19. Juni 1482: HL Freising 103, fol. 6v.

Pönitentiariedispense besorgt werden, um die Ehehindernisse zu beseitigen und innerhalb der Familie zu heiraten. Das bei Brundage beschriebene Ziel, vor allem die Oberschicht und der Adel versuchen mittels gezielter Ehepolitik, ihren Stand zu erhalten und das Vermögen zu konzentrieren[52], kann hier zwar nur unterstellt werden, wird aber sicherlich bei beiden zur Wahl des Partners beigetragen haben.

Christina Deutsch nimmt in ihrer Untersuchung des Regensburger Diözesangerichtes an, dass die Ausführlichkeit der Aufzeichnungen mit dem Vermögensstand der Prozessteilnehmer einherging[53]. Dies lässt sich für Freising nicht bestätigen, denn in diesem Eheprozess aus dem Jahr 1461 kontrastiert der höhere gesellschaftliche Rang sowie der mit der Zugehörigkeit zum Patriziat in München einhergehende Besitz und Vermögensstand auffallend mit den beiden kostengünstigen summarischen Gerichtsverfahren[54], dem Deflorationsprozess ohne detaillierte schriftliche Aufzeichnung von Jakob Rosenbusch, und dem nicht protokollierten Matrimonialprozess von 1461. Trotz des niedrigen sozialen Stands der Prozessierenden Heinrich und Diemund aus Ambach wurde ihr Prozess durch detaillierte Gerichtsprotokolle, drei Zeugenbefragungen und zwei Pönitentiariebriefe ausführlich dokumentiert. Beiden Verfahren lag inhaltlich dasselbe Thema zugrunde, es handelte sich bei Rosenbusch wie bei Heinrich und Diemund um Deflorationsprozesse mit sozial nieder stehenden Mägden. Rosenbuschs Prozess endete ebenso in einer Strafzahlung an die Frau, die aber mit sieben Goldflorinen vergleichsweise geringer ausfiel, wahrscheinlich weil kein Kind hervorgegangen war.

d) Ergebnis

An dieser Stelle kann wie bei Salonen[55] nochmals bestätigt werden, dass nahezu gleichlautende Ehedispense an der Pönitentiarie in der Praxis mit lokal sehr unterschiedlichen Eheprozessen und Hintergrundgeschichten verbunden waren. Einzelheiten zu den Personen und Hintergründen sind auch anhand der lokalen Rechtsprechung oft kaum nachvollziehbar, da es sich beispielsweise bei Jakob Rosenbusch und Margarethe Rudolf nur um ein summarisches Verfahren ohne

---

[52] BRUNDAGE, Law, 606: Die Kirche versuchte der Vermögenskonzentration gegenzusteuern durch Vorschriften zur Blutsverwandtschaft, diese Vorschriften wurden in der Praxis ausgehebelt und durch Dispenserwerb umgangen.
[53] DEUTSCH, Ehegerichtsbarkeit, 98.
[54] BUCHHOLZ-JOHANEK, Eichstätt, 136.
[55] SALONEN, Heinrich and Diemunda, 44-46.

Angabe von Details handelte und erst weitere lokale Quellen nähere Auskunft geben können. Bei Katharina Öder und Johannes Neumair tauchen auch nach der Hinzuziehung des verhältnismäßig ausführlichen Gerichtsprotokolls vor allem weitere neue Fragen auf. Auffallend ist insgesamt, dass sich der scheinbar unterschiedliche Vermögensstand der Prozessierenden nicht wie bei Schmugge beschrieben[56] konsequenterweise in der Ausführlichkeit der Prozessunterlagen widerspiegelte, wofür vor allem der Vergleich der Prozesse von Heinrich Bauer/Diemund Moser zu Jakob Rosenbusch/Margarethe Rudolf ein Beispiel gibt.

Allen drei Verfahren war gemeinsam, dass die Personen recht unterschiedlicher Herkunft aus ländlichen Gegenden genauso wie aus Städten durchaus recht gut mit kanonischen Ehevorschriften vertraut waren und diese bei Bedarf zu umgehen oder für die Durchsetzung eigener Ziele einzusetzen wussten. Im Falle von Jakob Rosenbusch und Margarethe Rudolf waren aufgrund eines Rechtsstudiums mit Promotion bei mehreren Familienmitgliedern sogar besonders gute Rechtskenntnisse vorhanden, die den Prozessierenden ihr Vorgehen sehr erleichtert haben dürften. Dabei wurde das Kirchenrecht nicht nur für eine gezielte Ehepolitik innerhalb höherer Gesellschaftsschichten, sondern möglicherweise auch gezielt als Scheidungsinstrument missbraucht, wie das Beispiel Öder/Neumair zeigt. Ob und wie weit dieses Rechtsbewusstsein in der gesamten Einwohnerschaft Freisings vorhanden war, lässt sich in dieser Untersuchung zumindest nicht statistisch messen, auch wenn die Auswertung des Supplikenregisters beispielsweise in bestimmten Kreisen wie der Stadtbevölkerung Münchens schon recht weit verbreitete Kentnisse des Kirchenrechtes und der Jurisdiktionsinstanzen vermuten ließ[57].

2. Der Freisinger Klerus am Offizialatsgericht: Schuldenprozesse und Anklagen wegen Bestechung

a) Wilhelm Frimul

Im Supplikenregister findet sich am 18. Juli 1480 folgender Eintrag: „Wilhelm Frimul wurde einst vor das Konsistorialgericht des [Dom]Kapitels in Freising zitiert, weil er seine Schulden bei einem Laien nicht bezahlt hatte, und wurde exkommuniziert, aber nicht öffentlich, und so zelebrierte er eine Messe und beging eine Irregularität: Und weil er hinterher seinen Kreditgeber zufrieden stellte

---

[56] SCHMUGGE, Ehen, 43-48.
[57] Siehe Kapitel V.7.b), Themen der Stadtbevölkerung Münchens und Karte 3.

wurde er von besagtem Gericht absolviert: Bitte um Dispens über die begangene Irregularität."[58]

Laut Schmugge wandten sich Geistliche vor allem dann an die Pönitentiarie, wenn sie in ihren Anliegen vor den ordentlichen geistlichen Gerichten vor Ort nicht weiterkamen[59]. Die im Supplikenregister verwendete Terminologie verweist auf das Offizialatsgericht des Freisinger Domkapitels als lokale Rechtsprechungsinstanz. Der Prozess ist in den Freisinger Gerichtsprotokollen enthalten. Es handelte es sich um ein summarisches Verfahren mit entsprechend kurzem Wortlaut, aufgezeichnet wurden hier nur die Zahlungsvorgänge beziehungsweise die Mahnungen an den Beklagten. Am Freitag, den 6. September 1476 wurde am Offizialatsgericht in drei Zeilen die von Wilhelm Frimul erbrachte Schuldenzahlung notiert: „Wilhelm Frimul, *premissarius* an der St. Georgs-Kirche, hat eine Schuldenzahlung von 50 Denaren an Mathias Gurtler beglichen und wird ihm am St. Michaels-Fest am Mittwoch den zehnten September 62 Denare geben unter Androhung der Exkommunikationsstrafe."[60]

Die gesamte Summe seiner Schulden betrug demnach 112 Denare. Drei Jahre später musste sich Wilhelm Frimul am Freitag, den 14. Mai 1479 erneut vor dem Offizialatsgericht wegen ausstehender Zahlungen verantworten. Verzeichnet wurde in vier Zeilen der Abschluss eines weiteren Schuldenprozesses: „Absolviert wurde Herr Wilhelm Frimul, *premissarius* irgendwo in Freising, von der summa, mit welcher er auf Veranlassung von Petrus Messerschmid und Georg Notzinger bedroht wurde und durch deren Exkommunikation er gebunden war. Sie einigten sich vor Gericht."

In den vorausgegangenen Jahren war demnach eine erneute Exkommunikation erfolgt, von der Wilhelm Frimul 1479 hiermit absolviert wurde. Er war nahm immer noch dieselbe Stellung an der St. Georgs-Kirche ein. Die Exkommunikationsstrafe war von Petrus Messerschmid und Georg Notzinger gefordert worden, mit denen er aber laut Offizialatsprotokoll bereits eine Einigung erzielt hatte. Der Grund für die Kirchenstrafe ist nicht ersichtlich, wahrscheinlich geschah dies aber erneut wegen nicht bezahlter Schulden[61].

Fünf Monate später hatte Wilhelm Frimul wiederum ausstehende Schuldzahlungen und wurde deswegen vor Gericht geladen: Verzeichnet wurde am

---

[58] PA 29, fol. 56r von 1480.
[59] SCHMUGGE u.a., Pius II., 137.
[60] HL Freising 100, fol. 137r, von Freitag, den 6. September 1476.
[61] HL Freising 101, fol. 199v.

15. Oktober eine dreizeilige Mahnung[62]. Mittlerweile hatte Wilhelm Frimul ein anderes oder ein zusätzliches Benefiz erhalten, er wurde nun als Pleban in Wippenhausen bezeichnet und hatte laut eigenen Angaben noch Schulden bei Johannes Scheffler aus Freising, die er Weihnachten unter Androhung einer Exkommunikationsstrafe begleichen musste. Diese löste er zwei Wochen darauf wohl vorzeitig ein, wie ein Eintrag von Freitag, den 29. Oktober 1479 belegt[63]. An dieser Stelle wurde die durch Wilhelm Frimul unter Strafandrohung geleistete Zahlung von neun Florinen und zehn Denaren registriert.

Insgesamt hatte Wilhelm Frimul in den Jahren 1476 bis 1479 drei Schuldenprozesse laufen, die Hinweis geben auf seine schlechte finanzielle Gesamtlage. Möglicherweise war sein Pfründenerwerb in Wippenhausen im Jahr 1479 Anlass für eine erneute Kreditaufnahme, welchen er nicht termingerecht abbezahlen konnte. Außerdem handelte es sich hierbei um das bei Moeller beschriebene Phänomen der Klerikerarmut, die im 15. Jahrhundert nicht nur in Norddeutschland, sondern auch im Bistum Freising verbreitet war, wie dieses und weitere Beispiele belegen. Während laut Bernd Moeller das Verantwortungsgefühl der Laien für die kirchliche Ordnung deutlich wuchs[64], ging mit dem starken Anstieg der Klerikerzahlen häufig auch eine durch die zunehmende Frömmigkeit selbst veranlasste Vermassung und Verarmung einher[65], so dass das Pfründeneinkommen für viele Geistliche zum Lebensunterhalt tatsächlich nicht mehr ausreichte. Es gab laut Moeller viele Anzeichen, dass sich deswegen die Lebenssituation und der Zustand der Geistlichkeit bis zur Reformation kontinuierlich verschlimmert hatte[66]. Der Pfründenerwerb war beispielsweise mit hohen Kosten verbunden, wie auch beispielsweise Andrea Boockmann beschreibt: „Für die Übernahme einer Pfründe oder eines geistlichen Amtes, aus denen ja manchmal reiche Erträge zu erzielen waren, musste entweder dem Vorgänger oder dem jeweiligen Verleiher des Amtes eine Ablösesumme gezahlt werden; oft mussten auch die Schulden des Vorgängers übernommen werden."[67]

---

[62] HL Freising 101, fol. 350r am 15. Oktober 1479.
[63] HL Freising 101, fol. 378r, Freitag, den 29. Oktober.
[64] Bernd MOELLER, Frömmigkeit in Deutschland um 1500. In: Bernd MOELLER, Die Reformation und das Mittelalter, kirchenhistorische Aufsätze, Göttingen 1991, 73-85, 81.
[65] MOELLER, Reformation, 84.
[66] MOELLER, Frömmigkeit, 85.
[67] Andrea BOOCKMANN, Geistliche Verwaltung und Gerichtsbarkeit der Schleswiger Bischöfe und des Domkapitels im Mittelalter. In: Christian RADTKE (Hg.), 850 Jahre St.-Petri-Dom zu Schleswig, Schleswig 1984, 197-205, 205.

Vermutlich handelte es sich auch bei Wilhelm Frimul um eine Schuldenfalle, der er mit Tilgung eines bestehenden Kredites durch Aufnahme eines neuen zu begegnen suchte, aus der er sich aber nur schwer herausarbeiten konnte. Es stellt sich mangels Quellenaussagen die nicht zu beantwortende Frage, ob er tatsächlich ein geringes Pfründeneinkommen besaß und ob er die Schulden aufgenommen hatte, um die mit seinem Pfründenerwerb oder Pfründentausch verbundenen hohen Kosten bezahlen zu können. Inhaltlich wurde zu den Gründen seiner ausstehenden Zahlungen weder in den Offizialatsprotokollen noch im Supplikenregister eine Aussage gemacht. Auch die Durchsicht weiterer Offizialatsprotokolle führte zu keinen detaillierten Erkenntnissen.

b) Johannes Dornvogt

Mit Abstand am häufigstem war der Kleriker Johannes Dornvogt[68] mit mehreren Prozessen am Offizialatsgericht und einem Eintrag im Supplikenregister vertreten. Er hatte von 1435 bis 1445 an der Universität Wien studiert und neben dem Magistertitel ein Lizentiat der artistischen Fakultät erworben[69]. Damit verfügte er sicher bereits vorab über einige Rechtskenntnisse. Er dürfte letztendlich aufgrund seiner häufigen Gerichtskontakte intensive Praxiserfahrung und damit sehr umfangreiche Rechts- und Gerichtskenntnisse erworben haben. Es ist zu vermuten, dass dieser Geistliche über den Untersuchungszeitraum hinaus weitere Verfahren laufen hatte oder an Gerichtsprozessen beteiligt war.

Im Registerteil des Quellenbandes HL Freising 96 findet sich die Ankündigung der Verhandlung im Fall Johannes Dornvogt und seiner Prokuratoren Johannes Bach und Georg Newnburger[70]. Diese begannen am Freitag, den 5. Juni 1467[71]. Dort findet sich eine Darlegung des Verhandlungsgegenstandes sowie die Positionen der Beteiligten im Prozess, in dem das Ehepaar aus Kolbach die von Johannes Dornvogt ausstehenden Schulden an Johannes Wilbrecht aus München abtrat, der im weiteren Verlauf die Verhandlungen gegen Johannes Dornvogt führte. Der nächste Verhandlungstag war Mittwoch, der 10. Juni, an dem die Gegenseite auf die Anklageschrift antwortete[72]. Etwa einen Monat später findet sich am Montag, den 6. Juli die umfangreiche Antwort Wilbrechts

---

[68] HL Freising 97, fol. 6r: Magister Johannes Dornvogt.
[69] AFA Wien, Bd. 2, fol. 131r, fol. 169v; SZAIVERT u.a., M Wien, Bd. 1, 190.
[70] HL Freising 96, fol. 3v.
[71] HL Freising 96, fol. 160r-161r.
[72] HL Freising 96, fol. 169r.

auf das Klagelibell von Dornvogt und seinen Prokuratoren[73]. Das Verfahren ist bis Mittwoch, den 9. Dezember[74] dokumentiert, endete aber vermutlich erst im darauffolgenden Jahr. Die im Supplikenregister verzeichnete Dispens für Johannes Dornvogt bezog sich nicht auf diesen Prozess, sondern auf eine spätere Anklage wegen ausstehender Schuldzahlungen aus dem Jahr 1479. Dennoch zeigen dieser und weitere Gerichtsverfahren bereits sehr deutlich die lange andauernde schlechte finanzielle Gesamtlage Johannes Dornvogts, dessen ausstehende Schuldtilgungen in den folgenden Jahren wiederholt Gegenstand am Freisinger Offizialatsgericht waren.

Sechs Jahre später musste sich Johannes Dornvogt erneut vor dem Freisinger Offizialatsgericht verantworten. Am Mittwoch, den 20. März 1476 begann der nächste Prozess von Albertus Offinger, Bürger aus München, gegen Johannes Dornvogt, Pleban in Kolbach, und verteidigt von Pankraz Haselberger. Der Verhandlungsgegenstand waren erneut ausstehende Schulden Johannes Dornvogts[75]. An diesem Tag wurden Notizen einer langen eidesstattlichen Zeugenaussage gemacht, von diesem Prozess sind jedoch keine weiteren schriftlichen Aufzeichnungen vorhanden.

Nach weiteren drei Jahren durchlief Johannes Dornvogt einen weiteren umfangreichen Schuldenprozess in Freising, während dem er sich auch an die Apostolische Pönitentiarie wandte. Am 23. Juni 1479 wurde eine Dispens von Johannes Dornvogt verzeichnet. Es handelte sich um eine Supplik wegen zunächst nicht bezahlter Schulden bei dem Leiter der Pfarrkirche von Sulzemoos namens Bartholomeus Neunhauser[76]. Johannes Dornvogt war laut eigenen Angaben wegen der ausstehenden Zahlungen mit der Exkommunikation bestraft worden sowie mit Fasten und Suspension von seinem Amt, er hatte dieses aber weiterhin ausgeübt. Der Freisinger Prozess war laut seinen eigenen Angaben abgeschlossen und er hatte bereits zu diesem Zeitpunkt seine Schulden bei Bartholomeus Neunhauser getilgt. Dieser langwierige Prozess wurde im Freisinger Offizialatsprotokoll von 1479 aufgezeichnet[77].

Am Mittwoch, den 27. Januar 1479 begannen die Verhandlungen von Bartholomeus Neunhauser, Pleban aus Sulzemoos, gegen Johannes Dornvogt,

---

[73] HL Freising 96, fol. 188r.
[74] HL Freising 96, fol. 197r am Mittwoch, den 26. August; HL Freising 96, fol. 258r am Freitag, den 13. November; HL Freising 96, fol. 278r am Mittwoch, den 9. Dezember 1467.
[75] HL Freising 100, fol. 49v-50r.
[76] PA 28, fol. 169r.
[77] HL Freising 100 von 1479.

Pleban in Kolbach. An diesem Tag standen das Klagelibell und eine Exkommunikationsforderung sowie die Forderung von 42 Denaren auf der Tagesordnung[78]. Der nächste Gerichtstag war Freitag, der 29. Februar, an dem die Antwort auf das Klagelibell und eine Zeugenbefragung stattfanden[79]. Am Mittwoch, den 12. Mai kam es zur Absolution Johannes Dornvogts von der durch Bartholomeus Neunhauser veranlassten Exkommunikation, denn es wurde eine Teilrückzahlung seiner Schulden registriert[80]. Anschließend wandte sich Johannes Dornvogt vermutlich sehr eilig an die Pönitentiarie, wo seine Dispens etwa sechs Wochen später am 23. Juni 1479 in den Registerbänden verzeichnet wurde[81]. An dieser Stelle zeigt sich demnach auch, dass der Kontakt zur Pönitentiarie verhältnismäßig schnell vonstatten gehen konnte.

Dennoch zog sich das Verfahren weiter in die Länge, denn die Aufzeichnungen von Freitag, dem 15. Oktober zeigen, dass Johannes Dornvogt sich nun bei einem Herrn Barth aus Freising Geld geliehen hatte, um seinen Kredit abzubezahlen. Nun drohte ein Streit um seine ausstehende Tilgung bei Herrn Barth unter erneuter Strafandrohung der Exkommunikation[82]. Zwar hatte Johannes Dornvogt formal korrekt, wie im Supplikenregister angegeben, seinen Schuldherrn Bartholomeus Neunhauser ausgezahlt, anhand der letzten schriftlichen Aufzeichnungen zu diesem Schuldenprozess lässt sich aber bereits erkennen, dass Johannes Dornvogt in der nachfolgenden Zeit weitere Gerichtsverfahren drohten. Er schichtete genau wie der Kleriker Wilhelm Frimul seine Schulden nur um und nahm einen neuen Kredit auf, um einen alten zu bedienen. Er konnte aufgrund seiner schlechten finanziellen Möglichkeiten seine Kredite aber nicht endgültig abbezahlen.

Im Jahr 1482 war Johannes Dornvogt wieder am Freisinger Offizialatsgericht vertreten. Am Mittwoch, dem 30. Januar war er einer von insgesamt drei Zeugen und leistete bei einem Notar eine umfangreiche Aussage zu den Anklagepunkten eines Matrimonialprozesses von Mathias, Sohn von Johannes Schlier aus Adelshausen und Katherina Schwaigerin aus Tölz[83]. In diesem Jahr amtierte Johannes Dornvogt laut Eintrag bereits als Kaplan an der Marienkirche in München und hatte also in diesem oder vorausgehenden Jahren eine neue, weitere

---

[78] HL Freising 101, fol. 38r-v.
[79] HL Freising 101, fol. 80r-v.
[80] HL Freising 101, fol. 194v.
[81] PA 28, fol. 169r am 23. Juni 1479.
[82] HL Freising 101, fol. 352v.
[83] HL Freising 103, fol. 22r.

Pfründe mit zusätzlichem Einkommen erwerben können. 1482 fanden zwei neue Prozesse gegen Johannes Dornvogt statt. Von Freitag, dem 14. Juni findet sich in den Offizialatsprotokollen eine Notiz in zwei Zeilen: Notiert wurde der Erlass eines Mahndekretes an Johannes Dornvogt, Kaplan in München, vor Gericht zitiert von Georg Grassmair aus Ilmmünster[84]. Weitere Aufzeichnungen zu diesem Fall sind nicht enthalten.

Vier Monate später begann ein weiteres Verfahren gegen ihn. Im Prozess von Leonhard Püchler, Pleban in Dachau, gegen Johannes Dornvogt, Pleban in Kolbach, wurde am Freitag, den 4. Oktober ein Mahndekret an Dornvogt verzeichnet, dem er innerhalb von zehn Tagen Folge zu leisten hatte[85]. Es handelt sich um eine Notiz von vier Zeilen. Johannes Dornvogt besaß 1482 bereits eine zweite Pfründe in München und hatte vielleicht in diesem Zusammenhang noch eine zweite Anklage gegen sich laufen. Auch sein Gegner in diesem Verfahren, Leonhard Püchler, hatte sich zehn Jahre zuvor am 21. Januar bereits mit einem anderen Anliegen an die Pönitentiarie gewandt. Er hatte dort um Absolution gebeten, nachdem er ein in einer gewalttätigen Auseinandersetzung den Priester Mathias verwundet hatte[86].

Eine Woche später wurde am Montag, den 21. Oktober eine schriftliche Erklärung durch Andree Fuchs verzeichnet, durch die besagter Magister Johannes Dornvogt ermahnt wurde und in der die Ankläger ihn aufforderten, sich zu beugen und zu verzichten sowie den Streitgegenstand zu begraben, und gleichzeitig seinen Prokurator baten, ihm eine Exkommunikationsandrohung zu übergeben[87]. Das Verfahren zog sich aber weiter hin und in den folgenden drei Wochen wurden zwei Mahnungen an die prozessführende Partei in jeweils drei Zeilen notiert, auf die Gegendarstellung Dornvogts zu reagieren: „Im Fall Leonard Püchler gegen Johannes Dornvogt hat der Prokurator von Püchler, Georg Newnburger nicht auf das (Klage)-Libell geantwortet. Verzeichnis eines Mahndekretes." Die darauffolgende Notiz lautete: „Im Fall Leonhard Püchler, Pleban in Dachau gegen Johannes Dornvogt, Kaplan in München, hat der Prokurator Georg Newnburger Leonard Lewprecht nicht auf das erhaltene Klagelibell geantwortet, Mahnung und erneute Exkommunikation."[88]

---

[84] HL Freising 103, fol. 120v.
[85] HL Freising 103, fol. 210v.
[86] PA 20, fol. 176v vom 21. Januar 1472.
[87] HL Freising 103, fol. 240r.
[88] HL Freising 103, fol. 262v: Mittwoch, den 13. November; HL Freising 103, fol. 272r: Freitag, den 15. November.

Der Abschluss des Prozesses ist in den Offizialatsprotokollen nicht enthalten. Dennoch handelte es sich um eine heftige und langwierige Auseinandersetzung. Möglicherweise ist hier ein der Grund für die vorausgehenden Schuldenprozesse von Johannes Dornvogt zu erkennen, einer Kreditaufnahme zur Kostendeckung für den Pfründenerwerb dieser Kaplansstelle, denn er hatte insgesamt sehr häufigen und regelmäßigen Gerichtskontakt, hauptsächlich wegen ausstehender Geldforderungen. 1469 hatte Dornvogt einen umfangreichen Schuldenprozess laufen, weitere in den Jahren 1476 und 1479. Im Letztgenannten wandte er sich schließlich auch an die Pönitentiarie, laut Supplikenregister hatte er in diesem Fall am 23. Juni seine Schulden durch einen weiteren Kredit zwar abbezahlt, Mitte Oktober desselben Jahres drohte jedoch ein neuer Prozess, da er den neuen Kredit ebenfalls nicht tilgen konnte. Im Jahr 1482 liefen sogar zwei Anklagen gegen ihn, außerdem leistete er eine Zeugenaussage in einem Eheprozess. Johannes Dornvogt kann somit als sehr prozessfreudig und als eine Art Stammkunde am Freisinger Offizialatsgericht bezeichnet werden. Sehr wahrscheinlich würde die Durchsicht weiterer Quellenbände zeigen, dass er am Offizialatsgericht in vorausgehenden und darauffolgenden Jahren in weiteren Fällen vertreten war.

Die Gründe für seine Schulden sind weder im Supplikenregister noch in den Offizialatsprotokollen dargelegt. Wahrscheinlich dienten sie aber dem Pfründenerwerb, beispielsweise oben genannter Kaplansstelle an der Münchener Marienkirche, die er spätestens 1482 erhielt[89]. Die zahlreichen Prozesse lassen vermuten, dass Johannes Dornvogt zwischen 1467 und 1482, wie auch der Kleriker Wilhelm Frimul, phasenweise sehr arm und hoch verschuldet war. Die bei Moeller ausführlich thematisierte Klerikerarmut[90] kann als zeittypisches Phänomen bezeichnet werden. Über die Höhe seiner Pfründeneinkünfte und finanziellen Möglichkeiten und damit verbunden seine tatsächliche soziale Stellung ist bei Johannes Dornvogt ebenso wie bei Wilhelm Frimul in keinem Text etwas zu erfahren. Beide Kleriker waren aufgrund ihrer Finanzlage in häufigem und unfreiwilligem Gerichtskontakt und mussten als Exkommunizierte die Pönitentiarie zwangsweise aufsuchen, da nur dort die Aufhebung dieser Kirchenstrafe erfolgen konnte. Möglicherweise war Johannes Dornvogt auch aufgrund seiner akademischen Ausbildung und damit verbundener Rechtskenntnisse besonders

---

[89] HL Freising 103, fol. 22r.
[90] MOELLER, Frömmigkeit, 82–85.

prozessfreudig. Diese dürfte zumindest seinen Umgang mit den verschiedenen Instanzen geistlicher Rechtsprechung deutlich erleichtert haben.

c) Johannes Fraundienst

Laut Supplikenregister hatte Johannes Fraundienst, Leiter einer Pfarrkirche in Naußheim, Bistum Freising, mit Conrad Gott einen Streit, bei dem ihm zuerst zu Ohren kam, dass der *prefectus* des Ortes, Gaspar Torer, ein Gönner Conrads war und ihm eine gewisse Geldsumme gegeben hatte, um gegen ihn, Johannes Fraundienst, vorzugehen[91]. Der eigentliche Streitgegenstand zwischen den beiden Prozessierenden wurde nicht verzeichnet. Diesen erwähnte er in einer Messe, in der auch der Herzog Albrecht IV. anwesend war. Nachdem er Gaspar Torer derart angeklagt hatte, schickte ihm später ein Gaspar Puchler, Kleriker aus Freising und Familiar des adeligen Herren Jeronimus, Graf von Imolen, einen Brief, in dem stand, dass ihn der *prefectus* wegen Lüge anklagte, und dass er als Strafe dem Conrad Gott 50 rheinische Florinen zu zahlen hatte, welche er selber besaß. Er wurde für neun Tage in den Kerker geschickt, aus dem er dann auf Mandat des Freisinger Bischofs entkam, anschließend wurde er durch Gewalt und Furcht getrieben und versprach dem Freisinger Bischof, dass er die Stadt und Diözese Freising verlassen und das kirchliche Benefiz innerhalb von drei Jahren gegen ein anderes kanonisches Benefizium tauschen wolle und das erlittene Unrecht nicht erneut vor Gericht zur Sprache zu bringen und die Sache dem Bischof zu überlassen. Dann entschloss er sich aber doch zu einem Prozess und dazu, gegen die Vorgehensweise der Justiz vorzugehen, war aber durch seinen Eid gebunden. Er bat um Lösung von seinem Eid und dass er ihn nicht befolgen solle, was mit der Anmerkung *fiat de speciali* genehmigt wurde. Der Antragsteller vermutete eine Befangenheit des Bischofs, deswegen bat er um eine Übergabe seiner Sache an den Erzbischof Salzburgs.

Die gerichtliche Auseinandersetzung zwischen Johannes Fraundienst und Conrad Gott aus Naußheim dauerte zehn Monate lang und dauerte vom Mittwoch, den 10. März[92] bis Montag, den 20. Dezember 1479[93]. Schriftlich festgehalten wurden bis auf eine Ausnahme immer nur in wenigen Zeilen die prozessbegleitenden Formalitäten wie Übergabe des Klagelibells, Mahnungen, Strafandrohungen und Zeugenladungen in drei bis sechs Zeilen[94]. Am Freitag,

---

[91] PA 30, fol. 33r von 1481.
[92] HL Freising 101, fol. 123r.
[93] HL Freising 101, fol. 439v.
[94] HL Freising 101, fol. 137r, Mittwoch, den 24. März: Prozessbegleitende Formalitäten (5

den 30. April wurden drei Zeugen geladen: Urban Lewpher, Kanoniker in St. Veit in Freising, er sagte jedoch nicht im Prozess aus oder seine Aussage wurde nicht notiert. Es kam aber zum Verhör des vierundzwanzigjährigen Johannes Grueb aus Schwaben und des vierzigjährigen *edituus* Ulrich Bärtler aus Schwaben über vier Fragen. Die Aussage der beiden Männer lautete im wesentlichen, dass sie diesen Anklagepunkten nicht zustimmten beziehungsweise dass diese öffentliche Meinung und Gerücht seien (*publica vox et fama*)[95]. Die weiteren Aufzeichnungen bis Ende Dezember des Jahres blieben wieder kurz und schematisch[96].

Es handelte sich auch hierbei um einen Prozess mit summarischem Verfahren gegen den Vikar Conrad Gott aus Naußheim, in dem nur die prozessbegleitenden Formalitäten, aber nicht der eigentliche Verhandlungsgegenstand notiert wurden. Daher konnten hier keine die Dispens der Pönitentiarie ergänzenden Informationen gewonnen werden. Dennoch besteht ein Zusammenhang mit dem im Supplikenregister erwähnten Prozess, von dem in den Offizialatsprotokollen nur der Beginn, nicht aber der Verlauf enthalten ist und in dem auch nicht die weiteren in der Dispens genannten Beteiligten wie Gaspar Torer oder Gaspar Puchler zu finden sind. Der eigentliche Streitgegenstand sowie der Ausgang des Verfahrens bleibt auch in diesen Aufzeichnungen unklar, während sich der gesamte Prozess durch viele Verhandlungstage über einen längeren Zeitraum hinzog und damit sicher recht kostspielig war. Diese Vermutung wird durch die im Supplikenregister vermerkte Bitte einer Übergabe des Falles an der Salzburger Erzbischof bestätigt, so dass mit hoher Wahrscheinlichkeit

---

Zeilen); HL Freising 101, fol. 143r, Montag, den 29. März: Prozessbegleitende Formalitäten: Nämlich eine Zeugenbefragung in Freising ohne schriftliche Unterlagen (6 Zeilen).
[95] HL Freising 101, fol. 168v.
[96] HL Freising 101, fol. 175v, Mittwoch, den 5. Mai: Aufzeichnung prozessbegleitender Formalitäten (dreieinhalb Zeilen); HL Freising 101, 1479, fol. 181v: Weiterverhandlung des Falles, Johannes Fraundienst wurde hier hier als Pleban in Schwaben verzeichnet, sein Prokurator war Georg Newnburg, über Johannes Fraundienst wurde eine Exkommunikation ausgesprochen; HL Freising 101, fol. 199v, Freitag, den 14. Mai: Prozessbegleitende Formalitäten: Nämlich ein Aufschub/Verlängerungsfrist für die Gegenseite (3 Zeilen); HL Freising 101, fol. 225r, Montag, den 24. Mai: Prozessbegleitende Formalitäten: Ein Vergleich durch die beiden Prokuratoren und Zitierung Fraundiensts um die *summa* zu hören (4 Zeilen); HL Freising 101, fol. 425v, Mittwoch, den 8. Dezember: Prozessbegleitende Formalitäten: Aufgrund einer Verpflichtung und eines Geständnisses lässt Prokurator Georg Newnburg im Fall Johannes Fraundienst den Johannes Plewber aus München vor Gericht zitieren (4 Zeilen); HL Freising 101, fol. 439v, Montag, den 20. Dezember: Prozessbegleitende Formalitäten: Empfang des Klagelibells und eines Mahndekretes der Gegenseite durch Prokurator Georg Newnburg.

eine Revisionsverhandlung am Salzburger Konsistorialgericht folgte und der Fall in den dortigen Gerichtsprotokollen zu finden sein müsste.

d) Johannes Werder

Im Jahr 1474 wurde an der Pönitentiarie folgendes Gesuch des Klerikers Johannes Werder verzeichnet: Nach Empfang aller Weihen durch päpstliche Dispens bekam der Bittsteller eine Pfarrkirche in Haimhausen bei Dachau, deren Einkünfte nicht für seinen Lebensunterhalt ausreichten[97]. Er bat um Erlaubnis zum Pfründentausch seiner Pfarrkirche gegen eine andere, höherwertige Pfründe, möglicherweise an einer Metropolitan- oder Kathedralkirche seiner Diözese, und um Erlaubnis, dieses Benefiz tauschen zu dürfen. Die Dispens wurde mit *fiat de speciali ut petitur* genehmigt. Damit versuchte der studierte und promovierte Akademiker, eine seinem Abschluss adäquate Position innerhalb der Kirche zu erreichen[98]. In den Offizialatsprotokollen von 1468 ist die Ankündigung eines Prozesses von Johannes Werder, Pleban in Haimhausen, vertreten durch den Prokurator Johannes Bach, enthalten[99]. Jedoch wurde der Prozess in diesem Jahr nicht aufgezeichnet. Fünf Jahre nach seiner an der Pönitentiarie erworbenen Dispens begann Freising am Montag, den 18. Januar 1479 ein neuer Prozess des nun laut eigenen Angaben Vierzigjährigen Johannes Werder[100]. Er war zu dieser Zeit noch immer Pleban in Haimhausen. Der Verhandlungsgegenstand wird nicht erwähnt, niedergeschrieben wurde die Befragung über ein Klagelibell von elf Punkten. Inhaltlich geht daraus hervor, dass Johannes Werder noch immer versuchte, seine Pfründe zu tauschen, er war damit auch fünf Jahre nach Erhalt seiner Pönitentiariedispens noch nicht erfolgreich.

e) Ergebnis

Obwohl Kleriker in sehr viel geringerem Umfang am Freisinger Offizialatsgericht prozessierten als Laien, bezogen diese sehr viel öfter die Pönitentiarie als übergeordnete Instanz in ihre Verhandlungen ein. Ihre Verfahren waren dabei oft umfangreicher und von längerer Dauer als bei Laien. Art und Umfang der Aufzeichnungen wurden sehr unterschiedlich ausführlich dokumentiert, möglicherweise in Abhängigkeit vom Vermögensstand der Kontrahenten. Eine Beziehung zur Schwere des Falles konnte dabei, wie das Beispiel Johannes

---

[97] PA 22, fol. 223r von 1474.
[98] AFA Wien, Bd. 3, fol. 266r, fol. 286rv; SZAIVERT u.a., M Wien, Bd. 2, 12, 155.
[99] HL Freising 97, fol. 5v von 1468.
[100] HL Freising 101, fol. 20r von 1479.

Fraundienst zeigt, nicht festgestellt werden. Hier wäre aufgrund der angedeuteten kirchenpolitischen Auseinandersetzung zwischen Bischof und Herzog Albrecht IV. sowie der erwähnten Bestechungsgelder eine besonders umfangreiche Protokollierung der Gerichtsverhandlungen zu erwarten gewesen. Der Ausgang des Prozesses lässt sich jedoch aufgrund des summarischen Verfahrens nicht feststellen. Nicht immer war eine Dispens der Pönitentiarie, wie das Beispiel des Gesuches um Pfründentausch von Johannes Werder zeigt, automatisch erfolgreich. In seinem fünf Jahre nach dem Eintrag im Supplikenregister stattfindenden Prozess in Freising wurde noch dieselbe Pfründe verzeichnet wie in seiner Supplik.

3. Personen mit mehrfachem Gerichtskontakt in unterschiedlichen Anliegen
a) Leonardus Hospit

Der Laie Leonardus Hospit bat 1450 mit sieben weiteren Personen um Absolution wegen seiner in Teilnahme an Kriegszügen verübten Raubzüge, Morde, Plünderungen und ähnlichen Untaten[101]. Vermutlich war er an den wittelsbachischen Familienauseinandersetzungen beteiligt und diente währenddessen im Heer. Siebzehn Jahre später waren der Verhandlungsgegenstand eines viertägigen Prozesses am Freisinger Offizialatsgericht die Schulden Leonardus Hospits und seiner Brüder Johannes und Urban aus Zeidlbach bei der Äbtissin Agnete von Kloster Altomünster. Johannes und Urban Hospit in Zeidlbach wählten Magister Johannes Bach als Verteidiger und Leonard Hospit, ihren Bruder, als Sprecher in allen Angelegenheiten gegen die Äbtissin Agnete von Altomünster[102]. Verhandlungsbeginn war Mittwoch, der 22. April. Andreas Fuchs amtierte als Notar und Petrus Pawngartner war geladener Zeuge. Die Brüder übertrugen die Verhandlungsvollmacht auf Leonard Hospit, der damit als ihr Vertreter tätig wurde, als Rechtsbeistand diente ihm Johannes Bach. Der summarische Prozess enthält keine detaillierten Aufzeichnungen[103]. Lediglich für Freitag, den 23. Oktober, wurde ein ausführlicheres Verhandlungsprotokoll angefertigt. An diesem Tag wurde zum Thema Schuldenrückzahlung der Söhne Leonard, Johannes und Urban Hospit bei der Äbtissin des Klosters Altomünster,

---

[101] RPG III, Nr. 180r von 1450.
[102] HL Freising 96, fol. 4v.
[103] HL Freising 96, fol. 177r-v, Montag, den 22. Juni: prozessbegleitende Formalitäten; HL Freising 96, fol. 197r, Mittwoch, den 26. August: Im Fall Leonardus Hospit aus Zeidelbach gegen Äbtissin Agnes von Altomünster wird diese zitiert zur Befragung über das von Leonardus eingereichte Klagelibell (2 Zeilen); HL Freising 96, fol. 201r, Mittwoch, den 2. September: Leonardus Hospit aus Zeidelbach gegen Äbtissin Agnes aus Altomünster (eine Zeile).

eine Zeugenbefragung über zwölf Anklagepunkte notiert, das Klagelibell wurde jedoch nicht protokolliert[104]. Der Verhandlungsgegenstand wird deshalb aufgrund der vielen inhaltlichen Kürzungen auch an dieser Stelle nicht ersichtlich. Befragt wurden der verheiratete, sechsunddreißigjährige Markus Arzt sowie der verheiratete, vierzigjährige Petrus Arnoschmid aus Altomünster. Er diente als Knecht der Äbtissin. Der Ausgang des Prozesses ist im Protokoll nicht verzeichnet, wahrscheinlich einigten sich beide Parteien außergerichtlich. Es besteht kein inhaltlicher Zusammenhang zwischen Pönitentiariedispens und Freisinger Gerichtsprozess, somit fand kein Instanzenzug von Freising an die Kurie statt. Bei Leonardus Hospit handelte es sich um einen Laien mit mehrfachem Gerichtskontakt.

b) Leonardus Püchler

Der Geistliche Leonardus Püchler hatte eine Schlägerei mit einem Priester namens Mathias, den er verwundete. Er bat an der Pönitentiarie um Absolution[105]. Zehn Jahre später taucht sein Name in den Freisinger Gerichtsakten auf, und zwar in einem Prozess gegen Johannes Dornvogt, der in einem summarischen Verfahren verhandelt wurde, so dass auch hier der eigentliche Streitgegenstand unklar bleibt[106]. Die Aufzeichnungen der Verhandlungstage wurden bereits bei Johannes Dornvogt beschrieben, der Abschluss und das Urteil des Verfahrens bleiben unbekannt[107], da sie nicht protokolliert wurden. Auch bei diesem Geistlichen ist ein mehrfacher Gerichtskontakt in unterschiedlichen Anliegen zu verzeichnen und damit eine größere Vertrautheit im Kontakt mit den verschiedenen Institutionen geistlicher Rechtsprechung.

c) Thomas Wagenhuber

Thomas Wagenhuber erhielt im Jahr 1459 um eine Weihelizenz trotz körperlichen Makels, denn er war auf dem rechten Auge blind[108]. Siebenundzwanzig Jahre später wandte er sich wieder an die Pönitentiarie. Er hatte inzwischen einen beträchtlichen Aufstieg in der Freisinger Kirchenhierarchie gemacht, denn sein Weihegrad wurde nun mit Priester angegeben und er besaß ein Kanonikat

---

[104] HL Freising 96, fol. 238v-239r.
[105] PA 20, fol. 176v von 1472.
[106] HL Freising 103, fol. 210v, 240r, 262v, 272v.
[107] Weitere Verhandlungstage wurden in den Offizialatsprotokollen nicht aufgezeichnet.
[108] PA 7, fol. 371v von 1459.

an der St. Arsacius-Kirche in Ilmmünster[109]. Diese Supplik hatte seine Teilnahme an einem illegalen Glücksspiel während eines kirchlichen Feiertages und einen Mordvorwurf zum Inhalt, wobei er auch um Befreiung von der Irregularität bat und um Wiederzulassung zum Altardienst. Zu seinen beiden am Freisinger Offizialatsgericht geführten Prozessen bestand kein inhaltlicher Bezug. Zwölf Jahre vor seiner zweiten Dispens gab es dort einen Rechtsstreit zwischen den Kanonikern Thomas Wagenhuber und Petrus Liebstatz aus Ilmmünster und dem Laien Ludwig Hosper wegen Bereicherung oder Diebstahl im Choral[110].

Drei Verhandlungstage des innerhalb einer Woche abgeschlossenen Prozesses wurden aufgezeichnet, bei dem die Mutter des möglicherweise noch nicht volljährigen Angeklagten als Zeugin geladen war[111]. Der Vorwurf gegen Ludwig Hosper konnte nicht aufrecht erhalten werden und das Verfahren verlief somit für Thomas Wagenhuber nicht erfolgreich, da es am 2. September mit der sofortigen öffentlichen Absolution des Laien endete[112]. Zwei Jahre später taucht Wagenhuber noch einmal in den Offizialatsprotokollen auf[113]. 1476 wurde in einem summarischen Prozess gegen den Kanoniker Johannes Groß aus Ilmmünster in vier Zeilen ein Geständnis Wagenhubers ohne genauere Inhaltsangabe verzeichnet. Notiert wurde außerdem eine Geldzahlung, die gegen Exkommunikationsandrohung geleistet worden war. Vermutlich ging es hier um eine ausstehende Schuldenrückzahlung Wagenhubers. Weitere Prozesstage wurden in diesem Fall nicht schriftlich festgehalten.

Auch bei Thomas Wagenhuber konnte insgesamt ein häufigerer Gerichtskontakt in unterschiedlichen Angelegenheiten festgestellt werden. Mit einem Kanonikat in Ilmmünster und damit einer verhältnismäßig gehobenen Stellung nebst Einkommen konnte Thomas Wagenhuber es sich leisten, in Streitfragen am Freisinger Offizialatsgericht zu prozessieren.

---

[109] PA 35, fol. 161v von 1486.
[110] HL Freising 99, fol. 74v, Beginn am Freitag, den 26. August 1474.
[111] HL Freising 99, fol. 76r, Montag, den 29. August: Im Prozess wird die Mutter des Laien für Freitag erwartet.
[112] HL Freising 99, fol. 79r, Freitag, den 2. September: Das durch den Prokurator Wagenhubers eingereichte Klagelibell und Ende der Verhandlung mit Zeile 12: Der Laie ist sofort und öffentlich zu absolvieren.
[113] HL Freising 100, fol. 126v, Mittwoch, den 26. Juli 1476.

d) Ergebnis

Insgesamt ergibt sich der Eindruck, dass vor allem ein größerer Teil der im Supplikenregister vertretenen Kleriker mehrfach aktiv und bei verschiedenen Rechtsprechungsinstanzen Rechtshilfe suchte, während Laien sich entweder an das Freisinger Offizialatsgericht oder an die Pönitentiarie in Rom wandten und kaum an beide Institutionen. Sie prozessierten in Freising auch selten mehrfach und in verschiedenen Angelegenheiten. Häufiger als Laien hatten Geistliche neben der Pönitentiarie auch das Offizialatsgericht aufgesucht, um Rechtssprüche einzuholen. In manchen Fällen wie bei Johannes Fraundienst war eine Dispens der Pönitentiarie sogar Voraussetzung, beispielsweise um vor Ort einen neuen Prozess führen zu können, ohne dadurch in der Amtsausübung behindert zu sein[1].

Bei Schuldenfragen erfolgte eine Appellation an die Kurie vor allem dann, wenn der vor Ort laufende Prozess stagnierte[2]. In Verfahren wie bei Wilhelm Frimul und Johannes Dornvogt war eine Einbeziehung der Pönitentiarie nötig, da die Exkommunikation der Antragsteller nur in Rom wieder gelöst werden konnte, wobei die Exkommunikationsstrafe im Spätmittelalter in sehr inflationärem Maß verwendet wurde[3] und damit an Wirkungskraft verlor. Bei Jakob Rosenbusch und Margarethe Rudolf konnte ebenfalls nur an der Pönitentiarie die benötigte Ehedispens eingeholt werden. Einige Kleriker bildeten durchaus eine Art Klientel vor dem Freisinger Gericht, herausragend ist hier Johannes Dornvogt mit mehreren Prozessen am Freisinger Offizialatsgericht. An der Pönitentiarie gab es dagegen eher eine geringe Anzahl an mehrfach registrierten Personen, beispielsweise Johannes Lewpher von 1477[4] bis 1491[5] mit drei verschiedenen Anliegen wie einer Schlägerei mit einem anderen Kleriker und einer Weihedispens sowie einem summarischen Verfahren vor dem Freisinger Offizialatsgericht ohne Inhaltsangabe[6].

Festzuhalten bleibt, dass in den untersuchten Jahren sehr viel weniger Bezüge zwischen den Freisinger Rechtsprechungsinstanzen und den übergeordneten kurialen Behörden wie der Pönitentiarie in Rom hergestellt werden können, als es die Fülle der Freisinger Quellen zunächst erwarten lässt. Die Zu-

---

[1] PA 30, fol. 33r.
[2] SCHMUGGE u.a., Pius II., 137.
[3] SCHMUGGE u.a., Pius II., 139.
[4] PA 26, fol. 76v.
[5] PA 40, fol. 426r-v und 260v-261r.
[6] HL Freising 102, fol. 43v und 48v.

sammenarbeit dieser Behörden kann damit nur sehr wenig erhellt werden. Eine genaue und jährliche Statistik über die Beziehungen zwischen dem Freisinger Offizialatsgericht und der Pönitentiarie sowie über Revisionen aus Freising am Salzburger Konsistorialgericht wäre sehr aufschlussreich und wünschenswert, die Durchsicht aller Freisinger und Salzburger Registerbände sprengt jedoch den Rahmen dieser Arbeit bei weitem und muss deshalb einer weiteren Arbeit vorbehalten bleiben.

C. Schluss

Zusammenfassung – die Untersuchungsergebnisse im Einzelnen – Ausblick
Die vorliegende Arbeit hatte es sich zum Ziel gemacht, mithilfe neuartiger Erfassungs- und Auswertungsmethoden und weitgehend unbearbeiteter Quellen die kirchliche Rechtsprechung in der Diözese Freising während der Ausbildung des vorreformatorischen landesherrlichen Kirchenregimentes zu untersuchen. Aufgrund des beschränkten Umfanges des Datenmaterials können die statistischen Untersuchungen gewiss nur eine begrenzte Aussagekraft erreichen. Sehr wünschenswert wäre ein wesentlich umfangreicherer Datenbestand oder auch ein längerer Untersuchungszeitraum gerade für die lokalen Quellen, insbesondere der Protokolle des Freisinger Offizialatsgerichtes. Dies hätte jedoch den Rahmen dieser Untersuchung gesprengt. Da entsprechende Vorarbeiten noch ganz ausstehen, musste hier zunächst einmal eine Grundlage geschaffen werden, um ein erstes Bild der geistlichen Rechtsprechung im Bistum Freising zu erarbeiten.

In den Suppliken waren sehr unterschiedliche Anliegen enthalten, sie wurden von einem breit gefächerten Personenkreis gestellt. Ein wesentliches Ziel dieser Untersuchung war es, trotz eines hohen Formalisierungsgrades der Aufzeichnungen unter den Antragstellern der Pönitentiarie eine zusammenhängende Systematik zu ermitteln. Anhand der über das Supplikenregister erstellten Datenbank ließ sich eine Vielzahl von Einzelbeobachtungen machen. Beispielsweise wirken die Eheprozesse im Supplikenregister sehr homogen – unter anderem wegen der stark verkürzten und gleichlautenden Aufzeichnungen. Lokale Tendenzen und Rechtsentwicklungen konnten aber dennoch anhand von vielen Details zusammengetragen werden.

Die statistische Auswertung ermöglichte es, den Weg der Gesuche nach Rom unter Berücksichtigung des Einflusses lokaler Ereignisse auf die Anzahl der Kurienkontakte nachzuvollziehen. So übten Legationsreisen ins Heilige Römische Reich Deutscher Nation, Kriege und Seuchen wie die so genannte Pest, Sedisvakanzen oder Diözesansynoden in Freising einen teilweise deutlich messbaren mindernden Einfluss auf die Romkontakte aus, während Pontifikatswechsel oder der Türkentag zu Mantua einen Anstieg der kurialen Dispensgebungstätigkeit zur Folge hatten.

Die Wege der Gesuche an die Kurie konnten recht unterschiedlich ausfallen, sie sind in Einzelfällen aber sehr genau nachvollziehbar. Ein großer Teil wurde per Boten übermittelt, auch Sammelsuppliken mehrerer Beteiligter kamen häufig vor, darunter befanden sich manchmal Personen, die in unmittelbarer

Nachbarschaft lebten. Der gesamte Vorgang dauerte vermutlich nur wenige Wochen, wie einige Beispiele zeigten. Eine geringere Zahl weiterer Bittsteller reiste persönlich an die Kurie, darunter viele Kleriker mit dem Anliegen von Weihedispensen.

Die genauere Untersuchung der in den Ehesuppliken enthaltenen Hinweise auf die Freisinger Rechtsprechungspraxis ergab im Verlauf des Untersuchungszeitraumes eine zunehmend strenger gehandhabte Eherechtsprechung in Freising. Dies spiegelte sich im Supplikentext in einer steigenden Anzahl an durch den Bischof ausgesprochenen Scheidungen und Exkommunikationen trotz bereits vorhandenen Nachwuchses, an Hinweisen auf Bestimmungen der Diözesansynoden, aber auch an deutlich mehr verzeichneten Einzelaspekten zur Eheschließungspraxis. Ebenso konnte in der Bevölkerung eine Reaktion auf diese verschärfte Eherechtsprechung beobachtet werden. So wurden in derselben Zeit einerseits zunehmend Ehedispense vorab gesucht, andererseits bereits vorhandene Kinder als Argument gegen eine Scheidung angegeben und der mit einer Scheidung verbundene Skandal, also eine drohende mangelnde Versorgung der Kinder, ins Feld geführt. Dispense wurden im Verlauf des Untersuchungszeitraumes immer später und dann meist nach Eheschluss eingeholt. Der Begriff heimliche Ehe bleibt dabei im Kontext sehr vage, es geht nicht hervor, ob damit auch heimliche Verlöbnisse gemeint waren und ob diese bereits im 15. Jahrhundert unter Strafe standen, oder ob es sich tatsächlich ausschließlich um sogenannte Clandestinehen handelte.

Trotz des meist hohen Formalisierungsgrades in den Texten sowie manchen terminologischen Ungenauigkeiten bezüglich der Jurisdiktionsinstanzen und mit der Rechtsprechung betrauten Personen enthielten einige Suppliken zum Thema Ehe sehr wertvolle Hinweise auf die Praxis der Eheschließung in Freising. Sie boten einen umfassenderen Einblick in lokale Gepflogenheiten oder das Rechtsverständnis in der Bevölkerung. Die Freisinger Rechtsprechung erfolgte nämlich im Einzelfall auch durch weitere Personen, beispielsweise in rechtswidriger Weise durch einen Priester. An anderer Stelle war einmal von einer *curia spiritualis uff Aytenbach* als Vorinstanz die Rede, mit welcher die Hofmark Aiterbach gemeint war.

Insbesondere die in den Suppliken enthaltenen Kommissionsverweise enthielten wertvolle Angaben zu den Freisinger Rechtsprechungsinstanzen, aber auch zu den durch die Kurienangehörigen vorgenommenen Entscheiden. Sie zeigen, dass die Freisinger Rechtsprechung keineswegs allein durch das Offizialatsgericht, sondern auch durch weitere Instanzen erfolgte, wie beispielsweise durch die Klöster Andechs oder Mallersdorf, durch den Bischof persönlich und teilweise auch im Rahmen der Freisinger Diözesansynoden. Somit hatte das Freisinger Offizialatsgericht nicht die alleinige Zuständigkeit in der geistlichen Rechtsprechung inne und dürfte infolgedessen im Bistum Freising eine unterschiedlich starke Durchsetzungskraft besessen haben. Weitere Quellen müssten befragt werden, um das Vorhandensein paralleler und eventuell konkurrierender Jurisdiktionsinstanzen zu überprüfen. Die Verweise an die Kurie als oberste rechtsprechende Instanz betrafen dagegen überwiegend Weihedispense und zwar vor allem dann, wenn der Kandidat bereits in Italien beziehungsweise Rom vorherige Weihen erhalten hatte. Diese Bittsteller waren persönlich nach Rom gereist und ihre Anliegen wurden dort abschließend entschieden.

Bei der Einzelfallanalyse zeigten zunächst nahezu gleichlautende Ehefälle unter Einbezug lokaler Aufzeichnungen nur geringe inhaltliche Übereinstimmungen, jedoch war in Bevölkerung insgesamt deutlich ein klares Rechtsbewusstsein über kanonische Vorschriften und verfügbare Rechtsmittel erkennbar. Dabei stellte sich heraus: Je mehr Rechtskenntnisse bei den Antragstellern und Prozessierenden, sei es persönlich, innerhalb der Familien, im persönlichen Umfeld wie Bekanntenkreis oder auch in der Nachbarschaft, vorhanden waren, desto wahrscheinlicher erfolgte die Einbeziehung der Pönitentiarie als höhere Instanz in Prozesse am Freisinger Offizialatsgericht.

Dagegen waren nur in sehr geringem Umfang und in deutlich niedrigerer Zahl als im gesamten Heiligen Römischen Reich Deutscher Nation, insbesondere im Vergleich mit norddeutschen Diözesen, Gesuche zu Gewalt- und Kapitalverbrechen aus Freising an die Kurie gelangt, und zwar auch von Freisinger Klerikern. Hier ergab sich die Vermutung, dass dieser Themenbereich in Freising bereits nicht mehr allein in die Zuständigkeit der geistlichen Rechtsprechung fiel, sondern schon an herzoglichen Gerichten verhandelt wurde. Dies könnte in der erfolgreichen Durchsetzung des sogenannten landesherrlichen Kirchenregimentes von Albrecht IV. begründet sein, wobei die rechtlichen Grundlagen für die Aufteilung der Rechtsprechungsbereiche bereits im früheren 14. Jahrhundert mit der Ottonischen Handveste und dem Oberbayerischen Landrecht geschaffen wurden. Konkrete Hinweise auf rechtliche Veränderungen und auf eine erstarkende weltliche Rechtsprechung zu Lasten des Offizialatsgerichtes konnten aber anhand der statistischen und thematischen Auswertung nicht gefunden werden.

Mit Hilfe der Historischen Atlanten von Bayern online ließen sich viele der in den Suppliken enthaltenen Ortsangaben genau lokalisieren und kartographisch auswerten. Die Ortsverteilung wurde dabei der Einwohnerverteilung im

15. Jahrhundert, basierend auf der Auswertung der Sunderndorfischen Matrikel durch Joseph Staber und seiner Beschreibung des Bistums, gegenübergestellt. Karte 1 zeigt zunächst keine lokale Schwerpunktbildung, jedoch einen mit 14% einen überraschend hohen Anteil an Gesuchen, die zwar unter Freising verzeichnet waren, jedoch teilweise von weit außerhalb der damaligen Bistumsgrenzen kamen. Sie deuten eine überregionale Anziehungskraft des Freisinger Offizialatsgerichtes an, da diesen Gesuchen vermutlich eine Freisinger Gerichtsverhandlung in erster Instanz vorausging. In Karte 2 wurde der mögliche Einfluss des entstehenden landesherrlichen Kirchenregiments anhand der eingetragenen Grenzen der bayerischen Teilherzogtümer aus der Zeit 1450 bis 1504 untersucht. Es konnte jedoch anhand der Ortsnamenverteilung keinerlei herzogliche Einflussnahme auf die Kurienkontakte festgestellt werden. Dagegen zeigt die in Karte 3 eingetragene Personenzahl nach ihrem Stand eine klare Schwerpunktbildung. So sind kleinere Zentren intensiverer Kurienkontakte zu erkennen, wie beispielsweise in Umgebung der in Ebersberg, Scheyern oder in Rott gelegenen Klöster. Ob diese einen spezielleren Einfluss auf die Anzahl der an der der Pönitentiarie verzeichneten Suppliken ausübten, konnte an dieser Stelle aber nicht geklärt werden.

Das Voralpenland war aufgrund seiner höheren Bevölkerungsdichte zahlenmäßig stärker vertreten, während die Gebiete des Hochstiftsterritoriums, mit Ausnahme der Stadt Freising, weit dahinter zurückblieben. Von hier kamen vor allem die Gesuche von Klerikern an die Pönitentiarie, während das Hochstiftsterritorium bei Laien insgesamt stark unterrepräsentiert war. Die größte Personanzahl stammte jedoch aus der Stadt München, welche im Untersuchungszeitraum eine nur um etwa 4000 Personen höhere Einwohnerzahl als Landshut oder Freising aufwies. Die Anzahl der Geistlichen war dagegen im nördlichen Bistumsteil wesentlich höher als im Voralpenland. Karte 4 hat die in Ehedispensen verzeichneten Scheidungen und Exkommunikationen in Freising zum Inhalt. Diese wurden vor allem in Nähe zum Bischofssitz Freising ausgesprochen und vor allem in der Zeit nach 1480, was auf eine Verschärfung der Eherechtsprechung hinweist. Dies ging bereits aus der *narratio* der Suppliken hervor, wo auch Hinweise auf Statuten der Freisinger Diözesan- und Provinzialsynoden enthalten waren.

Im Gegensatz dazu wurden vor Abschluss der Ehe eingeholte Ehedispense und -lizenzen, vermutlich Hinweis auf die genaue Kenntnis der Ehevorschriften durch die Antragsteller und ihre bewusste Umgehung derselben, vor allem aus dem Südteil des Bistums mit Schwerpunkt im Gebiet des Tegernsees und

Schliersees sowie der Stadt München eingeholt. Dies wurde in Karte 5 verdeutlicht. Sie könnten Hinweis auf dort besonders gut vorhandene Rechtskenntnisse der Bevölkerung sein; ebenso können sie aber auch einen besseren Vermögensstand der dortigen Bevölkerung anzeigen, da der Erwerb kurialer Dispense recht kostspielig war. Der Vergleich zu den angegebenen Herkunftsorten der Laieneltern von illegitimen Klerikern zeigte, dass auch dort ein Nord-Süd-Gefälle zu beobachten ist. Aus dem Norden Freisings wurden wesentlich mehr unverheiratete Elternpaare verzeichnet als aus dem Voralpenland.

Da im Supplikenregister gerade zu den Personen mehrere Detailangaben verzeichnet wurden, konnte im Vergleich zu weiteren Quellen die Frage nach einer Klientel der Pönitentiarie beantwortet werden. Insgesamt konnten zu etwa einem Fünftel der in der Datenbank enthaltenen Personen detailliertere Informationen zu Stand, Ausbildung, Herkunft und teilweise auch zu persönlichen Beziehungen untereinander ermittelt werden. Damit ergibt sich ein genaueres Bild der sich an die Pönitentiarie wendenden Bittsteller. So war der Grad der akademischen Bildung bei Laien besonders niedrig, ebenso aber dem Anschein nach auch bei Klerikern. Von diesen wurde jedoch in vielen Fällen ihr Studium nicht verzeichnet oder angegeben, so dass der Akademikeranteil nicht bei 5% lag, wie die Datenbank des Supplikenregisters nahe legt, sondern unter Einbeziehung weiterer Quellenreihen und auch späterer Studienabschlüsse bei insgesamt über 15%. So bleibt das Supplikenregister bei persönlichen Angaben – wohl aufgrund der Verkürzung der Aufzeichnungen – gerade bei persönlichen Angaben ungenau.

Trotz eines verhältnismäßig hohen Akademisierungsgrades betrachtete der Freisinger Klerus im 15. Jahrhundert vorrangig den Erhalt einer vorzeitigen und meist in Italien oder an der Kurie erlangten Weihe als hilfreiches Karrieremittel. Auch hier waren einige Akademiker zu finden, deren Ausbildung im Supplikenregister nicht verzeichnet war. Laien besaßen laut Supplikenregister nur in sehr geringem Maß eine herausragende gesellschaftliche Stellung, jedoch gehörten 13% der Bittsteller namentlich dem Adel beziehungsweise den bayerischen Landständen an und 33 Personen dem sogenannten Münchener Patriziat. Auch unter ihnen waren formfreie Ehen und sogenannte Clandestinehen verbreitet, so dass diese keineswegs als ein Unterschichtenphänomen bezeichnet werden können. Unverheiratete Elternpaare kamen in Freising eher aus ländlichen Gebieten, Konkubinate waren dagegen in Städten und Märkten weiter verbreitet. Die geistlichen Väter von Freisinger Illegitimen besaßen zum Zeitpunkt der

Zeugung nahezu alle bereits eine Priesterweihe, dieser Wert lag sehr viel höher als in dem von Schmugge erfassten gesamten Reichsgebiet.

Im Personenspektrum der Pönitentiarie ließen sich mehrere Klientelgruppen festmachen, dies insgesamt bei 42% des Freisinger Säkularklerus. So waren 19% der Kleriker und einige Laien in der herzoglichen Verwaltung tätig. Ihre Kurienkontakte wurden möglicherweise durch herzogliche Einflussnahme gefördert. Einige weitere Geistliche besaßen auch herausragende Positionen in der geistlichen Verwaltung wie dem Freisinger Domkapitel, den umliegenden Kollegiatstiften wie Ilmmünster und Moosburg oder im Bereich der Rechtsprechung. Ein besonders herausragender Vertreter war der promovierte Jurist und späterer Bischof von Chiemsee, Georg Altdorfer. Dreizehn weitere Freisinger Kleriker hatten dem Namen nach vermutlich verwandtschaftliche Beziehungen zu hochrangigen Geistlichen, so dass bei ihnen eine Förderung der Kurienkontakte durch Angehörige aus dem geistlichen Stand vermutet werden kann.

Aufstrebende gesellschaftliche Gruppen wie das Münchener Patriziat fanden sich in höherer Zahl bei Scholaren mit Geburtsmakeldispensen. Dort waren auch viele dem Namen nach zu den bayerischen Landständen zugehörige Personen zu finden. Hier kann vermutet werden, dass eine wie bei Schmugge beschriebene gezielte Versorgungspolitik aufstrebender Gesellschaftsgruppen und des Adels mit illegitimem Nachwuchs durch gezielte Unterbringung in Kirchenpositionen stattfand. Insgesamt konnte somit nahezu die Hälfte der Freisinger Säkularkleriker in Klientelgruppen eingeteilt werden.

Eine hohe Zahl der Laien unter den Antragstellern, darunter viele Angehörige der ratsführenden Schicht, kam aus München. Anhand weiterer Quellen konnte nachgewiesen werden, dass zwischen vielen dieser Bittsteller nicht nur verwandtschaftliche Beziehungen unterschiedlicher Art bestanden oder durch Ehe eingegangen wurden, sondern dass auch viele davon in unmittelbarer Nachbarschaft zueinander lebten und manchmal nahezu zeitgleich ihre Gesuche einreichten. Bei diesem sich gesellschaftlich abschließenden Stand ist ein fördernder Einfluss auf die Kurienkontakte durch gezielte Mundpropaganda gerade bei Ehedispensen sehr stark zu vermuten. Insgesamt zeigten gerade die aufgelisteten Klientelgruppen, dass für das Aufsuchen der Pönitentiarie und vermutlich auch anderer kurialer Behörden neben einer gehobeneren Herkunft oder akademischen Ausbildung vor allem Netzwerke und persönliche Beziehungen einen bedeutenden und stark fördernden Einfluss spielten. Diese wurde also keineswegs von der gesamten Bevölkerung in gleichem Umfang aufgesucht.

Der Ablauf und die Organisation des Freisinger Offizialatsgerichtes ähneln den Rechtsprechungsorganen benachbarter Diözesen wie Regensburg, Augsburg oder Eichstätt, die Qualität der umfangreichen Freisinger Aufzeichnungen ist jedoch nicht gleichwertig zu dem zwar in geringerem Umfang erhalten gebliebenen, jedoch inhaltlich stärker strukturierten und deswegen aussagekräftigeren Regensburger Material.

Karte 6 zeigt, dass auch am Offizialatsgericht wie im Supplikenregister eine größere Zahl außerhalb des Bistums gelegener Herkunftsorte vertreten waren, was auf eine hohe Anziehungskraft des Offizialatsgerichtes schließen lässt. Der Schwerpunkt der Freisinger Jurisdiktionstätigkeit lag dabei – anders als in Regensburg mit gleichmäßigem Zustrom aus der gesamten Diözese – im Norden und Nordwesten des Bistums. Dies steht im Gegensatz zur Einwohnerverteilung, nach der die größere Zahl der Fälle aus dem wesentlich dichter besiedelten Voralpenland stammen müsste. Deswegen drängt sich die Vermutung auf, dass Einwohner aus dem nahen Umkreis Freisings aufgrund ihrer schlechteren Einkommensverhältnisse eher kostengünstigere Prozesse am Offizialatsgericht führten, während Einwohner aus dem wirtschaftlich besser situierten Voralpenland sich die kostspieligeren Pönitentiariedispense leisten konnten und dies auch vermehrt taten. Zu vermuten ist darüber hinaus, dass von den Bewohnern des Voralpenlandes weitere Rechtsprechungsinstanzen wie Klöster oder herzogliche Landgerichte anstelle des Offizialatsgerichtes aufgesucht wurden. Des weiteren ist die Schwerpunktbildung auch ein Anzeichen für die stärkere Durchsetzung kanonischer Vorschriften vor allem in geographischer Nähe des Bischofssitzes, während, wie bereits in Kapitel 4 bei der Auswertung von Karte 4 und 5 vermutet, im Süden Freisings und in der Stadt München gerade bei Ehen ein stärkerer Widerstand der Bevölkerung gegen die zunehmende Reglementierung durch die Kirche vorhanden war, messbar anhand der zahlreichen Dispense zur Beseitigung von Hindernissen vor Abschluss einer Ehe.

Prozessierende aus größeren Städten wie Freising, München und Landshut waren mit 20% in geringerer Zahl als an der Pönitentiarie vertreten. Auch nahm München als Herkunftsort im Gegensatz zur Pönitentiarie keine Sonderstellung ein, wie Karte 7 zeigt. Die am Offizialatsgericht verhandelten Fälle stammten dabei von Einwohnern kleinerer und größerer Städte und Märkte, so dass die Stadtbevölkerung damit durchschnittlich hoch vertreten war, da sie im 15. Jahrhundert in Freising einen Anteil von maximal 20% ausmachte. Das Hochstiftsterritorium war hier jedoch deutlich stärker vertreten als im Supplikenregister.

Auch die Auswertung der in Freisinger Eheprozessen verzeichneten Herkunftsorte machte noch einmal deutlich, dass die Einwohnerdichte im Bistum nicht mit dem Einzugsgebiet des Offizialatsgerichtes einherging, so dass mit zunehmender Entfernung Richtung Süden auch die Anzahl der Eheprozesse abnahm. Dies wurde in Karte 8 verdeutlicht. Die größeren Städte waren auch hier etwa gleich stark vertreten. Es drängt sich die Vermutung auf, dass es im Voralpenland ebenfalls mit dem Offizialatsgericht konkurrierende Rechtsprechungsinstanzen gegeben haben könnte, worauf einige Abschriften aus den Gerichtsprotokollen des Klosters Benediktbeuern hindeuten, die mit Verfahren zu Ehebruch und Inzest thematisch verwandte Prozesse enthielten. Da die originalen Aufzeichnungen jedoch verloren gegangen sind, müsste dieses Thema in einer eigenen umfangreichen Untersuchung weiter verfolgt werden. Dennoch bestärkt diese Auswertung den bereits anhand des Supplikenregisters gewonnenen Eindruck, dass dort andere, parallel zum Offizialatsgericht amtierende Jurisdiktionsorgane vorhanden waren, die ebenfalls mit der Rechtsprechung befasst waren. Als besonders ergiebig könnten sich zu einer Überprüfung dieser Frage die Gerichtsprotokolle des Klosters Tegernsee und der herzoglichen Landgerichte erweisen.

Am Freisinger Offizialatsgericht waren – in Abhängigkeit von den besonders zahlreichen Eheprozessen – mit 81% noch mehr Laien zu finden als im Supplikenregister. Der Umfang der persönlichen Angaben war jedoch aufgrund der zahlreichen summarischen Verfahren, die sehr stark gekürzt aufgezeichnet wurden, nur sehr gering. Unter ihnen befanden sich mehr Angehörige niedrigerer gesellschaftlicher Schichten wie Knechte und Mägde, so dass die Angaben ein genaueres Abbild des Bevölkerungsspektrums im 15. Jahrhundert bieten. Der Anteil der Stadtbevölkerung ist mit 20% weniger hoch als im Supplikenregister, das Münchener Patriziat ist hier nur in geringer Anzahl vertreten. Die Analyse der Nachnamen zeigt, dass ein größerer Teil den bayerischen Landständen angehört haben könnte, eine genaue Zuordnung unterblieb mangels Angabe eines Herkunftsortes, da zudem in keinem Fall eine adelige Abstammung vermerkt wurde. Zahlreiche Namen und Berufsangaben machen eine Herkunft der Prozessierenden aus dem Handwerk deutlich. Ordensgeistliche wandten sich in sehr geringer Zahl an das Offizialatsgericht. Säkularkleriker, darunter einige hochrangige Domkanoniker, unter ihnen deutlich weniger Akademiker als im Supplikenregister, prozessierten vor allem um Schulden und Pfründen. Trotz ihrer verhältnismäßig geringen Anzahl waren hier weitaus mehr Fälle zu finden, in denen die Pönitentiarie als höchste Instanz einbezogen wurde, als bei Laien. Unter ihnen befanden sich etwa ein Drittel Pfarrer und Plebane. Der Anteil an

Klerikern, die erst am Anfang ihrer Kirchenkarriere standen oder eine niedrige Position in der Kirchenhierarchie einnahmen, war damit höher als im Supplikenregister. Auch hier bestand ein Bezug zu den höheren Kosten einer Pönitentiariedispens. Anders als im Supplikenregister waren am Offizialatsgericht keine eindeutigen Klientelgruppen zu erkennen.

Die Untersuchung dreier sowohl im Supplikenregister als auch in den Offizialatsprotokollen enthaltenen Ehefälle zeigt im Ergebnis trotz unterschiedlicher Sachlage einige wesentliche Übereinstimmungen: So waren bei allen Prozessbeteiligten zum Teil sehr umfangreich vorhandene Kenntnisse der kanonischen Ehevorschriften zu erkennen, denn die meisten Personen versuchten mehr oder minder systematisch, vorhandene Ehehindernisse durch gezieltes Erlangen kurialer Dispense zu umgehen. Die Ausführlichkeit und der Umfang der Aufzeichnungen in Freising waren nicht an den Vermögensstand der Parteien gebunden. Bei zwei von drei Prozessen war die Einbeziehung der Pönitentiarie vermutlich durch Personen aus dem persönlichen Umfeld gefördert worden, die diese bereits aufgesucht hatten oder besonders gute Rechtskenntnisse durch ein einschlägiges Studium oder sogar durch die eigene Tätigkeit in der geistlichen Rechtsprechung besaßen. Die Anzahl an Fällen, bei denen es zu einem Instanzenzug nach Rom kam, ist bei Laien insgesamt überraschend gering und bleibt deutlich hinter den Erwartungen zurück.

Bei dem zahlenmäßig sehr viel geringer am Offizialatsgericht vertretenen Klerus machten Schuldenprozesse einen hohen Anteil aus. So gab es mehrere Hinweise auf Klerikerarmut in Freising und damit auch im Süden des Reichsgebietes. Aufstrebende Geistliche hatten beim kostspieligen Erwerb neuer Pfründen Schulden aufgenommen, deren Abbezahlung sie durch Kreditumschichtung zu leisten versuchten, was aber zu weiteren Prozessen führen konnte. Eine bestimmte Anzahl Freisinger Geistlicher zeigte sich mit unterschiedlichen Themen als sehr prozessfreudig und suchte im Verlauf des Untersuchungszeitraumes mehrfach verschiedene Rechtsprechungsinstanzen wie das Offizialatsgericht und die Pönitentiarie auf. Sie bildeten eine Art Klientel, die aber keiner erkennbaren Systematik unterlag. So kann die Frage nach dem Verhältnis zwischen Offizialatsgericht und Pönitentiarie sowie die Zusammenarbeit dieser Behörden nur anhand von Einzelfällen erhellt werden.

Diese Arbeit kann mit der Auswertung der Freisinger Rechtsprechung erst einen Anfang machen und auf weiteren Forschungsbedarf und offene Fragen hinweisen. Der sehr umfangreiche Freisinger Quellenbestand zum Gerichtswesen lädt zu weiteren chronologischen oder thematischen Untersuchungen ein. Die Erforschung von Veränderungen insbesondere in der Rechtsentwicklung und von Prozessabläufen im Gerichtswesen dürften zu detaillierteren Erkenntnissen führen. Der Frage nach parallel zum Offizialatsgericht existierenden geistlichen Rechtsprechungsorganen, gerade an Klöstern, muss anhand der Klosterliteralien sowie der am Salzburger Konsistorialgericht verhandelten Revisionen nachgegangen werden. Eine systematische inhaltliche und statistische Auswertung der Offizialatsakten Freisings über einen langen Zeitraum hinweg und eine parallele Auswertung der im Repertorium Germanicum verzeichneten Personen oder des Andrangs an die kurialen Behörden sind ebenso ergiebige Themen wie die weitere Erforschung des Materials für die Zeit nach der Reformation, beispielsweise der kurialen Quellen zum Pfründenwesen mit Blick auf die Entstehung der Landes- und Kirchenherrschaft im 16. Jahrhundert. Insbesondere die seit der Reformation besonders wichtigen Fragen des Klerikerzölibats, der Entwicklung des Eherechts in Freising und anderen Bistümern des Deutschen Reiches oder der Gerichtsbarkeit über Kleriker sowie die Amtsführung aller Geistlichen können anhand des umfangreichen Materials sehr gut überprüft werden. Die Auswirkungen der Reformation auf die geistliche Rechtsprechung oder eine Gegenüberstellung von Bayern als Zentrum der Gegenreformation und den protestantischen Landesherrschaften wie beispielsweise Sachsen – möglicherweise ein Vorbild für Bayern – wären ebenso erfolgversprechende Forschungsgegenstände wie eine langfristige Untersuchung der wittelsbachischen Kirchen- und Reichskirchenpolitik bereits ab dem ausgehenden Mittelalter.

D. Beilagen
1. Karten

1. Penitentiaria Apostolica - Herkunftsorte der Freisinger Petenten

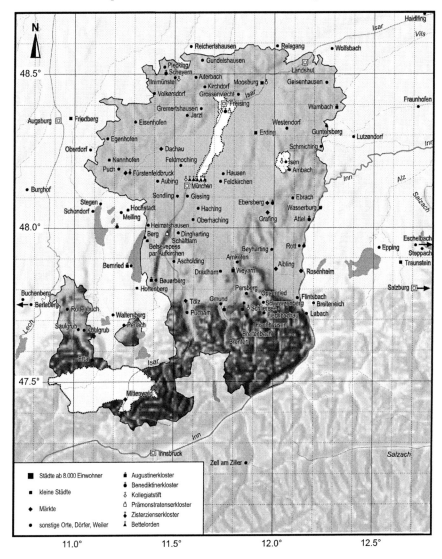

2. Penitentiaria Apostolica - Herkunftsorte und bayerische Teilherzogtümer

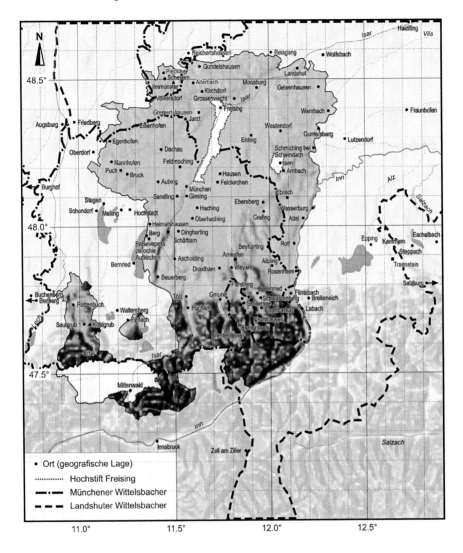

3. Penitentiaria Apostolica - Herkunftsorte, Personenzahl, Stand

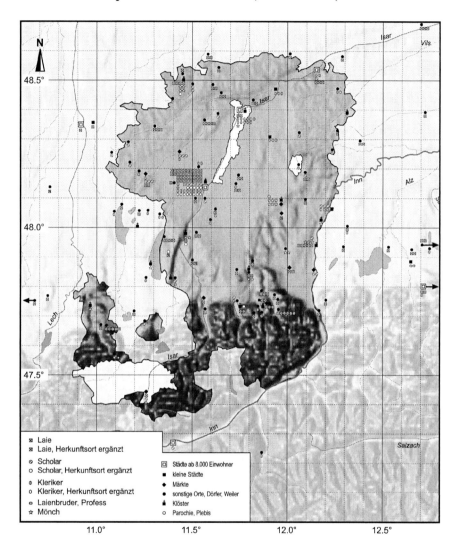

4. Penitentiaria Apostolica - Scheidungen und Exkommunikationen

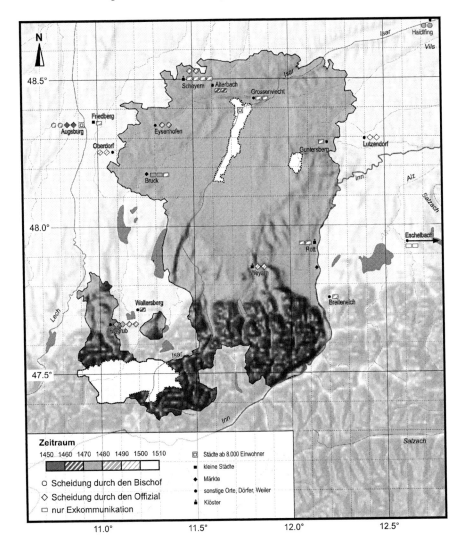

5. Penitentiaria Apostolica - Ehedispense und Ehelizenzen

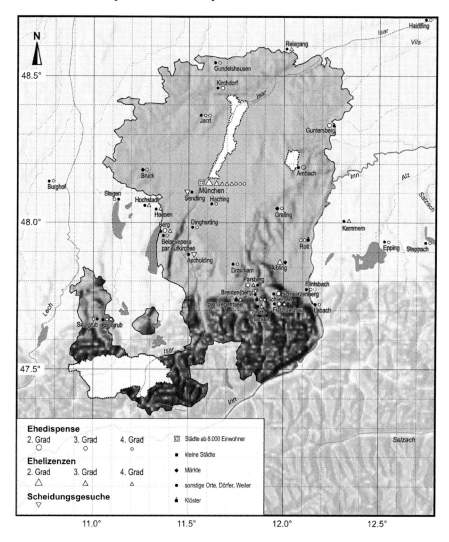

6. HL Freising - Herkunftsorte

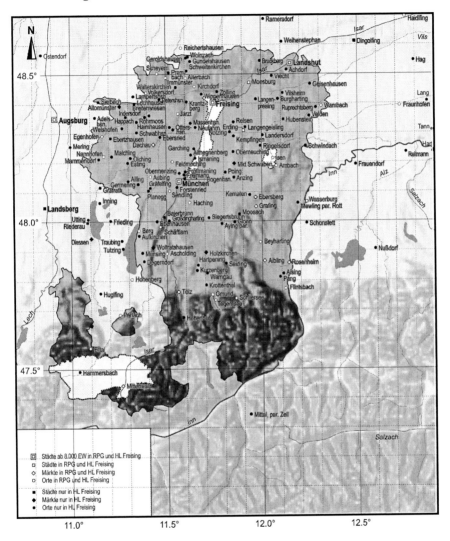

7. HL Freising - Herkunftsorte und Personenzahl

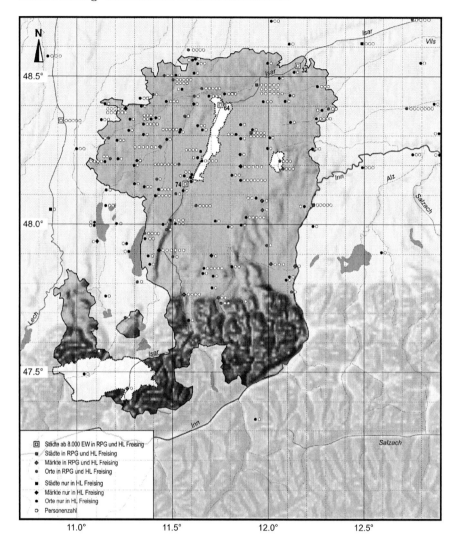

8. HL Freising - Herkunftsorte und Personenzahl bei Eheprozessen 1476

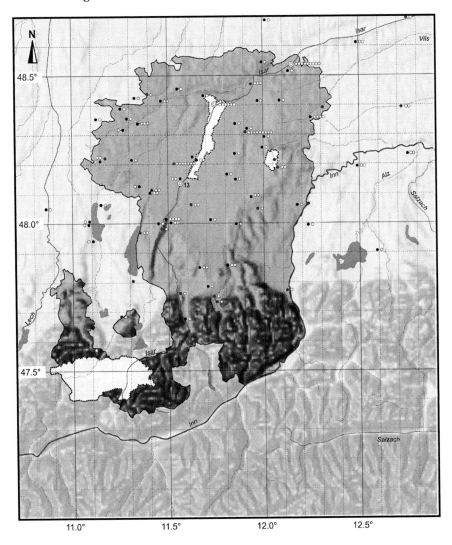

2. Grafiken

Grafik 1 - Zahl der Kurienkontakte, Umfang der Supplikenregister (ab 1484), Pontifikate und Ereignisse in Freising

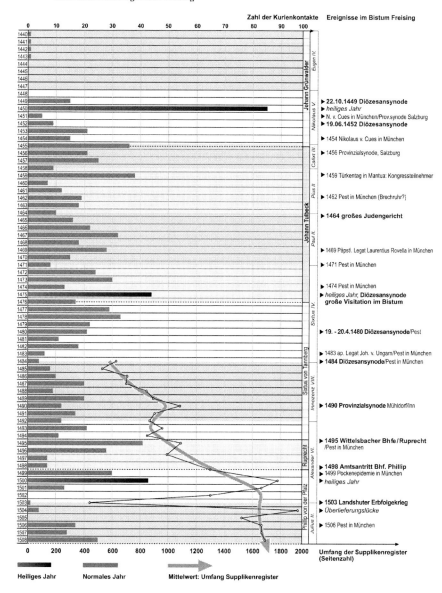

Grafik 2 - Penitentiaria Apostolica: Reisezeiten 1440 - 1508

	Jan	Feb	Mär	Apr	Mai	Jun	Jul	Aug	Sep	Okt	Nov	Dez
1440	1											
1441												1
1442											1	
1448		1										
1449	1		1			1						3
1450	4	3	5	6	10	1		1	2	4	8	3
1451	1	1				1					1	
1452		1	1	1	1						2	
1453		3	2	1					2		2	2
1454					1	1	1			3		1
1455	1		8	2	8	1		1		4		
1456	2	1	2		4	1	2					3
1457			2	1	6	1		2	1			1
1458			2	1		2	1					
1459			1	1		2	3	3	3	1	2	10
1460		1		1		3				1		
1461			4	1				1			1	1
1462			4	2	1	3		2	1		1	2
1463	1	2	1		1	1		1	1	3	1	
1464			5	1			1					
1465				3	1	1	2			3	1	3
1466	2		1	4	2				2	2		1
1467	1	2	8		4	4				1	1	1
1468	3		1	2	2					1	1	
1469	1	4	1			4				1	6	1
1470	3		2		2		1			3		
1471			4		1				2	2	1	3
1472	2	1	4	1	2	1	1	1		3	1	1
1473	1		4	7	1		1		1	3		1
1474	1		1	1	1		2				2	
1475			7	5	2	2			8	2	1	4
1476	2		1	5		2					2	
1477	1	2	6		2	4			3	3		
1478	2	6	5	1	2	1		1				5
1479		1	1	3	1	2			3	2	1	
1480	2		1	1			2			3	1	4
1481		1			1	1				2	3	1
1482	2	1	3	3	3		1					
1483		1			1						1	
1485	1		1	1								
1486	2	1			2					1		2
1487	3	1		2	1	1	3	1	1	4	2	
1488		1		1	3			2		1	1	
1489		1	1	3	3	3						1
1490		1	1	1	3		1	1			1	
1491			2	4	1	2					1	3
1492		2	3	1	1		2			1		
1493	1		4	5	1	2	1			2		
1494	1	1		1		1			3	1		
1495	6			3	2	5	5	1			2	
1496	1	4	1	1	4		1		3	2	4	
1497			1	2	2		2					
1498										3		3
1499	2			4	3		1		1		1	4
1500	3	2	3		3	2				3	8	4	3
1501	1	2		1	1			1	1	1	1	
1502										1		
1503												
1504				1	1		1		1			
1505												
1506	1			3	1		1	1	2	2	2	
1507		1								1	3	4
1508	2	5	1	3		1		2			1	
Summe	58	55	107	91	90	53	40	24	43	74	64	72
Jahres	0,85	0,80	1,57	1,33	1,32	0,77	0,58	0,35	0,63	1,08	0,94	1,05

Grafik 3 - Penitentiaria Apostolica: Themen nach Jahr und Pontifikaten

Betreff	Eugen IV.								Nikolaus V.							
	1440	1441	1442	1443	1444	1445	1446	1447	1448	1449	1450	1451	1452	1453	1454	1455
de altaribus portabilis																1
de confessionalibus																
de declaratoriis																
de defectu etatis																
de def. nat. et de uberiori									1	4	35	1	3	11	7	14
de diversis formis										2	12	3	3	1		4
de matrimonialibus																6
de prom. et promovendis		1	1													
de sententiis generalibus																
de uberiori																
defectu natalium																

Betreff	Calixt III.			Pius II.						Paul II.							
	1456	1457	1458	1459	1460	1461	1462	1463	1464	1465	1466	1467	1468	1469	1470	1471
de altaribus portabilis																
de confessionalibus	2	2	1	2	3			5			2	1	1	4	2	
de declaratoriis			1	1	1											
de defectu etatis	2	2														2
de def. nat. et de uberiori	5	7	2	12	2	2	5	6	3	1	8	8	7	7	4	
de diversis formis	5	1	1	4		1	1	1	1	3	3	6		2	2	5
de matrimonialibus	1	2		2		5	3	4	2	9	1	4	1	2	1	1
de prom. et promovendis				5		1	2	1	1			1			2	1
de uberiori			1				2			1		2			3	1
defectu natalium																

Sixtus IV. / Innozenz VIII.

Betreff	1472	1473	1474	1475	1476	1477	1478	1479	1480	1481	1482	1483	1484	1485	1486	1487	1488	1489	1490	1491	1492
de altaribus portabilis																					
de confessionalibus	2						5	2	2					1		3	2		1		1
de declaratoriis				4						3	4					1		1			
de defectu etatis																1					
de def. nat. et de uberiori	5	3		4	1	6	4	2	2						1	3		2	3	3	3
de diversis formis	5	6	1	7	4	1	7	2	5	4	4				1	4	3	7	1	3	2
de matrimonialibus	5	3	1	3	2	1		1	1	1	1				2	2	1	1	1	3	1
de prom. et promovendis																					
de sententiis generalibus													1								
de uberiori	1	2	1	2			1		1											1	2
defectu natalium		4	5	11	3	8	9	7	3	1	3	3			2	4	2	2		3	3

Alexander VI. / Julius II.

Betreff	1493	1494	1495	1496	1497	1498	1499	1500	1501	1502	1503	1504	1505	1506	1507	1508	Ges.
de altaribus portabilis		1		1					1								3
de confessionalibus	1		1					3	1								57
de declaratoriis	2		1				1										18
de defectu etatis																	6
de def. nat. et de uberiori			2	7	2	2	2							3	2		181
de diversis formis	1	2	2	7	1	1	4	5	3			4		4	5	10	140
de matrimonialibus	6	2	13	6		1	3	5	2					3	2	1	162
de prom. et promovendis	4		1	1	2		1	7	1								58
de sententiis generalibus																	4
de uberiori		1		1													23
defectu natalium	3	4	5	5	2	2	5	10	2					3		4	119

771

Grafik 4 - Penitentiaria Apostolica: Eherechtsprechung nach Pontifikaten

Nikolaus V.: Gesamt 2	
PA 2, fol. 005rs	de diversis: Versuch, den Ehemann zur Scheidung zu zwingen, nach Tod desselben Bitte um Eheerlaubnis.
PA 3, fol. 283v	de diversis: mit dem Partner bereits Unzucht während der Ehe, nach Tod des Ehemannes Bitte um Ehelizenz.

Calixt III.: Gesamt 9			
Art der Eheschließung	heimlich	öffentlich	o. Angabe
	2	5	2
Ehehindernis	ignorierend	unwissend	
	1	8	
Affinität	5		
Blutsverwandtschaft	5		
körperlicher Vollzug der E	8		
Vollzug + Kinder gezeugt	3		
Scheidungen			
durch Bischofsgericht	1		

Signatur	Kommentar
PA 5, fol. 230vs	de diversis, Verhandlung vor Bischof von Padua, ehemalige Prostituierte
PA 6, fol. 218v	Fall vor Bischofsgericht Augsburg

Pius II.: Gesamt 16			
Art der Eheschließung	heimlich	öffentlich	o. Angabe
	3	0	11
Trauung durch Priester	0		
Ehehindernis	ignorierend	unwissend	
	7	4	
Affinität	5		
Blutsverwandtschaft	11		
Lizenz vor Eheschluß	2		
körperlicher Vollzug der Ehe			
Vollzug + Kinder gezeugt	2		
Legitimation Kinder	5		
Scheidungen			
durch Bischofsgericht	1		

Signatur	Kommentar
PA 9, fol. 070r	Lizenz vorab
PA 9, fol. 94r	Lizenz vorab
PA 11, fol. 006v	1463 Exkommunikation
PA 11, fol. 120v	1463 Exkommunikation

Paul II.: Gesamt 19			
Art der Eheschließung	heimlich	öffentlich	o. Angabe
	4	11	4
Trauung durch Priester	11		
Ehehindernis	ignorierend	unwissend	
	16		
Affinität	7		
Blutsverwandtschaft	12		
Lizenz vor Eheschluß	2		
körperlicher Vollzug der Ehe			
Vollzug + Kinder gezeugt	9		
Legitimation Kinder	10		
Scheidungen			
durch Bischofsgericht	1		
durch Provinzialsynode	1		
mit Exkommunikation	1		

Signatur	Kommentar
PA 13, fol. 086r	Lizenz vorab
PA 17, fol. 038v	Lizenz vorab
ab jetzt genauer	Angabe: Art der Eheschließung, Trauung

Sixtus IV.: Gesamt 42			
Art der Eheschließung	heimlich	öffentlich	o. Angabe
	10	10	11
Trauung durch Priester	2		
Affinität	9		
Blutsverwandtschaft	29		
Lizenz vor Eheschluß	11		
körperlicher Vollzug der Ehe			
Vollzug + Kinder gezeugt	15		
Scheidungen			
durch Bischofsgericht	3		
ohne genaue Angabe	5		
Skandal-Versorgung d. Ki	2		
Inzestvorwurf	2		
Unzucht	1		
Generalxkommunikation	7		

Signatur	Kommentar
ab 1475	gehäuft: Ehelizenz vorab
häufig	Heirat durch Eheversprechen dann
	heimlich Vollzug der Ehe vor Bekanntwerden
	des Ehehindernisses
PA 31, fol. 17v	Bischof beruft Prozeß ein
PA 26, fol. 48r	Vikar Bhf beruft Prozeß ein/Scheidung
PA 26, fol. 48v	Vikar Bhf beruft Prozeß ein/Scheidung
PA 26, fol. 48r	Vikar Bhf beruft Prozeß ein/Scheidung
PA 21, fol. 21r	vorher sexuelle Beziehung

Innozenz VIII.: Gesamt 19				Signatur	Kommentar
				PA 37, fol. 111v	Lizenz vor Eheschluß
Art der Eheschließung	heimlich	öffentlich	o. Angabe	PA 38, fol. 099r	Lizenz vor Eheschluß
	3	1	15		
Trauung durch Priester	4			PA 38, fol. 106r	Skandal - Versorgung der Kinder gefährdet
Ehehindernis	ignorierend	unwissend		PA 38, fol. 019r	Ordinarius/Vikar zitiert und scheidet
	15				
Affinität	7				
Blutsverwandtschaft	12				
Lizenz vor Eheschluß	2			PA 36, fol. 019r	Paar lebt nach Scheidung wegen seinem Kind
körperlicher Vollzug der Ehe					weiter zusammen
Vollzug + Kinder gezeugt	6				
Scheidungen				PA 38, fol. 288v	Scheidungsgesuch
durch Bischofsgericht	2				
ohne genaue Angabe	2			1489	1. Kommissionsverweis an Offizial/Domkapitel
Skandal-Versorgung d. Kir	1			1489	meiste Ehedispense pro Jahr (9)
Nachricht an Vikar Bhf	1			PA 38, fol. 112r	PA detaillierter, vorausgehender Prozeß (Offizial - Scheidung)
Nachricht an Paar	2			PA 38, fol. 115v	PA detaillierter: Eheschluß
Inzestvorwurf	2				
Exzeß	1				erstmals Vorwurf des Exzesses
Generalxkommunikation	4				

Alexander VI.: Gesamt 38				Signatur	Kommentar
				PA 42, fol. 369r	Lizenz, sexuelles Verhältnis
Art der Eheschließung	heimlich	öffentlich	o. Angabe		Kommissionsverweis: Prozeß vor Bischof
Trauung durch Priester	10 (ab 1495)			PA 47, fol. 132r	vorab sexuelles Verhältnis
vorausgeh. sex. Verhältnis	3			PA 44, fol. 124r	vorab sexuelles Verhältnis
	8	8	17	PA 45, fol. 150r	vorab sexuelles Verhältnis
Ehehindernis	ignorierend	unwissend		PA 47, fol. 47r	Ehehindernis ignoriert
	1	29		Benachrichtigung der Paare	
Affinität	11	sonstige	3	PA 45, fol. 40v	nach Trauung
Blutsverwandtschaft	24			PA 45, fol. 150r	nach Trauung
Lizenz vor Eheschluß	6			PA 45, fol. 168r	nach Trauung + Kind
Vollzug + Kinder gezeugt	7			PA 45, fol. 176r	nach Trauung
				PA 45, fol. 208v	nach Trauung
Scheidungen				PA 47, fol. 132r	nach Trauung + Kind
durch Bischofsgericht	2			PA 44, fol. 286v	Scheidungsgesuch
ohne genaue Angabe	5				
Inquisitionsprozeß	1			PA 47, fol. 132r	Paar wg. Kind weiter zusammengeblieben
Versorgung d. Kinder	1				
Nachricht an Vikar Kapitel	1			PA 45, fol. 4r	1495 - Inquisitionsprozeß wg. Clandestinehe
Nachricht an Paar	6			PA 47, fol. 132r	Offizialat zitiert vor Gericht
Inzestvorwurf	1			PA 45, fol. 40v	Verstoß gegen Synodaldekrete
Exzeß	2			PA 44, fol. 71v	Exzess - Verstoß gegen Synodaldekrete
Generalxkommunikation	8				

Julius II.: Gesamt 19				Signatur	Kommentar
				PA 53, fol. 56r (2)	Scheidung durch Bischof/Vikar
Art der Eheschließung	heimlich	öffentlich	o. Angabe	PA 53, fol. 56v	Scheidung durch Bischof/Vikar
Trauung Priester/Kirche	0		19	PA 55, fol. 623r (2)	Scheidung durch Bischof/Vikar
Affinität	9			PA 55, fol. 649v	Scheidung durch Bischof von Augsburg
Blutsverwandtschaft	8				
Ehe vollzogen	16			PA 55, fol. 528v	Scheidgung ohne weitere Angabe
Ehe - bereits Kinder	2				
Lizenz vor Eheschluß	1				
Scheidungen	7			PA 55, fol. 502r (3)	An Offizial des Domkapitels Freising
durch Bhf FS oder Vikar	5			PA 55, fol. 502r	An Offizial des Domkapitels Freising
durch Domkapitel	0			PA 55, fol. 479v	An Offizial des Domkapitels Freising
ohne genaue Angabe	1				
Prozeß vor Bhf Augsburg	1				
Kommission an Domkapitel	5				

Grafik 5: PA - Kommissionsvermerke und Rechtsprechungsinstanzen

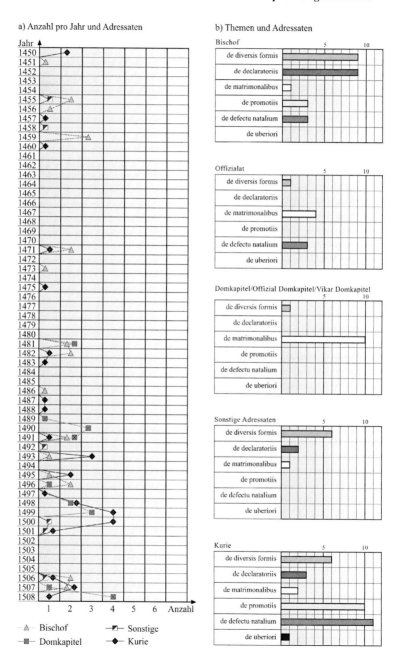

Grafik 6 - Personendaten im Supplikenregister

a) Übersicht: Alle Bittsteller

Stand	1003
Kleriker	220
Mönch	37
Nonne	2
Laie	742
Scholar	316
Sonstige	2

Geschlecht	1003
weiblich	191
männlich	810
Sonstige	2

b) Säkularklerus

akademische Grade	14
ev. Studium	2
Studium/kein Titel	3
akademischer Grad	5
Studienlizenz neu	2
Studienlizenz weitere Grade	2
Studium laut anderen Quellen	9

Weihegrade	219
Kleriker	42
Kleriker?	9
Kleriker (acolitus)	15
Kleriker (subdiaconus)	4
Kleriker (min. ord.)	1
Kleriker (diaconus)	3
Kleriker (prepositus)	1
Kleriker (presbyter)	135
Kleriker (rector par. ecc)	4
Kleriker (canonicus)	5

c) Laien

Stand und Ausbildung	133	
Famulus/Famula	1	
akadem. Grad	2	
davon Consiliar		/1
Adel	15	
Vermutlich Adel	71	
Ritter/Waffenträger	3	
Orator	1	
CIVES	1	
Patriziat München	41	

d) Ordensgeistliche

Mönche - Weihegrad und Orden		37
Mönch	4	
Mönch (subdiaconus)	1	
Mönch (Presbyter)	2	7
Mönch (profess. O. S. Bened. Kl. St. Sebastian)	1	
Mönch (subdiaconus O. S. Bened.)	1	
Mönch (subdiaconus, O. S. Bened. Kl. St. Sebastiani)	1	
Mönch (diaconus O. S. Bened.)	4	
Mönch (diaconus, O. S. Bened.)	1	
Mönch (presbyter O. S. Bened.)	3	
Mönch (presbyter, O. S. Bened.)	1	
Mönch (presbyter, O. S. Bened.)	1	
Mönch (presbyter, O. S. Ben. St. Michaelis)	1	14
Mönch (Augustiner)	2	
Mönch (Novize, O. S. Aug.)	1	
Mönch (acolitus, O. S. Aug.)	1	
Mönch (presbyter, Profess. O. S. Aug. Can. Kl. FS)	1	
Mönch (prior, O. S. Aug. Kl. S. Nicolai)	1	
Mönch (prepositus, O. S. Aug. Can. Kl. Beyharting)	1	
Mönch (prepositus, O. S. Aug.Kl. S. Maria virgo)	1	8
Mönch (can. professus Kl. St. Petrus + Paulus)	1	1
Mönch (Scholar, O. S. Präm.)	1	
Mönch (Presbyter, Can., profess., O. S. Präm.)	1	
Mönch (profess., O. S. Präm. Kl. Schäftlarn)	1	
Mönch (presbyter, O. S. Präm., Kl. S. Dionisii)	1	
Mönch (presbyter, O. S. Präm.)	2	6
Mönch (presbyter, O. S. Joh., Can. Profess.)	1	1

Grafik 7 - HL Freising 96, 97, 100: Personendaten

Gesamte Personenzahl	1100
persönliche Angaben	278
Klerus	199
Klerus mit Personendaten	193
Laien	901
Laien mit Personendaten	85

	HL96	HL 97	HL 100	Gesamt
Regularklerus	4	2	1	7
Abt	2	1		3
Abtissin	1	1		2
Prior	1			1
Mönch			1	1
Nonne				
Säkularklerus - Kanoniker	8	2	10	20
Can. et Cellerar	1			1
Can. Vic.	1			1
Can.	5			5
Cap. Illustrissimo	1			1
Diözesanklerus	93	57	49	199
Kaplan	10	2	3	15
Dekan gesamt	7	3	1	11
Dec. petens	1			1
Dec. & Rector scholae	1			1
Dec. et Cho.	1			1
Dec. et Pleban	1			1
div. foris gesamt	3	2	1	6
div. Cooptator gesamt	4	2	1	7
div. Evopatod. Gesamt	1			1
Pleban gesamt	30	27	17	74
Pleb. et Dec.	1			1
Perpetuus et Archidiacon	1			1
Predicator	2			2
Presbyter gesamt	7	2	1	10
Presbyter et notar	1			1
Rect. Scol. Gesamt	1			1
Vikar	14	12	11	37
perpetuus Vikar	1	2		3
Körperschaft der Vikare			4	4
Kleriker ohne weitere Angabe	2	2	2	6
Name zu Münchener Patriziat	-	1	1	2
Oppidanus (Landshut)	-	2	-	2
Name zu Bayerischen Landständen	2	2	1	5

Laien	36	22	27	85
Knecht/Magd gesamt	10	6	12	28
Mittelschicht/Berufe				29
Wirt	2			2
Schneider		1	1	2
Verwalter		5	1	6
Bäcker			1	1
Kürschner			1	1
Wittwe		1	1	2
Laie o. Ang.	14			14
Edicta		1		1
gehobene Stellung	9	6	2	17
Notar	2			2
Präfekt	1	2		3
Schulleiter	1			1
Dr. med.	1			1
Lic. decr.	1			1
Ritter (Armiger)	2	2	2	6
Judex	1	2		3
Name gehört zu Münchener Patriziat	2	2	5	9
Name gehört zu Adel/Landstand	12	-	11	23
Oppidanus/Cives	12	10	3	25
Doktorgrad	1			1
Magister	7	6	4	17
Lic. decr.	1			1

8) Nachbarschaft in München unter Petenten der Pönitentiarie

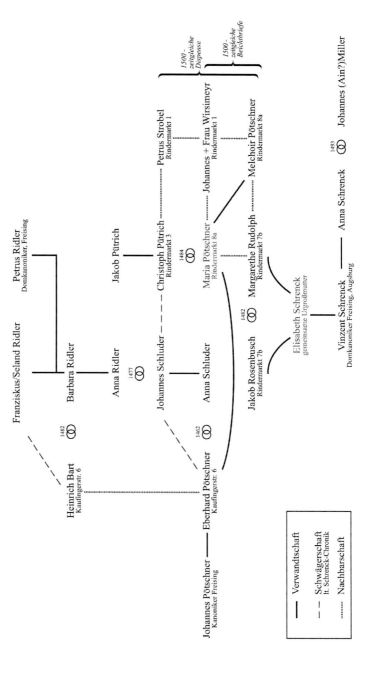

3. Listen

Liste 1 - Penitentiaria Apostolica: alle Geburtsmakeldispense

Aussteller	Stand	Stand Vat	Vater	Mutter	ElternStand	Heimatort
Ludovicus Abtesmuller	Kleriker (presbyter)	Laie	solutus	soluta	solutus / soluta	
Diepoldus Achamer	Laie (scolaris)	Kleriker	presbyter	soluta	presbyter / soluta	
Leonardus de Ajernnberch	Laie (scolaris)	Kleriker	presbyter	soluta	presbyter / soluta	Ajernnberych
Paulus Alweg Sigismundus		Kleriker	presbyter	soluta	presbyter / soluta	
Amahambafaw	Laie (scolaris)	Kleriker	kleriker	soluta	kleriker / soluta	
Johannes Andree	Laie (scolaris)	Kleriker	presbyter	soluta	presbyter / soluta	Ilmunster
Johannes Angermair	Laie (scolaris)	Kleriker	presbyter	soluta	presbyter / soluta	
Sigismund Angermair	Laie (scolaris)				presbyter / soluta	
Sigismund Arndorffer	Laie (scolaris)	Laie	coniugatus	soluta	coniugatus / soluta	
Jacob Aschenburger	Laie (Scolaris)	Laie	solutus	soluta	solutus / Soluta	
Cristiannus Auwer	Laie (scolaris)	Laie	solutus	soluta	solutus / soluta	Rottenberg
Paulus Awers	Kleriker (presbyter, St. Lambertikirche)	Kleriker	presbyter	soluta	presbyter / soluta	Wampach, St. Lambertikirche
Fridericus Bampemayster	Kleriker?	Laie	solutus	soluta	solutus / soluta	
Arhatius Bleewber	Laie (scolaris)	Kleriker	presbyter	soluta	presbyter / soluta	
Arsatius Brinauer	Laie (scolaris)	Laie	solutus	soluta	solutus / soluta	
Johannes Brose	Laie (scolaris)	Kleriker	presbyter	coniugata	presbyter / coniugata	
Georgius Buchel	Laie (scolaris)	Kleriker	presbyter	soluta	presbyter / soluta	Rosenheim
Sigismundus Castmer	Laie (scolaris)	Kleriker	monachus	soluta	monachus / soluta	
Andreas Chain Sigismundus	Laie (scolaris)	Kleriker	presbyter	soluta	presbyter / soluta	
Chaibaanmaam	Laie (scolaris)	Kleriker	presbyter	soluta	presbyter / soluta	
Johannes Chastner	Laie (scolaris)	Laie	solutus	soluta	solutus / soluta	
Sigismundus Chieck	Laie (scolaris)	Kleriker	presbyter	soluta	presbyter / soluta	
Georgius Chlosser	Laie (scolaris)	Kleriker	presbyter	soluta	presbyter / soluta	
Bernardus Choloer de Dauh		Laie	solutus	soluta	solutus / soluta	Bruck
Johannes Crayter	Kleriker	ohne Angabe	ohne Angabe	ohne Angabe	desunt genitores	Monsperg
Sigismundus Crucis	Kleriker?	Kleriker	presbyter	soluta	presbyter / soluta	
Leonardus Creilers	Laie (scolaris)	Kleriker	presbyter	soluta	presbyter / soluta	
Johannes Dachau	Laie (scolaris)	Laie	solutus	soluta	solutus / soluta	Dachau ?
Christoforus Dachau					solutus / soluta	Dachau ?
Erasmus Georgii Danielis	Laie (scolaris)	Laie	solutus	soluta	solutus / soluta	
Sebaldus Dax	Laie (scolaris)	Laie	solutus	soluta	solutus / soluta	
Sigismundus Dax	Laie (scolaris)				presbyter / soluta	
Johannes Demanger	Laie (scolaris)	Laie	solutus	soluta	solutus / soluta	
Georgius Dickh	Laie (scolaris)	Laie	solutus	soluta	solutus / soluta	
Johannes Dorffer	Laie (scolaris)	Kleriker	presbyter	soluta	presbyter / soluta	
Leonardus Drafer	Laie (scolaris)	Kleriker	presbyter	soluta	presbyter / soluta	
Cristoforus Leonardi Duerr	Laie (scolaris)	Laie	solutus	soluta	solutus / soluta	
Stephanus Durenpacher	Laie (scolaris)	Kleriker	presbyter	soluta	presbyter / soluta	
Michael Ebertshuser	Kleriker (presbyter, rect. par. Eccl. S. Egidii)	Laie	solutus	soluta	solutus / soluta	Gamuden
Conradus de Egenhoffen	Kleriker (presbyter, rect. par. Eccl. B. Marie)	Laie	solutus	soluta	solutus / soluta	Pucham
Jacobus Egloff	Laie (scolaris)	Kleriker	presbyter	soluta	presbyter / soluta	
Caspar Engelmair	Laie (scolaris)	Kleriker	presbyter	coniugata	presbyter / coniugata	
Georg Estrar	Laie (scolaris)	Kleriker	presbyter	soluta	presbyter / soluta	
Gambert Estrar	Laie (scolaris)				presbyter / soluta	
Georgius Fabri	Laie (scolaris)	Kleriker	presbyter	soluta	presbyter / soluta	
Stephanus Farcher	Laie (scolaris)	Laie	solutus	soluta	solutus / soluta	Rosenheim
Johannes Fauchner	Laie (scolaris)	Laie	solutus	soluta	solutus / soluta	
Johannes Feldner	Laie (scolaris)	Kleriker	presbyter	soluta	presbyter / soluta	
Alexius Fend (Vend)	Laie (scolaris)	Kleriker	presbyter	soluta	presbyter / soluta	
Sebastianus Flicher	Laie (scolaris)	Kleriker	presbyter	soluta	presbyter / soluta	
Castulus Flicher	Laie (scolaris)				presbyter / soluta	
Gregorius Fraronhofer	Laie (scolaris)	Laie	coniugatus	soluta	coniugatus / soluta	
Johannes Fraronhofer	Laie (scolaris)				coniugatus / soluta	
Gaspar Fraronhofer	Laie (scolaris)				coniugatus / soluta	
Matheus Frawenhofer	Kleriker (presbyter, rect. par. eccl.)	Laie	solutus	soluta	solutus / soluta	Reding
Wilhelmus Frawnhofer	Laie (scolaris)	Laie	coniugatus	coniugata	coniugatus / coniugata	
Johannes Frellinpucher	Laie (scolaris)	Kleriker	presbyter	soluta	presbyter / soluta	
Petrus Freydenich	Laie (scolaris)	Laie	solutus	soluta	solutus / soluta	
Johannes Friderici	Laie (scolaris)	Laie	solutus	soluta	solutus / soluta	
Johannes Fruger	Laie (scolaris)	Laie	solutus	soluta	solutus / soluta	
Conradus Funtersperger	Laie (scolaris)	Kleriker	presbyter	soluta	presbyter / soluta	
Johannes Furtter	Laie (scolaris)	Kleriker	presbyter	soluta	presbyter / soluta	
Bertoldus Germayr	Laie (scolaris)	Kleriker	presbyter	soluta	presbyter / soluta	
Georgius Glaner	Laie (scolaris)	Kleriker	presbyter	soluta	presbyter / soluta	
Paulus Glovar	Laie (scolaris)	Laie	solutus	soluta	solutus / soluta	
Johannes Glunki	Laie (scolaris)	Laie	solutus	soluta	solutus / soluta	
Leonardus Goczinger	Laie (scolaris)	Kleriker	presbyter	soluta	presbyter / soluta	
Gaspar Gorant	Laie (scolaris)	Laie	solutus	coniugata	solutus / coniugata	Innsbruck
Georgius Gressingerii	Laie (scolaris)	Kleriker	presbyter	soluta	presbyter / soluta	
Johannes Gressingerii	Laie (scolaris)				presbyter / soluta	
Volfgangus Grevel	Laie (scolaris)	Kleriker	presbyter	soluta	presbyter / soluta	
Johannes Griewalder	Kleriker	Laie	solutus	soluta	solutus / soluta	
Augustus Grueber	Laie (scolaris)	Kleriker	presbyter	soluta	presbyter / soluta	
Paulus Guelher	Laie (scolaris)	Kleriker	presbyter	soluta	presbyter / soluta	Giesing
Mathias Gundelroser	Laie (scolaris)	Kleriker	presbyter	soluta	presbyter / soluta	
Georgius Hadersperger	Laie (scolaris)	Kleriker	presbyter	soluta	presbyter / soluta	
Wolffangus Hadersperger	Laie (scolaris)				presbyter / soluta	

Georgius Haendl	Kleriker (presbyter)	Kleriker	presbyter	soluta	presbyter / soluta	
Henricus Hagenauer	Laie (scolaris)	Laie	solutus	soluta	solutus / soluta	
Michael Hagensperger	Laie (scolaris)	Kleriker	presbyter	soluta	presbyter / soluta	
Ulricus Halder	Laie (scolaris)	Laie	solutus	soluta	solutus / soluta	
Petrus Harder	Laie (scolaris)				solutus / soluta	
Conradus Halein	Kleriker?	Kleriker	presbyter	soluta	presbyter / soluta	
Uldaricus Haring	Laie (scolaris)	Kleriker	presbyter	soluta	presbyter / soluta	
Wolganngius Harlander	Laie (scolaris)	Kleriker	presbyter	soluta	presbyter / soluta	
Paulus Haroschmid alias ...	Kleriker (presbyter)	Kleriker	presbyter	soluta	presbyter / soluta	
Conradus Hartman	Laie (scolaris)	Kleriker	presbyter	soluta	presbyter / soluta	
Ulricus Has	Laie (scolaris)	Kleriker	presbyter	soluta	presbyter / soluta	
Pancratius Haselperger	Kleriker (presbyter, rect. par. ecd.)	Kleriker	presbyter	soluta	presbyter / soluta	Perlach
Johannes Hasenocel	Laie (scolaris)	Kleriker	presbyter	soluta	presbyter/soluta)	
Sigismundus Hausner	Laie (scolaris)	Laie	solutus	coniugata	solutus /coniugata	
Leonardus Hayder	Kleriker (presbyter)	Laie	coniugatus	soluta	coniugatus / soluta	
Grasunus Haymel	Laie (scolaris)	Kleriker	presbyter	soluta	presbyter / soluta	
Johannes Hegner	Laie (scolaris)	Laie	solutus	soluta	solutus / soluta	
Johannes Hehenberger	Laie (scolaris)	Kleriker	presbyter	soluta	presbyter / soluta	
Georgius Hengel	Laie (scolaris)	Kleriker	presbyter	soluta	presbyter / soluta	
Antonius Hering	kleriker (presbyter, Mag. art. rector par. Eccl.)	Kleriker	presbyter	soluta	presbyter / soluta	Feldkirchen
Sigismundus Heseloher	Laie (scolaris)	Laie	solutus	soluta	solutus / soluta	
Georg Hesner	Laie (scolaris)	Kleriker	presbyter	soluta	presbyter / soluta	
Mauricius Heystetter	Laie (scolaris)	Kleriker	monachus	coniugata	abb. / coniugata	
Johannes Hilmaier	Laie (scolaris)	Kleriker	presbyter	soluta	presbyter / soluta	
Michael Hilmaier	Laie (scolaris)				presbyter / soluta	
Wolfgangus Hofstetter	Laie (scolaris)	Kleriker	presbyter	soluta	presbyter / soluta	
Conradus Horn	Laie (scolaris)	Kleriker	presbyter	soluta	presbyter / soluta	
Johannes Huber	Laie (scolaris)	Laie	coniugatus	soluta	coniugatus / soluta	Landshut
Emeramus Stephain Huber	Laie (scolaris)	Laie	solutus	soluta	solutus / soluta	
Erhardus Hueher	Laie (scolaris)	Kleriker	presbyter	soluta	presbyter / soluta	
Jeronimus Huffnagel	Laie (scolaris)	Kleriker	presbyter	coniugata	presbyter / coniugata	
Paulus Hug	Laie (scolaris)	Kleriker	presbyter	soluta	presbyter / soluta	
Margareta Hyettgernyn	Laie	Laie	solutus	soluta	solutus / soluta	
Kilianus Kel	Laie (scolaris)	Kleriker	presbyter	soluta	presbyter / soluta	
Fridericus Kels	Laie (scolaris)				presbyter / soluta	
Johannes Klammerer	Laie (scolaris)	Kleriker	presbyter	soluta	presbyter / soluta	Gmunden
Stephanus Kloßner	Laie (scolaris)	Kleriker	presbyter	soluta	presbyter / soluta	
Johannes Kloßner	Laie (scolaris)				presbyter / soluta	
Martinus Kloßner	Laie (scolaris)				presbyter / soluta	
Urbanus Kluechaymer	Laie (scolaris)	Kleriker	presbyter	soluta	presbyter / soluta	
Petrus Knauer	Kleriker (presbyter)	Kleriker	presbyter	soluta	presbyter / soluta	
Conradus Knauer	Kleriker (presbyter)				presbyter / soluta	
Sigismundus Knekel	Laie (scolaris)	Laie	solutus	soluta	solutus / soluta	Bruck
Cristianus Kokusch	Laie (scolaris)	Kleriker	presbyter	soluta	presbyter / soluta	Wasserburg
Johannes Krancz	Kleriker	Kleriker	presbyter	soluta	presbyter / soluta	
Augustinus Kratzel	Laie (scolaris)	Kleriker	presbyter	soluta	presbyter / soluta	
Thomas Krissar	Laie (scolaris)	Kleriker	presbyter	soluta	presbyter / soluta	
Leonardus Krissar	Laie (scolaris)				presbyter / soluta	
Cristiannus Kuppfner	Laie (scolaris)	Laie	solutus	soluta	solutus / soluta	
Conradus Labendolff	Mönch (presbyter, O.S.Ben. S.Michaelis)	Laie	coniugatus	coniugata	con. od. sol. / con. od. sol.	Freising
Georgius de Laber	Laie (scolaris)	Laie	solutus	soluta	solutus / soluta	
Johannes Lechmuller	mönch (profess. Kl. Schäftlarn O. S. Prem.)	Laie	solutus	soluta	solutus / soluta	Schäftlarn
Johannes Lecturu	Laie (scolaris)	Kleriker	presbyter	soluta	presbyter / soluta	
Sigismundus Lengher	Kleriker	Kleriker	presbyter	coniugata	presbyter / coniugata	
Mathias Lindbeke	Laie (scolaris)	Kleriker	presbyter	soluta	presbyter / soluta	
Johannes Lunsser	Laie (scolaris)	Kleriker	presbyter	soluta	presbyter / soluta	
Michael Marcksensen	Laie (scolaris)	Kleriker	presbyter	coniugata	presbyter / coniugata	
Gregorius Mauschir	Laie (scolaris)	Kleriker	presbyter	soluta	presbater / soluta	
Ulricus Megenbart	Laie (scolaris)	Kleriker	presbyter	vidua	presbyter / vidua	
Johannes Mentzinger	Laie (scolaris)	Kleriker	presbyter	soluta	presbyter / soluta	
Constantinus Merckel	Laie (scolaris)	Kleriker	presbyter	soluta	presbyter / soluta	
Cristoforus Mesel de Rot	Laie (scolaris)	Kleriker	monachus	soluta	presb. Prof. O. s. Ben. / soluta	Rott
Johannes Metispach	Kleriker?	Kleriker	presbyter	soluta	presbyter / soluta	
Ulricus Meylinger	Laie (scolaris)	Kleriker	presbyter	soluta	presbyter / soluta	
Johannes Meyserlyn	Mönch (Augustiner)	Laie	solutus	soluta	solutus / soluta	Warnried
Johannes Moinart	Kleriker?	Laie	solutus	soluta	solutus / soluta	Erding
Sigismundus Mosel	Laie (scolaris)	Kleriker	monachus	soluta	Mönch, presb./Benediktiner/soluta	
Erhardus Moser	Laie (scolaris)	Kleriker	presbyter	soluta	presbyter / soluta	
Johannes Moser	Laie (scolaris)				presbyter / soluta	
Gregorius Neronhauser	Laie (scolaris)	Kleriker	presbyter	soluta	presbyter / soluta	
Alexius Neuhauser	Laie (scolaris)				presbyter / soluta	
Emeramus Newpeck	Laie (scolaris)	Laie	solutus	soluta	solutus / soluta	
Ulricus Niderman	Kleriker				presbyter / soluta	
Sigismundus Nienperk	Laie (scolaris)	Kleriker	presbyter	soluta	presbyter / soluta	
Georgius Nuerberg	Laie (scolaris)				presbyter / soluta	
Christoforus Numer	Laie	Kleriker	presbyter	soluta	presbyter / soluta	
Wolfgangus Oberdarffer	Laie (scolaris)	Laie	solutus	soluta	solutus / soluta	Oberdorf
Cristian Oberperger	Laie (scolaris)	Kleriker	presbyter	soluta	presbyter / soluta	
Martinus Offenburger	Laie (scolaris)	Kleriker	presbyter	coniugata	presbyter / coniugata	Konstanz
Augustinus Ostermair	Laie (scolaris)	Laie	solutus	soluta	solutus / soluta	

Ulricus Ostermair	Laie (scolaris)			soluta	solutus / soluta		
Gaspar Paben	Kleriker (presbyter)	Kleriker	presbyter	soluta	presbyter / soluta		parochiali st. Ulrici Atarisponen
Conradus Palbeni	Laie (scolaris)	Kleriker	presbyter	soluta	presbyter / soluta		
Matthias Pannechufler	Laie (scolaris)	Laie	solutus	soluta	solutus / soluta		
Volgangus Passauer	Laie (scolaris)	Kleriker	presbyter	soluta	presbyter / soluta		
Georgius Paumgartner	Laie (scolaris)	Laie	coniugatus	soluta	coniugatus / soluta		
Sigismundus Pechermair	Kleriker	Kleriker	presbyter	soluta	presbyter / soluta		
Ambrosius Penner	Laie (scolaris)	Laie	solutus	soluta	solutus / soluta		
Cristoforus Perfalder	Laie (scolaris)	Kleriker	monachus	coniugata	presb. (Abt. S. Aug. O) / coniugata		
Gasparus Perger	Laie (scolaris)	Kleriker	presbyter	soluta	presbyter / soluta		
Henricus ulctus	Laie (scolaris)	Laie	solutus	soluta	solutus / soluta		
Stephanus Dominici Perther	Mönch (Prämonstratenser, Scholar)	Kleriker	presbyter	coniugata	presbyter / coniugata		Scheffelern
Sebastianus Peyhartzing	Laie (scolaris)	Kleriker	presbyter	soluta	presbyter / soluta		
Johannes de Peyrberg	Laie (scolaris)	Kleriker	monachus	soluta	Presb.prep.can.reg.o.s.Aug. / soluta		Peyrberg
Johannes Pfadendorffer	Laie (scolaris)	Laie	solutus	soluta	solutus / soluta		
Sigismundus Pfeubert	Laie (Scholar, Art. lib. baccalaureus)	Kleriker	presbyter	soluta	presbyter / soluta		
Conradus Pfeubert	Laie (scolaris)				presbyter / soluta		
Georgius Pfiffer	Laie (scolaris)	Laie	coniugatus	coniugata	coniugatus / coniugata		München
Johannes Pistoris alias Moll	Laie (scolaris)	Kleriker	presbyter	soluta	presbyter / soluta		
Georg Plaichfelder	Laie (scolaris)	Kleriker	presbyter	soluta	presbyter / soluta		
Wolfgangus Pollinger	Laie (scolaris)	Laie	solutus	soluta	solutus / soluta		
Paulus Pork	Laie (scolaris)	Laie	solutus	soluta	solutus / soluta		
Johannes Posch	Laie (scolaris)	Laie	solutus	soluta	solutus / soluta		
Stephanus Postarfer	Laie (scolaris)	Kleriker	presbyter	soluta	presbyter / soluta		
Johannes Potzner	kleriker (presb. Can. Colleg. Eccl. S. Viti e.m.)	Kleriker	presbyter	soluta	presbyter / soluta		Freising
Johannes Prannauer	Laie (scolaris)	Kleriker	presbyter	soluta	presbyter / soluta		
Ernestus Prant	Laie	Laie	solutus	soluta	solutus / soluta		
Sigismundus Oxendorffer	Laie (scolaris)	Kleriker	presbyter	soluta	presbyter / soluta		
Quirinus Prenner	Laie (scolaris)	Kleriker	presbyter	soluta	presbyter / soluta		
Jacobus Prentl	Laie (scolaris)	Kleriker	presbyter	soluta	presbyter / soluta		
Johannes Prughmeir	Laie (scolaris)	Kleriker	presbyter	soluta	presbyter / soluta		
Sigismundus Puchausser	Laie (scolaris)	Kleriker	kleriker	soluta	kleriker / soluta		
Vincentius Pucher	Kleriker	Laie	solutus	soluta	solutus / soluta		
Johannes Puecher	Kleriker				solutus / soluta		Geysenhausen
Sigismundus Puchmesser	Laie (scolaris)	Laie	solutus	soluta	solutus / soluta		
Ludwicus Pulcher	Laie (scolaris)	Laie	solutus	soluta	solutus / soluta		
Johannes Pulster	Mönch (profess. Can. Presb. O. Prämonst.)	Laie	solutus	soluta	solutus / soluta		Beuerberg
Petrus de Ramer	Kleriker (presbyter)	Laie	solutus	coniugata	solutus / coniugata		
Johannes Rampfling	Laie (scolaris)	laie	solutus	soluta	solutus / soluta		
Johannes Rasell	kleriker (presbyter, Cap. B. Mane Magdalene)	Kleriker	presbyter	soluta	presbyter / soluta		Schliersee
Michael Rastl	Kleriker?	Kleriker	presbyter	soluta	presbyter / soluta		
Casparus Rawbein	Laie (scolaris)	Kleriker	presbyter	soluta	presbyter / soluta		
Erasmus Rawbein					presbyter / soluta		
Andreas Rawensteiner	Laie (scolaris)	Kleriker	presbyter	soluta	presbyter / soluta		
Fridericus Reb	Laie (scolaris)	Laie	solutus	soluta	solutus / soluta		
Johannes Regerdorffer	Laie (scolaris)	Kleriker	presbyter	soluta	presbyter / soluta		
Leonardus Regeldorffer	Laie (scolaris)				presbyter / soluta		
Willelmus Regeldorffer	Laie (scolaris)				presbyter / soluta		
Gaspar Rentenbek	Laie (scolaris)	Kleriker	presbyter	soluta	presbyter / soluta		
Cristoforus Rischoner	Laie (scolaris)	Laie	coniugatus	soluta	coniugatus / soluta		Dachau
Johannes Rodvolt	Laie (scolaris)	Kleriker	presbyter	soluta	presbyter / soluta		
Cristoforus Roetenpeck	Laie (scolaris)	Kleriker	presbyter	soluta	presbyter / soluta		
Leonardus Ruperti	Laie (scolaris)	Kleriker	presbyter	soluta	presbyter / soluta		
Sigismundus Sachelin	Laie (scolaris)	Kleriker	presbyter	soluta	presbyter / soluta		
Johannes Salberger	Laie (scolaris)	Laie	solutus	soluta	solutus / soluta		
Henricus Saldolffer	Kleriker (acolitus)	Laie	solutus	soluta	solutus / soluta		
Leonardus Salier	Laie (scolaris)	Kleriker	presbyter	soluta	presbyter / soluta		
Georgius Sarger	Laie (scolaris)	Laie	coniugatus	coniugata	coniugatus / coniugata		
Oswald Sartoris	Laie (scolaris)	Kleriker	presbyter	soluta	presbyter / soluta		
Johannes Scareer	Laie (scolaris)	Kleriker	presbyter	soluta	presbyter / soluta		
Wolfgangus Schabel	Laie (scolaris)	Kleriker	presbyter	soluta	presbyter / soluta		
Johannes Schaldorffer	Kleriker	Laie	solutus	soluta	solutus / soluta		
Thimoteus Schenheustel	Laie (scolaris)	Laie	solutus	soluta	solutus / soluta		
Johannes Schierber	Kleriker	Kleriker	kleriker	soluta	clericus / soluta		
Andreas Schiwensteger	Laie (scolaris)	Kleriker	presbyter	soluta	presbyter / soluta		
Johannes Schmarts	Laie (scolaris)	Kleriker	presbyter	soluta	presbyter / soluta		
Wolfgangus Schondorffer	Laie (scolaris)	Kleriker	presbyter	soluta	presbyter / soluta		Schondorf ?
Johannes Schrafnagl	Laie (scolaris)	Kleriker	presbyter	soluta	presbyter / soluta		
Johannes Schwinlicher	Laie (scolaris)	Kleriker	presbyter	soluta	presbyter / soluta		
Sigismundis Scomacher	Laie (scolaris)	Kleriker	presbyter	soluta	presbyter / soluta		
Vincentius Sedelmair	Laie (scolaris)	Kleriker	solutus	soluta	solutus / soluta		
Johannes Sedelmair	Laie (scolaris)			presbyter	presbyter / soluta		
Georgius Semelroscz	Laie (scolaris)	Kleriker	presbyter	soluta	presbyter / soluta		
Henricus Sigerstoter	Laie (scolaris)	Laie	coniugatus	soluta	coniugatus / soluta		
Johannes Signer	Kleriker	Kleriker	presbyter	soluta	presbyter / soluta		
Sigismundus Siwalt	Laie (scolaris)	Kleriker	presbyter	soluta	presbyter / soluta		
Sigismundus Snott	Laie (scolaris)	Laie	solutus	soluta	solutus / soluta		
Johannes Snytzer	Laie (scolaris)	Kleriker	presbyter	soluta	presbyter / soluta		
Sebastianus Spanier	Laie (scolaris)	Kleriker	presbyter	soluta	presbyter / soluta		
Michael Speknocker	Laie (scolaris)	Kleriker	presbyter	soluta	presbyter / soluta		München

Name	Status 1	Status 2	Status 3	Status 4	Status 5	Ort
Johannes Stainhouser	Laie (scolaris)	Kleriker	presbyter	soluta	presbyter / soluta	
Wilhelmus Stamhover	Laie (scolaris)	laie	solutus	soluta	solutus / soluta	
Johannes Stampfrock	Kleriker (presbyter)	Kleriker	presbyter	soluta	presbyter / soluta	München
Andreas Stangel	Laie (scolaris)	Laie	coniugatus	soluta	coniugatus / soluta	
Cristoforus Stangel	Laie (scolaris)	Laie	solutus	soluta	solutus / soluta	
Stephanus Starch	Laie (scolaris)	Kleriker	presbyter	soluta	presbyter / soluta	
Erasmus Starch	Laie (scolaris)				presbyter / soluta	
Andreas Starch	Laie (scolaris)				presbyter / soluta	
Johannes Stawsz	Laie (scolaris)	laie	solutus	soluta	solutus / soluta	
Erasmus Steger	Laic (scolaris)	Kleriker	presbyter	soluta	presbyter / soluta	Mittenwald
Cristoforus Stinnpeck	Laie (scolaris)	Kleriker	presbyter	soluta	presbyter / soluta	
Martinus Stinnpeck	Laie (scolaris)				presbyter / soluta	
Onofforius Stockel	Laie (scolaris)	Kleriker	presbyter	soluta	presbyter / soluta	
Johannes Stockel	Laie (scolaris)	Laie	solutus	soluta	solutus / soluta	
Johannes Stranig	Laie (scolaris)	Laie	solutus	soluta	solutus / soluta	
Johannes Streucher	Laie (scolaris)	Kleriker	presbyter	soluta	presbyter / soluta	
Petrus Strobel	Laie (scolaris)	Laie	solutus	soluta	solutus / soluta	München
Johannes Stunnipeck	Laie (scolaris)	Kleriker	presbyter	soluta	presbyter / soluta	
Wolfgang Stypf	Kleriker	Laie	solutus	soluta	solutus / soluta	
Bernardus Sumersterffet	Laie (scolaris)	Kleriker	presbyter	soluta	presbyter / soluta	
Thomas Susvollczstarffer	Laie (scolaris)	Kleriker	presbyter	soluta	presbyter / soluta	
Sigismund Swaiger	Laie (scolaris)	Kleriker	presbyter	soluta	presbyter / soluta	
Andreas Swertzenpeck	Laie (scolaris)	Laie	coniugatus	soluta	coniugatus / soluta	
Johannes Swicklin	Laie (scolaris)	Kleriker	presbyter	soluta	presbyter / soluta	Ilmunster
Wolffgang Tewsempeck	Laie (scolaris)	Kleriker	presbyter	soluta	presbyter / soluta	
Erasmus Teyscher	Laie (scolaris)	Kleriker	presbyter	soluta	presbyter / soluta	
Johannes Thierheimer	Kleriker	Laie	coniugatus	soluta	coniugatus / soluta	
Barbara Tramista	Nonne (profess)	Laie	coniugatus	soluta	coniugatus / soluta	Traunstein
Dorothea Tramista	Nonne (profess)		coniugatus	coniugata	coniugatus / coniugata	Traunstein
Johannes Trebacher	kleriker (presbyter, Alt. cur. ep. FS in op. Vienen)	Kleriker	presbyter	soluta	presbyter / soluta	Passau
Michael Trimsteter	Laie (scolaris)	Kleriker	presbyter	soluta	presbyter / soluta	
Wolfgang Trinckal	Kleriker (acolitus)	Laie	coniugatus	soluta	coniugatus / soluta	
Georgius Tuffenpeck	Laie (scolaris)	Kleriker	presbyter	soluta	presbyter / soluta	
Johannes Tulchinger	Laie (scolaris)	Kleriker	presbyter	soluta	presbyter / soluta	
Henricus Turchinger	Laie (scolaris)	Laie	solutus	soluta	solutus / soluta	
Georgius Tuchinger	Kleriker		presbyter		presbyter / soluta	
Georgius Tuller	Laie (scolaris)	Kleriker	presbyter	soluta	presbyter / soluta	Mandelstadt
Rinhardus Turenpacher	Kleriker (presbyter)	Kleriker	presbyter	soluta	presbyter / soluta	
Johannes Tumbler	Laie (scolaris)	Kleriker	presbyter	soluta	presbyter / soluta	
Andreas Undinger	Laie (scolaris)	Laie	solutus	soluta	solutus / soluta	
Wolfgang Vechemair	Laie (scolaris)	Kleriker	presbyter	soluta	presbyter / soluta	
Egidius Venatoris de ...	Laie (scolaris)	Kleriker	monachus	soluta	can. reg. / soluta	Penck
Willelmus Vesinger	Laie (scolaris)	Kleriker	presbyter	soluta	presbyter / soluta	
Thomas Vetter	Laie (scolaris)	Laie	solutus	soluta	solutus / soluta	Bruck
Thomas Veter	Laie (scolaris)	Kleriker	presbyter	soluta	presbyter / soluta	Emspach
Leonardus Viechauser	Laie (scolaris)	Laie	solutus	soluta	solutus / soluta	Gramartzhausen
Ulricus Vilshaymer	Laie (scolaris)	Laie	solutus	soluta	solutus / soluta	
Johannes Vintzrai	Laie (scolaris)	Laie	solutus	soluta	solutus / soluta	
Albertus Vogel	Laie (scolaris)	Laie	solutus	soluta	solutus / soluta	
Andreas Vogelrieder	Laie (scolaris)	Kleriker	presbyter	soluta	presbyter / soluta	
Sebastianus Vrehemawer	Laie (scolaris)	Kleriker	monachus	soluta	mönch (presb. O. S. Bened.) / soluta	Praitentisch
Wolfgangus ...	Laie (scolaris)	Kleriker	presbyter	coniugata	presbyter / coniugata	
Georgius Valtenhofer	kleriker (presbyter, Eccl. colleg. S. Sixti)	Laie	solutus	soluta	solutus / soluta	Schliersee
Johannes Walther	Laie (scolaris)	Kleriker	presbyter	coniugata	presbyter / coniugata	
Gregorius Wartenberger	Laie (scolaris)	Kleriker	presbyter	soluta	presbyter / soluta	
Laurentius Wartenberger	Laie (scolaris)				presbyter / soluta	
Osvaldus de Wasserburga	Laie (scolaris)	Kleriker	presbyter	soluta	presbyter O. S. Aug. / soluta	Wasserburg
Andreas Verder	Kleriker?	Kleriker	presbyter	soluta	presbyter / soluta	
Sigismundus Werder	Laie (scolaris)				presbyter / soluta	
Johannes Werder alias Hirt	kleriker (presbyter, rect. par. eccl. Hymhausen)				presbyter / soluta	Hymhausen
Johannes Wernstuffer	Laie (scolaris)	Laie	solutus	soluta	solutus / soluta	
Leonardus West	Laie (scolaris)	Kleriker	presbyter	soluta	presbyter / soluta	
Gabriel de Bistendorff	Laie (Scolaris)	Kleriker	presbyter	soluta	presbyter / soluta	
Johannes Vestendorfer	Laie (scolaris)		presbyter		presbyter / soluta	
Johannes Weychser	Laie (scolaris)	Kleriker	presbyter	soluta	presbyter / soluta	
Wolfgang Wiser	Laie (scolaris)	Kleriker	presbyter	soluta	presbyter / soluta	
Cristoforus Wochmarer	Laie (scolaris)	Kleriker	presbyter	soluta	presbyter / soluta	
Georgius Wolauff	Laie (scolaris)	Laie	coniugatus	soluta	coniugatus / soluta	
Johannes Wolfhardi	Laie (scolaris)	Kleriker	presbyter	soluta	presbyter / soluta	
Ulricus Zechetner	Kleriker (presbyter)	Kleriker	presbyter	soluta	presbyter / soluta	
Otmar Zeich	Laie (scolaris)	Kleriker	presbyter	soluta	presbyter / soluta	
Erhardus Zolner	Laie (scolaris)	Kleriker	presbyter	soluta	presbyter / soluta	
Johannes Zolner	Laie (scolaris)				presbyter / soluta	
Georg Zolt	Laie (scolaris)	Laie	coniugatus	coniugata	coniugatus / coniugata	Loc. Dioc. Pataven
Petrus Von	Laie (scolaris)	Kleriker	presbyter	coniugata	presbyter / coniugata	
Albertus	Laie (scolaris)	Kleriker	presbyter	coniugata	presbyter / coniugata	
Sigismund	Mönch	Laie	coniugatus	soluta	coniugatus / soluta	München
Nicolaus	Mönch	Laie	coniugatus	coniugata	coniugatus / coniugata	München

Liste 2 - Penitentiaria Apostolica: a) Klientelgruppe Geistliche in der herzoglichen Verwaltung

Name	Studienort	Abschluß	Ort	Jahr	Herzog	Tätigkeit(en)	Eltern	Stand
Johannes Tründel	Wien, Padua			ab 1432	München Hzg Ernst		presb/sol	
Ulrich Arsinger	Wien, Padua	M.A./D r. leg.		ab 1458	München Albr. III., Joh., Sigmund	geist. Rat		
Ulrich Halder	?			1460-67	Sigmund, Johann, Albrecht IV.	Kanzleischreiber	sol/sol	verheiratet
Heinrich von Absberg	Padua			ab 1461	Brandenburg, Landshut	Rat		
Christof Dorner	?			1472-74	Landshut	Kanzler, Kanzleischreiber		verheiratet
Wilhelm Stamhover	Basel, Ingolstadt	Lic. iur.can.		ab 1479	Landshut	Pfarrer Burghausen, geist. Rat	sol/sol	
Johannes Andree	Rom	Dr. iur.can.	Ilmünster	1481-1503	Landshut		presb/sol	
Vinzenz Schrenck	Padua		Freising	1481-1503	Landshut	geist. Rat		
Erasmus Tobler	?	Dr.iur.utr.	Wasserburg	1491, 1493	München	geist. Rat, Kler. Acolitus		
Hans Täschinger? = Tascher				1496-1508	München	Kanzleischreiber		verheiratet
Ulrich Steger = Stuhger?				1496-1508				verheiratet
Pankraz Haselberger	Ingolstadt	Lic.iur.can.		ab 1499	München	Notar, Advocatus Offiz.ger.		presb/sol
Caspar Rawbein		Dr. theol.		ab 1502	München			presb/sol
Andreas Vogelrieder		Dr.		ab 1502	München	geist. Rat		presb/sol
Johannes Feldner				ab 1502	München	geist Rat		presb/sol
Johannes Falkner						Dechant zu Moosburg???	sol/sol	
Heinrich von Schmiechen	Ingolstadt	Dr. iur. utr.		ab 1480	Landshut	geist. Rat, Prof. Uni Ingolstadt		
Petrus Craft	Ingolstadt	Dr. leg.		ab 1490	Landshut	Hofgericht		verheiratet
Johannes Westendorffer	?	?	Straubing	1450	München	Rat/Mautner zu Straubing		presb/sol
Johannes Prebeck	?	?	Regensburg	1474	München	Prokurator in Rotaprozess		
Paulus Ettlinger	?	?	Landshut	1490	Landshut	Rechtsberatung, Rat???		
Georg Nuremberger	?	M.A.		1470	München	Kaplan, Rat???	presb/sol	

Liste 2b) - Penitentiaria Apostolica: Kleriker am Offizialatsgericht

Name	Studienort	Abschluß	Ort	Jahr	hzgl. Verwaltung	Offizialatsgericht
Georg Newnburg		M.A.	Freising	1467		Prokurator
Heinrich von Schmiechen	Ingolstadt	Dr. iur. utr.	Freising	1479	Landshut Rat 1480	Offizial Freising
Johannes Andree/Swalb	Rom	Dr. iur. utr.	Ilmünster	1483	Landshut 1481 - 1503	Offizial Freising
Johannes Heller	Wien, Bologna	Dr. iur. utr.	Freising	1451	HL Freising 98 - 100	Offizial Eichstätt 1452-59; Freising 1472 - 78?
Pankraz Haselberger	Ingolstadt	M.A.	Freising	1476	München Rat ab 1499	Notar, Advocatus Offiz.ger.
Vinzenz Schrenck/Schaenk	Padua	Dr. iur. utr.	Freising	1499	Landshut Rat 1481-	Generalvikar Freising, Can.

Liste 2bb) - Penitentiaria Apostolica: weitere Kleriker in geistlichen Positionen

Name	Studienort	Abschluß	Ort	Jahr	Tätigkeit(en)
Andreas Utenberger			Freising	1487	Domherr Freising
Emeram Newpeck			Freising	1476	Domherr Freising
Georg Altdorffer	Wien, Bologna	Dr. decr.	Freising	1459	Bischof v. Chiemsee 1477 - 1495, Domherr Freising 1455 - 1491
Georg Wolfhauser			o. Ort	1508	Kanonikat
Heinrich Salchinger			Moosburg	1476	Kanonikat St. Castulus
Heinrich von Schmiechen			Freising	1467, 1499	Domherr Freising, 1455 Probst St. Veit, 1480 Domherr Augsburg, 1483 Domherr Regensburg und Rechtsprechung, HL Freising 100, fol. 153r: ab 1476 Offizial
Johannes Heller	Wien, Bologna		Freising	1451	Domkanoniker Freising ab 1425
Johannes Pötschner			Freising	1453	Domherr Freising
Johannes Türndl			Freising	1453	Domherr Freising
Markus Hornle			Freising	1482	Domherr Freising
Michael Deyninger			Rom	1504	Familiar Bhf. Brictonorien
Petrus Krafft	Ingolstadt	Dr. decr.			Weihbischof Regensburg 1501-1530
Johannes Preberk	?	?	Regensburg		Prokurator Albrechts IV. in Rotaprozess 1472 - 1474
Petrus Ridler			Freising	1472/3	Domherr FS/Lehrer geist. Rechte/ 1468 Vorsitz Baramtsgericht/1483 Probst Isen und Schliersee
Thomas Wagenhuber			Ilmünster	1486	Kanonikat St. Arsatius
Ulrich Arsinger			Freising	1453	Domherr Freising
Vinzent Schrenck			Freising	1499	Domherr Freising

Liste 2c) - Penitentiaria Apostolica: weitere Kleriker/ Verwandte in hohen Positionen

Name	Verwandtschaft zu	Quelle	Jahr
Ludwig Abtesmüller	Dionysius Abtesmüller, 1446 Offizial und Generalvikar	PA 17, fol. 189v.	1469
Christoph Ettlinger	Heinrich Ettlinger, ab 1463 Generalvikar von Freising	PA 3, fol. 75r	1453
Uldaricus Ettlinger	Heinrich Ettlinger, ab 1463 Generalvikar von Freising	PA 18, fol. 140r	1470
Paulus Ettlinger	Heinrich Ettlinger, ab 1463 Generalvikar von Freising	PA 39, fol. 206	1490
Georg Peringer	Erasmus Perchinger, 1482-83 Weihbischof von Freising	PA 15, fol. 116v	1467
Johannes Stadler	Johannes Stadler/J.S. d. Jüngere, 1461/1479 Generalvikare Freising	PA 49, fol. 555v	1500
Apperger, Henricus	Heinrich von Absberg, Bhf. Regensburg 1466-92	PA 15, fol. 296r	1467
Franciscus Ludovici	Johannes Ludovici, Weihbhf. Regensburg 1468-80, Rat LA, Prof. Theol. Ingolstadt	PA 5, fol. 442rs	1458
Perger, Caspar	Johannes P/Berger, 1475 - 82 Weihbhf. Freising	PA 36, fol. 341r, PA 43, fol. 397r	1487, 1494
Puechler, Vincencius	Wolfgang Püchler, 1465 - 75 Weihbhf. Passau	PA 44, fol. 370r	1495
Puecher, Johannes	Wolfgang Püchler, 1465 - 75 Weihbhf. Passau	PA 4, fol. 45r, PA 6, fol. 128r	1450, 1457
Abemer, Jakob	Ludwig Ebmer, 1495 Ordinarius Salzburg und vorher Offizial/ Generalvikar (obb. Adel)	PA 55, fol. 502r und 479v (2x Ehe)	1508
Johannes Westendorfer	Hans Westendorfer, Mautner zu Straubing, Rat Albrechts IV.	Vater: PA 4, fol. 47r Sohn: PA 48, fol. 831v (2x def. nat.)	1450, 1500

Liste 2d) - Penitentiaria Apostolica: Akademiker

Name	Vorname	Studium	Studienort	Herkunft		Jahr	Karriere
Absberg	Heinrich von		Wien 1436, Padua 1441		vor Disp.		hzgl. Rat
Altdorfer	Georg	Dr. Art.	Bologna, vor 1456 (Prom.)		vor Disp.		Bhf Chiemsee
Andree alias	Johannes	Dr. Iur. Utr.	Rom, Wien 1458 - 60 bacc. Art.	Garmisch	vor Disp.		Offizial Freising 1483, hzgl. Rat Landshut, Pfarrer Garmisch & Unding
Arsinger	Ulrich	Dr. leg.	1431 Wien, 1443, Padua		vor Disp.		hzgl. Rat
Diener	Georg	Studienlizenz		München	nach Disp.	1500	
Dornvogt	Johannes	Lic. art., Magister	Wien 1435 imm., 1445 Prom./Liz.	München	vor Disp.		Pfarrkirche Kolbach, Kaplan U.L.F. München
Ettlinger	Udalricus	Studium	währenddessen, Wien				
Fraunhofer	Wilhelm	Dr. leg.	Bologna 1470, Ingolstadt 1474	Fraunhofen	vor Disp.		
Furk	Stephan	Studienlizenz			nach Disp.		
Graff	Georg	Lic. art	Wien 1456 - 59	München	vor Disp.		1470 vozeitig Weihe in Padua
Harder	Petrus	M.A.	Basel 1494 - 96	Bruck/MUC	vor Disp.		
Haselberger	Pankraz	M.A., Liz. iur. can.	Wien 1464, Ingolstadt 1477	Mattsee	vor Disp.		Pfarrkirche Perlach, Prokurator Offizialatsger. Freising
Heller	Johannes	Dr. art.	Wien 1428 - 36	München	vor Disp.		Offizial Freising
Hering	Anton	Dr. theol.	Wien, 1478 - 96	Augsburg	vor Disp.		
Hornle	Markus	Lic. iur. utr.			nach Disp.		
Huber	Johannes	Immatrikulation	Wien 1490 - 1505	Tölz	während Disp.		
Irnhoris	Georg	Zivilrecht 7 J.	?		nach Disp.		
Kirchdorfer	Wolfgang	Studium	Ingolstadt		während Disp.		
Krafft	Petrus	Dr.	Ingolst. 1472, Tübing. 1485, Ferrara 1488		vor Disp.		Rat Landshut/Weihbf Regensburg
Nuerberg	Georg	M.A.			nach Disp.		Prokurator Offizialatsgericht Freising
Newpeck	Emeram	Dr.	1473 - 79 Ingolstadt	Freising	nach Disp.	1479	
Pfeubert	Sigismund	Baccalaureus	?	n.n.	vor Disp.	1454	Priester
Pistoris	Johannes	Promotion	Ingolstadt 1480 - 86 oder 1500	Ingolstadt	vor Disp.		
Rawbein	Caspar	Dr. Theol.					hzgl. Rat
Schmiechen	Heinrich vo	Zivilrecht 7 J./ Dr. leg. utr., Dr. iur. utr.	Wien 1459, Ingolstadt		vor Disp.		Offizial Freising
Schrenck	Vinzent	Dr. iur. utr.	Padua 1472, Ingolstadt 1485	München	vor Disp.		
Seyboldsdorf	Sigismund	Immatrikulation	Ingolstadt 1476	Scheyern	während Disp.		
Stamhofer, Stainhofer	Wilhelm	Lic. art.	Wien 1454 - 60, Basel, Ingolstadt	Landshut	vor Disp.		hzgl. Rat
Tobler	Erasmus	Dr. iur. utr.		Wasserburg			Rat Albrechts IV. seit 1491
Tründel	Johannes	Dr. iur. can.	1402 - 08 Wien, Padua 1416	Schalldorf	vor		hzgl. Rat
Vogelrieder	Andreas	Dr.					hzgl. Rat
Werder	Johannes	Promotion, Lic. art.	Wien 1476 - 80	München	nach Disp.		(1479 presbyter, rect. par. eccl. Hymhausen in Freising)
Wernher	Adam	Lic. iur. utr.			vor Disp.		
Zolner	Johannes	Lic. art.	Wien 1480 - 89	München	nach Disp.		
Fraunhofer	Georg	Immatrikulation	Ingolstadt 1493	Fraunhofen			
Fraunhofer	Johannes	Immatrikulation	Ingolstadt 1507	Fraunhofen			

Ridler	Christoph	Dr. iur. utr.	Ingolstadt 1516 - 23	München			
Ridler	Gabriel	Dr. iur.	Bologna 1503	München			
Zöllner	Christoph	Bacc. art.	Wien 1487 - 91	München			

Liste 3a) - Penitentiaria Apostolica: Müchener Patriziat

a) Münchener Patriziat

Nachname	in RPG	Jahr	Name	Inhalt
Auer	PA 20, fol. 241r	1472	Paulus	Geburtsmakel
Auer	PA 41, fol. 373v	1492	Paulus	Pfründentausch
Auer	PA 47, fol. 559v	1498	Christian, Rottenberg, scholar	Weihelizenz
Bart	PA 31, fol. 79v	1482	Henricus	Ehelizenz 2./3. Grad (kurze
Diener	PA 49, fol. 235v	1500	Georgius, Kleriker	Studienlizenz (röm. und kan.
Fendt	PA 45, fol. 472v	1496	Alexius Vend	Geburtsmakel
Günter	PA 9, fol. 94r	1461	Elisabeth Guntherin, München	Ehelizenz 4. Grad
Heselloher	PA 18, fol. 254v	1470	Sigismund o. Ort, scholar	Geburtsmakel
Kray	PA 13, fol. 87r	1465	Margaretha Krayinn o. Ort	Ehedispens 4. Grad
Ligsalz	PA 13, fol. 87r	1465	Carolus Lisaler = Ligsalz? O.	Ehedispens 4. Grad
Mäusel	PA 26, fol. 235v	1478	Cristoforus Mesel?, Rot	Geburtsmakel
Pötschner	PA 10, fol. 19r	1462	Eberhard o. Ort	Ehedispens 4. Grad
Pötschner	PA 4, fol. 159r	1453	Johannes o. Ort, Kleriker	Pfründentausch
Pötschner	PA 49, fol. 752r	1500	Melchior	Beichtbrief
Pötschner	PA 17, fol. 38v	1469	Erhard Portschuer, o. Ort	Ehelizenz 4. Grad
Pütrich	PA 3, fol. 205v	1451	Jacobus, Putrech, Ritter o. Ort	Absolution Kriegsteilnahme
Pütrich	PA 37, fol. 136r	1488	Christof	Gewalt gg. Kl., Laie, verh.
Ridler	PA 21, fol. 239r	1472	Petrus, Freising	Beichtbrief
Ridler	PA 21, fol. 118r	1473	Petrus, Freising	Butterbrief
Ridler	PA 31, fol. 79v	1482	Barbara, München	Ehelizenz 2./3. Grad
Ridler	PA 25, fol. 17v	1477	Anna, Ridlerin, München	Ehelizenz 4. Grad
Ridler	PA 17, fol. 276v	1469	Franciscus	Beichtbrief
Ridler	PA 17, fol. 276v	1469	Seland	Beichtbrief
Rosenbusch	PA 30, fol. 53v	1480	Jacobus, und Margarethe	Ehelizenz 4. Grad
Rudolf	PA 30, fol. 53v	1480	Margarethe Rodolff, München	Ehelizenz 4. Grad
Schluder	PA 25, fol. 17v mit Anna	1477	Johannes, München	Ehelizenz 4. Grad
Schluder	PA 24, fol. 13r mit Magd.	1475	Johannes, München	Ehelizenz 3. Grad
Schluder	PA 10, fol. 19r	1462	Anna Sludrin	Ehedispens 4. Grad
Schrenck	PA 25, fol. 157v	1477	Vincent Schremigk, Kleriker	Weihe in Italien
Schrenck	PA 42, fol. 52v	1493	Anna Schreneckhyn =	Ehedispens 4. Grad
Sendlinger	PA 9, fol. 94r	1461	Matheus, München	Ehelizenz 4. Grad
Stupf	PA 54, fol. 802r	1506	Wolfgang, o. Ort, Kleriker	Weihelizenz und Pfründe
Stupf	PA 55, fol. 792v	1508	Wolfgang, o. Ort, Kleriker	Geburtsmakel
Stupf	PA 17, fol. 38v	1469	Anna fil. Andree Stupfen o.	Ehelizenz 4. Grad
Tulbinger	PA 49, fol. 803r	1501	Vincent	Beichtbrief
Tulchinger	PA 49, fol. 803r	1501	Elspet	Beichtbrief
Tulchinger	PA 21, fol. 187v	1473	Henricus	Geburtsmakel
Tulchinger	PA 4, fol. 233v	1455	Georgius	Geburtsmakel
Tulchuger	PA 15, fol. 95v (2x)	1467	Johannes, Priester	Weihehindernis körperl.
Tulchuger	PA 48, fol. 833v	1500	Johannes, scholar	Geburtsmakel und Pfründen
Weichsler	PA 47, fol. 570v	1499	Johannes Weychser? o. Ort,	Geburtsmakel und Pfründen
Zollner	PA 28, fol. 185vs	1478	Erhard o. Ort, scholar	Geburtsmakel
Zollner	PA 28, fol. 185v	1478	Johannes o. Ort, scholar	Geburtsmakel
Zollner	Pa 29, fol. 166v	1479	Johannes o. Ort, scholar	Beichtbrief
Zollner	PA 29, fol. 166v	1479	Paulus o. Ort, Priester	Beichtbrief
Zollner	PA 29, fol. 166v	1479	Gabriel o. Ort, Priester	Beichtbrief
Zollner	PA 21, fol. 105v	1473	Dyemut o. Ort	Ehe statt Klostereintritt

Liste 3b) - Penitentiaria Apostolica: weitere Personen aus Müchen

b) weitere Münchener Einwohner

Name	Vorname	Jahr	RPG	Bemerkung
Bergen	Benedikt	1495	PA 44, fol. 415r	
Bergen	Frau			
de Tor	Gaspar	1469	PA 17, fol. 278v	
de Tor	Frau			
Heller	Johannes	1451	PA 3, fol. 206r	Kleriker, später Offizial Freising
o. Angabe	Andreas de Mona	1477	PA 25, fol. 200r	
o. Angabe	Bürger Münchens			
o. Angabe	Johannes	1478	PA 26, fol. 122v	Kleriker, Priester
o. Angabe	Nicolaus	1499	PA 48, fol. 820v	
o. Angabe	Sigismund	1499	PA 48, fol. 820v	Mönch, o. Ordensangabe
Pfiffer	Georg	1459	PA 7, fol. 316v	
Pymeter	Johannes	1470	PA 18, fol. 282r	Kleriker
Pymeter	Octonus	1470	PA 18, fol. 282r	Kleriker
Runler	Magdalena	1475	PA 24, fol. 13r	
Seitz	Johannes	1491	PA 40, fol. 287v	
Speknocke	Michael	1469	PA 17, fol. 166r	Mönch, o. Ordensangabe
Stangel	Andreas	1469	PA 17, fol. 180v	nur Nachname
Strobel	Petrus	1471	PA 19, fol. 16v, 54r	inquilinus, Rindermarkt 1
Wandal	Babrenzel	1487	PA 37, fol. 272v	
Werker	Andreas	1477	PA 25, fol. 88v	1462 Weinschenk, inquilinus, Marienplatz 24
Werker	Frau			
Wirsimeyr	Johannes	1500	PA 49, fol. 751r	1496 Weinschenk, 1508 Wirt, inquilinus, Rindermarkt 1 1490 - 1525
Wirsimeyr	Frau			

Liste 3c) - Penitentiaria Apostolica: weitere Münchener Einwohner, Herkunftsort ergänzt

Name	Vorname	Jahr	RPG	Bemerkung
Graff	Georg	1470	PA 18, fol. 216v	
Dornvogt	Johannes	1479	PA 28, fol. 169r	Pleban Kolbach, dann Kaplan ULF München

Liste 4 - HL Freising 96, 97, 100: Namen und Berufe

HL Freising 96

Titel	Name	Nachname	Beruf	Weihegrad	Pfründe	Ort
Ven. Dm.	Fridericus			abbas		
	Agneta			abbatissa		Altmünster
	Andreas	Bair		appacherrar		Landshut
dm.	Johannes	Gersten		can. et cellerar	St. Andree	Freising
	Jacob	Sybn		can. Vic.	St. Pauli	
dm.	Albertus	Sydman		Can.?	St. Andree	Freising
dm.	Fridericus	Famel		canonicus	St. Andree	Freising
ven. dm.	Johannes	Puentznander		canonicus	Eccl. Freising	Freising
dm.	Albin	Schmiden		canonicus	St. Andree	Freising
dm.	Henricus	Talching		canonicus		Moosburg
dm.	Jacobus	Mammig		canonicus		
	Petrus	Fabri		cap. Illustrissimo		
dm.	Ulricus	Kamrer		capellanus	alt. St. Thomas ad vitam	Monaco
dm.	Symon	Kantzlair		capellanus	cap. Bollair	Monaco
	Paulus	Meirhofn		capellanus		Notzing
dm.	Thibald	Prem		capellanus		Planegg
dm.	Fibold	Pretu		capellanus		Planegg
	Ulricus	Scheib		capellanus	St. Sala	
dm.	Oswald	Wild		capellanus	Eccl. Sixti	
dm.	Albanus			capellanus		Dorffen
dm.	Corbinian			capellanus		Mosach
	Johannes	Curerforß		dec. Petens		
	Johannes	Frysing		decan	St. Andree	Freising
dm.	Andreas			decan		
	Georg	Hochzeit		decan + rector	utr. Eccl.	Westenholtzhausen
	Georg	Zandt		decan et Cho.		Burnitz
	Johannes			decan et pleban		Visnberg
Magr.	Johannes	Newnhauser		decretorum lic.		
dm.	Georg	Haisler		divin. Foris		Erding
dm.	Leonard	Zehentner		divin. Foris		Krantzberg
	Wolfgang			divin. Foris		Massenhausen
dm.	Stephan	Marchfart		div. cooptator		Kirchdorf
dm.	Henricus			div. cooptator		Malching
dm.	Seyfried			div. cooptator		Kirchdorf par. Hag
	Gabriele	Klett		div. evopatod.		Pang
	Wolfgang	Medez		eccl. Freising		Freising
	Wilhelm	Perckhaym		eccl. Haussrarb		Haussrarb
ven. dm.	Paulus	Ninmair		perpetuus		
ven. Magr.	Petrus	Numer		perpetuus	St. Andree	Freising
Magr.	Johannes	Dornvogt		pleban		Kolbach
dm.	Johannes	Englland		pleban		Phrambach
dm.	Johannes	Fremol		pleban		Stainkirchen
dm.	Mathias	Greyf		pleban		Kingsdorf
Magr.	Ernestus	Ipntrich		pleban	St. Bt. Marie	
dm.	Cristofferus	Kastner		pleban		Wird
dm.	Johannes	Lampertzhauser		pleban		
dm.	Johannes	Meepach		pleban		Schwindach
	Paulus	Meischsen		pleban		Notzing
	Ulricus	Prant		pleban		Poring
	Henricus	Reimbolt		pleban		Matzesiu
dm.	Leonard	Schleher		pleban		Fanharchen
dm.	Ulricus	Schmid		pleban		Massenhausen
dm.	Leonard	Schorn		pleban		Ebertzhausen
dm.	Johannes	Schustl		pleban		Geysiling
	Ulricus	Stängl		pleban	Eccl. filial	zu Malching?
Magr.	Albertus	Sym_ma		pleban		Mammendorf
dm.	Johannes	Ublmesser		pleban		Vichkirchen
dm.	Immg	Wagner		pleban		Puchberg
	Johannes	Weitbach		pleban		Dachau
dm.	Johannes	Weylbach		pleban		Dachau
	Johannes			pleban		Dachau
	Leonard			pleban		Porkhoren
dm.	Niherandus			pleban		Dorffen
dm.	Paulus			pleban		Ansbach
dm.	Petrus			pleban		Utzndorf
	pleban			pleban		Mammendorf
dm.	Wolfgang			pleban		Veichirel
	Andreas	Gotz		pleban et decan		Morn
ven.lis.	Caspar			optuus et adiac.		Paionburgen
dm.	Sebaldus			pr.insber		Ech
dm.	Sigismund			predicator		Dorffn
	Stephan	Eysenhofen		prefectus		Freising
Magr.	Georg	Newnburg	rector schola	presbyter		Monaco
	Ulricus	Capentam	notar	presbyter		
ven. dm.	Johannes			prior		
	Jeronimus	Heyster		rector scolarum		
dm.	Matheus	Eberwein		vikar		Pertinchen
dm.	Matheus	Ebmarin		vikar		Perberchen
dm.	Mathias	Ebwein		vikar		Pertinach
dm.	Johannes	Hausterer		vikar		Reychershausen
	Georg	Hewgl		vikar		Dorffen
	Frederic	Paur		vikar		Neufarn
	Conrad	Plasn		vikar	St. Andree	Freising
	Oswald	Schwalb		vikar		Ehring al. Gräfelfing
	Georg	Sielhofn		vikar		Lochhausen
dm.	Johannes	Ublmann		vikar	St. Marien	Gyebing
dm.	Conrad			vikar		Perg
dm.	Joachim			vikar		Ascholding
dm.	Mathias			vikar		Perg
dm.	Mathias			vikar		Perknerm
dm.	Ulricus			vikar		Eimppach

HL Freising 97

Titel	Name	Nachname	Beruf	Pfründe, Stellung	Kirche	Heimatort
Ven.lis pr. Dnus	Johannes			Abt	Monasterium	Weihenstephan
Ven.rilis Dma	Agnete			Abtissa		Altmunster
Ven.lis pr. Ds.	Petrus	Ridlair		Can. et Cellerarius	Capituli neclie	Freising
Dnus	Cristofer	Windspach		Canonicus		Mospurg
Dnus	Johannes	Curcificis		Canonicus?	eccl. St. Andree	Freising
Dnus	Ulricus	Nydmane		Capellanus		Landshut
Dnus	Georgius	Vogg		Capellanus	St. Martin	Landshut
	Stephanu	Kueningar		Constitute		
Dnus	Johannes	Empl		decanus		Ursnperg
Dnus	Johannes	Welwald		decanus et plebanus		Naußhaym
Dnus	Stephanu	Markfarer		div. sacr. cooptator		Tölz
	Petrus	Püchlär		divinatorum	v.d. St. Pauli	Arding
Dnus	Sigismun	Phembert		divinorum cooperet	Eccl. St. Jodoci	Landshut
Dnus	Georgius	Anernker		divinum foris		Garching
	Anna	Erlshon		in Monialis		Altmunster
Ven.lis pr. Dm.	Conradus	Achelstamb		lic.tus canonicus	Capituli eccl. Freising	Freising
Veritus pr.	Nicolaus			perpetuus		Peyharting
	Petrus	Rantaler		perpetuus et hospitalis		Freising
Dnus	Stephanus			perpetuus Vic.		Frivenhoven
Dnus	Uliaris	Ammmun		plebanus		Breymelhaym
Dnus	Johannes	Blauttl alias Hueller		plebanus		Aichpach
Dnus	Johannes	Bric/Brie		plebanus		Leingdorff
Magr.	Johannes	Dornmat		plebanus		Kolbach
Dnus	Petrus	Durnpach		plebanus		Wolffersdorf
Dnus	Ludovicu	Fragen		plebanus	eccl. St. Martini	Landshut
Dnus	Johannes	Jordan		plebanus		Arding
Dnus	Johannes	K/Haumrät		plebanus		Oternpeid
Dnus	Johannes	Kamrair		plebanus		Par
Dnus	Johannes	Kannreir		plebanus		Augusten
Dnus	Johannes	Lieb		plebanus		Bortz
Dnus	Conradus	Nüssel		plebanus		Ismaning
Dnus	Wilhelmu	Puchlar		plebanus		Perchtershausen
Dnus	Wilhelmu	Purchstaller		plebanus		Warngau
Dnus	Georgius	Schreib		plebanus		Hofkirchen
Dnus	Petrus	Walch		plebanus		Per nell
Dnus	Conradus	Werder		plebanus		Pfaffing
Dnus	Johannes	Werder		plebanus		Haymhausen
Dnus	Johannes	Wilbold		plebanus		Swabn
Dnus	Wilhelmu	Wisendorff		plebanus		Wampach
Dnus	Andreis			plebanus		Pruck
Magr.	Blasius			plebanus		Altmunster
Dnus	Wilhelmus			plebanus		Grafelfing
Dnus	Johannes	vel pobch		plebanus et decanus		Naushaym
Dnus	Conradus	Romperk		plebanus et diaconus		Zolling
Dnus	Winhauns			plebanus et diaconus		Buntzelhoven
Dnus	Oswaldus			plebanus Vic.	eccl. St. Georgii filialis	Aubing/Laym
Dnus	Jacobus	Egloff		plebanus/Vicarius		Ysenwang/Papenri
Dnus	Erhard			pn no substq caler	eccl.	Wampach
Ven.lis et hon.tes vi.	Johannes	Pach		pptuus decanus	eccl. St. Cap.li	Mospurg
Ven.lis pr.	Johannes			pptuus et com etis	Monasterii	Inderndorff
Dnus	Gaspar	Brunnäir		premissarius		Knessdorf
dominis				Vicarii		Unhausen
dominis				Vicarii		Orshausen
dominis				Vicarii		Freising
dominis				Vicarii	eccl. St. Georgii	Freising
Dnus	Leonhard	Anentzhauser		Vicarius		Mospurg
Dnus	Conradus	Ba(u)bering		Vicarius		Hofkirchen
Dnus	Georgius	Danckl		Vicarius		Holtzen
Dnus	Georgius	Fabri		Vicarius		Hahenberg
oppidanus	Franzisc	Hamperg		Vicarius	Capelle S. Marie virg	Landshut
Dnus	Nicolaus	Mern		Vicarius		Syelnpach
Dnus	Stephanu	Nesair		Vicarius		Unding
	Andres	Nyem		Vicarius		Mospurg
Dnus	Petrus	Tunnipeck		Vicarius		Otturnhel
oppidanus	Johannes	Wild		Vicarius	Capelle S. Marie virg	Landshut
	Matheus	Wildnwartt	armiger			
	Georgius	Zeilhover	armiger			
Stis.	Johannes	Bött	domesticus			Hartpenning
Dnus	Johannes	Hesel	domesticus			Pfaffenhofen
Dnus	Ulricus	Scheyher	domesticus			Fraunhofen
Dnus	Stephanu	Schmidt	domesticus			Haymhausen
Dnus	Stephanus		domesticus			Haymhausen
	Agnes		edicta in Schmiding			Lantzing
	Barbara	Rorerin	famula Aichstark			Wolfratshausen
	Ulricus	Spiegl	Judex			Wolfratshausen
	Oswaldus	Oder	prefectus			Mospurg
	Georgius	Petnpach	prefectus			Traubing
	Johannes	Knering	Sartor			Aichpach
	Paulus	Schreyber				B/Grumbach
	Johannes	Sutorum				Egloffing

HL Freising 100

Titel	Name	Nachname	Beruf	Pfründe, Stellung	Kirche	Heimatort
	Michael	Rot		altarista		Ramißdorf
dm.	Johannes	Graß		canonicus et plebanus		Ilmünster
	Leonardi	Stadler		canonicus		Mospurg
	Thomas	Wagenhuber		canonicus	eccl. Ilmunster	Ilmünster
Dm.	Johannes	Wildenberg		canonicus	St. Andree	Freising
	Wolfgang	Meygß		canonicus et oblegnari	eccl. Fris.	Freising
Dm.	Capellanus			capellanus		Mospurg
Dm.	Capellanus			capellanus		Mospurg
Magr.	Johannes	Dornvogt		capellanus		Monaco
	Conrad	Vetterlein		capellanus Cura	eccl. bte Marie	Monaco
	Johannes	Hopfarner		decanus		Newkirchen
	Johannes	Hark		foru divinorum		Viebrech
	Georg			plebanus		Sunczhausen
	Johannes			plebanus		Rormos
	Oswald			plebanus		Mutzing
Dm.	Plebanus			plebanus		Hartpenning
	Plebanus			plebanus		Gotting
Dm.	Urban			plebanus		in der Schwindaw
	Johannes	Oemler		plebanus		Rechtzhausen
	Johannes	Emler		plebanus		Rewherzhausen
	Srib	Franesti		plebanus		Kirchdorf
	Johannes	Fraundienst		plebanus		Kirchham
dm.	Jheronimus	Hauster		plebanus		Swabn
	Urban	Heydersperg		plebanus		Schwindach
Dm.	Georgius	Huber		plebanus		Sitenbach
Dm.	Oswald	Swalb		plebanus		Antzing
Dm.	Johannes	Wal de Yber		plebanus		Fraunhofen
	Johannes	Waldeck		plebanus		Fraunhoven
	Johannes	Walderker		plebanus		Frauendorf
Dm.	Innolam	Worn		plebanus el viticorum		Altomünster
	Ulrich			plebanus et Vitricorum		Garching
	Franciscus			plebanus sue Administratorium		Garching
	Ulrich			plebanus/vicer		Haching
dm.	Wilhelm	Frimul		premissarius	St. Georg	Freising
dm.	Paul	Groß		vicarius		Ilmunster
	Johannes	Maulperger		vicarius		Cham
	Petrus	Smidin		vicarius	eccl. Fil.	Veltallingen
	Georg	Syber		vicarius		Cham
	Jacob	Syber		vicarius	eccl.	Freising
	Sigismund	Symon		vicarius	eccl.	Freising
	Johannes	Walsthlaher		vicarius	eccl. Fil.	Veltallingen
	Johannes	Sigershover		actar		Gmund
	Andreas	Holzschuhmacher	alias Weber			Wippenhausen
	Johannes	Dorniger	armiger			Monaco
	Andree	Probstl	domesticus			Schwettenkirchen
	Georg	Dechsner	famulus dicti Groß alias Schalch			Lohen, par. Grafelfing
	Lucie	Elsenpeck	famula dicti Hannberg de Kirchdorf			Gutting
	Katherine	Fundel	famula Sartor Michaelis			Fraunhoven
	Martin	Heinrich	famulus Paul Wayn			Freising
	Johannes	Huber	famulus dicti Hersermair			Retlenbach
	Friderici	Korbmair	et martam famulam			Vays
	Elisabeth	Nuerenberg	famula Jo. Mair			Gaystetn
	Johannes	Raindorffer	famulus prefecti Tölz			Tölz
	Agnete	Wemdl	famula dicti Frunk, Monaco			Inning
	Barbara		famula in fraymer de Landh			Landh
	Marta		famula molitorum			Steysenpaich
	Leonard		famula Jo. Vechenoder			Erding
	Thomas		famulus Leonard Hermann			Freising
	Petrus		famulus Marie Wissenhausen			
	Leonard		famulus pleban in Ettenkirchen			Ettenkirchen
	Sigismund		famulus Sixtus Goltschmid			Trawbeck
	Johannes	Heller	Judex			
	Georg	Hell	Maister cme			Erding
	Johannes	Siber	pellifice			Freising
	Johannes	Weyß	pistor			Monaco
	Anne	Aichenmulnerin				Ramdach
	Johannes	Censer				Segnried
	Anne	Fischer				Ringsdorf
	Eberhard	Fischer				Petershausen
	Egid	Fischer				Pruckperg
	Georg	Fischer				Innersdorf
	Martha	Gurfler				Monaco
	Mathias	Herelweber				Ingling
	Petrus	Hospiti				Haymhausne
	Leonard	Huber				Obernperg
	Elisabeth	Hueber				Lendorff

Vorname	Name	Ort
Ulrich	Jäger	Landshut
Katherina	Lederer	Angecht
Gabriel	Messerschmid	par. Fluispach
Gebhard	Molitor	Hochhausen
Katherine	Molitor	Ruding
Martin	Molitoris	Hochhausen
Stephan	Pawr	Olsotterbach
Jacob	Pfister	Weigß
Elisabeth	Sartor	Heisenbrunn
Johannes	Sartor	Wetstein
Magdalene	Sawterin	Velden
Barbara	Schmid	Mosach
Johannes	Schmid	Moching
Margaretha	Schmid	Kunckelsdorf
Barbara	Schmid	Rorrenmoß
Wolfgang	Schmid	Dieretzhausen
Johannes	Schmid	Dorffen
Michael	Schneider	Gerespach
Sigismund	Schneider	Pruck
Katherine	Schneider	Anczing
Barbara	Schneider	Zeidelbach
Anne	Schneiderin	Reitman
Margaretha	Schneyder	Fuespach
Agnete	Schneyderin	Rettenbach
Andreas	Schuster	Emering
Andree	Schuster	Ammenhaydelfing
Johannes	Schuster	Frestlhaym
Katherine	Schuster	Ammenhaydelfing
Elisabeth	Schuster	Amwing
Katherine	Schuster	Poing
Leonard	Seeman	Grafendingharting
Elisabeth	Smidin	Feldmoching
Anschar	Wagner	Heylenhausen
Adethald	Wagnerin	Monaco
Andreas	Weber	Wippenhausen
Johannes	Weber	Haching
Ulrich	Weber	Landsberg
Margarethe	Weber	Guttenhausen, par. Inckhofen
Cristine	Weberin	Plomoed
Elisabeth	Weberin	Germering
Magdalena	Weberin	Petershausen
Andree	Ziegler	Altmünster
Margarethe	Ziegler	Sighaslbach
Brigide	Zmierman	Edelkoven
Johannes	Zollner	Monaco
Margarethe	Zollnerin	Monaco
Barbara	Zymerman	Ebenhausen

Liste 5 - HL Freising 96, 97, 100: Münchener Patriziat

HL Freising	in Prozeß	Titel	Vorname	Name	Ort	weitere Information
96	Kläger		Johannes	Heselloher		
97		oppidanus	Franciscus	Pütrich	München	
97		ven.pr. Ds.	Petrus	Ridlair	Freising	et cellerarius Capituli ecclesie
101, 102	deflorationis		Jacobus	Rosenbusch	München	
100			Cristofferus	Rudolff	München	
103	Beisitzer?	Dr. leg.	Jacobus	Rudolff	Freising	Gerichtspersonal
97		oppidanus	Andreas	Stüph		
100			Wilhelm	Trichtl	München	
96			Johannes	Tulching		
96			Johannes	Wibrecht	München	
100	Semcie		Margarethe + Johannes	Zollner	München	

Aus unserem Verlagsprogramm:

Ewald Tekülve
Von der Religionsfreiheit zum Kirchenzwang
*Studien zur Geschichte der Religionsfreiheit
im Jahrhundert nach der Konstantinischen Wende*
Hamburg 2010 / 670 Seiten / ISBN 978-3-8300-5045-2

Benedikt Mario Röder
Die Wittelsbacher Stiftung »Domus Gregoriana« zu München
*Institutions- und Sozialgeschichte eines Kurfürstlichen Seminars
seit Aufhebung des Jesuitenordens 1773 bis 1806.
Festschrift des Studienseminars Albertinum zum 75. Geburtstag
S.K.H. Herzog Franz von Bayern*
Hamburg 2009 / 950 Seiten in 2 Bänden / ISBN 978-3-8300-4152-8

Gisela Kaben
Die kirchliche Lage in der Diözese Leitmeritz zwischen 1916 und 1931
*Konkurrenzen, säkulare Tendenzen und nationale Dissoziation
in der nordböhmischen Diözese*
Hamburg 2009 / 496 Seiten / ISBN 978-3-8300-4111-5

Quaerite faciem eius semper
*Studien zu den geistesgeschichtlichen Beziehungen zwischen
Antike und Christentum. Dankesgabe für Albrecht Dihle
aus dem Heidelberger „Kirchenväterkolloquium"*
Herausgegeben von Andrea Jördens, Hans Armin Gärtner,
Herwig Görgemanns und Adolf Martin Ritter
Hamburg 2008 / 444 Seiten / ISBN 978-3-8300-2749-2

Detlef Melsbach
Bildung und Religion
Strukturen paganer Theologie in Salustios' Perˆ qeîn kaˆ kÒsmou
Hamburg 2007 / 252 Seiten / ISBN 978-3-8300-3260-1

Markus W. E. Peters
**Der älteste Verlag Albaniens und sein Beitrag zu
Nationalbewegung, Bildung und Kultur**
*Die „Buchdruckerei der Unbefleckten Empfängnis" zu Shkodra
(1870–1945)*
Hamburg 2007 / 704 Seiten / ISBN 978-3-8300-3039-3

Ralf Meuther
Cherubine Willimann: Dominikanische Ordensgründerin
während der Reichsgründung und des sozialen Fortschritts
Hamburg 2005 / 284 Seiten / ISBN 978-3-8300-1753-0